国家出版基金项目
NATIONAL PUBLICATION FOUNDATION

中宣部2022年主题出版重点出版物

“十四五”国家重点图书出版规划项目

纪录小康工程

全面建成小康社会

西藏奋斗者

XIZANG FENDOUZHE

本书编写组 编著

西藏人民出版社

责任编辑：张慧霞
封面设计：石笑梦　格桑罗布
版式设计：汪　阳　格桑罗布

图书在版编目（CIP）数据

全面建成小康社会西藏奋斗者 / 本书编写组 编著 .— 拉萨：西藏人民出版社，2022.7
（“纪录小康工程”地方丛书）
ISBN 978－7－223－07129－1

Ⅰ. ①全…　Ⅱ. ①本…　Ⅲ. ①先进工作者－先进事迹－西藏－现代　Ⅳ. ① F124.7
② K820.875

中国版本图书馆 CIP 数据核字（2022）第 078814 号

全面建成小康社会西藏奋斗者
QUANMIAN JIANCHENG XIAOKANG SHEHUI XIZANG FENDOUZHE

本书编写组

西藏人民出版社发行
（850000　拉萨市林廓北路 20 号）

深圳市精彩印联合印务有限公司印刷

2022 年 10 月第 1 版　2022 年 10 月第 1 次印刷
开本：710 毫米 ×1000 毫米 1/16　印张：29
字数：350 千字

ISBN 978－7－223－07129－1　定价：100.00 元

邮购地址 850000　拉萨市林廓北路 20 号

总　序

为民族复兴修史　为伟大时代立传

小康，是中华民族孜孜以求的梦想和夙愿。千百年来，中国人民一直对小康怀有割舍不断的情愫，祖祖辈辈为过上幸福美好生活劳苦奋斗。“民亦劳止，汔可小康”“久困于穷，冀以小康”“安得广厦千万间，大庇天下寒士俱欢颜”……都寄托着中国人民对小康社会的恒久期盼。然而，这些朴素而美好的愿望在历史上却从来没有变成现实。中国共产党自成立那天起，就把为中国人民谋幸福、为中华民族谋复兴作为初心使命，团结带领亿万中国人民拼搏奋斗，为过上幸福生活胼手胝足、砥砺前行。夺取新民主主义革命伟大胜利，完成社会主义革命和推进社会主义建设，进行改革开放和社会主义现代化建设，开创中国特色社会主义新时代，经过百年不懈奋斗，无数中国人摆脱贫困，过上衣食无忧的好日子。

特别是党的十八大以来，以习近平同志为核心的党中央统揽中华民族伟大复兴战略全局和世界百年未有之大变局，团结带领全党全国各族人民统筹推进“五位一体”总体布局、协调推进“四个全面”战略布局，万众一心战贫困、促改革、抗疫情、谋发展，党和国家事业取得历史性成就、发生历史性变革。在庆祝中国共产党成立100周年大会上，习近平总书记庄严宣告：“经过全党全国各族人民持续奋斗，我们实现了第一个百年奋斗目标，在中华大地上全面建成了小康社会，历史性地解决了绝对贫困问题，正在意气风发向着全面建成社会主义现代化强国的第二个百年奋斗目标迈进。”

这是中华民族、中国人民、中国共产党的伟大光荣！这是百姓的福祉、国家的进步、民族的骄傲！

全面小康，让梦想的阳光照进现实、照亮生活。从推翻“三座大山”到“人民当家作主”，从“小康之家”到“小康社会”，从“总体小康”到“全面小康”，从“全面建设”到“全面建成”，中国人民牢牢把命运掌握在自己手上，人民群众的生活越来越红火。“人民对美好生活的向往，就是我们的奋斗目标。”在习近平总书记坚强领导、亲自指挥下，我国脱贫攻坚取得重大历史性成就，现行标准下9899万农村贫困人口全部脱贫，建成世界上规模最大的社会保障体系，居民人均预期寿命提高到78.2岁，人民精神文化生活极大丰富，生态环境得到明显改善，公平正义的阳光普照大地。今天的中国人民，生活殷实、安居乐业，获得感、幸福感、安全感显著增强，道路自信、理论自信、制度自信、文化自信更加坚定，对创造更加美好的生活充满信心。

全面小康，让社会主义中国焕发出蓬勃生机活力。经过长期努力特别是党的十八大以来伟大实践，我国经济实力、科技实力、国防实力、综合国力跃上新的大台阶，成为世界第二大经济体、第一大工业国、第一大货物贸易国、第一大外汇储备国，国内生产总值从 1952 年的 679 亿元跃升至 2021 年的 114 万亿元，人均国内生产总值从 1952 年的几十美元跃升至 2021 年的超过 1.2 万美元。把握新发展阶段、贯彻新发展理念、构建新发展格局、推动高质量发展，全面建设社会主义现代化国家，我们的物质基础、制度基础更加坚实、更加牢靠。全面建成小康社会的伟大成就充分说明，在中华大地上生气勃勃的创造性的社会主义实践造福了人民、改变了中国、影响了时代，世界范围内社会主义和资本主义两种社会制度的历史演进及其较量发生了有利于社会主义的重大转变，社会主义制度优势得到极大彰显，中国特色社会主义道路越走越宽广。

全面小康，让中华民族自信自强屹立于世界民族之林。中华民族有五千多年的文明历史，创造了灿烂的中华文明，为人类文明进步作出了卓越贡献。近代以来，中华民族遭受的苦难之重、付出的牺牲之大，世所罕见。中国共产党带领中国人民从沉沦中觉醒、从灾难中奋起，前赴后继、百折不挠，战胜各种艰难险阻，取得一个个伟大胜利，创造一个个发展奇迹，用鲜血和汗水书写了中华民族几千年历史上最恢宏的史诗。全面建成小康社会，见证了中华民族强大的创造力、坚韧力、爆发力，见证了中华民族自信自强、守正创新精神气质的锻造与激扬，实现中华民族伟大复兴有了更为主动的精神力量，进入不可逆转的历史进程。今天，我们比历史上任何时期都更接近、更有信心和能力实现中华民族伟大复兴的目标，中国人民的志气、骨气、底气极大增强，奋进新征程、建功新时代有着前所未有的历史主动精神、历史创造精神。

全面小康，在人类社会发展史上写就了不可磨灭的光辉篇章。中华民族素有和合共生、兼济天下的价值追求，中国共产党立志于为人类谋进步、为世界谋大同。中国的发展，使世界五分之一的人口整体摆脱贫困，提前十年实现联合国 2030 年可持续发展议程确定的目标，谱写了彪炳世界发展史的减贫奇迹，创造了中国式现代化道路与人类文明新形态。这份光荣的胜利，属于中国，也属于世界。事实雄辩地证明，人类通往美好生活的道路不止一条，各国实现现代化的道路不止一条。全面建成小康社会的中国，始终站在历史正确的一边，站在人类进步的一边，国际影响力、感召力、塑造力显著提升，负责任大国形象充分彰显，以更加开放包容的姿态拥抱世界，必将为推动构建人类命运共同体、弘扬全人类共同价值、建设更加美好的世界作出新的更大贡献。

回望全面建成小康社会的历史，伟大历程何其艰苦卓绝，伟大胜利何其光辉炳耀，伟大精神何其气壮山河！

这是中华民族发展史上矗立起的又一座历史丰碑、精神丰碑！这座丰碑，凝结着中国共产党人矢志不渝的坚持坚守、博大深沉的情怀胸襟，辉映着科学理论的思想穿透力、时代引领力、实践推动力，镌刻着中国人民的奋发奋斗、牺牲奉献，彰显着中国特色社会主义制度的强大生命力、显著优越性。

因为感动，所以纪录；因为壮丽，所以丰厚。恢宏的历史伟业，必将留下深沉的历史印记，竖起闪耀的历史地标。

中央宣传部牵头，中央有关部门和宣传文化单位，省、市、县各级宣传部门共同参与组织实施“纪录小康工程”，以为民族复兴修史、为伟大时代立传为宗旨，以“存史资政、教化育人”为目的，形成了数据库、大事记、系列丛书和主题纪录片4方面主要成果。目前已建成内容全面、分类有序的4级数据库，编纂完成各级各类全面小康、脱贫攻坚大事记，出版“纪录小康工程”丛书，摄制完成纪录片《纪录小康》。

“纪录小康工程”丛书包括中央系列和地方系列。中央系列分为“擘画领航”“经天纬地”“航海梯山”“踔厉奋发”“彪炳史册”5个主题，由中央有关部门精选内容组织编撰；地方系列分为“全景录”“大事记”“变迁志”“奋斗者”“影像记”5个板块，由各省（区、市）和新疆生产建设兵团结合各地实际情况推出主题图书。丛书忠实纪录习近平总书记的小康情怀、扶贫足迹，反映党中央关于全面建成小康社会重大决策、重大部署的历史过程，展现通过不懈奋斗取得全面建成小康社会伟大胜利的光辉历程，讲述在决战脱贫攻坚、决胜全面小康进程中涌现的先进个人、先进集体和典型事迹，揭示辉煌成就和历史巨变背后的制度优势和经验启示。这是对全面建成小康社会伟大成就的历史巡礼，是对中国共产党和中国人民奋斗精神的深情礼赞。

历史昭示未来，明天更加美好。全面建成小康社会，带给中国人民的是温暖、是力量、是坚定、是信心。让我们时时回望小康历程，深入学习贯彻习近平新时代中国特色社会主义思想，深刻理解中国共产党为什么能、马克思主义为什么行、中国特色社会主义为什么好，深刻把握“两个确立”的决定性意义，增强“四个意识”、坚定“四个自信”、做到“两个维护”，以坚如磐石的定力、敢打必胜的信念，集中精力办好自己的事情，向着实现第二个百年奋斗目标、创造中国人民更加幸福美好生活勇毅前行。

目　录

目　录

访藏族女拖拉机手朴珍

◎龚稼祥

1956年6月27日01版 （人物1）

藏族青年女拖拉机手朴珍低着头，两手不停地揉着那顶用白布做的大圆帽。她那结实的泛着红晕的脸庞上，显出一种交织着兴奋和羞涩的表情。

“没什么可谈的。三年前，我不过是一个放牛的女孩，是共产党、毛主席解放了我，使我有了今天。”

朴珍突然放下了白布大圆帽，转身走到窗台前给我取开水。她的身材虽很矮小，但却十分结实；她穿着一套蓝布工作服，一顶已经旧了的单帽，紧紧地扣在她的两条短小的发辫上。她的动作给人以十分干练、利落的感觉。

“就谈谈你的家庭和你学习驾驶拖拉机后的情况吧。”等她重新坐下来，两手又不停地揉着那顶白布帽时，我这样说。

朴珍终于接受了我的采访，开始谈起了自己。她出身在雅鲁藏布江边次拉宗一个贫苦农民的家庭。在她还不能记事的时候，她的父亲就去世了。从七八岁起，她就每天赶着几头奶牛到山上去放牧。又过了几年，她的母亲——一个终年劳累的朴实的农妇也去世了，家庭

……於二十……座談會預計進行四十天。
參加座談會的有：中共西藏工委各分工委宣傳部和直屬黨委領導初級組理論學習的幹部、初級組理論教員和學習輔導員。到會人員將學習初級組理論常識課程……習和進行學習輔導。座談會並將研究有關初級組理論學習的組織領導方面的問題。其中，着重研究初級組理論教員和理論學習輔導員的選拔培養和工作條件、支部對初級組理論學習的領導、各分工委宣傳部及直屬黨委對初級組理論學習的領導等問題。（席玉梅）

……地快跑着，肩上、手上磨起了血泡，眼裏長出蜘蛛網般的紅絲，但他們並未感到疲勞而需要休息。
為了弄清楚戰士們為什麼有這樣高漲的勞動熱情，我曾訪問了獲得「優勝」紅旗的某部戰士趙煜堂同志。「在這段施工中你們感到苦嗎？」趙煜堂同志還沒等我問完，便一口接上斷然地說：苦，苦不算大……

……留裝土的方法，因而使工效提高到十二點八立方（定額六立方）。裝車速度也有顯著提高，過去每天平均裝十二車的土，現在提高到五十四車；過去裝一車土需二十多分鐘，現在只要六分鐘。目前同志們提出了新的口號：以新的更大的勞動成果，以堅韌不拔的精神戰勝自然，改造自然，用提前完成任務的行動來迎接北京—拉薩航綫的正式開航。（王來田）

訪藏族女拖拉機手朴珍

本報記者 龔祿祥

藏族青年女拖拉機手朴珍搭拉着頭，兩手不停地揉着那頂用白布做的大圓帽。在那結實的泛着紅暈的臉龐上，顯出一種又帶着興奮和羞澀的表情。

「沒什麼可談的。三年前，我不過是一個放牛的女孩，是共產黨、毛主席解放了我，使我有了今天。」

朴珍突然放下了白布大圓帽，轉身走到窗台前給我取開水。她的身材雖很矮小，但卻十分結實；穿着一套藍布工作服，兩條短小的髮辮緊緊地扣在一頂已經舊了的單帽裏。她的舉動給人以十分敏捷和活潑的感覺。

「就談談你的家庭和你學習駕駛拖拉機後的情況吧。」等她重新坐下來，兩手又不停地揉着那頂白布帽時，我這樣說。

朴珍終於接受了我的要求，開始談起了自己。她出身在雅魯藏布江邊次拉宗一個貧苦農民的家庭。在她還不能記事的時候，她的父親就去世了。從七、八歲起，她就每天趕着幾頭奶牛到山上去放牧。又過了幾年，她的母親——一個終年勞累的樸實的農婦也去世了，家庭生活便更加困窘。一九五四年春天——那時她才十五歲，這個年青的姑娘，為了謀求溫飽，便跟着幾個從西康來的香客從雅魯藏布江邊來到了拉薩，開始在街上打短工，後來經旁人的介紹才參加了拉薩農業試驗場農工隊工作。

許多平凡的勞動的日子像流水一樣過去了。朴珍開始意識到自己是在給本族人民創造幸福的生活。她的工作也更加起勁了。一天晚上，朴珍從銀幕上看到了拖拉機，回來時，她就想：要是自己也能駕駛這樣一部機器，拖着五個犁鏵，在寬闊的田野裏來回翻耕着土地，把自己的家鄉早日建成繁榮幸福的地方，那是多麼好啊！但她又想道：不，這只是自己的願望，而這個願望又像天邊的太陽那麼遙遠難及。朴珍克制了這種想法。

一九五五年七月間，農場真的運來了拖拉機。這又引起了朴珍想學拖拉機的強烈願望。一天，她向從北京調來的漢族拖拉機手張振生說：「我想學開拖拉機！」但對方沒有作肯定的回答。於是，朴珍回去又想，我是不是需要向領導上提出我的願望呢？領導上恐怕不會要我去掌握這樣大的機器的！………朴珍還是決定不提的好。

今年二月初旬的一個晴朗的日子，朴珍從林卡裏砍柴回來時，農場的負責幹部向她說：「從明天起，你學拖拉機去。你們將是西藏人民的第一批拖拉機手，希望你努力學習。」

但她又感到膽怯起來。「我是不是能學會呢？我只懂幾句漢語，認識的藏文也不多，只是在農場裏學了一點。」晚上，朴珍在床上這樣想。的確，在以後的學習過程中，朴珍因為文化水平低，又不懂漢語，碰到了不少困難。比如說，在講到機器裏噴油嘴和高壓油泵時，朴珍便理解不了；很多機器零件的名字，更使她感到頭痛，而這些是必須記住的。

朴珍常為這些事發愁，她的師傅張振生便鼓勵她說：「文化水平高一些固然好，但低一些也同樣可以學會，其實我的文化水平也不高。」此後，張師傅的教學方法也改變了，比如教到噴油嘴時，他就把機器卸開，讓她們看見怎樣從這頭灌進汽油，從那頭噴出霧一樣的氣體；在機械名稱方面，他也只選擇其中一個比較簡單易記的來教（往往一個零件有幾個名稱），並且儘量舉一些她們所熟悉的物件作比，如說到掛農具的連接桿，他就用扁擔打比方。此外他還用鐵絲和木塊做了許多簡單的模型，幫助她們記憶和理解。

二十多天過去了，朴珍並沒注意到這些，她聚精會神地學習着。二月底，拉薩平原的柳樹開始含苞了，朴珍第一次在張振生師傅親自指導下，駕駛着拖拉機在草地上來回練習行走。再過不久，她就可以單獨駕駛了。春耕季節到來時，她每天都懷着過節一樣興奮和愉快的心情，駕着拖拉機在田間駛來駛去。正在這個時候，拉薩市愛國婦女聯誼會一百多個會員到農場來參觀，人們為西藏第一批藏族拖拉機手的出現而感到無比的歡欣，人們向她致以親切熱情的慰問。拉薩市愛國婦女聯誼會主任委員堯西·澤仁卓瑪緊握着她的手說：「你是一個藏族人，首先學會了技術，希望你今後要教出更多的藏族拖拉機手。」朴珍有很多話要說，但因為內心過於激動，只簡單地說道：「為了幫助我們掌握科學技術，漢族師傅不分白天黑夜地操勞。我現在還沒學好，等我學好後，也一定像他這樣去幫助別的藏族兄弟姐妹。」

但不愉快的事情終於發生了。這是在春耕播種的季節裏，一天中午，朴珍坐在駕駛室內喝完了茶，把茶杯剛遞給站在地裏的炊事員扎西珠瑪，馬上就開着拖拉機往前走。她聽到後面發出了人的尖叫聲，又趕忙停下來看。原來扎西珠瑪來不及退讓，腿被機器劃了一條口，鮮血直往下流。朴珍跳出駕駛室，把扎西珠瑪扶了起來。

「看，你又不是瞎子！」有一個拖拉機手批評她。

朴珍本來心裏很難過，聽了這話，更加不舒服。她覺得別人不應該以這樣不和藹的態度對待她。因此，她把扎西珠瑪扶到屋裏去後，就倒在床上哭了起來。一連兩天，朴珍都沒起床。團支部書記找她談了話後，才勉強地起床工作。這時，她的師傅又找她談話說：

「拖拉機可不像羊羔那麼馴善啊！一不小心就會出事的。你看，我這條腿就是被拖拉機碾傷的，在北京住了四個月醫院才好。」師傅拉起了自己的褲管，腿上有好幾個茶杯那麼大的黑疤。

現在朴珍才真正認識到了自己的錯誤。從此以後，她開車的速度不再那麼快了，而且每次開車前，都要看看前後左右是否有人或其他障礙物。

這時，我發現我訪問的對象，已經放下了白布大圓帽，她用明快而堅定的聲音繼續向我說道：「我現在才學會拖拉機的駕駛和保養工作，還有拖拉機的修理和康拜因聯合收割機等都還沒學會。但我現在已經成了中國新民主主義青年團員，今後一定要好好學習和工作。」

朴珍接着向我談起了她的另一個願望——到北京去見毛主席。她說她目前的缺點還很多，常常因為考慮到這件事，夜間連覺都睡不好。

我強烈地感覺到：站在我面前的，彷彿不是一個十八歲的羞澀的藏族姑娘，而是一個正在形成的強大的建設力量的代表。她將在建設社會主義祖國的事業中獻出自己的青春。

图为《西藏日报》1956年6月27日01版刊登朴珍稿件版面图。

生活便更加困窘。1954年春天——那时她才15岁，这个年青的姑娘，为了谋求温饱，便跟着几个从西康来的香客从雅鲁藏布江边来到了拉萨，开始在街上打短工，后来经旁人的介绍才参加了拉萨农业试验场农工队工作。

许多平凡的劳动的日子像流水一样过去了。朴珍开始意识到自己是在给人民创造幸福的生活。她的工作也更加起劲了。一天晚上，朴珍从银幕上看到了拖拉机，回来时，她就想：要是自己也能驾驶这样一台机器，拖着5个犁铧，在广阔的田野里来回翻耕着土地，把自己的家乡早日建成繁荣幸福的地方，那是多么好啊！但她又想道：不，这只是自己的愿望，而这个愿望又像天边的太阳那么遥远难及。朴珍克制了这种想法。

1955年7月间，农场真的运来了拖拉机。这又引起了朴珍想学拖拉机的强烈愿望。一天，她向从北京调来的汉族拖拉机手张振生说："我想学开拖拉机！"但对方没有做肯定的回答。于是，朴珍回去又想，我是不是需要向领导说出我的愿望呢？领导恐怕不会要我去掌握这样大的机器的……朴珍还是决定不提。

今年二月初旬的一个晴朗的日子，朴珍从林卡里砍树回来时，农场的负责干部向她说："从明天起，你学开拖拉机去。你们将是西藏人民的第一批拖拉机手，希望你努力学习。"

但她又胆怯起来。"我是不是能学会哩？我只懂几句汉语，认识的藏文也不多，只是在农场里学了一点。"晚上，朴珍在床上这样想。的确，在以后的学习过程中，朴珍因为文化水平低，又不懂汉语，碰到了不少困难。比如说，在讲到机器里喷油嘴和高压电泵时，朴珍便理解不了；很多机器零件的名字，更使她感到头痛，而这些是必须记住的。

朴珍常为这些事发愁，她的师傅张振生便鼓励她说："文化水平高一些固然好，但低一些也同样可以学会，其实我的文化水平也不高。"此后，张师傅的教学方法也改变了，比如教到喷油嘴时，他就把机器卸开，让她们看见怎样从这头灌进汽油，从那头喷出雾一样的气体；在机械名词方面，他也只选择其中一个比较简单易记的来教(往往一个零件有几个名称)，并且尽量举一些她们所熟悉的物件作比，如说到挂农具的连接杆，他就用扁担打比方。此外他还用铁丝和木棍做了许多简单的模型，帮助她们记忆和理解。

20多天过去了，朴珍并没注意到这些，她聚精会神地学习着。二月底，拉萨平原的柳树开始含苞了，朴珍第一次在张振生师傅亲自指导下，驾驶着拖拉机在草地上来回练习。再过不久，她就可以单独驾驶了。春耕季节到来时，她每天都怀着过节一样兴奋和愉快的心情，驾着拖拉机在田间驰来驰去。正在这个时候，拉萨市爱国妇女联谊会100多个会员到农场来参观，人们为西藏第一批藏族拖拉机手的出现而感到无比的欢欣，人们向她致以亲切热情的慰问。拉萨市爱国妇女联谊会主任委员尧西·泽仁卓玛紧握着她的手说："你是一个藏族人，首先学会了技术，希望你今后要教出更多的藏族拖拉机手。"朴珍有很多话要说，但因为内心过于激动，只简单地说道："为了帮助我们掌握科学技术，汉族师傅不分白天黑夜地操劳。我现在还没学好，等我学好后，也一定像他这样去帮助旁的藏族兄弟姐妹。"

但不愉快的事情终于发生了。这是在春耕播种的季节里，一天中午，朴珍坐在驾驶室内喝完了茶，把茶杯刚递给站在地里的炊事员扎西珠玛，马上就开着拖拉机往前走。她听到后面发出了人的尖叫声，又赶忙停下来看。原来扎西珠玛来不及退让，腿被机器划了一条口，鲜血直往下流。朴珍跳出驾驶室，把扎西珠玛扶了起来。

"看，你又不是瞎子！"有一个拖拉机手批评她。

朴珍本来心里很难过，听了这话，更加不舒服。她觉得别人不应该以这样不和蔼的态度对待她。因此，她把扎西珠玛扶到屋里去后，就倒在床上哭了起来。一连两天，朴珍都没起床。团支部书记找她谈了话后，她才勉强地起床工作。这时，她的师傅又找她谈话说："拖拉机可不像羊羔那么驯善啊！一不小心就会出事的。你看，我这条腿就是被拖拉机砸伤的，在北京住了四个月医院才好。"师傅拉起了自己的裤管，小腿上有好几个茶杯那么大的黑疤。

现在朴珍才真正认识到了自己的错误。从此以后，她开车的速度不再那么快了，而且每次开车前，都要看看前后左右是否有人或其他障碍物。

这时，我发现我访问的对象，已经放下了白布大圆帽，她用明快而坚定的声音继续向我说道："我现在才学会拖拉机的驾驶和保养工作，还有拖拉机的修理和康拜因联合收割机等都还没学会。但我现在已经成了中国新民主主义青年团员，今后一定要好好学习和工作。”

朴珍接着向我谈起了她的另一个愿望——到北京去见毛主席。她说她目前的缺点还很多，常常因为考虑到这件事，夜间连觉都睡不好。

我强烈地感觉到：站在我面前的，仿佛不是一个18岁的羞涩的藏族姑娘，而是一个正在形成的强大的建设力量的代表。她将在建设社会主义祖国的事业中献出自己的青春。

党的教育培养　汉族师傅的热心帮助

彩松拉姆成长为第一个藏族女铸造工

◎格来

1962年4月30日01版　（人物8）

翻身女农奴彩松拉姆，在党的关怀培养下，经过一年多来的努力学习，已经成长为西藏第一个优秀的农具女铸造工，还光荣地加入了中国共产党。

21岁的彩松拉姆现在是拉萨农具厂的一级工。1961年3月，彩松拉姆来到拉萨农具厂铸造车间。在过去的生活里，彩松拉姆接触到的是背筐、水桶和封建领主的皮鞭，现在出现在她眼前的却是各种从来没有看见过的模具和工具。上工的前一天，她想："我以前连西藏农民使用的木犁都没有做过，一下要铸造铁农具，这能行吗？"

组织上理解彩松拉姆的心情。农具厂党委副书记韩佩琏同志亲自到铸造车间和彩松拉姆谈心，鼓励她好好学习，相信她一定能够学会。为了帮助彩松拉姆尽快掌握农具铸造技术，党委经过研究，决定除铸造车间主任、党支部委员戴鸿钦负责培养她外，还指定由南京第二机械厂调来的铸造技工沈霞斌当她的师傅。农具厂铸造技术员、共青团支部书记夏振鲁也利用业余时间，专门给彩松拉姆进行技术课辅

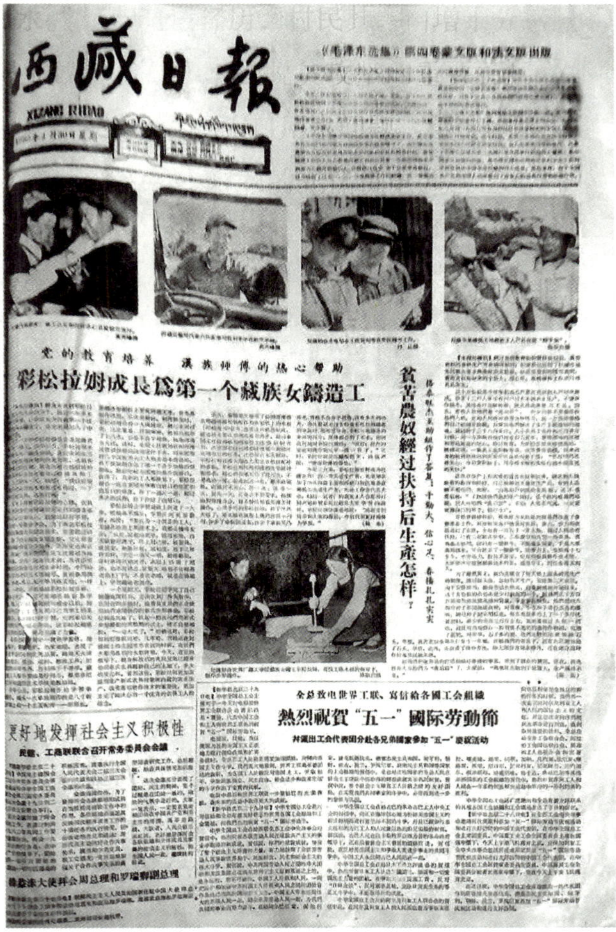
西藏日報

党的教育培养　汉族师傅的热心帮助

彩松拉姆成長爲第一个藏族女鑄造工

貧苦農奴經过扶持后生產怎样？

全总致电世界工联、寫信給各國工会組織

熱烈祝賀"五一"國际劳動節

更好地发挥社会主义积极性

图为《西藏日报》1962 年 4 月 30 日 01 版刊登彩松拉姆稿件版面图。

导。夏振鲁用模型、沙盘、成品、配件等具体实物，一样样、一件件，仔细地给彩松拉姆讲解，让她边学边做，尽可能地使她容易学懂。晚上，彩松拉姆回到宿舍以后，同宿舍的汉族女工也常用自己当学工的亲身经历，鼓励她好好学习。党的亲切关怀和同志们的耐心帮助，使彩松拉姆感到无限的温暖，她浑身充满了力量。

彩松拉姆在学习中一贯勤学苦练，埋头实干，尊敬老师，热爱

拉萨综合农具厂铸工车间藏族女铸工彩松拉姆，在技工陈永锡的指导下，制作步犁铸件。（资料图片）

车间，表现了翻身劳动妇女的优秀品质。她每天大清早就起来，清沙、运料、擦洗工具，把车间的里里外外，打扫得干干净净。藏汉族工人都称赞她是好同志，都愿意把自己所知道的技术尽快地教给她。

1961年7月，彩松拉姆开始尝试单独制作。她第一次单独制作的是八寸新式步犁上的一个主要配件——犁侧板。铸造犁侧板主要有两道工序，首先是制作模型，其次是翻砂。制作模型时，彩松拉姆拿着一大块模型，翻过来倒过去，比比量量，仔细琢磨，前后共制作了七八次，总是不合乎规格，她急得满头大汗。这时，车间主任戴鸿钦和师傅沈霞斌就鼓励彩松拉姆继续做下去，同车间的好几个汉族工人也主动来帮助她，终于彩松拉姆制作出了第一个合乎规格的犁侧板。翻砂中较为困难的是开浇冒口。夜深了，其余的工人都睡觉了，彩松拉姆仍一直在车间里琢磨浇冒口的位置和浇冒口的径度。做了一道又一道，经过多次的试做，终于做好了浇冒口。

彩松拉姆在学习道路上前进了一大步，但她并不满足，学习反而更加勤奋。她说："要成为一个真正的工人，无论在政治上和技术上，我都还懂得太少。"从此，她起得更早，睡得更晚，白天跟着师傅学，晚上自己练，搞型具、造模型，熟悉沙性，试粘度，放下这样做那样，学完一项又一项，勤练勤制。有时累得双颊流汗，衣服上沾满了泥沙，也不肯休息。星期天，她也不肯轻易走出工厂门，不是在车间，就是在场地上，学习铸造和制作。

一个星期天，彩松拉姆学完了自己的铸造课程后，走出农具厂外去散步，在附近的多德村，她看见农民们正在使用她们车间制作的新式步犁耕地。彩松拉姆高兴极了，抓起一把农民们用新式步犁翻起的沃土，情不自禁地说："一切大变样了。"的确是这样，彩松拉姆记得很清楚，几年前，当她还在封建领主的庄园里当农奴的时候，农奴们大都用落后的木犁耕地，今天，在党的领导下，翻身解放后的农民兄弟已经开始用新式农具翻耕自己的土地了，多大的变化啊！看到这些，彩松拉姆更加认识到生产新式农具对发展西藏的农业生产、改变落后耕作技术的重要性，更加坚定了她决心当一个优秀的农具工人的信念。

不久，车间里接受了给国营澎波农场铸造播种机配件和收割机上的车板（即轮盘）的任务。铸造这种机器配件，铸造技术要比犁侧板复杂得多。经过车间主任戴鸿钦和铸造技工沈霞斌研究后，决定让彩松拉姆和沈霞斌一起负责这项艰巨的任务。沈霞斌在东头制作，彩松拉姆在西头铸造大型农业机械配件的车板。彩松拉姆按照师傅的造型设计和要求，精心地接连制作了好几次，不是高出一块，就是凹进一处，都不合规格。但她并不灰心，做一次，改进一次，提高一次，还是达不到要求。她就跑到师傅身边，目不转睛地看师傅怎样操作。心灵手巧的彩松拉姆，终于恍然大悟，原来她在模型上填的沙很不均匀，沙多了车板凹进去，沙少了车板又凸出来，当然不会合乎规格。没有多大的功夫，当沈霞斌走过去检查彩松拉姆铸造的车板时，他非常惊奇，彩松拉姆铸造的车板的尺寸、厚薄都达到了要求。他很高兴地对彩松拉姆说："很好！你做得车板和我做得几乎一模一样了。"这时，彩松拉姆反而腼腆起来，她低声说："谢谢师傅的帮助。"

1962年3月，彩松拉姆被评选为拉萨农具厂的一等先进生产者，光荣地参加了中共西藏工委和西藏自治区筹委直属机关先进生产者、先进工作者代表大会。同她一道进厂的藏族工人也都异口同声地称赞彩松拉姆是大家学习的榜样。彩松拉姆却谦逊地说："感谢党的培养和大家的帮助，今后我要更加努力地学习。"

百万农奴的榜样

——乃东县结巴乡朗生互助组的创业史

◎李文珊　萧俊熙　王文成

1963年8月28日01版　（人物10）

“这是一个由十一户朗生（奴隶）组织起来的‘穷棒子’互助组。它给朗生的真正解放，树立了榜样，指明了道路，反映了贫苦农民‘人穷志不穷’‘硬骨头’的英雄气概和发奋图强、自力更生的雄心壮志。这个材料也说明，把这些‘没人要’的旧社会奴隶们组成互助组，引导他们走上互助合作的道路，就是走上了真正解放的光明大道，他们的生产会搞得很好，生活过得很不错，驳倒了非依靠富裕户搞不好生产的错误论调，破除了迷信。那些‘朗生难解放’的说法是站不住脚的。人的因素第一，政治思想第一，在生产互助方面也是如此，见物不见人的思想是错误的。”

——引自中共西藏工委对乃东县温区结巴乡朗生互助组材料的批示

乃东县温区结巴乡朗生互助组所在的桑嘎村，依山傍水，是一个风景秀丽的小村庄。则解、门达两座大山，坐落在村子的东西两

西藏日报
XIZANG RIBAO
1963年8月28日星期三

毛主席接見馬里广播电台台长

百万农奴的榜样

——乃东县结巴乡朗生互助组的創业史

困难再大也不怕

没人要的十一戸

社論

組織起来 共同富裕

图为《西藏日报》1963 年 8 月 28 日 01 版刊登朗生互助组稿件版面图。

面；奔腾不息的温曲河，由北而南，从山谷中流向远处。在桑嘎村的中部，那两排落成不久的整齐结实的石头房子，是朗生互助组组员们的新居。在温曲河的西岸，是朗生互助组组员们的田地和他们放牧的草场。

七月的田野上，油绿色的青稞、小麦，深及腰际，浪翻滚滚，展现出一片丰收在望的景象。起早贪黑在田间拔草、灌水的组员们，在村头、地畔沤制绿肥的组员们，一个个意气风发，干劲充沛，欢声笑语接连不断。草场上，绿草如茵，肥壮的牛羊驴马，成群成片。组里专职放牧的组员们，伴随着“叭叭”作响的“乌朵”，在尽情地引吭高歌，赞颂天天向上的新生活……

这是一派多么令人欣喜的大好景象！

然而，在1961年以前，这个被某些富裕户讥笑为“早晚总得散伙”的“穷棒子”互助组，却完全是另一个样子。那时，是压得喘不过气来的贫困，是摆不脱的冷嘲热讽……

在党的领导下，依靠自己的双手，依靠组织起来的集体力量，他们终于站起来了，并且正在共同富裕的康庄大道上阔步前进。这两年多的艰难岁月，他们是怎样度过的呢？

没人要的十一户

朗生互助组，是于1961年3月组织起来的。

结巴乡在初步宣传贯彻党的“稳定发展”方针之后，根据群众的意见，决定召开一次全乡群众大会，整顿互助组。当时，结巴乡在互助生产方面存在的问题的确不少，急需遵照党的方针政策加以解决。乡里的互助组，大部是采取行政命令的办法，以行政村为单位组织起来的。这种做法，很多人不满意，互助生产劲头不高，加上乡干部们又缺少领导互助生产的经验，所以，1960年虽然坚持互助生产一年，但互助生产的优越性并未能很好地发挥出来。

但是，万万没有想到，在这次全乡群众大会上，有人给桑嘎村的十一户朗生出了一个天大的难题。

在那天的群众大会上，乡长嘎玛宣布大家可以根据自愿原则重新结组之后，早已串连好了的二百多户农民，很快便五人一堆、七人一伙地分成了20个小圈圈，而桑嘎村的十一户朗生，却不知不觉地全被剩在了会场中间。开初，他们还莫名奇妙，只是东张西望，左顾右盼，后来，看到已经自愿组织起来的人们，都围拢在一起喝茶、吸烟、说话，没有人过来问他们参加哪个互助组，更没有人请他们参加自己的互助组，这时他们才慢慢醒悟过来。平时很少说话的朗生强巴，数了数和自己蹲在一起的朗生，伤感地说："能飞的都组织起来了，过去住马厩的人都剩下来了。"

结巴乡并非只有这十一户朗生，就是桑嘎村，也并不是只有这十一户朗生，那么，为什么偏偏只是这十一户朗生没人要呢？当时，这十一户朗生共有土地九十三克八升，但只有三头耕牛零一条牛腿，大农具只有两个旧犁铧、三个旧木犁架，在全乡来说，是最穷的十一家。十一户共有男女劳动力十九个，按平均负担耕地克数计算，不比别人少，甚至还比别人多些，但在这十九个劳动力中，民主改革前在地里干过活的，只有十人，其余九人，都是在谿卡里给领主当马夫、佣人，或者是给谿卡放羊、赶骡马，根本不懂农业生产技术。既缺少生产资料，又缺乏生产经验，就是他们不受欢迎的两大原因。这一点，别人心里清楚，他们心里也明白。

冷落、孤单的处境，使这十一户朗生尴尬和难过，他们挤在一起面面相觑，不知所措。这时，有个别富裕户嬉皮笑脸地对着他们说："像过了筛子一样，你们全被筛出来了！"甚至对着他们大声吆喝："没人要的跟我来！""没有牲口的到这边来！"完了，他们又赶紧补充着说："来个一户、两户可以，多了可不要。"可是，剩在会场中间的朗生们，没有一个人挪动脚步。谁能忍心离开过去在一个谿卡里共患难同生死的阶级兄弟呢？谁又愿意去投靠那些盛气凌人的富裕户呢？

就这样，桑嘎村的十一户朗生，在这次整顿互助组的过程中，

图为朗生互助组组长土登。（资料图片）

全被“整顿”出来了。

第二天清晨，没人要的朗生们一同到了共产党员次仁拉姆（她于1962年8月担任了中共结巴乡支部书记）的家里。次仁拉姆，也是这十一户朗生中的一户。次仁拉姆说：“只要能拧成一股绳，羊毛也能捆住雄狮。不要看兔子腿短，一样可以翻过高山。”她坚决主张朗生们单独办组，并表示要和大家永远站在一起。朗生们也都认识到，摆在自己面前的只有这一条道路，不组织起来，单家独户地进行生产，困难会更大。于是，由十一户朗生单独组成的结巴乡第二互助组，就在这天正式宣告成立了。

这就是十一户朗生“逼上梁山”的经过。对于他们来说，这是永远不能忘记的一件事。

困难再大也不散

朗生互助组的诞生，在结巴乡引起了很大的反响，有好心好意的阻拦，有无动于衷的观望，也有不怀善意的叫嚷。

好心好意进行阻拦的代表，是结巴乡乡长嘎玛。朗生互助组被迫成立的经过，他是知道的，但是，他却认为朗生们单独组织互助组，不符合党的团结中等农奴政策。同时，他还认为朗生们既缺生产资料，又缺生产技术，不和中等农奴在一起互助，不能搞好生产。因此，他不仅没有参加朗生互助组，带领大家一道发奋图强，克服生产中的困难，反而要求朗生们解散这个互助组。他带着沉重的心情，对组员们说："你们单独在一起办互助组，我好像心上长了一个疙瘩，很难受。你们搞不好生产，我没有办法向上级交代！"朗生们被乡长逼急了，说话也就多少带了点火气："是中等农奴不要我们，又不是我们不愿意和他们在一起。如果朗生单独办组就违犯党的政策，请乡长派一个中等农奴来好了。"

在乡长阻拦朗生办组的同时，震荡朗生们听觉的另一种声音，是某些富裕户的叫嚷。有的说："小鸟叫得再欢，也没有二两肉。穷朗生们不靠中等农奴就办不成互助组。"有的说："他们连个会撒种的人都没有，单独办组，就和徒手捉兔子一样，太困难了。"有的说："穷朗生，连'突巴'（用糌粑和蔬菜煮成的糊糊饭）都不会煮，还办互助组！等着瞧吧，早晚也得散伙！"

这些事使一些朗生心里犯了嘀咕：富裕户说朗生们办不成互助组，连乡长也不同意朗生们单独办组，是不是真的办错了呢？但是，带头办组的共产党员次仁拉姆，坚信党对这个问题会给予明确的指示，便亲自跑到格桑乡，去请示温区副区长次登卓玛。

当时，次登卓玛副区长分工领导结巴乡的工作。次仁拉姆汇报了办组的经过后，立即得到了次登卓玛的热情支持。这位年轻的女副区长还赶到结巴乡，对坚持走组织起来道路的朗生们表示祝贺。她热情地说："中共区委会和区人民政府，都支持你们单独办组，并且要把你们这个组当成重点培养，在全区树立榜样。你们单独办组，有困难，是肯定的，但不要怕，党会帮助你们。你们一定要看到自己的力量。只要听党的话，按党的政策办事，就完全有可能把互助组办好。"

后来，结巴乡十一户朗生被迫单独办组的消息，传到了中共乃东县委，经过研究，县委立即向温区和结巴乡的干部作了明确指示：富裕户们不要这些朗生，我们要。帮助朗生们办好互助组，是个方向问题。一定要坚决支持，多方面帮助。

原来多少有些忐忑不安的朗生，得到党的大力支持以后，办组的信心更足了。大家说："按照别人的摆布喝油，不如凭自己的心愿喝水。""不怕人穷，就怕没志气。旧社会，我们都在一个谿卡里当朗生，在那样黑暗的社会里，都没有把我们饿死、压死，现在困难再大，还会有那时的困难大？""有共产党的领导，只要我们坚持组织起来，发奋图强，就什么困难也不怕！""有些人不喜欢我们把生产搞好，我们更要加倍努力，做出成绩，让他们看看。""只有折断的翅膀，没有折回的路程，困难再大也不散！"

打响了第一炮

春耕生产一开始，困难就一个接一个出现，运肥缺驮畜，耕地缺耕牛，播种没人会撒种。

当时，朗生互助组只有七头驮畜，但需要运往地里的肥料共有一千八百多袋，如果按一头驮畜每天运十二次来计算，运完全部肥料就得二十多天。照这样干下去，要想不误农时，搞好春耕生产是不可能的。靠力气能举一千斤，靠智慧能举一万斤。组员们在研究如何解决这个困难时，提出："我们驮畜少，难道劳动力也少吗?"一句话提醒了大家，于是，组里决定：用人背的办法来解决驮畜不足的困难。

在那紧张的运肥的日子里，天还不亮，朗生互助组的组员们便烧茶、做饭，准备下地。一整天，大家都争先恐后地挑拣大筐子、大口袋背肥。傍晚，别人早已赶着驮畜回村休息，而朗生们却仍在干劲十足地赶运肥料；他们常常干到深夜才收工回家。每个组员的心里都憋着一股劲：非跟那些"兵强马壮"的互助组赛个高低不可。

时间一天天地过去，朗生们房前屋后的肥堆，逐渐地缩小，而地里的肥堆，却星罗棋布地不断增加。半个月过去了，朗生互助组的肥料全部送到了地里，在结巴乡来说，他们是第一个完成运肥任务的互助组。这件事，引起了外组很多人的注意，有人说："朗生互助组真是能干，驮畜虽然少，但是最先完成了运肥任务。"

春风吹进了结巴乡纵深的山谷，但寒意还没有完全从这里退去，土地也还没有完全解冻。这时候，朗生互助组的春耕便开始了。他们懂得：单单依靠三头耕牛零一条牛腿，在春播以前把90多克土地普遍耕翻两次，做到适时播种，是办不到的。要克服这一困难，就必须提前开犁，在时间上抢先一步，争取主动。当全乡各互助组的春耕正式开始时，他们已经耕完了30多克地。这时，第一互助组耕畜多、劳力少的富裕农奴益西曲珍，来到朗生互助组要求和他们开展人畜换工。朗生们一商量都很同意，便以八个劳力换来了四犋耕牛，这就更加有力地推动了组里的春耕生产。最后，朗生互助组的耕地任务，又提前完成了。

播种开始了，可是，组里连一个会撒种的人也没有。为了不向这个困难低头，共产党员次仁拉姆不声不响地到第一互助组去学习。她用心观察别人撒种时的每一个细小动作：撒青稞时，一把抓多少，走几步撒完；撒油菜时，一把抓多少，走几步撒完，并仔细琢磨其要领，后来她又专门向老农次仁多吉请教。就这样，次仁拉姆很快学会了撒种技术。这一年春播，朗生互助组的绝大部分土地，都是由次仁拉姆亲手撒种的。从以后出苗的情况来看，也并不比那些撒种能手撒的质量差。

朗生互助组依靠自己的力量打响了第一炮，取得了建组以后的第一个胜利。这个胜利，不仅为全组的第一个丰收打下了良好的基础，对组员也是一个很大的教育和鼓舞。他们说：只要心齐、苦干，骑毛驴也能赶上兔子。

又突破一道难关

本来，多吉占堆、白玛占堆等五户组员的口粮就不足，春播时，为了多种一点地，又不得不咬紧牙关动用了口粮，所以，春耕播种刚刚结束，这五户组员就没有粮食吃了。

虽然只是五户组员断了口粮，但大家都像是自己没有吃的一样着急。从这件事情上，大家想到身体已被农奴主折磨残废了的组员穷穷。民主改革以前，大家和穷穷在一个谿卡里当朗生。为了让大家活命，穷穷曾经不止一次地冒着生命危险，偷偷地把被农奴主霸占去的糌粑拿出来给大家吃。后来，这件事暴露了，代理人用皮板子掌他的嘴，打得他血流如注。共同的命运，一样悲惨的遭遇，使他们之间早就有了一种深厚的阶级情感。今天，在自己的互助组里，有人没饭吃了，他们能袖手旁观吗？

当然不能。组员们清楚地认识到，解决这个困难，不仅关系着这五户阶级兄弟的生产和生活，也关系着互助组的巩固。

解决这个问题，可以采取这样两个办法：一个是依靠国家帮助，一个是向富裕户去借。但当组员们讨论这个问题时，一致认为完全依靠国家，会给国家增加负担；向富裕户去借，组员们不禁想起了刚建组时某些富裕户说过的话：“穷朗生们缺口粮，就和狗过不了河一样；狗过不了河，要在河边蹲着，瞧吧，朗生们也得呆着，没有任何办法。”想来想去，大家觉得应该依靠自己的力量，来解决这个问题。

但是，自己有这种力量吗？组员们都清楚，不缺粮的组员，口粮也并不宽裕，让他们往外拿粮食，不是明显地要给他们增加困难吗？于是，大家又作难了。

“我可以借出七克。”共产党员次仁拉姆，在这个问题上又起了带头作用。

“我也可以借出六克。”益珠接着说。

……

断粮的五户组员被深深感动了，多吉占堆的老妈妈卓玛次仁走过来，拉住益珠的老婆格宗的手，激动地说：“你们家的粮食也刚刚够吃，这样热情帮助我们，叫我们怎样过意得去呢？”格宗说：“你们的困难，也就是咱全组的困难。不论哪个组员有困难，都要靠咱们的互助组解决。现在有困难，要帮助解决，以后遇到困难，也不会不管。我们要自力更生，决不依靠别人。”卓玛次仁老妈妈说：“互助组这样关心我们，我真是十分感谢。今后，我们全家人一定好好参加组里的劳动，发展生产，多打粮食，为办好互助组出力。”

经过组员之间的互助互济，五户组员的口粮困难，基本上得到了解决，但由于组员们的家底都很薄，互助互济之后，缺粮户的口粮仍然不足，往出借了粮的，口粮也紧张起来。为了坚持不向外组借粮，全体组员趁蔬菜、野菜都已出土的时机，又开展了一个多吃青菜、少吃粮食的活动。不管是有粮的组员还是缺粮的组员，都纷纷到地里采挖灰灰菜、“亨古”“藏巴洛玛”等野菜来吃，家家户户都尽可能地节约粮食。

朗生互助组成立后的第二道难关，又顺利地被突破了。这个困难的解决，不仅保证了全组的生产，也进一步增强了组员之间的阶级情感。

技术是能学会的

绿油油的麦苗盖满了田野，各种杂草也和庄稼竞相争长，该锄草了。但是，全组十九个劳动力中，只有七人会这项技术，光靠他们，锄一次就得三个月，要照计划锄三次呢，到年底也锄不完哪！

又一个困难摆在朗生互助组面前。怎么办？

“我们有手，不会就学，也能学会。”

“次仁拉姆学撒种，不是学得很好吗？”

“会锄草的人，也不是一生下来就会的。”

“过去我们是家奴，学不到农业生产技术。现在自己有了土地，不学技术，怎样种地？”

组员们议论了一番，克服困难的办法找到了。

一畦地里有两个人并排着锄草，一个边锄边教，一个边锄边学。组员们坐在田头休息时，还有人拿着苗和草，在细心地讲解：苗是什么样，草和苗有什么不同，小草怎么锄，大草如何拔，怎样用锄草钩等等。

锄草，得整天弯着腰。头两天还好，到三四天头上，有人腰弯久了，受不住，就跪下来锄，有人锄一阵，腰酸的不得不站起来用拳

图为结巴乡各村农民经常到朗生互助组取“经”求教。这是组长土登（左二）正在接待来客，与大家亲切交流办组经验。（资料图片）

头捶捶，有人猛一站起来，立不稳，走路也摇摇晃晃。太阳也好像有意与人作对，整天不眨眼，火辣辣地晒的人头昏眼花。尽管这样，但没人叫苦，更没人说不学。共产党员次仁拉姆看到这情景，既着急又心疼，赶紧让会锄草的组员给大家介绍经验：当腰酸腿疼的时候，不要休息，憋着劲锄，第二天就会轻些，慢慢就不疼了。

组员们照这样做了，果然灵验。益珠高兴地说：“腰酸腿疼也会欺负人，你越怕它，就越酸疼；不怕，反倒不酸疼了。”

五个指头不一般长。心灵手巧的人学得快些，迟钝的人学得慢点。学习了七八天后，组里决定每人分一畦地单独锄草，试试看。为了把技术学到家，刚学会锄草的组员，经常把锄下的草拿给会锄草的组员鉴定。一天，强巴米拉拿着锄下的草请格宗检查，格宗翻出了几株青稞：“看你，又把青稞拔掉了。”年青的强巴米拉，本来就怨恨自己笨，学得慢，赶不上大家，心里很难过，看到自己又把青稞当成草拔了，便“呜呜”地哭了起来。

组长土登听见哭声，赶忙走过来劝慰。他说：“你过去给领主放牛，没种过地，这几天学得不错，但还没学好，不要灰心，也不要难过。要把技术学到手，不容易，一时学不会，就多学几天，总会学会的。”

强巴米拉擦干眼泪又去锄草了，学得比先前更认真、更积极，不久就掌握了锄草技术。

经过半个多月的勤学苦练，全组有九个人学会了锄草，会锄草的人一下子增加成十六个人，加上大家起早贪黑地干，十五天就把所有的地锄了一遍，质量也好。第二遍、第三遍就更容易了。

丰收中的斗争

碧绿的田野变成一片金黄，组员们精心管理得庄稼长得真好：又壮又高的麦秆，顶着沉甸甸的穗子，弯下腰来；豌豆、蚕豆挂荚累累，荚儿胀的圆滚滚的。朗生互助组成立后的第一个丰收到来了。

要把丰收的粮食收回家，并不比把种子种下地容易些。劳力不足，畜力更缺，秋收又不同别的农活，动手早了、晚了都不行。组员们左思右想之后，找到了一个办法：畜力不足用人代替，人力不足呢？只有起早贪黑苦干。

天还黑洞洞的，组员们就忙着下地了。他们除了带着收割工具，还带着锅、碗、糌粑、茶叶等等，女组员们还抱着、领着孩子。为了减少掉粒，趁太阳没出山，庄稼还湿润的时候，组员们就开镰收割。午后，庄稼干燥了，就收起镰刀，背上筐，到地里拾麦穗。一整天，大人、小孩吃在地头，歇在田边。天黑了，除次仁措姆和格桑央宗两个孩子多的女组员，回家照料全组的12个孩子外，其他人仍然留在地里，趁夜间庄稼返潮的时候，一趟又一趟地往回运送庄稼。到回家休息的时候，已是午夜以后的一点钟左右，睡三四个钟头，就又起床，开始了新的紧张劳动。

繁重的劳动，吓倒了个别组员。有的组员嘀咕着："这样干，人吃不消，牲口也受不了。"有的组员嘟囔着："眼下有吃有穿，就是睡不好。"甚至有人不愿下地劳动了。

其他组员听见这些话，看见这些事，觉得这是个不能等闲视之的大问题，认为这种情绪不利于坚定自力更生思想，不利于互助组的巩固，一致要求组长认真解决这个问题。

一天夜晚，在皎洁的月光下，朗生互助组开了一次地头会。

共产党员次仁拉姆首先语重心长地说："现在很累，甚至比过去还累些。可是，那时给谁干？给领主。挨打受骂不说，肚子里还没有糌粑，喝的是用'邦恰'（一种野草）煮的'茶'。现在为谁干？为自己。吃得又细又白的糌粑，喝得是过去从来没有喝过的茶。忙一点、累一点，有什么不好呢？"

组长土登接着说："我们祖祖辈辈当朗生，被人踩在脚底下过日子。党救了我们，我们分到了土地、房屋、牲畜，不好好劳动哪来好日子过？又怎么能对得起党？"

组员次尼说："我们这伙人要办好互助组，不吃些苦能行吗？现在我们吃苦受累，就是因为还穷，往后生产发展了，就不会再这样苦了。"

……

"要想到过去的苦，才知道今日的甜。只有现在多吃些苦，将来的生活才会更美满、幸福。"这是大多数组员的意见。

大家你一言、我一语，说得那些叫苦的人低下了头，接着诚恳地表示：“我心里亮了，今后要坚持好好劳动。”

经过这次地头会，组员们的干劲更足了。虽然仍是没明没夜地干，但再也听不见怨言，看不到疲沓的现象了。全组只用了13天时间，就把90多克地的庄稼割完运净，和往年比，至少缩短了12天。

度过最艰难的岁月之后

办组第一年——1961年，是朗生互助组经受严重考验的一年。这一年，他们遇到的困难最多也最大。但是，困难并没有能够阻挡他们前进，恰恰相反，艰苦的岁月，倒把他们磨炼得更坚强了。

这一年，朗生互助组的农业生产取得了大丰收。全组九十三克八升土地，共产粮食一千二百零一克十八升，每克地平均产粮十二克十七升，比1960年大组时的单位面积产量，提高了53.8%，比1959年谁种谁收时的单位面积产量，提高了60%。这是朗生互助组第一个大丰收，也是一个空前未有的大丰收。

随着农业生产丰收，朗生互助组的贫困面貌，也开始在改变着。刚建组时，全组有五户缺口粮，现在，缺口粮的只有两户，另外九户组员都成了余粮户，共卖给国家余粮6145斤。卖完余粮，组员们把卖粮得来的钱，全部用来增添生产资料。在不长的时间里，组员们就购买了两头耕牛、四头毛驴、四个新犁铧、三个犁架、十一张铁锨、十一把锄草钩和十一把镰刀。

在某些富裕户看来，增添这样一些东西，并没有什么了不起，但朗生互助组的组员们却高兴得要跳起来了。旧社会给领主赶了多半辈子骡马的占堆老汉，从来没有尝过自己有牲口是个什么滋味。当他买到一头称心如意的毛驴之后，高兴得不知道该怎么好了，全家人为自己第一次增添牲畜，举行了一个“庆祝仪式”：在毛驴的脸上抹上了酥油，拿糌粑团子给毛驴吃，还让毛驴喝了藏酒。由于心里特别高兴，占堆晚上连觉也睡不安稳，一夜起来两三次，看看毛驴吃得好不好；天还不大明，就又起来到牲畜圈里，围着毛驴转圈子。在旧社会一直给领主当马夫的益珠，买了一头毛驴之后，愉快的心情同样掩饰不住。他逢人便说：“我也有头毛驴了，这是共产党领导得好，这是沾了组织起来的光。今后，我一定处处听党的话，好好参加集体劳动。”

丰收是个鼓舞，丰收也是个鞭策。秋收还未完全结束，在组长土登的领导下，朗生互助组便提早制订1962年的生产计划。大家说：现在我们虽然还很困难，但比刚建组时要好多了。1962年，应当把互助组办得更好，把心上的劲都使出来，争取打更多的粮食，增添更多的生产资料。在讨论生产计划时，组员们还特别提到，现在，还有多吉占堆、旦增两户组员缺粮，我们应该好好帮助他们发展生产，一定让他们也成为余粮户。我们要走共同富裕的道路。

“远征”金巴拉

为了争取1962年农业生产获得更大丰收，1961年秋收一结束，组员们便立即展开了一个大规模的积肥运动：到街头巷尾扫肥土，到林卡里扫落叶，到水渠、水沟里挖污泥，到草滩上捡牲畜粪、积杂草，然后把这些东西和人畜粪便合起来沤制。全组男女老幼没明没夜地苦干了三十多天，把附近的肥源挖得差不多了，但积下的肥料和生产计划的要求相比，还相差很远。怎么办呢？

这时，正逢牧区的牧民到农区来进行盐粮交换。听牧民们介绍说，在四十多里以外的金巴拉高山上，放牧着一大批牦牛，到那里可以捡到不少牛粪。牲畜多、肥料多的互助组，听到这个消息，根本没有把它当回事，一方面，他们觉得跑那么远的路、爬那么高的山去积肥，未免太费事；另一方面，他们认为在山上放牧的牦牛，牛粪里草籽多，施到地里要增加杂草。朗生互助组的人们却不是这样想的，他们决定非干不可。

组里为这事专门开了一次会。大家说：穷人就得做穷打算，人家不去有指靠，我们不去靠什么？别说四十多里地，就是再远些也得去。至于杂草问题，他们也想出了办法：有杂草也比不施肥料强得多，明年锄草时，多锄一次杂草不就行了。决定以后，组长土登和组员占堆、次仁贡觉三人，当场就主动报名，要求担负这份苦差事。大家觉得，这三个人身体好，能吃苦，过去常年侍弄牲口，出去跑跑跳跳有经验，就同意了。

每天公鸡尚不报晓，土登、占堆和次仁贡觉三人就起来赶上驮畜出发上山。当时，正是藏历的十一月，经常下雪，天气非常冷。金巴拉山高雪多，爬山时跌跌滑滑，极为艰难，到了山顶，头疼，呼吸困难，他们连饭都不想吃。山上的牛粪又并不是完全都集中在一起，到了山顶，还得东一块、西一块地去找。但这些困难都没有把他们吓倒。每天，人和驮畜艰难地爬上山顶以后，他们就紧张地捡拾牛粪，捡够了，也不烧茶，也不休息，随便用“汤固”（揉糌粑的皮口袋）揉几把上山前掺上清茶的糌粑，便赶上牲口往回返。就是如此马不停蹄地赶，回到村里，往往也是月亮已经升得很高了。有一天晚上，他们赶着驮畜往回返，走到离桑嘎村二十多里远的地方时，下起了鹅毛大雪，天黑得又是伸手不见五指，人困驴乏，都不想再往前迈进一步。三个人起初都打算暂且住在这里，休息一阵，天明再返，后来转念一想，这样一停顿，第二天就不能再去了。于是，抖了抖精神，又继续前进。

在那段日子里，要说苦，莫说别人可以看得出，就是他们自己也承认。但为了给被人瞧不起的朗生互助组争口气，他们咬着牙，从来没有说过半句怨言，甚至当组里叫他们休息一天，他们都不肯。开始，肥料较多，每人每天可以捡五驮牛粪，后来，肥料少了，每人每天只能捡三驮牛粪，他们也还是去。身体差一点的次仁贡觉，到达山顶以后，由于气候恶劣，有时一天要呕吐两三次，但他并没有因此就不再上山，回到家里也不向任何人谈这件事，唯恐组员们发现后，不再让他去捡拾牛粪。在外组的一些人看来，他们这样干，近乎是“发疯”，人、畜苦干一天半夜，才能弄回九驮带草籽的牛粪，着实有点不值得。但是，他们却丝毫也不后悔，不歇气地一连捡了十二天，直到牧民们离开才停止。

经过全体组员的苦干实干，终于取得了良好成果。这年冬天，全组为每克地平均准备了二十五袋较好的底肥，达到了一般互助组的水平。

为了普及良种

桑嘎村人，都知道“古如”青稞是良种，产量高，色白，磨出的糌粑又香又甜。由于过去受三大领主欺骗宣传的影响，却从来没有人敢种它。1960年，共产党员次仁拉姆从丁拉区苏珠乡换回一克，打算试种。“你别种呀，种了这种青稞家里要死人。”“少收点粮食事小，死了人可是没法救活。”“这种青稞香是香，就是吃了不耐饿。”好心的劝阻，从四面八方传来。次仁拉姆笑着说:“这是迷信，不要相信它。”当年，她种了一克“古如”青稞，获得了丰收，家里没发生任何不幸的事。迷信被破除了吧？不，人们觉得“一年光景还看不出好赖，说不定灾难还在后边呢！”“不信吗？我再种。”次仁拉姆第二年又种了三克，每克收了二十八克又白又饱满的青稞，而在地质相同、耕作条件相同的地里种植的本地青稞，平均每克地只产了十二克多。家里仍安然无事。迷信终于破除了，连过去劝阻她不要种“古如”青稞的人，也来向她换种。次仁拉姆把“古如”青稞，单打单存起来，宁愿自己吃黑青稞，也舍不得动用这些良种。

1962年，朗生互助组为了多打粮食，发展生产，决定普及良种。组员们看见，次仁拉姆连续两年种“古如”青稞获得丰收，相信它是良种，纷纷向她交换。但是，“古如”青稞择地，只能种在干燥地上，在潮湿地种，产量很低。组内有一部分低洼地，是不能种“古如”青稞的。当组员们来向次仁拉姆换种时，她一再向大家交代这点，唯恐减少了收成。

潮湿地不能种“古如”青稞，种什么良种呢？次仁拉姆和组长土登便反复商量。又听说这年雨水要多，本来就潮湿的地，雨水一多，种本地的青稞种长不好，必须有耐涝的种子才行。

听人说，桑日县江乡有一种黑青稞，耐涝，产量也高。组长土登就赶上毛驴，到那里换回了十五克。接着，占堆、强巴等几户组员，又分别到外乡换回了不少青稞、小麦良种。组内原有的良种，也经过一番挑选，他们终于为全组的土地都准备了本地和外地的良种。组员们高兴地说：今年我们的肥料多，种子好，加上细心管理，丰收就更有把握了。

战胜了百年没有的灾害

一冬一春的辛勤劳动，换来了遍地油绿、茁壮的麦苗。组员们

图为朗生互助组的青稞快要成熟了，田野上呈现一片丰收景象。（资料图片）

都说，看这苗子的长势，今年又是一个好年景。可是，从六月间开始，老天就不断地哗哗下大雨，乡里通知：在以后几个月内，雨还会更多、更大。而朗生互助组的土地，一片在门达山下，受着山洪的威胁；一片在温曲河旁，可能遭受洪水袭击。

让自然灾害夺去丰收吗？决不能。淋过大雨的人，决不害怕露水。在重重困难中成长起来的朗生互助组，决心与老天爷比比高低。次仁拉姆和土登率领组员们，在山根、河边、地头展开了一场防洪斗争。

平时，门达山上的水，是顺着一条又小又浅的水沟往下流的，水小，没啥，水大了，水沟容纳不住，就会漫溢开来，冲毁庄稼。组员们站在洪水中，抡镐挥锹，把水沟加深、加宽，让越来越大的山洪顺畅地流进温曲河。可是，山洪还会不会上涨？水沟能不能装下它？谁也说不上来。为防万一，组员们又卸下门板，腾出装粮的柳条篓、毛口袋，搬运石块，堆在地旁，准备堵截出沟的山洪，让它按人们的意志奔跑。

在温曲河畔，战斗更紧张。矮矮的河堤挡不住暴躁的洪水，需要加高加固河堤，但附近没大石块。“走，到聂如山脚背石头去！”次仁拉姆第一个行动，组员们紧紧跟随着。他们从两里路外背着近百斤重的大石块，一趟又一趟地走向河边，每天背十四五趟。次仁拉姆、土登、占堆、益珠、白玛占堆、格宗等不少人的背都被磨破了，肿的老高，但谁也不吭声，不叫苦。他们说：我们朗生是在苦水中长大的，现在吃苦是为自己，为大家，再苦，心里也舒服。中共温区区委书记看见这情形，要他们休息，可是，谁也不停止，在背上多垫点衣服、羊皮等物又继续背。原来打算五天运齐石块，三天就运完了。有了石块，人们赶紧筑起了一道又高又坚固的河堤。

预料中的水灾终于来了。七月间几乎天天下雨，温曲河水暴跳着、怒吼着闯下来，但被坚固的河堤阻挡住了，不能逞威风。门达山上的洪水也不示弱，咆哮着，带着泥沙和大大小小的石块滚滚而下，但被深深的水沟管束住了，不能撒野。在这紧急关头，组员们经常四处巡逻，准备抢险。一天，下过急骤的冰雹后，门达山上的山洪，犹如万马奔腾倾泄下来，冲破一处沟堤，直向庄稼地里奔去。组员们一见，急了，赶紧在缺口处填大石块和装满沙土的毛口袋、柳条篓等。这样做了以后，还是挡不住，次仁拉姆、土登、占堆等马上跳到汹涌的洪水中，手挽着手，顶着身前的门板，才把洪水堵住。又有两次，当明达山洪水夹着的沙石填满一段水沟，洪水快越过沟堤，吞噬庄稼的时候，被组员发现了，用门板、装满沙土和石块的柳条篓、毛口袋堵住，迫使洪水驯服地流入温曲河。接着，人们又在这些地方，修筑起一道道石墙，堵截可能来的更大山洪。

雨停了，水退了，他们终于战胜了这近百年来最大的一次水害，全组一百多克土地，只有很少的地受了些灾，总产量仍达到一千零十三克十六升，比丰收的1960年，还增产了一百五十八克十六升。

精打细算过日子

傍晚，组长土登和组员占堆、强巴、益珠四人，带上糌粑、煮茶锅和羊皮风统，赶着二十头毛驴，冒着纷飞的大雪，刺骨的寒风，向札西岗前进了。

一路上，很少有人说话，伴随着他们的，只是那有节奏的毛驴的铃铛声。夜深了，他们经过长途跋涉，来到了札西岗的山脚下，几个人使用手斧在结冰很厚的河沟里砍凿冰块，然后装入口袋，上好驮子，这是他们到达山顶后烧茶用的"水"。尽管这时大家都有些疲倦，但是谁也不愿耽搁一点时间，立即摸黑上山。

在那陡峭、崎岖的山路上，不论是人，还是牲畜，只要一不小心，随时都有坠入深涧的危险。这人迹罕见的高山里，又是狼、豹等猛兽出没无常的地方。他们在路上，经常发现有猛兽刚刚走过留下来的脚印。有几次，他们和猛兽遭遇了，但从来没有人恐惧、胆怯。根据经验，扯开嗓门拼命地喊叫一阵，猛兽也就走开了。

等攀登上山顶的时候，天已破晓。燃起一堆火，烧上一锅茶，脱掉脚上那双早已湿透、冻硬的靴子，换上一双干靴，就动手砍柴。尽管他们已经整整一夜没有合眼了，但为了多砍一些柴禾，多卖些钱，谁也不要求休息。

大约经过半天的功夫，二十驮柴砍齐了。这时，太阳已升得老高，他们立即赶着满载柴禾的毛驴，沿着原路下山。回到村里时，人们已进入梦乡了。

这里所写的，是1962年冬季，朗生互助组的组员，开展副业生产的一个片段。从办组的第一天起，朗生们就十分重视副业生产。他们懂得：自己的家底薄，要由穷变富，必须在以农业为主的前提下，尽量地进行副业生产，多方面增加收入，促进农业生产更快的发展。他们开展副业生产的门路是比较多的，搞运输、做扫帚、砍苏卜（一种可以代替肥皂的植物）、织氆氇、做衣服、养猪、喂鸡等等。打柴，在他们的副业生产中，占有重要的位置。办组两年来，驮畜、用具不断增加，为朗生互助组大搞副业生产提供了有利条件。1962年，由于遇到了严重的自然灾害，粮食产量比大丰收的1961年略有减少，为了弥补自然灾害所带来的损失，他们开展副业生产的劲头更大了。

“一点一滴地积一盆水，不容易，泼掉一盆水，可用不着费很大的劲。”在开展副业生产、多方增加收入的同时，朗生互助组的组员们，还特别注意省吃俭用，节约开支；在困难的时候，他们很注意节约，在生产有了一定发展的时候，也决不浪费。经常制订节约计划，是朗生互助组的一个特点，组员们在吃饭穿衣方面，都是一再精打细算。

现在，克勤克俭，已经成为朗生互助组的一种新风尚，有不少组员被乡里群众誉为节约能手。女组员曲美玉珍和牧民进行盐粮交换时，总是紧打窄用，每次只换十升粮食的盐巴。吃糌粑时，为了吃得稀些，不浪费，通常都是用小木碗抓，而不用“汤固”。喝茶时，别人放一小块酥油，一次喝完，她放一块酥油，一般是要喝两次。1961年藏历年期间，她杀过一口猪，但猪油一直到最近才吃完。组员次仁卓玛，在节约方面同样深受人们的称赞。为了多向国家卖余粮，更快地增添生产资料，她从不浪费粮食，不论是农忙、农闲，一直坚持粮、菜搭配。

奋战两年，面貌改观

1962年12月，乃东县召开群英大会时，经过全乡二十一个互助组的认真评比，一致选第二组——朗生互助组出席这个大会。组长土登代表全组，在县群英大会上介绍了朗生互助组近两年来坚持互助生产，坚持发奋图强的事迹，博得了一次又一次的热烈掌声。为了表彰朗生们在坚持组织起来、自力更生的道路上，所取得的优异成绩，中共乃东县委和乃东县人民政府，特授予他们一个光荣的称号：模范互助组。

这种光荣，是朗生们在党的领导下，用顽强的斗争、辛勤的劳动换来的。经过1961年和1962年两年苦战，朗生互助组的面貌，的确是大大变样了。

这个变化，首先表现在生产资料占有情况方面。和刚建组时比较，耕牛由三头零一条牛腿增加为九头，驮畜由七头增加为二十头，大农具由五件增加为三十件，小农具由二百八十九件增加为五百六十七件（由平均每家二十二件增加为平均每家五十一件多）。这个变化，还表现在耕作水平的提高方面。和建立朗生互助组以前比较，土地由每年耕二至三次增加为四至五次，施肥由每克地施十五袋增加为三十袋，种子由混杂乱种变为普及本地和外地的良种，锄草由每年两次增加为四次。而且特别应当提到的是，两年来，在绝大部分情况下，朗生互助组的农事活动，总是赶在全乡各互助组的前面。这个变化，还表现在组员生活的改善方面。和刚建组时比较，奶牛由十一头增加为二十三头（由平均每家一头增加为平均每家两头多），缺粮户由五家减少为一家，卖余粮户由七家增加为十家，存粮户由一家增加为九家，存钱户由没有增加为十家。两年间，全组十一户、三十三口人，共增加各种衣服鞋帽二百二十六件（每户平均二十多件），并有八户朗生依靠自己的力量和人民政府的扶助，盖起新房十五间半。按人口平均计算，全组已有次仁拉姆、益珠、土登、占堆等四户朗生，基本赶上一般中等农奴的生产水平和生活水平。

数字是枯燥的，但这些数字却具有极大的说服力。在这些数字面前，朗生们更加相信了自己的力量，进一步坚定了发奋图强、自力更生、组织起来、共同富裕的信心。原来对单独办组有过疑虑的人，一切疑虑都烟消云散了，原来就有信心的人，信心更大了。他们说："我们的互助组是铁打的，力量最大，什么困难也不怕。""合群的鹊雀能抓鹿；齐心的蚂蚁能吃虎。我们虽然不是一个父母的儿女，但比一个父母的儿女还亲热，还团结。""我们朗生的骨头是金铸的，银塑的，比石头还要硬。只要听党的话，不管多么严重的困难都能顶得住。"

在这些数字面前，组外的人，包括原来根本不把朗生互助组看在眼里的某些富裕户，对朗生互助组的看法，也不得不改变了。全乡各互助组公认朗生互助组生产好、思想好、团结好、节约好、学习好，是"全乡这座大房子里的一根柱子"，是"全乡互助生产运动的带头人"，并认真地向朗生互助组学习。无论是生产组织、生产计划、团结互助和组员的劳动干劲，朗生互助组都为全乡各互助组，树立了旗帜和榜样。许多互助组的组长，在夜间端上油灯到朗生互助组学习办组经验，还有的互助组，在安排生产计划时，首先请教朗生互助组，甚至有些互助组连出工、收工，都要向朗生互助组看齐。过去，看见朗生互助组砍了很多刺柴，就讽刺说"砍这么多刺柴，你们有什么可煮的呢？"的某些富裕户，现在对朗生互助组也是满口的赞美和颂扬："先长的眉毛，倒不如后长的胡子，朗生互助组发展太快了。"

歌颂完了，还要特别加上一句："皮和肉是分不开的，我说你们好可是心口如一、表里一致，没有半点虚情假意。"

所有这些，和朗生们办组初期的情景对照起来，该是一个多么发人深思的深刻变化啊！

嘎玛回来了

两年前，在朗生们单独办组的同时，乡长嘎玛参加了另一个富裕户较多的互助组。朗生成分的嘎玛这样做，曾经经过了一番激烈的思想斗争：离开曾经同甘苦、共患难的阶级弟兄们，他有些不忍心，但是，光是朗生能办好互助组吗？缺这少那的，怎么发展生产呢？这些问题，在嘎玛的思想里就像是一个又一个的大疙瘩，无论如何也解不开。最后，他终于决定不参加这个朗生互助组。

可是，到了富裕户多的互助组，情况又是怎样的呢？在决定组内生产问题时，朗生们几乎没有发言权。有些富裕户并不把他当乡长看待，依仗耕畜、农具多的优势，指手画脚，发号施令。辛辛苦苦干了大半年，最后一结账，他倒要找给富裕户一百多元工分钱。

乡长的妻子索朗旺姆，本来就不愿意离开朗生们到别的互助组去。这一下可好，受气加上贴钱，真有点拢不住火啦："你看人家朗生互助组，团结得像一个人，大家高高兴兴地干得多么起劲，谁不说好？"妻子总是在一顿埋怨之后，又平心静气地劝说丈夫："别在这个组干下去了，咱们还是到朗生组去吧。"

这时候，乡长也并不是不想参加朗生互助组，每当听到妻子的劝说，心里比刀扎还难受。朗生们办组以来，生产在不断地发展，今天这家买耕畜，明天那家添农具，劳动的劲头越来越大，组员们个个笑逐颜开。这一切都是他亲眼得见。当然，过去和朗生们一起给领主当牛做马的乡长嘎玛，也在为朗生们的成就感到兴奋，分享着他们的一份欢乐。与此同时，他又常常感到自愧，责怪自己在朗生们遇到困难的时候，没有和朗生们站在一起，更不该不相信朗生们的力量。现在的事实，却给了自己一个极其深刻的教育。

时间一天一天地过去，嘎玛要求参加朗生互助组的愿望，越来越强烈了。但是，他有顾虑：人家会不会要我？他曾几次鼓足勇气，想找朗生们提出自己的要求，可几次都是话到嘴边就又咽下去了。

1962年秋收打场中的一天夜晚，嘎玛实在耐不下去了，就把自己的心事向妻子和盘托出，这真使索朗旺姆喜出望外。为了确定“代表”，夫妻俩你推我让地争执不下。最后，索朗旺姆便勇敢地承担起这个任务，并说：“好吧，你嫌害羞，就只好我去了。”

第二天大清早，索朗旺姆在场院里找到了党支部书记次仁拉姆，说明了来意，次仁拉姆当场表示欢迎。正在忙着打场的朗生互助组组员们，听到这个消息无不高兴，他们都说：“我们本来就是一家人嘛！”

在嘎玛乡长入组以前，过去嫌朗生太穷、担心朗生办不了组的另一位朗生次仁老汉，也主动要求参加了这个组。这样，朗生互助组就由原来的十一户扩大成为十三户。就成分来说，仍然还都是朗生。

把互助组提高一步

1963年春耕播种快要结束的时候，有一天夜晚，中共温区区委的负责同志，又到朗生互助组参加全体组员会议。在这次会议上，区委负责同志向朗生互助组提出了两个应当改进的问题：一、加强领导核心，健全集体领导；二、改进换工办法，更好地贯彻等价互利政策。

中共温区区委对朗生互助组的帮助，是经常的。总是在节骨眼上，或者是遇到了什么“卡壳子”问题，区委就出来帮助他们了。这次区委的指示，正好又击中了朗生互助组的要害，朗生互助组，确实需要进一步提高了。

因为生产上的需要，从建组第一天起，朗生互助组便是一个常年互助组。两年多来，随着朗生们办组经验的不断丰富，互助组也一直在巩固和提高。但是，拿模范互助组的标准，拿“全乡互助生产运动的带头人”的标准来要求，朗生互助组需要改进的地方，还是不少的。

从互助组的领导方面来说，领导骨干还没有完全成长起来，集体领导的力量还比较薄弱。党支部书记次仁拉姆，是全组一致公认的好领导、好组员，两年多来，在区委的具体帮助下，她为这个组的巩固和成长，花费了很多心血，做了许多工作。但由于组里的领导干部分工不明，加上领导骨干成长较慢，所以，组里的大大小小工作，都要依靠次仁拉姆来拿主意。次仁拉姆是乡党支部书记，要领导全乡的工作，完全依靠她一人来领导这个互助组，绝非长久之计。互助组内的日常领导工作，主要应靠组内的干部来负责。

再拿贯彻等价互利政策来说，两年多来，他们始终停留在不管劳力强弱、一工换一工的阶段；人畜换工也不够合理。互相间有着深厚阶级情感的朗生们，都不大计较这些，甚至当比较贫困的组员多吉占堆、穷穷，向出工多的组员交付工资时，大家都不忍心接受。这种情况要是一直坚持下去，能不妨碍互助组的巩固吗?

“搓毛线不能松劲，前进心不能停顿。”朗生们认识到：只有不断改正缺点，才能不断巩固和提高互助组，才能真正在全乡互助生产运动中，经常起先锋带头作用。于是，根据领导的指示，他们立即着手，对互助组进行了一次整顿。

首先，加强了领导核心，规定了集体领导制度。经过组员们认真讨论，要求党支部书记次仁拉姆仍然负责全组的政治领导，组长土登负责互助组集体劳动的具体组织工作，新选青年妇女次登旺姆为副组长，并确定益珠、白玛占堆二人为互助组的生产技术指导。互助组里制订生产计划、安排劳动或遇到了什么重大问题，先由他们几个人商量，提出初步意见，再经全体组员大会商讨。

其次，实行了死分活评的评工记分办法。根据劳力强弱和技术高低等条件，组里民主评定出每个劳动力的劳动底分，每天劳动完了，依照各人的劳动态度和劳动质量，进行死分活评，该提升工分的提升，该降低工分的降低。人畜换工办法也进行了合理调整。每半月到二十天结账一次，计算余缺，找补工资。每日评分时，组员们都非常认真。他们说，这是党的政策，我们必须认真执行，只有这样，才能把互助组办得更好。

这样整顿以后，领导加强了，换工办法也比较合理了，朗生互助组在前进道路上，又明显地提高了一步，组员们的劳动干劲也越来越高了。

向新的目标挺进

四月间，朗生互助组提出一个响亮的口号："奋战三年，赶上中等农奴！"这个口号，意味着朗生们要展翅高飞了，要向更高的生产和生活水平挺进了。

"赶上中等农奴！"在两年前，甚至在一年前，谁敢有这个念头？谁又敢提出这振奋人心的口号？那时，摆在朗生们面前的，是贫穷，是困难。而中等农奴呢？是牛羊成群，粮食满囤。相形之下，真是天壤之别。在那样的情况下，当然不可能提出这样的口号。现在，现在已经不是两年以前的情况了。两年多的含辛茹苦，换来了生产飞跃发展，生活迅速改善，朗生互助组的羽毛开始丰满了。

但是，在朗生们看来，过去的成绩，不管这个成绩有多么大，都只能是新的跃进的起点，因此，奋战两年多所取得的成绩，并没有成为包袱、绊脚石，相反，却成了鼓舞他们继续前进的一种力量。正如老组员占堆所说的：“这两年，我家年年卖余粮，大牲口从一头多增加到七头。这些就够了吗？不够，还得继续努力。只有不断发展生产，才对得起党。”党支部书记次仁拉姆和组长土登看得更远一些，他们认为，现在的生产和生活，离党所指引的共同富裕的目标，还相差很远。必须乘胜前进，争取更大成绩。永远不会满足现状，眼睛总是在朝前看，这就是朗生互助组提出这个豪迈口号的思想基础。

赶，要有指标，有计划。组员们都认为订计划一定要从实际出发，高了，不能实现，会使大伙泄气；低了，达不到赶的目的，也不行。为了制订一个既先进又可靠的计划，组里连续开了三次会，每家每户都一次又一次地开家庭会议，经过反复商量，才订出了自己的计划。实现三年计划后，按人口平均计算，无论在生产资料的占有方面，或生活水平的提高方面，有九户组员可以赶上本村富裕农奴才旺仁增，有四户可以赶上一般中等农奴。

有了三年计划，方向更明确了，组员们的干劲也更足了。他们除了更加精心管理庄稼，力争今年农业生产再获丰收以外，在订出计划以后的短短八十多天内，全组就新增了十七头大牲畜、六口猪。组员益珠在刚办互助组时，只有三头大牲畜，现在已发展到十一头，他计划在今后三年内再增加十五头，今年计划增加四头，现已增加了两头。益珠满怀信心地说：“今年增添四头牲畜，没有问题，明年增添五头牲畜，也完全可以实现。”

朗生互助组正在大踏步地前进。

回顾一下过去两年多的历史，朗生们的感触是很多的。解放思想，相信和依靠自己的力量，坚持组织起来，发奋图强，苦干实干，是办好互助组的一个根本原因；坚决依靠党的领导和帮助，听党的话，按党的指示办事，是办好互助组的一个根本保证。这两条，是他们感触最深的两条。

“党是雨露，党是太阳，没有党，就没有朗生互助组。”组员们一致这样认识。事实也的确是这样。在建组初期的艰苦岁月，教育和鼓励他们发奋图强、克服困难的，是党；在缺乏生产资料的时候，先后给他们送来贷款和优先供应他们钢铁、农具的，是党；给他们指明前进道路的，是党；帮助他们解决前进道路上的困难的，还是党。一句话，朗生互助组是在党的怀抱中成长起来的。这就正如有些组员所说的：“我们是一些骑马者，党像是牵马人，左拉拉，右扯扯，才把我们引到社会主义的光明大道上。”

对于朗生们来说，这两年多的办组历史，是一个检阅自己力量的过程，也是一个不断提高自己阶级觉悟的过程。“落泪不如攥拳头。”事实使他们懂得了，要由穷变富，应当依靠什么，应当走什么道路。“党指出的路是无缝的金桥。”事实也使他们认识到，要永远前进，就必须永远听党的话，永远跟着党走；党指向哪里，就奔向哪里！

朗生们并不认为，自己的互助组已经办得完美无缺，不，前进中的缺点还是有的，必须防止骄傲自满情绪，不断克服缺点，把互助组办得更好些。朗生们更清楚地知道，组织起来，互助生产，仅仅是开始走上了共同富裕的道路，它距离幸福美满的、共同富裕的目标，还有一段很长的路程，今后，必须朝着党所指引的方向，坚定地、不停息地前进，再前进！

受人尊敬的朗生们，将把这部已经开始的红色创业史，永远永远地写下去。

党旗下的誓言

——记福建惠安援藏干部、共产党员庄盛春

◎郭虹

1985年10月10日01版 （人物29）

奋不顾身，庄盛春抢救落水藏族青年。

赵焕植 作

使自己活得有价值，在于给人类创造价值。使自己受到人民的热爱，在于深深地热爱人民。因抢救落水藏族青年而英勇牺牲的福建援藏干部庄盛春，离开我们已整整一年。

一年后的今天，这位普通党员的响亮名字，仍然在高原回荡。这位优秀党员闪耀着共产主义思想光辉的事迹，仍然是我们建设社会主义精神文明的宝贵财富。

1974年8月8日，是庄盛春思想进入全新境界的关键时刻。火红的党旗下，响起他庄严的入党誓言：危险时刻冲在前，粉身碎骨心也甘。一切交给党安排，誓为人民献终生。

这一誓言，成为庄盛春以后10年的行动准则。他言行一致，表里如一，用汗水和生命实践了他的诺言。

“闭目怀念恩不逝，立志一生跟党走”

福建惠安县山腰乡锦川村你记得，故乡的儿子庄盛春是1984年5月5日离家的。

湄州湾的海水你看见，远征的战士和家乡亲人之间，涌动着不息的波浪。

3月底，党中央向九省市（包括福建）下达了“四十三项工程”援藏建设任务。党的声音，就是庄盛春的行动指南。他向县建材局领导细细陈述：这是党中央的指示，我又在青海当过兵。知道藏族群众的生活习惯，了解那里的风俗民情。西藏艰苦，我带头去可以带动其他人。

望着这位性格坚强的党员，领导批准了他的要求。

看着办事干练的亲人要走，全家人发出反对的声音：

“我们年老体弱，经常生病，你走了我们怎么办？”六七十岁的父母亲，白发苍苍，衰弱的身体轻轻晃动。

“你要进藏，一对幼小儿女谁管，房子还没有修好，台风来了怎么办？”妻子的眼里含着责怪。

大哥庄盛宝一声叹息：“这个家本应我撑起来，你大嫂病了七八年，我实在没有这个能力。”

庄盛春的肩上，压着沉沉的家庭重担。庄盛春的心灵，在感情的浪谷里上上下下。

感情向神圣的使命过渡。一个强大的信念从心底升起来，形成他的朗朗话语：“我们现在富裕了，可是西藏人民还很穷。支援西藏建设，是党中央作出的重大决策，我是共产党员，难道可以袖手旁观吗？”

“大哥。”庄盛春把目光转向今后的家庭支柱庄盛宝，“你还记得我复员回家那年爸爸说的话吗？”

怎能忘记，老父亲那一席深刻的感慨！

1978年初，六兄弟四姊妹整整齐齐10人回家与当兵5年复员的庄盛春团聚。欢乐落进每个人的心窝。饱经风雨的父亲，这时刻滔滔不绝。他问孩子们：“你们懂得如今的幸福吗？解放前，我们三兄弟为逃避抓壮丁，3人流落在三处地方，至今还有一个下落不明。今天你们兄弟姊妹11人，却能幸福团聚，要珍惜时代给你们的幸福，要对得起这个社会啊！”老农民埋在心底的话，今日触景而发。

这话震撼了儿女们的心灵。多少年来，庄盛春一直记着老人家的话，他要“对得起这个社会”。他曾在笔记本上写道：“闭目怀念恩不逝，立志一生跟党走。生活琐事讲风格，政治大事讲原则。”

“大哥，当前支援西藏就是政治大事，我无论如何都得去。”

锦川村村口，庄盛春在和他的妻子告别。妻子怀抱不满周岁的儿子，握着孩子的手向丈夫挥着说："跟爸爸再见！"说着，泪水哗哗落下来。

庄盛春走近妻子身旁，擦去妻子的眼泪，避开妻子的目光，摸着儿子的小脸蛋说："哭什么，等我回来，孩子就会叫爸爸了。"这时正是下午，金灿灿的阳光在海面跃动，照亮了庄盛春远征的大路。

"有一担劲，就要出一百斤力"

"四十三项工程"的建设大军陆续到达拉萨。古老的拉萨顿时变成喧腾繁忙的世界。自治区工程指挥部里人流不断，他们也接待了惠安石料工程公司先遣队的20名人员。一时缺少住房，庄盛春他们被暂时安排在建设厅采石场的几间土房里。

土房年久失修，风来了，暗淡的小屋落满灰尘。夜里臭虫来了，咬得人睡不着觉。高原反应也来凑热闹。一些人忍不住发牢骚："到这里来，太受罪了！"

庄盛春左眼被臭虫咬肿了，包着纱布。纱布周围，还有臭虫留下的红疙瘩。又流鼻血，长方形脸庞一时变了模样。这副模样不影响他的乐观态度："如果西藏什么都好，我们就没有必要来。正是条件差才来建设，大家克服一下。"他一面说，一面照顾病号，忙里忙外。

很快，西藏工程指挥部给福建职工调整了住房。庄盛春的工作计划也出台了，紧迫而严密：3天内落实好全体工人的生活物资，5天内购回全部采石工具、辅助材料，7天内完成公司急需办公、生活用品物资采购……表里还具体列出一周内要联系的22家单位名称及必须采购的82种物资。

万人建设大军进藏，交通工具一时紧张起来。这可苦了物资采购人员。“艰苦我不怕，只要党需要。”庄盛春这样说。

进藏后20多天里，庄盛春顶烈日，克服高原反应，从北郊采石场出发，到金属仓库买螺纹钢，到物资局买焦炭，到军区买采石炸药，来来回回，每天要走三四十公里，用他的双脚连接出一条物资供应渠道。

“四十三项工程”时间紧，任务重。为了抢时间，庄盛春的时间表里没有“吃饭”这一项。早出晚归，喝杯麦乳精充饥已司空见惯。可是，工人们的生活在他的心目中却占有很大位置。他发现食堂的灶不适合用高压锅，蒸出的米饭上面熟下面生，心里暗暗着急。

一天薄暮时分，庄盛春风尘仆仆归来。喝完麦乳精，就到厨房改砌炉灶。他和泥、搬石头，不惜力气。突然，他眼一黑，一头栽倒在泥地上。旁边当帮手的工人吓了一跳，双手用力扶起脸色苍白、满身泥巴的庄盛春。庄盛春苏醒了，眼窝凹陷。嘴里说着“不要紧”，手里又搬起一块石头垒上去……

谁知道，这一天，庄盛春在拉萨采购物资已奔忙了足足12小时，顾不上吃一顿饭，只喝过两杯麦乳精。在场的一位工人忍不住了，他去找公司经理吴成坤，心疼地说：“老吴，你要命令他休息啊，他太累了。”

晚上12点，砌好灶的庄盛春到公司参加领导组协调会议。人们关切的目光包围了他。他调皮地说：“不小心摔倒了，我来喝点茶，醒醒脑。”喝了口茶，他翻开了工作笔记，开始汇报物资采购情况。

从他1984年5月14日到拉萨至10月6日牺牲，经庄盛春采购的物资共128个品种、24万元，还主动为福建指挥部筹建了一个日用品小卖部。人们只见他从早忙到晚，究竟付出了多大劳动量，没人计算得出。

领导曾劝他注意身体，他回答：“身体就是用来革命的。”亲戚从家乡来信，劝他干工作“适可而止”。庄盛春提笔回信：“从政治上讲，我是党员，要对得起党员这个名字。从经济上讲，国家给我发工资，要对得起人民给我的报酬。困难的工作我不去谁去？有一担劲，就要出一百斤力。”

“只要西藏需要，我愿留在西藏继续工作”

拉萨建材厂汽车驾驶员多桑家里，珍藏着一张庄盛春送的全身彩色照片，朴实而年轻。这张照片，时时引来多桑痛惜的泪水。他忘不了和庄盛春一起到当雄县拉柴火的事。

夜晚，山沟里，牧民家。多桑望着庄盛春，面有难色。庄盛春看出他的心思，咧开嘴笑着说：“你怎么睡，我怎么睡。你吃什么，我吃什么。”

庄盛春和藏族群众围坐在一起，捼糌粑，喝酥油茶。

庄盛春和多桑依偎着，合盖一件皮大衣，在地铺上呼呼酣睡。

第二天清晨，庄盛春掏出10元钱给老阿爸，说留给孩子买糖吃。

多桑更忘不了，他和庄盛春下林芝、战夜雨的友情。

“四十三项工程”正在紧张施工。拉萨花岗岩加工厂工程急需300根铁锹把。多桑和庄盛春赶往林芝，办完进货手续，晚饭时间仍行驶在山林中。银色的闪电划破夜空，天空下起了大雨。多桑主张回八一镇休息吃饭，天明再装车。庄盛春不同意，话很坚决：“不回八一镇了，今晚想一切办法装好锹把，明天一早走，工地上等着用。我们一天不到，施工就要多耽误一天。”

电闪雷鸣，大雨如注。潜藏在暗夜里的青山下，亮起两道雪亮的汽车灯光。

庄盛春向自治区建材局局长乌金次仁表示："只要西藏需要，四十三项工程完成后，我愿留在西藏继续工作。"

赵焕植 作

几个老百姓身穿皮衣，到半山腰去运锹把。多桑和庄盛春淋着雨，移动着身躯装车。

风雨充塞着天地之间。多桑摸摸湿漉漉的衣服，跳下车厢，躲进驾驶室。庄盛春裹着湿漉漉的衣裤，仍然坚守在工作岗位上。

3个小时过去了。湿湿的铁锹把装满一车。庄盛春走进驾驶室，整个人像刚从水里捞出来的，头发、衣角、裤腿滴滴答答地掉水珠。多桑心里涌出这句话："你真肯干！"

庄盛春参军时当过士兵、电话员、炊事员、给养员。部队驻扎在草原，使他有机会了解藏族群众。他爱藏族人民，常说："藏族人民耿直善良，相处好了可以把心掏给你。"一封家信里，有庄盛春这样的笔迹：这里藏族群众性格耿直，你们如果进藏，我相信也能与他们合得来。希望几个兄弟明年都来西藏搞建设。

在庄盛春结识的许多藏族朋友中，自治区建材局局长乌金次仁便是一个。乌金次仁有件心事，颇费思量。花岗岩加工厂一旦竣工，需要一批工人。如果把老采石场的人员调过来，既解决了采石场的生产出路问题，又不用新招工。但是，采石场管理人员素质不高，工人年龄偏大，担心影响花岗岩加工厂的经济效益。乌金次仁想，如果有懂行的管理人员来加强管理就好了……

他抱着这个愿望，把这件心事透露给许多人。有的人听了不置可否，有人摇摇头，“西藏太苦了”。

庄盛春听了乌金次仁的话，立即爽快地接过话头：“只要西藏需要，‘四十三项工程’完成后，我愿留在西藏继续工作。”

生命中最光辉的二百米

庄盛春累病了，那是10月5日。发烧39度，打了针、吃了药。但他没有在病床上呆上一整天。

庄盛春曾在部队学会按摩治疗方法，抽空给工人看病，也成了他的分内事。就在这天晚上10点钟，有人告诉他，拉萨货运总站工地一位工人闪了腰，想请他去看看。盛春一听，二话没说，披衣下床。临走，他又给一位腰扭伤的工人做了按摩。仅仅15分钟，就把他累得满头大汗。这时，卫生员跑进屋，劝阻他出门，说：“盛春，你不要命了？”庄盛春轻松地笑了笑：“出了这身汗，没事了。今晚不帮着治伤，明天又有一个缺勤。”朝夕相处的经理吴成坤在一旁听了，心里一阵难受。他了解盛春的坚强性格，心疼他生了病。但重点工程正在开展主体施工，任务十分紧迫，当前的关键就是保证工人的出勤率啊。

吴成坤和工人们眼睁睁地望着庄盛春带病出发了。来回两个多小时的路程，健康人也感到吃力，何况病人。

凌晨两点多钟，拉萨沉睡了。皓月伴随着一身寒气的庄盛春，艰难地蹬车返回驻地。临睡前，他又赶写出一份材料供应计划。当结束了一天的工作时，时针已指到凌晨四点钟。

仅睡了3个小时，7点多钟，庄盛春又蹬车去建材局、物资供应站。临近中午，他还抽空去探望了一位生病的藏族干部。

中午12点半，庄盛春来到川藏青藏公路纪念碑工地，落实材料供应情况。自进藏以来，午间休息就和庄盛春绝了缘。

工地刚开过饭，没有菜了，庄盛春只吃了点凉饭。饭后他坐在

庄盛春头顶烈日，忍受着高反，从北郊采场到拉萨采购物资，每天要走三十四公里。

赵焕植 作

工地石椅上，工人们给他倒来一杯热腾腾的茶。

茶水还没喝，忽听拉萨河畔传来女学生的呼救声："叔叔！快来救人！"庄盛春应声而起，疾步跑上拉萨河堤。只见一位身穿皮夹克的藏族青年在河水里挣扎。

拉萨河，雅鲁藏布江的支流，雪水灌注的河流。时令已到了10月。四周是清冷的高原风和枯黄的山峰，面前是冰冷刺骨的河水。当地人都有经验，这个时节下水是很危险的。

面对危险，庄盛春义无反顾。他边跑边脱衣服，蹬掉皮鞋，跳进拉萨河，向藏族青年游去。

拉萨河水流湍急，凶猛的漩涡一个绕着一个。庄盛春费劲地抓住落水者往岸边拖，一个漩涡冲散了他们。那青年随急流漂浮而下。

庄盛春游上岸。冷风一吹，身穿背心、短裤的他，脸色变得青白，全身发抖。旁边有人说："拉萨河水太冷，救人太难了。"

"我硬要把他救上来。"庄盛春竖起那对浓眉。

他顺河疾跑，扑进河里，要截住落水青年。这一次，还没等他游近落水者，双腿就冻得发麻抽筋了。

他只好上岸。腿抽筋的剧痛使他站立不稳。他使出全身力气扭扯筋骨，跛着腿向下游冲去。

庄盛春，大海的儿子，从小在海水里泡大，深知水的脾性。这一天，面对这雪水、漩涡、腿抽筋构成的死亡线，这位共产党员把生的安全交给别人，把死的危险留给自己。他几次阻止周围准备下水的人，大声说："你们不要下，水很冷。我水性好。"

庄盛春英勇地第三次扑向河水。他奋力游到落水者身边，用手托着年青人的下巴向岸边游。不料又一个漩涡猛卷过来，庄盛春用力把落水者向岸边推了好几米，自己却沉下了水底。

一阵撕裂人心的哭喊声在岸边响起来。四周群众和工人们突然意识到，他们再也看不见庄盛春那温和的笑容，再也听不见庄盛春那亲切的话语了。

……

从庄盛春第一次下水救人到英勇牺牲的地方，相距两百多米。这是一个共产党员按照入党誓言走过的最后里程，这是他生命的光辉顶点。

“一切交给党安排，誓为人民献终生。”

河水无情地咆哮而去，卷走了年仅33岁的庄盛春，但卷不走他一桩桩为国为民的事迹。

庄盛春在部队出色地完成过各种任务，受到营团多次嘉奖。1977年5月3日下午，庄盛春所在部队驻地附近的马家大队发生山林火灾。不巧营干部都下连队了。火光就是命令。庄盛春自动组织营部战士直奔火场。火场火势凶猛，浓烟滚滚。庄盛春用身体滚压火苗，烧焦了衣服，烧伤了皮肤。但他全然不顾，最终和大家一起扑灭了烈火。

他并不是只有“浅思维”、不懂危险的人。是共产党员的职责给了他英雄虎胆。1979年秋天，山腰公社鞭炮厂起火，庄盛春几次出入火海，抢救集体财产。火越烧越大，屋顶的瓦片从烧断的梁上掉下来，砸在庄盛春身上。一位叫来财嫂的妇女紧紧抓住他的胳膊，不让他再进去。他一把扯开来财嫂的手说：“没关系，集体财产要紧。”在场的两个弟弟上前拦腰挡住，警告他：“火舌已上屋顶，屋顶就要垮塌，进去危险。”庄盛春不听，用力推开两个弟弟，又冲进去。房塌了，庄盛春受了伤。当上级领导来看望他时，他对自己的伤一点也不在意，却为厂房被烧而流下眼泪。

日常生活的点点滴滴，也反射出他雷锋精神的光芒。早在1975年，庄盛春还在部队服役。他省吃俭用，从每月仅有的6元津贴费中积攒了50元，不是寄给家里，而是寄给山腰公社武装部，热忱地请他们转送给家乡生活最困难的老人；惠安县城竹黎寺住着两位孤寡老人，庄盛春在县福利厂工作时，经常帮她们买米送煤，就像照顾自己的父母一样。进藏前，他又把这件事托付给亲戚，说：“希望你们能接替我照顾这两位姑婆，让她们感受到社会主义的温暖。”进藏后，庄盛春惦记着老人，时常写信询问她们的情况。

他爱人民，爱得深沉而热烈。他做好事，不是因为“碰上”了，而是他主动“找来”的。对汉族、对藏族，都是这样。

乌金次仁的爱人要到成都治病，庄盛春立即送去了自己的100元工资。乌金的爱人到成都后来信说，福建同志提着糖果看望她，愿意为她解决生活上将会遇到的困难。乌金看了信，很感动，他断定是庄盛春联系的。他问庄盛春：“何必给福建同志添麻烦？”庄盛春笑了。藏族同志到内地去，生活、语言等方面都有难处，我们汉族同志应该帮忙。

……

记叙这些事情也许太琐碎。但这些琐碎的事，正是这位共产党员全心全意为人民服务留下的足迹。

“什么事都往钱上看，活着还有什么意思！”

大海的儿子有大海般的情怀。庄盛春懂财会业务，会搞供销工作，爱好琴棋诗画，熟悉木工、电工技术和医学知识。他遗留了100多首诗稿和十几张高山松岩图。笔墨绘画的松、菊、梅，象征了他做人的情操。在一幅松岩图里，庄盛春写了这样一首小诗：

平生爱劲松，爱其傲霜雪。

夏暑耐三伏，三九翠苍穹。

1978年，庄盛春从部队复员回到家乡农村。一些复员军人来找他商量，一起到县民政局去要求分配工作。庄盛春没有随大流。他对大家说："今天来了这么多复退军人，没来的不知有多少。国家目前安排工作有困难，我们自己联合起来干事业不是很好吗？"他决心为国分忧。

不久，他和另外两名复退军人在山腰乡办起了饭店，生意兴隆。接着他又领着20多名复退军人办起鞭炮厂。鞭炮厂生产走入正轨后，他又被县民政局派到福利厂当会计。

村里有人讥笑庄盛春是"傻瓜"。饭店刚能赚钱就走了。辛辛苦苦搞起鞭炮厂，他又走了。县里一个临时工每月收入100元左右，凭庄盛春的本事，到哪里不能挣大钱？偏要到福利厂当会计，每月36元，真是"傻"啊！

庄盛春的认识与众不同。福利厂每年靠国家补贴，残疾人员每月工资只有20元左右，看着这一切，他心里难受。他要改变这个厂的面貌，为国家减轻负担。

凭他出众的才能，与厂领导一起，推行岗位责任制，扩大业务范围。逐渐，生产蒸蒸日上，缝纫机、弹棉机代替了手工劳动，职工月工资最多达100多元。而庄盛春，每月还是36元。

庄盛宝劝他："生产发展了，你的工资也应拿到全厂的平均工资才行。"

庄盛春说："不能这样讲。工资怎么安排，到时候领导会考虑的。"

"你就少管一点分外的闲事，多顾一点自己的家吧！"

庄盛春不以为然，"能够帮忙的事总要帮忙，不然什么叫能者多劳？"

"人家多劳多得，可你呢？"

庄盛春笑了，笑容像明朗的晴空：“一个人如果什么事都往钱上看，活着还有什么意思。”

党的干部并不都像庄盛春。福利厂一位副厂长家里有4人在这个厂工作。于是他拨动着个人小算盘，提出把生产利润分光。“明年没有钱，还可以靠民政部门补贴嘛。”庄盛春反对，他坚持留一部分用在生产淡季。上级支持庄盛春的意见，这下便得罪了这位副厂长。

这位副厂长借口庄盛春买了些杂木棍，诬告他经济不清。县公安部门不分青红皂白，竟然拘留他。接着又转到工商部门审查。审查带毒打，没有找出任何“不清”。庄盛春被放出来，是在昏迷中被亲戚用板车拉回来的。回家后养伤有数月。家里人气不过，劝他不要在福利厂干了。逆境中，庄盛春不改初衷。有些人无法无天，但我们要相信党组织会落实这个问题的。

当初，家里人反对他进藏，还有一个理由是冤案没有澄清。庄盛春说：“我不能坐等党的考验。”

当庄盛春长眠在雪山草原之时，他金子般的品格经受住了最严峻的考验。

西藏人民痛悼庄盛春，举行了隆重的追悼会。在庄盛春的灵堂里，无数藏族群众前来献上一条条洁白的哈达。

司机多桑也带来了一条哈达，他说这是庄盛春生前的愿望……那次去林芝的路途上，庄盛春深情地对多桑说：你是我最好的藏族朋友，我走时你一定要送我一条哈达。藏族同志最喜欢什么，今后我送你红绸花行不行？

……

多桑捧着哈达，泪珠吧嗒吧嗒掉下来。他向庄盛宝恳求道：“请答应我，这条哈达，要永远和庄盛春的骨灰放在一起！”

庄盛春牺牲的巨大悲痛萦绕在福建援藏工人的心头。工人们想，盛春把生命都献出去了，我们一天不干16个小时不停工。他们握着钢钎、举起铁锤，叮当，叮当，声声锤声滴滴泪，为拉萨剧院赶制花岗岩石柱雀替，6天半完成了15天的工作量，并超额完成了西藏“四十三项工程”所需要的全部石材。

就在庄盛春牺牲的第6天夜里1点，值班寻找庄盛春遗体的工人们，看见离纪念碑工地两公里处的拉萨河上，飞出一弯闪光的白虹。白虹的一端连着纪念碑工地。第七天，就在白虹升起的河汊里，找到了烈士庄盛春。人们说，白虹象征着庄盛春清白的一生、纯洁的党性和一颗火红的为民心。

小小转轮旁的奉献之歌

——记区劳模、全国“五一”劳动奖章获得者穷达的事迹

◎郑明鲜　王世亮

1992年6月20日01版　（人物37）

他仅仅是西藏日报社印刷厂的一名印刷工人，他有他特殊的风格，那就是实在。实实在在地生活，实实在在地工作，实实在在地为党的新闻事业默默地奉献。他多次被评为先进生产者，1992年“五一”劳动节，又被评选为西藏自治区劳动模范并荣获全国“五一”劳动奖章。他就是穷达。

在西藏日报社印刷厂，工人们都说穷达还有“三过硬”。第一是思想过硬，第二是技术过硬，第三是工作过硬。这些在他的实际行动中都得到了具体的体现。

1987年以来，拉萨发生了多次骚乱事件，在此期间，他从维护祖国统一和民族团结的大局出发，认真做好亲属及周围同志的思想政治工作。1989年3月5日，拉萨发生骚乱后，为了及时揭穿并粉碎分裂主义分子企图分裂祖国、破坏民族团结的阴谋，自治区党委要求《西藏日报》开展强有力的宣传，扩大新闻报道量，在原有四个版面正常发行的同时，再增加两个版面的增刊，并要求《西藏日报》立刻

西藏日报

1992年6月20日 星期六

武警西藏总队党委

学习讨论江总书记重要讲话

《人民日报》社论指出

牢记农业是基础

拉萨市人民武装委员会隆重集会

纪念毛泽东同志关于民兵工作“三落实”指示发表三十周年

张学忠、巴桑、陈汉昌、列确等参加纪念活动

武警西藏总队直属一支队

召开首次党代会

全区劳动工作会议结束

林芝地区农田水利基本建设取得成效

小小转轮旁的奉献之歌

图为《西藏日报》1992年6月20日01版刊登穷达稿件版面图。

上马胶印技术，以达到及时把新闻宣传传播到群众中去的目的。当时，由于胶印机刚买回来，正处在安装调试阶段，立刻采用胶印，困难确实很大。在这种情况下，作为胶印轮转机组副组长的穷达同志就默默地主动担起了这一重任。为了不影响报纸出版，使胶印技术早一天上马，他带领机组人员，加班加点地调试安装。由于西藏日报社从未搞过胶印，工人们对于机器构造和原理都不太熟悉，一开始就遇到了许多技术难题。穷达一头扎进车间，几天几夜没出车间门，边看图纸，边安装调试，终于克服了一个个从未接触过的技术难关，及时安装调试好了胶印机，一张张图文清晰的《西藏日报》展现在广大读者面前。然而，穷达同志却累倒了。领导和同志们劝他休息，他却说，胶印在我们报社是一项新技术，机器刚进入正常运转我怎么能离开工作岗位，再说，胶印过程中，上版、调整墨色和水路是出报质量的关键环节，我一定要把好报纸印刷的质量关。胶印技术的迅速上马，使《西藏日报》出色地完成了各项反分裂斗争的宣传任务，及时宣传了中央和自治区党委关于稳定拉萨局势的方针、政策，为粉碎分裂主义分子的阴谋，迅速平息骚乱发挥了重要作用。为此，穷达同志受到了表彰。

人们常说，关键时刻能够考验一个人，而在平时的工作中更能考验一个人。穷达同志不仅关键时刻经得起考验，平时工作态度更过硬。从他走上工作岗位那天起，18年来，在工作上他从没有丝毫的马虎，对待工作一贯是兢兢业业，一丝不苟地把搞好报纸印刷质量放在工作的第一位。他文化程度不高，为了全面掌握印刷技术，掌握印刷机器的操作、维修、保养的技能，穷达坚持不懈地攻读、钻研各种印刷技术，不懂的就虚心求教于他人。他凭着一股自强不息、坚韧不拔的精神，比较全面地掌握了印刷技术和机器维修、保养技术。近几年，西藏日报社印刷厂进行了大量的设备更新，由原来的铅版印刷，改为胶版印刷。为了尽快掌握胶机印刷的新技术，除了积极参加厂里组织的技术学习外，他放弃了业余时间的娱乐活动，潜心攻读各种印刷技术书籍，一有空就扎到车间，拿着图纸，对着机器，一个部位一个部位地熟悉机器构造和机器操作原理，在较短的时间内攻克了胶印中上版、调墨色和水路三大印刷技术难关。同事们说，穷达同志虽没有经过系统的专业培训，但他的印刷技术掌握得很全面，只要有他把关，报纸的印刷质量就十分好。1991年，《西藏日报》参加西南四省区报纸印刷质量评比，3次名列第一名。同时，在国家新闻出版署组织的全国59家省级报刊印刷质量评比中，《西藏日报》汉文版也榜上有名，他所在的印刷车间也受到社领导的多次表扬。

穷达不仅是一个出色称职的印刷工人，还是一个出色的管理人员。一些调皮的、工作上懒散、不听话的职工，只要在他的教育和帮助下就能管理好，把他们的工作积极性调动起来。胶印车间有三个印刷机组，印刷工人大多是年轻人，年轻人难免有些贪玩，其他机组就不愿意接收工作责任心不太强的个别同志。于是，穷达就主动把这些同志接收到自己的机组里工作，使这些人很快就转变了工作态度。更让人佩服的是他不是说在前，而是干在前。

在新闻单位，从事报纸印刷是一项又脏又累的工作。他是印刷车间的负责人，在工作上却不是处处指手画脚，而是样样工作挑重担，脏活累活抢着干，干起工作来总是身先士卒。他的风格就是干在前，走在前，却不说在前。每天他提前上班，在别人上班之前就做好印刷前的准备工作，下班后，又总是独自留在车间清洗、保养好机器，对机械各个部位进行全面检查后才放心地回家。有时机器出现故障，就独自利用休息时间抢修，为了不影响第二天的报纸印刷，有时一干就是一个通宵，赶在报纸开印前把机器维修好。由于他的精心保养，几年来，他所在的机台，机器一直保持完好的运转状态，从未出现过因机器故障而影响报纸印刷质量和报纸正常发行的现象，年年都出色地完成了报纸印刷任务。

为了工作，穷达同志从不计较个人得失。这些年来，他加过无数次班，牺牲了很多业余时间，却从来未向厂里要过报酬，就是自己应得的加班费也很少要，有时厂领导主动提出给他加班费，他总是说："不用给我的，虽说加了班，但那都是我分内的工作。"平时，车间代印一些小报，因而有一定的经济收入，其他机组都争着干。他是组长，可以把这份任务揽下来为自己和自己机台的同志捞点收入，但他却没有这样做，而是主动让给其他机台的同志去干，自己主动承担了收入比印小报收入低得多、别人不愿干的学习练习本和作业本的印刷任务。他说："拉萨由于交通不便，运输困难，学生用的学习本供应十分紧张，别说多少还有点收入，就是我们个人没有一分钱的收入也要干。人活着不能只认钱，更不能为钱而活着。"不仅如此，在工作中，穷达同志还十分注意节约，想方设法减少各种原材料的消耗，减少各种不必要的开支，为国家节约了大笔资金。有一段时间，航空版机台因人手不够，向厂领导提出雇临时工，厂领导想各机台人员都比较紧张，不好调整，准备同意他们的要求。但穷达同志却说："雇临时工既不懂印刷技术，又要增加一笔不必要的开支，需要人从我的机台抽，要谁去自己选。"他所在机组的人员开始有些想不通，他解释说："我们虽然增加了工作量，累一点，可这样能为国家节约一点开支，值得。"同时，他自己主动承担了增加的那部分工作。

印刷车间的主要原材料就是纸张。穷达同志深知从内地运进这种新闻用纸不容易，每公斤价格高达3.10元。报社为此也制定了节约指标，在此基础上，他进一步挖潜，在调墨色上做文章，缩短墨色调试时间，以减少因调试时间长而造成的纸张浪费。仅此，1991年，他所在的机台就节约纸张13222.75公斤，价值达4万多元。

他就是这样，凡是对国家、对人民有益的事情，别人想到的他要干，别人想不到的他也要于，而且总想着要比别人干得好、干得出色。为了工作他可以牺牲自己的一切。1991年，西藏和平解放四十周年大庆期间，胶印车间既要印彩报，又要印增刊。起初报社领导和印刷厂领导担心人手少，任务重，怕影响出报时间，个个都捏着一把汗。当时正在患病，连续几天拉痢疾的穷达同志，主动站出来为社领导排忧解愁，拖着无力的病体，坚持工作。同志们劝他到医院治疗，他却带领全组人员加班加点地工作，由于没有及时治疗，加上过度劳累，一天清晨，他竟晕倒在印刷机旁。当他醒来后，领导和同志们劝他回家休息，他笑笑说："现在正是需要我的时候，我不能离开工作岗位。"在整个大庆活动期间，穷达虽然拉痢疾一直不止，但每天都坚持守在机旁。每天印刷工作完成后，还要检查、维修机器，十几天中他几乎没有睡一个好觉。在他的带领下，胶印车间出色地完成了大庆期间的报纸印刷任务，《西藏日报》的印刷质量受到了上级领导部门的赞誉和好评。胶印车间受到了社编委会的表彰，穷达本人被评为先进工作者。

高原上的“畜牧兽医之星”

——记区畜科所国家级专家殷淑君

◎尹代国　韩迁

1993年5月19日1版　（人物40）

奉献，是一个高尚的字眼，但需付出艰辛的努力。她，在畜牧战线上奋战了25个春秋，用自己的汗水、心血谱写了一曲曲奉献者之歌，攻下了一项项科研难关，赢得了同行们的赞誉。她，就是被自治区畜科所的干部职工们称为“畜牧兽医之星”的女强人，被国家授予有突出贡献的中青年专家中我区第一位女专家——殷淑君。

“好儿女志在四方。”1967年7月，毕业于南京农牧学院牧医系兽医专业的殷淑君，在毕业分配选择去向的关键时刻，不恋“鱼米之乡”，毅然报名到高寒缺氧、交通不便的西藏去工作。她的请求得到了组织的支持，但也引来了一些冷嘲热讽，同学们不理解她……也有一些亲朋好友劝她别去条件艰苦的西南边疆。然而，她却说：“人各有志，我自己选定了的路，就是再艰难也得走下去。”1968年，这位刚满24岁、英姿飒爽的女大学生与同班同学潘祖福一道乘着西去的列车，一路颠簸、一路劳顿来到了“世界屋脊”。不久，便被分配到自治区农垦厅澎波农场当了一名女兽医。

常言道：“三百六十行，行行出状元。”但由于受旧思想的影响，在一些人的心目中认为，当一名医生是神圣而崇高的职业，然而一名年轻的女大学生去给牲畜看病真是百思不得其解，图个啥？用殷淑君的话来说：“只要能救活许多牲畜，我心里就坦然了，因为我为西藏人民尽了力，图就图这个。”

九年，在人类历史的长河中只不过是一瞬，然而，殷淑君为了西藏畜牧业的发展却兢兢业业、呕心沥血地拼命工作着。九年间，她饱尝了当兽医的酸甜苦辣，感慨万端。

“在西藏当兽医首先要过三关，这就是语言关、生活关和骑马关。”殷淑君说，这三关对她来说确实是一次严峻的考验。当兽医伊始，她虚心向农牧民群众和一起工作的藏族同志学习藏语。由于学习刻苦，几个月后，她就能用简单的藏语同群众交谈，询问牲畜病情等。通过和群众接触，无论是在帐篷里还是在放牧点上，她和藏族同志一道喝酥油茶、�糌粑。当兽医要经常走村串户上牧点，因此必须要学会骑马。开始学骑马时，她总是叫人牵着走，后来她自个骑，经常从马背上摔下来，身上摔得青一块、紫一块，可从不叫一声苦。

当兽医有时还要遇到意外的事情发生。1970年秋的一天，农场有一头种公牛病了，她诊断后，需马上进行静脉注射治疗。在注射前人们用绳子把种公牛保护好，以免发生蹄伤。正当殷淑君给这头种公牛注射时，种公牛发怒了，用头顶了一下，把她的右眼角划破一条血口，顿时鲜血直流，同事们把她扶到医务室进行了包扎。之后，一些好心的同志来劝她说：“你还是趁早改行吧，一个女同志当兽医难啊！”

可她想，如果改行，坐坐办公室倒也轻松，那所学的专业不就荒废了吗？“不，绝不能改行，西藏农牧民群众需要我。”九年中，她一心扑在畜牧兽医事业上，哪里有病畜，她就出现在哪里，无论是节假日还是星期天，她都随叫随到，有时晚上还坚持出诊。在当兽医临床实践中，她注重把书本知识与实际病例结合起来，还特别注意发现具有高原特殊病因的研究与预防工作，整理和写出了几万字的兽医临床病例和笔记，掌握了大量的兽医临床第一手资料，为她后来从事兽医科研工作奠定了坚实的基础。

1979年，由于工作的需要，殷淑君被调到自治区畜科所从事兽医科研工作，这对于她来说，又是一个新的起点。

为了让殷淑君尽快掌握兽医科研工作的深度和广度，尽快出成果，为西藏牧业发展服务，1979年3月，畜科所领导派她到上海畜牧兽医研究所进行深造，虽然时间只有几个月，这对于殷淑君来说却是一个从理论到实践、由实践到理论的升华和质的飞跃。

殷淑君进修期满返回拉萨后，她作为主要执行人参加了对高原上多年不能治愈的山羊肛门溃烂病因课题的研究工作。接受任务后，她常常是通宵达旦地工作，吃不上饭、顾不了家，这是常事。“功夫不负有心人。”经过一个多月的潜心研究和攻关，终于把这种病初步诊断为“基底细胞癌”和“鳞状细胞癌”。为了证明她的诊断是否正确，她把切片及有关资料寄给了北京农业大学、北京肿瘤研究所，其结果与她的诊断一致。这一成果于1985年获自治区科技进步三等奖。

1981年到1985年殷淑君主持了“山羊肛门部皮肤癌的病因探索研究”，1986年立项研究。在这5年中，她率领同事们一道，通过真菌的分离培养，分离到98株真菌。据外文资料报道：有两种菌对皮肤有较强的刺激性，经过专家鉴定后，筛选出二株产毒真菌，接种18只健康山羊肛门部皮肤，通过4年的观察，有5只山羊发病，均诊断为皮肤癌，使人工复制山羊皮肤癌获得成功，因此，确定了病因。此项目于1988年通过自治区验收。鉴定会上，专家们给予了很高评价，并认为："本课题的研究在国内属首次发现，具有重要的学术价值，尤其是在山羊皮肤癌病因研究方面取得了突破性进展。"为预防和治疗山羊皮肤癌提供了科学依据。同时，这一研究课题的成功也为人类某些癌症病因的研究提供了参考。

1989年，殷淑君带着她和同事们共同研究成功的"山羊皮肤癌病因研究"成果，参加了在桂林召开的"首届东南亚地区国际医学真菌与真菌毒素学术讨论会"，并在会上宣读了论文，受到与会专家们的一致好评。"西藏山羊皮肤癌病因研究"成果于1992年获自治区科技进步一等奖。

"勇于走前人没有走过的路，敢为天下先"，这是殷淑君在事业上成功的座右铭。

1980年到1982年，她主持对"马属动物喘气病病因"的研究。这种病从1967年以来在西藏山南地区流行十分严重（此病当时也在全国8个省区中流行）。它的蔓延，对我区农牧民造成了很大的经济损失，面对这种情况，畜科所领导把研究"马属动物喘气病病因"这个课题交给了殷淑君来主持完成。为了把这项课题研究成功，她带领同事们一道经过3年的努力，终于找出了"马属动物主要致病病因""杂色曲霉"和"构巢曲霉"。在全国8省（区）流行此病的病因研究中，率先找出了病因，并提出了综合性防治措施，解决了马属动物因喘气病而死亡的问题，为马属动物的发展作出了贡献。此课题于1985年获自治区科技进步二等奖。同年，这个课题被选为少数民族地区科技成果在北京展览。

殷淑君在西藏工作的25年间，她把全部心血都倾注在西藏的畜牧兽医事业和科研工作中，她主持和执行的科研课题曾获得自治区科技进步一等奖一次、二等奖一次、三等奖一次、四等奖一次。她个人和与他人合作撰写的科研论文和研究报告有15篇均已发表，其中8篇发表在全国性杂志上，在全区、全国都产生了较大影响。1982年她光荣地加入了中国共产党，1991年被评为自治区优秀专家，1992年被区妇联授予“三八红旗手”，1993年初被国家授予有突出贡献的中青年专家。

西藏人民的公仆——孔繁森

◎张先群　王世亮　孟晓林

1995年1月8日第01版（人物43）

公元1994年12月15日，拉萨。

苍松翠柏的烈士陵园内。

在摆满鲜花和花圈的灵台上，挂着一位中年男人的大幅遗像，

图为孔繁森和藏族群众在一起。

一头乌发，国字脸儿；一双闪烁着坚韧光芒的眼睛，深情地瞧着正在垂泪的人们。

人们仰视着灵台上那张熟悉的面容悲痛欲绝，禁不住失声恸哭，这哭声和那低回的哀乐声在烈士陵园萦绕，穿过古柏苍松，飘向苍天……

“孔繁森同志为党的事业鞠躬尽瘁，忘我工作，献出了毕生精力。他高尚的思想品德，艰苦朴素，吃苦在前，享受在后，从群众中来到群众中去的扎实工作作风和无私精神，是我们学习的榜样。”自治区常务副书记郭金龙手捧悼词，含着眼泪，噎噎作哽。

“老孔啊！您正是干事的时候，怎么就英年早逝！”熟悉孔繁森的同志哭诉着。

“孔书记，好人啊！菩萨怎么这么早就让他去了。”专程从拉萨郊区赶来的一位老人，手捻佛珠，泪流满面。

雅鲁藏布江水滚滚东去，珠穆朗玛峰挺拔高耸。江水叙说着孔繁森平凡的一生；山峰讲述着孔繁森高尚的精神。

上篇——他为西藏人民的事业呕心沥血，鞠躬尽瘁

“人活着不能只为自己”

山东聊城，鲁西平原上的农业明珠。

从小在铁塔和光岳楼边长大的孔繁森，沐浴着博大精深的齐鲁文化，养成了山东大汉特有的性格：热情、奔放、豪迈、踏实。

1978年，34岁的孔繁森风华正茂。此时，作为地委宣传部副部长的他，是聊城地区县处级干部中最年轻的一个。

这天，他像往常一样，早早地来到办公室。打水、扫地后，他拿起抹布准备擦桌子，宣传部部长推门而入："小孔啊！组织部叫你去一趟。"组织部相距宣传部不远。"组织部找我干什么？最近听说要派干部援助西藏，莫非……"他一边想一边加快了步伐。果然，组织部找他谈话正是此事。他二话没说，就愉快地接受了援助西藏，到西藏日喀则地区担任宣传部副部长的任务。

"孔繁森要去西藏工作"的消息不胫而走。"西藏那地方太艰苦。一去就是好几年，职务也没动一下，不值得……"一些好心人这样说。还有的干脆给他出主意："向组织说出你的实际困难：爱人身体不好，家中又有年近八旬的老母亲，生活起居都需要人照顾。组织会体贴你的难处的。""父母在，不远游。"亲戚搬出他老母亲，想以此打消他去西藏的念头。

"人活着不能只为自己，组织安排我去西藏，就一定要去。"一向服从组织安排的孔繁森坚决而果断。

他怕母亲知道后拖"后腿"，做通了妻子儿女的工作，让他们瞒着老人，草草整理了行装。

临行那天，地直机关的人排着长长的队伍为他送行，地委书记和他并肩走在一起，亲自把他送上车。他老母亲得知后，由家人搀扶着也赶来了，哭得鼻涕一把泪一把："你走了，谁来照顾我呀！"此刻的孔繁森理解送行人们的心情，也理解老人的心情，他一句话也没说，便踏上了西去的征程。

西藏对于刚刚踏上这片土地的人来说是那样陌生，严酷的自然环境对谁都是那样公平。送孔繁森他们进藏的汽车突然在唐古拉山以东的地方发生了故障。这里气候异常恶劣，当地有句谚语：到了唐古拉山五道梁，不是喊爹就叫娘。强烈的高原反应和零下几十度的严寒，使两位同行的干部处于半昏迷状态，生命垂危。孔繁森也感到极度虚弱。而这时离前方的食宿站还有一公里的路程，虽然孔繁森对青藏高原恶劣的气候早有充分的心理准备，但眼前唐古拉山的下马威，还是使他多少有些始料不及。

怎么办？孔繁森咬咬牙，拼尽最后一点气力，一步步把两人背到食宿站。接着，又四处找氧气，为他们输氧输液，终于使他们转危为安。

终于到了拉萨。一下车，孔繁森就被雄伟的布达拉宫所吸引，好客的藏族群众、朴实的西藏干部，使他一路颠簸的疲惫烟消云散，他一下子就爱上了西藏这块神秘的土地和生活在这里的人民。组织部的领导让他多在拉萨休息几天，但为了尽快工作，孔繁森又马不停蹄赶往日喀则地区。

报到这天，孔繁森换了一套干净衣服，特意整理了头发，精神抖擞地走进了日喀则地委组织部，看到眼前这位容光焕发、身体壮实的山东大汉，接待他的干部喜上眉梢，试探着问他："你到岗巴县担任县委副书记怎么样？"

岗巴县海拔4750米，比日喀则整整高出1000米，而且地处偏僻，条件异常艰苦，到这里工作，对一个刚刚从海拔仅百来米的鲁西平原进藏的干部来说，困难可想而知。当时孔繁森对岗巴县的情况虽不甚了解，但他知道：留在地区肯定比县里好。他也完全有理由拒绝，因为山东派他来时，已明确他到日喀则地委担任宣传部副部长。

面对突如其来的考验，满腔热情的孔繁森没有丝毫犹豫："行！"

初上高原，头痛、胸闷等高原反应无情地折磨着孔繁森，他感到窒息，走起路来双腿像踏着海绵，但他抱定一个信念：我是来工作的，人活着不能为了自己。他很快克服了高原反应，学会了骑马，仅仅一个半月的时间，就跑遍了全县所有的地方，掌握了大量的第一手材料。

一次，孔繁森下乡骑马时不慎落马，摔成严重的脑震荡，昏迷不醒。当地群众发现后扎起担架，抬着他走了30多里山路赶到医院。当他从昏迷中醒来，看到的是一双双焦急期盼的目光，一位老大娘还手捻佛珠，不停地为他祈祷。他的视线一下子模糊了……

面对人生经历中的严峻挑战

1988年的一天。

北京，天安门广场热闹非凡。喜爱摄影的孔繁森，正聚精会神地给同伴们拍照。

今天是他们来北京的第二天，明天他们将同外商洽谈合资开发聊城农业资源的事宜。

晚上，他们刚回到宾馆休息，电话铃就急促地响了："喂！我是省委组织部，请孔繁森同志接电话。""我就是，有什么事啊！""省委决定请你迅速回济南。"

此时，已是山东聊城地区副专员的孔繁森预感到自己的工作又要有所变动。

1982年初，他从西藏岗巴县调回聊城工作后，聊城的改革开放、经济发展如日中天，特别是农业实行包产到户以后，极大地调动了农民的积极性，各方面正发生着巨大变化，美好的希望就在眼前。孔繁森热爱生他养他的这片土地，也渴望通过自己的双手，托起明天的希望。

回到省里，组织部领导告诉他：省委已决定让他带队援助西藏，担任拉萨市副市长。

"西藏！又是去西藏。"回到宾馆他思绪万千，家庭、身体、工作……一幅幅画面在他脑中不停地晃动，使他久久难以平静。

“老母亲年近九旬，体弱多病；爱人做过手术，不能干重家务活；孩子们正在上学，经济上不能自立……”

“自己年过四十，身体显然不如第一次援藏的时候……”

“山东发展迅猛，西藏仍很落后。论条件，在山东好得多；论出成绩，在山东更有机会；论生活，在山东有完整的家，去西藏独自一人……”

孔繁森犹豫了。他知道，他这次向组织说不去，组织完全会同意的。然而，对他来说，向组织说“不”字是多么难啊！思前想后，他脑海里又浮现出岗巴县群众送他回山东时，那难舍难分的场景和藏族大妈手捻佛珠为他祈祷的动人画面。

孔繁森忘不了西藏雄浑的大山和勤劳质朴的人民。“正因为西藏落后，才需要我啊！”想到这里，孔繁森就有一种冲动。

经过反复考虑，孔繁森又一次做出了人生历程中的重大选择：再次援藏！

他把进藏工作的事瞒着老母亲，给她说：出去开会。九旬的老母亲信以为真，总以为儿子真的开会去了，六年了，至今老人还这么认为。

孔繁森第二次进藏工作时正值隆冬。寒冷、干燥、严重缺氧，使长期生活在高原的人都感到不适。然而，为了尽快掌握拉萨市教育工作的情况，进藏不足一个星期，孔繁森就一头扎进了基层。

堆龙德庆、尼木、当雄、达孜、林周、墨竹工卡，一个一个县，孔繁森一个一个转，跋山涉水骑马走路，有时高原反应严重，就偷偷吞几片药，到拉萨任职后仅4个月，他跑遍了所属7个县区的每一所公办学校和一半以上的乡村村办小学，走访教职员工近600人。拉萨市的55个敬老院，他就走访了48个。

“这次进藏工作完全是自愿的。我的工作热情完全出自内心。”孔繁森在拉萨市工作期间，接受本报一位记者采访时的一席话，充分反映了他“为西藏人民办实事”的人生信条。

阿里地区是西藏最神秘，也是最偏僻的地方。那雪山戈壁、茫茫大漠，很容易使人想起“贫瘠”二字，这里平均海拔4500米，被称为“世界屋脊的屋脊”；这里常年平均气温在0℃以下，冬季最低温度零下41℃，每年大风季节就有140天。

1992年的一天，阿里地委书记这副担子摆在了孔繁森的面前。

此时，孔繁森已年近五十，医院诊断肝有毛病，能否翻过桑木巴提山尚是未知数，何况要在狮泉河开展工作。

但是，勇于吃苦的他没有过多为自己考虑，就把到阿里工作当成自己人生经历中的一次严峻挑战，毫不迟疑地接受了组织的任命。

情系高原心系教育

1992年2月15日，农历大年初二。孔繁森换了一身干净衣服，来到拉萨的一家卡拉OK厅，忙忙碌碌过了一年，今天，他想要放松一下。

熟悉老孔的人都知道，老孔喜欢唱歌，他最喜欢唱的歌有三首，一首是《骏马奔驰保边疆》，一首是《说句心里话》，还有一首就是那年春节他在卡拉OK厅里唱的那首，歌名叫《少年壮志不言愁》：

几度风雨几度春秋

风霜雪雨搏激流

……

为了母亲的微笑，为了大地的丰收

峥嵘岁月何惧风流

一年后，老孔唱着这首歌踏上了西行阿里的长路，踏上了人生的又一段征途。

阿里之高，有人不寒而栗；阿里之苦，有人望而却步。年近半百的孔繁森，青春已逝，壮志犹存，他去了，去得那样坦然，去得义无反顾——因为这是党的需要，这是人民的需要。孔繁森就是这样一个人，没有套装，也没有套话。和他许许多多的爱好相比，他更爱干实事。

尼木县是拉萨市属最远的一个县，该县卡若乡有一个名叫指南的小村庄，指南村里有一所村办小学，学校只有1名教师和6名学生。1990年夏，孔繁森视察工作来到卡若乡，当他听说，这位老师在自己四个孩子均需照料的情况下，仍坚持每天走两里路到校上课时非常感动，作为分管教育的副市长，他一定要去学校看一看。从乡里到学校要翻越一座4000多米高的山，这山又陡又险，当地人见了都直摇头。县里的同志劝老孔不要去了，可他却坚持要去看望这位老师："我去看看，能不能帮帮她的忙。"

山的确很高很难爬，孔繁森沿着山脊爬了不到五分种就感到体力不支，他面色铁青，嘴唇发乌，呼吸急促，同行的同志为他担心："行吗?"他没有回答，稍稍休息一会后，又继续向山项爬去。

孔繁森见到了这位4个孩子的母亲、6个学生的老师。老师很激动，因为孔繁森是第一位到她家里来的"上面"的领导；孔繁森很内疚，他觉得自己早该来了。孔繁森亲切地称这位老师"阿佳啦"（大姐），"阿佳啦"给孔副市长详细介绍了学校的教学情况，也向老孔反映了办学的苦衷和困难，希望领导能解决。这一天，大家坐在一起聊了很多很多，听说这位"阿佳啦"晚上还在村里办夜校，孔繁森满意地笑了。

老孔离开县里的时候，专门叮嘱：要想方设法改善指南村小学的办学条件，争取把指南村小学越办越好。

以后几年里，孔繁森一直没有机会再到指南村。岁月流逝，两年前，当记者向孔繁森问及此事时，老孔已经想不起那位乡村女教师的名字了。但是，指南村艰苦的办学条件，他却怎么也忘不掉。事实上，从回到拉萨开始，指南村小学的一切始终在老孔的脑海中闪现。他感到自己的担子很重，同时，他的决心也更大了："一定要为彻底改变拉萨市落后的办学条件和生源不足状况拼一回！"

在拉萨市工作的几年里，老孔一年四季忙个不停。他把时间分成两半：一半时间往县区基层单位跑，一半时间留在市里处理日常工作。有时，市里在位的领导少，工作量相对增加，他宁可加班加点，把本属于休息的时间搭进去，通宵达旦地工作，也从不占用下基层的时间。在拉萨处理日常工作时，孔繁森也经常挤出时间到市区基层单位调查。许多个夜晚，在拉萨的许多学校，人们总能看到老孔的身影。他独自一人站在教室外，细细地观察着上夜自习的学生们，一站就是一个多钟头，教室里的灯光洒在老孔的身上，老孔的身影印在校园里一排排稚嫩的杨树上。这年冬天，老孔听说拉萨市师范学校的学生思想有些波动，他三番五次骑车到学校，一面了解情况，一面找同学谈心。夜深了，他又一个人骑车赶回市委大院。

从学校的教学到教职工的思想、工作、生活情况；从学校的后勤管理到学生的思想状况，他都亲自过问。他就是靠这种办法，在刚到拉萨仅四个月的时间里，跑遍了拉萨所属八县区的每一所公办学校和一半以上的乡、村办小学，走访了600多名教职员工，掌握了拉萨教育的基本情况。与此同时，孔繁森在脑海里一遍又一遍酝酿和完善着关于发展拉萨教育的新设想。这个设想经过与市委、市政府的其他领导和市教体委的多次研究、商讨，开始实施，确保了儿童入学率和入学巩固率逐年上升。

拉萨教育事业成绩斐然，孔繁森同志为此付出了一个共产党员、一位领导干部所应付出的全部精力和满腔热情。

孔繁森关心教育胜过关心自己。1991年，他因一次意外的车祸住进了医院，伤势十分严重。当时，医院方面决定让他速回内地治疗，可他离开医院的当天，就一头扎进了办公室。下午，他带着39℃的体温，在眼睛充血、视力没有完全恢复的情况下，又骑车到学校去处理问题。

几天后，在领导和医生的再三催促下，他才赶回内地治疗。在上海一家医院，医生为他拍了脑片，大脑严重萎缩，医生关切地告诉老孔："你现在的大脑已经相当于六十多岁老人的大脑了，要好自为之啊！"然而47岁的孔繁森不顾医生劝阻，在治疗刚刚开始不久，便离开病床，带着工作组赴北京、重庆、杭州、合肥等16所内地西藏中学考察去了。每到一地，他不顾病痛折磨，白天晚上与师生座谈，回到住地，他自己熬中药，就这样度过了两个月的"病假"。

考察结束后，他又一次回到老家山东治病，但当他听说市里领导少，工作忙，便又匆匆办理了出院手续，离开了家，妻子这时也因疾病住进了医院。

这年秋天，孔杰带着妹妹来拉萨看望父亲，老孔没时间去机场接孩子，更没有时间陪孩子逛逛拉萨城。二十多天过去了，孩子们要走了，临别时，孩子嗔怪地说："爸爸您的精神值得我们学习，可您也不能为了工作连命都不要了啊！"

一个把工作看得高于一切的人，是任何困难也压不倒的

汽车西出阿里不久，就开始爬高。越往西去，海拔越高，自然条件越差，坐在车里，让人感到胸口发闷，嘴唇干烈，呼吸不畅。这种生理现象随着汽车向前行驶而不断加剧——因为空气越来越稀薄。

翻过一座大雪山，驶过第21道班，汽车开始进入“世界屋脊的屋脊”——阿里地区。这里，平均海拔4500米。

1993年初，作为18年来阿里地区第四任地委书记，孔繁森就是沿着这条道路赴阿里就职的。汽车驶入阿里境内，孔繁森的工作就开始了。此时，祖国内地已是早春时节，水暖花开，而阿里高原却仍是冰天雪地。孔繁森沿途边走边看，他发现，阿里人民的生活远远比不上自己的想象，牲畜更是瘦小。

“这是为什么呢？”孔繁森在心里问自己。这些年来，孔繁森在拉萨市一直分管文化教育等工作，对经济工作没有经验。但这难不倒他。“没有调查研究，就没有发言权，对，到下面看看去。”于是，从西行进入阿里的第一个县开始，孔繁森就着手进行调查研究。在到达阿里首府——狮泉河镇时，他终于找到了影响阿里农牧业生产和阿里人民生活的原因——“黑灾”。

近年来，阿里的空气总是显得特别的干燥。事实上，从1992年到1994年的连续三年时间里天不下雨，地不长草，40万平方公里的土地没有得到一滴水的滋润。

天不下雨，地不长草。这意味着阿里数十万头（只）牲畜无处觅食；这意味着阿里6万多人口在党的领导下，在全心全意奔小康的征途上，不得不首先解决吃饭穿衣等一系列基本问题；这意味着阿里农牧业产值和人均收入的逐年下降；这还意味着阿里地区社会发展的停滞不前。

面对肆虐的“黑灾”，生活在这片土地上的农牧民没有向天公低头。三年来，全地区6.6万人民在地委、行署的带领下，团结一心，奋发图强。面对“黑灾”，农民和牧民挽起了手，大家挽起了手，与天地抗争，与贫困抗争，奏响了一曲社会主义的抗灾壮歌。孔繁森被这一曲壮歌深深地感染了。阿里人民不屈不挠、艰苦奋斗的精神教育着他，鼓舞着他，激励着他。作为一名肩负着党的重托和对西藏人民有着深厚感情的领导干部，作为一名普通的共产党员，他走到了阿里人民当中，投身于这场特殊的“战斗”，他要和阿里人民一起实现“战胜灾害，脱贫致富奔向小康”的伟业。

孔繁森从东三县风尘仆仆赶到阿里首府——狮泉河镇。刚放下行李，他就和地委行署的同志们碰了个头：“地区的情况，我不太熟，这次从拉萨来，一路上也只是粗略地看了看，我想再到其他地方跑一跑。”孔繁森说出了自己的打算。

“老孔，你刚来，要多注意休息啊！”地委和行署的同志担心孔繁森身体吃不消，可他却说：“没事，我能行！”就这样，孔繁森顾不上好好休整一下，便立即和地委、行署的其他领导同志赶往普兰、札达的农牧业生产第一线现场办公了。

持续几年的干旱，低温气候，加上频繁的暴风雪天气，使阿里农牧业生产举步维艰，农牧民生活困难重重。严峻的现实也是对阿里新一届领导班子的考验，以孔繁森为首的地委、行署领导班子抱定了一个信念：“要为阿里的老百姓干实事。”他们深入基层，亲临特困地区夜以继日地工作，认真细致地研究方案，制定措施。通过对七县的实地考察，孔繁森看到了自己所面临的诸多困难。同时，他的信念也更加坚定了，思路也更加清晰了。他深深感到：“要彻底改变阿里贫困落后的面貌，首先要让广大群众树立起战胜灾害和摆脱贫困的信心、勇气。”

这一年，孔繁森接连数次深入乡村牧场，嘘寒问暖，把党的温暖和政府的关怀送到各家各户。每到一地，老孔总要和乡亲们坐在一起聊上很长时间。老孔说一句，随行的藏族干部就向群众翻译一句，更多的时候，老孔是用眼睛和手势同乡亲们交流。乡亲们喜欢和这位穿军裤、皮夹克，戴着军帽的汉族领导聊天、喝茶。从他那闪亮的目光中和时时挥起又落下拳头的动作里，乡亲们渐渐悟出了些道理："要保住牲畜，保住农田，等到开春，日子就会好起来！一定要做好防大雪，抗大灾的准备！"

春节快要到了。这几天，阿里的气候有些反常，像是在"焐雪"，地委、行署的同志们都绷紧了弦，孔繁森心里尤其着急，他放弃了节假日的休息，每天守在电话机旁，不间断地同各县联络，询问那里的天气和群众们生产生活的安排情况。

几天后，暴风雪来了——这是最近五十年来，阿里最大的一场雪！先是噶尔、札达，然后是普兰、日土、革吉，还有改则、措勤，几乎是一夜之间，阿里40万平方公里的土地尽被白雪覆盖，全地区七个县均不同程度受灾。消息传到狮泉河镇，地委、行署立即组成三个工作组分赴灾区。孔繁森率队奔赴较贫困的革吉、改则两县。

来不及作更多的部署，一切只有到灾区后研究解决。孔繁森跳上汽车。东出狮泉河，汽车掠起阵阵雪浪，一排红柳树印入眼帘。此时，附近的农田已被大雪覆盖，只有红柳——这阿里高原上唯一的树种在风中摇曳，银白色的世界里她的色彩最亮丽，她的生命最顽强！

这一瞬间闪过的红柳，永远地留在了孔繁森的心中。

在革吉、在改则，孔繁森每到一个受灾点，首先看望的是群众，首先了解的是灾情。厚厚的雪埋没了农田，埋没了草场，到处是白色的荒凉。来到灾区，孔繁森才发觉，雪灾比预料的要严重得多；大批牲畜已经死去，还有一些在雪地里挣扎、呻吟；群众的处境也十分困难，生产不能继续，生活没有保证。来到灾区，孔繁森心情又沉重了许多，他仿佛是看到自己家人生活在这样恶劣的环境中一样，他流泪了，他从身上掏出仅有的300元钱交给了灾民，他脱下身上的棉衣毛裤留在牧民的帐篷里……

在改则，在革吉，孔繁森一面深入灾区，帮助灾民抗灾，一面根据当时严峻的形势，向全地区提出了“先保人、后保畜，尽快恢复生产”的抗灾指导思想。

晚上，孔繁森躺下身，却怎么睡也睡不着。他在替自己，也是在替几万阿里人民思考着一个深刻的问题：“世代以游牧为生的阿里人怎样才能摆脱靠天养畜，靠天吃饭的命运呢？”在接下去的整整十六个日日夜夜里，孔繁森连续工作在海拔4700米的受灾地区。夜里，他在雪地里思考这个问题，白天，他一边帮助灾民自救，一边带着这个问题去寻找答案。

1994年2月27日，孔繁森带领工作组进驻海拔5100米的亚热区曲仓乡视察灾情，他不顾高原反应带来的头晕头痛，不顾零下41℃的严寒和恶劣的暴风雪天气，坚持走村串户，询问灾情、看望群众。由于连续工作的时间太长，孔繁森的身体明显垮了。这天晚上从曲仓乡回到住地，他忽然感到心痛加剧，胸闷腹胀，眼前天旋地转——这是严重的高原缺氧引起的。孔繁森知道，这种现象可能引起的后果。此时，他想起了家中90多岁的老母亲，想到了妻子儿女，他又一次哭了，他含着泪给通讯员小梁写了张字条，揣在上衣口袋里：“……我万一出事了，死在什么地方就把我埋在什么地方，你得每月替我给家里写封信回去，说我在西藏工作生活都好，千万不要告诉家里实情……”

苍天有情，这一次老孔没有离开我们。事实上，阿里人民贫困的生活对他而言始终是一剂强心针。他不能停下手中的工作，也不能停止思索，他曾深情地对同事们说：“越边远贫穷的地区，越需要我们为之去拼搏、奋斗、付出，否则，我们就有愧于群众，有愧于党。”

离开亚热区，孔繁森来不及恢复自己的身体，又一头扎进了积雪最厚的札达县灾区。在那里，孔繁森和工作组的同志们一起战严寒斗风雪，一路风餐露宿，饿了啃包方便面，渴了抓把雪塞进嘴里。有些地方不通车，他们就骑马去，累了，就在马背上歇一歇。20多天里，孔繁森走遍了这个县的重灾点，给乡亲们带去了党的温暖、政府的关怀，也带去了一个汉族干部对阿里灾区人民的一片真情，而他自己却因为过度劳累，到达香孜区时开始腹泻，大便失控，可他没有告诉周围的人，当人们发现时，老孔已瘫倒在床上，身体消瘦不堪……

两个多月过去了。这是暴风雪肆虐的两个月，这更是人定胜天的两个月。同时，这也是孔繁森同志一生最美丽的诗篇，它浓缩了孔繁森同志坚强的党性，忘我的“公仆情”和质朴的“民族情”！

两个多月里，阿里各族干部群众，同心协力，终于战胜了雪灾。由于孔繁森同志及时提出了“先保人、后保畜，尽快恢复生产”的抗灾思想，使阿里在这场五十年来最大的雪灾中没有饿死一个人，没有冻死一个人。

5月，天上的雪停了，地上的雪化了，万顷草场泛出青绿色的希望。此时此刻，孔繁森又开始了他的“基层行”。

孔繁森以艰苦奋斗、无私奉献的精神和细致入微、扎扎实实的工作作风，在就任阿里地委书记的短短一年多时间里，先后15次深入基层调查研究、现场办公。一年多来，他涉足了阿里7县106个乡，行程8000多公里，接触了全地区5000多农牧民群众，被人们称为“药箱书记”“基层书记”。

鞠躬尽瘁为阿里

1993年6月，阿里地委、行署组织综合工作组奔赴各县区、乡检查贯彻区党委四届六次全委扩大会议精神的情况和各地开展“换脑筋”大讨论的情况。这次检查为孔繁森带领的阿里新班子增添了许多信心。从检查结果看，通过学习和讨论，阿里地区干部职工和广大农牧民群众的思想认识有了提高：姓“资”姓“社”和“左”的束缚被逐步冲破。“三个有利于”被群众广泛接受，“等、靠、要”的思想得到了一定程度的扭转，求实务新的风气逐步确立。当时机关一些干部、职工主动要求承包企业，希望在市场经济的洪流中拼搏一场。普兰两德乡的群众竟自发到银行贷款办起了第三产业，这是阿里发展史上极为少见的。这充分说明了广大农牧民求富若渴。地委、行署的领导们看在眼里，喜在心上。同时，他们深深感到，必须尽快出台相应的政策。

1993年8月，孔繁森就任阿里地委书记第四个月。在对全地区7个县进行广泛调查之后，代表地委、行署提出了促进阿里改革开放、经济发展和社会稳定的大体构想。他提出：“我们要进一步解放思想，更换脑筋，以建设有中国特色社会主义的理论为指导，破除山谷意识、封闭观念，树立大开放、大引进、大市场、大发展的思想；要用足用活自治区给予的各项优惠政策；要积极调整产业结构，加速农牧区经济的发展；搞好农田、水利、草场建设，逐步改善农牧业生产条件，扭转靠天养畜、靠天种田的局面，进行农牧业综合开发，向现代农业深度挺进；要发挥当地资源优势，以市场为导向，大力兴办县乡镇企业，加快农牧民脱贫步伐；要进一步树立通贸兴边的思想，大力培育市场；努力抓好矿产、外贸、旅游三大支柱产业，增强阿里地区的自我发展能力；加强外引内联，进一步扩大对外开放；增加投入，促进教育事业的发展，制定优惠政策，引进人才，用好人才；坚持‘两手抓，两手都要硬’的方针，进一步做好稳定局势的工作。”

在众多的设想和规划中，应该首先解决哪一项呢？孔繁森认为基础设施建设应该放在最前面：“这已经不是什么认识问题了，而是要尽快、扎实地干起来！”

长期以来，阿里人民靠天养畜、靠天吃饭和自然经济状况一直没得到彻底的改变，阿里人民因此饱受风霜雪雨、旱涝虫沙之苦。为了摆脱这种窘境，阿里人民已经付出了几十年的努力。孔繁森到达阿里后，也十分重视，支持阿里基础设施建设，事无巨细，他都亲自过问，1993年8月，孔繁森向自治区领导汇报工作时迫切提出希望自治区增加对能源、交通的投入，他说："从现在起阿里要加快狮泉河电站的建设速度，尽快使普兰、札达电站立项上马，安排革吉、改则、措勤复光电站扩容，同时修通安狮公路和拉普公路……改善阿里地区经济发展的基础条件。"在他的积极倡导和直接领导下，阿里防抗灾基地、狮泉河给排水工程、五县住房改造工程、狮泉河大桥等基础设施已经列入了自治区三十周年大庆建设项目，前期工作已经开始，措勤复光电站竣工了，普兰和札达的电站已经完成了所有前期工作。1994年夏天，中央第三次西藏工作座谈会在北京召开，为给阿里即将上马的工程争取资金，孔繁森提前到北京，跑上跑下，忙得不可开交。会后，他又在北京为阿里电站、桥梁公路争取资金，直到秋天，孔繁森才赶回拉萨参加自治区四届六次全委扩大会。从第三次座谈会到扩大会，孔繁森深深感到，一次大的机遇来到了，他高兴地对大家说："这是我党治藏方针中最精彩的一笔！"这一段时间，他不停地找人座谈、查找资料，他要为阿里即将到来的大发展打好基础。扩大会结束时，正值全国民族团结先进集体、先进个人表彰大会即将召开，作为代表，大家劝孔繁森先去北京领奖再回阿里，老孔说："没关系，领奖还有机会。"

然而在1994年12月3日举行的全区民族团结表彰会上，人们再也看不到孔繁森的身影了。

9月20日，孔繁森乘座的汽车疾驶在通往阿里的公路上。他开始了对改则、措勤、革吉三个纯牧业县的以扶贫工作为主的视察。这天，他和随行的记者一起在措勤度过自己生命中的最后一个中秋节。

阿里是全国重点扶贫开发区，做好贫困户的思想工作，帮助他们摆脱贫困一直是阿里工作的重点之一。一年多来，孔繁森心里最放不下的就是全地区贫困户的脱贫大事。

9月21日，孔繁森一行驱车前往措勤县磁石区门董乡调查了解生产生活情况，进一步落实抗灾、扶贫救济粮款的发放工作，部署下一步的扶贫工作。孔繁森认真听取了门董乡乡长嘎玛加措等同志的介绍后说，扶贫的关键是扶持生产力，从根本上解决问题。他要求基层干部，一定要带领牧民群众发展生产，安排好群众生活。

9月22日，孔繁森来到改则县。改则是自治区和阿里地区的扶贫重点县，孔繁森尤其关心改则北部区九乡的脱贫致富问题。当天下午，他召集大家研究工作。第二天一早，又率领县领导前往距离县城200公里以外的察布区玉扎乡了解群众生活。孔繁森一行来到玉扎乡第三村，乡里的领导正在组织群众学习“两会”精神，孔繁森便和同来的人一起走进帐篷，开始了现场办公。孔繁森语重心长地告诉大家，扶贫是改则县北部贫困区经济发展的突破口，要打好扶贫攻坚战，必须统一思想，发展生产力，调动广大群众的积极性，引导群众以牧业为基础，发展商品经济，发展运输业、采矿业等多种经营。这天晚上9点多，孔繁森又忙着去慰问群众，直到晚上12点多才离开。回到县城后才吃晚饭。24日一大早，孔繁森又在县招待所与县领导交换意见，就开发性扶贫等工作提出了具体要求。

扶贫，说明阿里还很贫困，一些人因为这贫困而对阿里失去了信心。在很多人眼里，阿里的贫困似乎难以改变。然而，孔繁森却从阿里的贫困中找到了财富；从阿里的落后中找到了新的起点；从阿里的封闭中看到了广阔的前景。1994年6月9日，孔繁森在《西藏日报》发表了一篇题为《发挥优势，重点突破，加速经济建设步伐》的署名文章。这篇文章在阿里引起了很大的反响。它给全地区各县广大干部以极大的启示、鼓励和鞭策，使人们清楚地认识到阿里的优势、潜力和希望所在："阿里有党中央、国务院、自治区党委和政府的关心支持，而且这种关心支持将会随着形势发展越来越大，越来越多，这无疑是阿里发展的一个十分有利的条件；阿里已成为许多国家瞩目的边贸旅游热点之一，一些国家迫切要求与我们进行边贸和来阿里观光旅游，这一切为我们加快改革，扩大开放，提供了历史性的机遇；阿里还有丰富的畜产品资源、矿产资源和旅游资源。"

根据阿里的优势和劣势对比，从阿里各县产业结构出发，孔繁森认为，阿里可以划分为西南部、中部、东部三个开发区，即：普兰、札达外向型经济开发区，日土、噶尔多产业综合性经济开发区和革吉、改则、措勤畜产品经济开发区。制定这样一个切实可行的发展规划，目的只有一个，那就是：使阿里尽快走上持续、快速、健康的发展道路。为了这个目标，孔繁森忘我工作，不停奔波。

1994年11月24日凌晨两点，孔繁森在同陈汉昌同志分手时，匆匆写下了阿里地区发展过程中亟待解决的十三个问题，希望工作组能够上呈自治区党委和自治区人民政府，这些问题很快得到了批示，12月中旬，自治区办公厅将关于十三个问题的处理意见电传到了阿里地委。

孔繁森没有听到这个令人振奋的消息，11月29日，在前往新疆塔城地区考察边贸的途中，孔繁森同志不幸因公殉职。

孔繁森匆匆离开他眷恋的这方沃土，离开了他热爱的事业。然而，他与藏族人民并肩奋斗，脱贫致富，振兴西藏的雄心壮志和桩桩实绩却永远留在了人们心中。这一切，雪山可证，苍天可表！

下篇——他与西藏人民同呼吸共命运心连心

铭刻在心中的字幅

迟浩田上将，是一位山东籍的将军，不知是何原因，孔繁森同将军早就相识。1990年，将军随同江泽民总书记来西藏视察，离京来西藏之前，将军就为这位同乡故识准备了一份“厚礼”，是将军的一幅亲笔提词：“同呼吸共命运心连心”。别无它物，明明白白表达了将军对这位同乡的真诚心愿，决定到拉萨后亲手交给孔繁森。

一个风和日丽艳阳高照的中午，一辆小车穿过拉萨街头向拉萨市委大院驶去。这时，孔繁森这位当时的拉萨市副市长正在家中伏案批阅文件，这是他多年的习惯，批阅公文一般都利用业余时间。铛铛铛，门外响起了几声清脆的扣门声。门一开，孔繁森惊呆了，竟一时忘了请将军进屋。他没有想到公务繁忙的将军会亲自登门。等回过神来，才忙把将军迎进他那简朴的居室。

将军整日陪同江泽民总书记奔波视察工作，很忙，只与孔繁森作了简短的交谈之后，便亲手将事先准备好的饱含着将军对这位同乡全部希望的“礼物”交给了孔繁森。他打开一看，喜出望外，连连向将军道谢。他明白将军的心愿，更懂得这份“礼物”的分量和内涵。送走了将军，回到居室就忙着把将军的题词挂在了厅堂最显眼的位置，不是为了让别人看，而是为了时时鞭策自己，提醒自己，“不能辜负将军的深切期望。”

孔繁森永远地去了，离开了他热爱和更爱戴他的西藏人民，将军听到了这个消息一定会很悲伤，然而，我们要告慰将军的是，孔繁森没有让将军您失望。从孔繁森第一次来到西藏这片土地的时候起，他就把那颗赤诚的心完完全全交给了西藏人民，把自己的根深深扎在了西藏这片高天厚土上。在岗巴，人民群众称他是和百姓同呼吸、共命运、心连心的好书记；在圣城拉萨，人民群众称他是百姓的“活菩萨”、和人民心连心的好市长；在有“世界屋脊的屋脊”之称的阿里，他把全部的爱又无私奉献给了那里的人民。

平坦的鲁西北平原，孔繁森的家乡。他在那里出生，他从那里长大；那里有含辛茹苦养育他的母亲，那里有爱他理解他，为了支持他的事业心甘情愿做出自我牺牲、默默承担起家庭重担的妻子，那里还有他的亲生骨肉。他爱他的家乡吗？他说他爱；他爱他的亲人吗？他说他爱；家乡、西藏、亲人、高原人民同时放在感情的天平上，他说他更爱西藏和高原人民。

“为什么对西藏会有这样的感情？”几年前，记者采访孔繁森时曾提出过这一问题，开始他没有正面回答，而是进入了回忆。

“70年代的最后一年，组织决定我到西藏工作，最初有点不太情愿，地委组织部找我谈话时说，支持西藏、建设西藏，是中央的决定，西藏还很落后，需要更多的共产党员、党的干部去奋斗，以加快西藏经济发展的步伐，使那里的人民尽快过上富裕的生活。组织部的领导还谈到到西藏工作首先要搞好民族团结，要像当年十八军那样模范地执行党的民族政策，像爱家乡人民一样爱西藏人民，脚踏实地为西藏人民办事，就会赢得人民的爱戴，取得人民的支持，才能更好地开展工作。我是个年青的共产党员，没有什么可以讨价还价的理由。”

“我那时很年轻，只有30多岁，工作经验不足，就完全按组织提出的要求做。当我深入到群众中后，同群众同吃同住同劳动的过程中，深深感到西藏人民非常纯朴、勤劳，感情非常丰富，他们给了我许多爱，我觉得我应当为他们干点什么。”

说着，他将目光移向窗外，投向远方，那方向不是他的家乡，是他第一次进藏待过的地方——岗巴县昌龙乡。

转眼三年过去了，孔书记要调回家乡的消息在昌龙乡人的心中炸开了锅。老人们好不伤心：“孔书记啦好人啊！这样的好书记怎么这么快就调走了呢？要是不走我们昌龙人就有盼头了。”年轻人、中年人都不吱声地忙着，买哈达备礼品，做青稞酒，家家户户停了工。孔繁森离开岗巴的这天，老支书格热带着乡亲们顶着清冷的晨星，风风火火直奔县城。

到了县城，天刚放亮。县委门口挤满了送孔繁森的人。老支书引着乡亲们快步冲进人群将孔书记团团围住，哭着说着：“孔书记啦，您就留下吧……”孔繁森感动的哭了，在场的许多人也哭了，县委、县政府的其他领导只好忍不住地催孔书记上车。乡亲们知道是留不住了，边哭边给孔繁森敬青稞酒、献哈达、送礼物，边说：“孔书记啦，再喝一杯咱昌龙的青稞酒吧，带上这洁白的哈达吧！菩萨保佑您一路平安。有机会再来咱昌龙……”老支书格热挤上前：“孔书记啦，您放心去吧，我们一定按您说的去办，搞好生产……”

太阳慢慢地移向了中天，孔繁森挥泪与乡亲们依依难舍地告别，上了车他对乡亲们说：“我有机会一定会再来的!”

他来了，组织的决定；他走了，组织的安排，走得是那样的不情愿，但他的心、他的爱却留在了岗巴、昌龙，留在了高原。家乡，母亲、妻子、儿女，再也拴不住他那颗心。他又来了，那却是爱的驱使，情的感召，事业和使命的召唤。

“一个共产党员，一个党的干部在感情的天平上，只能把砝码放到人民一边。”这就是孔繁森的情结。

孔繁森的小药箱

打开感情的闸门，敞开心扉，孔繁森再一次热情拥抱西藏，热情拥抱西藏人民。他说：“我要用全部的爱回报给爱我的西藏人民。”

从鲁西北平原，孔繁森第二次踏上西行的列车，和第一次一样，没有带什么东西，人们只是发现比第一次多了一个小药箱，是医生出诊用的那种专业的药箱。他在拉萨任副市长时下乡最多，而且每次下乡都要买满满一药箱药品带在身边。

记者与孔繁森是故交，堪称知己。虽早知他有个小药箱，但却一直没有在意，以为是他自己备用的。后来他身边的人无意中说他的小药箱是有特别用处的，并说孔市长不让对别人说，这才引起记者的注意。一次闲谈中，记者提及此事，他有些吃惊：“谁告诉你的，是不是……”“别瞎猜”，记者忙接过他的话头：“有什么不能对朋友讲的？”沉思良久，他一本正经地说：“我最怕你们这些记者知道，已谢绝过许多家记者的采访了，都是小事一桩没什么好宣传的。”

“没说要宣传，只想知道。”

“那好，作为朋友就告诉你，但不许对别人讲。”

“绝不对任何人讲。”记者向他保证。

听如此说，他才不得已道了出来。

“其实没有什么，西藏缺医少药，特别是农牧区群众更是如此，我在部队医院学过医，用自己的一点特长借下乡之便为群众做点力所能及的小事罢了。大病看不了，头痛脑热、感冒发烧还是可以对付的。”别的再不肯讲了。

后来，我又从他身边工作的人那儿了解到，孔繁森每次下乡，总要花二三百元买一箱子药，工作之余，中午或晚上就走家串户或到敬老院为群众看病送药。但我一直没有对任何人讲，更没想报道，如今已没有再为他保密的必要。

在拉萨工作几年，他为数千名群众看过病送过药，用去了他多少工资，他身边的人也不清楚。最清楚的就是，拉萨有55个敬老院，几年中孔繁森去过48个，有的还不止一次，都为其检查过身体，为老人们准备一些药品，老人们的健康情况他心里一清二楚。拉萨的群众都知道孔繁森会看病，群众不知道他的药是自己买的，只要见到他就簇拥着要他看病。身边的人不忍心看他经常为此把自己搞得精疲力尽，劝他多注意身体，他却说："群众有病得不到及时治疗你能忍心看着不管?" 视人民为父母的孔繁森当然不会不管。

有一次下乡到堆龙德庆县，吃过午饭他背起小药箱独自向一所乡敬老院走去。一间房一间房地看望老人们，又问寒又问暖，然后就一一为老人们检查身体。赶到旺姆老人门口时，听到房里一阵咳嗽声，推门疾步跨进房间一看，躺在床上的旺姆老人有些上气不接下气，脸涨的发紫。一检查发现老人肺部有感染的症状，心脏也不好，忙从药箱里取出消炎、止咳药给老人服下，并把所有的消炎止咳药品都留给了旺姆老人，又在药箱里翻遍了没找到治疗心脏病的药品，就把这事暗暗记在了心里。他想扶老人起来在被子上靠一会，可老人说腰痛。"有多长时间啦?"他问。"老毛病，好多年了。"孔繁森一阵心酸，眼圈红了："这么多病怎不去医院看看？" 一旁的敬老院的负责同志接过话头："难呢！经费太紧张。"

孔繁森想发火，可没发出来，回到县里他指示县领导一定要解决好敬老院老人们衣食住行和就医的问题。回到拉萨自己到处跑着买药品，消炎的、止咳的、治疗心脏病的和治腰痛病的，买了一大包及时托人带给旺姆老人。旺姆老人听说孔市长从拉萨专门托人又给她带来许多药，感动的泪水止不住地流："孔市长啦好人啊！共产党的奔布啦就是好啊!"

“菩萨”在西藏老百姓心目中是救苦救难的，孔繁森在许多老百姓心目中常被看作是“活菩萨”的化身。记得是在墨竹工卡县，一日清晨，太阳还藏在山的背后没有露出头来，孔繁森像以往下乡一样，没吃早饭，背起小药箱径直顺着小路向敬老院走去，一进院就听说有一位老人病了，病的很厉害，人们手忙脚乱不知如何是好。孔繁森跑到老人面前一看，确实病得不轻。敬老院的车不在，他二话没说，背起老人直奔医院而去。挂号、化验、打针……孔繁森背着老人在医院整整转了一个上午，累的汗水直顺着脸往下流。

看着这位不像老人的儿子却比亲儿子还亲的干部，医生护士直纳闷：“他是谁？和老人什么关系？”好奇地问老人，老人只是一个劲地重复着一句话：“真是活菩萨呀！活菩萨呀！”

1993年，孔繁森调任阿里地委书记，临行那天，送行的人们发现他简单的行李中，仍然放着那个小药箱。

在阿里一年多，多次深入基层，每次下去小药箱还是没离开他的身边。阿里的干部们说，孔书记接触过的群众达5000人之多，绝大部分或让他看过病，或是检查过身体，或送过药品。虽说如此，阿里的很多群众却并不知道他是书记，也不知他叫什么名字，群众中只流传着这样一句话：“地区有个会治病的大奔布啦！”

日土县过巴乡，是个有500人的贫困乡，地理位置偏僻，自然条件差，加之缺医少药，疾病流行。孔繁森对此非常了解，由陈汉昌同志带领的自治区工作组前往过巴乡调查，他陪同前往，一下车群众就簇拥上来团团围住让他看病。他从车上取下小药箱耐心地一一为群众看了起来：诊断、发药，一连诊治了40多个人后，小药箱空了才不忍心地离开了显得有点失望的群众。孔繁森的心情也极不平静，在他到阿里后曾下功夫抓了医疗卫生网点建设，改善乡村医务人员待遇，大力推广中草药等工作。无奈地区底子薄，群众缺医少药、就医难的问题一时难以完全解决，作为地委书记的他焦急之情难以言表，很多时候不得不默默做一个义务医务工作者，为更多的群众解除痛苦。哪怕是再苦、再累他也心甘。

孔繁森带领工作组到亚热察看灾情，工作将要结束时，在一个村庄听说有两个失去父亲的兄妹被不知什么疾病折磨的口鼻出血，气息奄奄，愁的孩子母亲哭天叫地，不知如何是好。孔繁森得悉前往，一看情况危急什么话也没说，抱起两个孩子放到自己车上，让司机立即开车赶往地区人民医院。交住院费、办住院手续样样都是亲自去。两个孩子住院后，又亲自出去购买营养食品，亲自烹调，亲自抚喂照料两个病中的孩子，天天如此，不管工作多忙、身体多么疲倦从不间断，直到两个孩子健康出院。堂堂一个地委书记，职务不算小，为了两个孩子却能如此操劳，日日挂在心上，确实难能可贵。两个孩子的母亲得悉这一切后感动的泣不成声："孩子的父亲刚去世两个月，如果再失去两个孩子，我活着就没有意思了……"无数感激的话自不必说。在场的人无不被感动得泪流满面。孔繁森以一个党的干部对人民无限的爱换回了两个孩子的生命和这位母亲对生活的希望，更赢得了广大人民群众对党的热爱之情。

不管是作为拉萨市副市长，还是作为阿里地委书记，孔繁森同志所采取的方式都是自己亲自去做，实实在在，始终如一。阿里地区政协副主席平措在悼念孔繁森同志时说过这样的话："孔书记在到阿里不到两年的短短时间里，基本跑完了阿里的山山水水、田野牧场、贫困农牧民的家庭，我们有些农牧民连县领导都没有见过，可他们见到了我们的孔书记……"

阿里政协副主席赤来说："孔书记是位全心全意为阿里农牧民及干部职工服务的同志……每当他发现贫困的农牧民群众，都要伸出温暖之手，不是给钱给物，就是问寒问暖。孔书记这种关心群众疾苦，为了群众他甘愿付出自己一切的精神，永远值得我们学习。”这是我们统战爱国人士的心声，又何尝不是人民群众的呼声呢！据最少的估计，十多年来孔繁森仅为藏族人民看病治病也要花去他三分之二的工资收入。他有过一句让记者记忆犹新的话：“一个人爱的最高境界是爱别人，一个共产党员爱的最高境界是爱人民。”这就是孔繁森真正的品格和情操。

母亲的生日·昌龙人的中秋节

昌龙乡是孔繁森第一次援藏住过的地方，那里寄托着他无限的情和爱。他二上高原就是被这情和爱牵引来的。“我要把心把根扎到西藏，踏踏实实为西藏人民办点事。”第二次进藏来到拉萨后，孔繁森的心仍时刻挂念着昌龙人民。几年过去了，昌龙的乡亲们生活有没有提高呢？有机会该去看看才好。公务繁忙的孔繁森一直这么想。

一个偶然的机会使孔繁森如愿了。他接到了去日喀则地区开会的通知。

会议如期举行。就在会议召开的那几天的夜晚，满脑子老是昌龙，老支书格热和乡亲们的身影不断出现在他的梦中。会议结束的头一天，他就告诉司机把车保养好。坐在会议室里他的思想抛锚了，他想起了老支书格热。在昌龙时，他和格热一个锅里吃饭，一起下地劳动，平整农田，挖泥塘，晚上坐在一个起谈昌龙的发展规划……格热今年也快七十岁的人啦，身板还硬朗吗？想到这里，突然间一个老人的身影出现在脑海中：90岁的老母亲，今天不正是老人家的生日吗？唉，怎么把这事忘了，总该给老人家打个电话或寄点钱。

中午，这个在聊城远近闻名的大孝子走进了日喀则地区邮局，一摸钱包，钱不多了，明天是中秋节，还要到昌龙去看望乡亲们，总得买点什么礼物给乡亲们吧？

母亲、昌龙。昌龙、母亲。他作难了。母亲养育了他，昌龙人民给予了他许许多多的爱，那次从马上摔下来，昌龙的乡亲们日夜守在身边照料，他才很快恢复健康。他坚定地走出邮局，进了商店，用所有的钱买了一大箱月饼和一些水果，中秋的晚上他赶到了昌龙。

日出而作、日落而息，是山里人的习惯。一到昌龙，孔繁森直奔老支书格热家。已准备休息的格热和爱人一见梦中思念的老书记像从天上掉下来一样出现在他们面前，喜得眼泪都流出来了。老支书格热不管三七二十一，拉过孔繁森坐在厚厚的卡垫上絮叨开来。“格热啦，先给弄点吃的好不好，肚子饿的早提意见了。”孔繁森像到了自己家里一样随便地说到。“哎呀，真该死，光顾高兴了。”老支书招呼爱人：“快做饭，快做饭。”一抬头早不见了爱人，只听院里鸡叫了起来。“对对，快杀鸡。”老支书起身去帮爱人。孔繁森拉住老支书说：“不要，不要，好几年没吃咱昌龙的糌粑，早就想啦！”

正吃着糌粑，乡亲们拥进了屋里，孔繁森和乡亲们亲热地打招呼，忙又让同来的司机拿出月饼和水果，在明亮的月光下集体过起了中秋节，和乡亲们欢乐到深夜。乡亲们走后，他又和老支书格热谈了起来，孔繁森详细地了解了昌龙的生产情况，又和老支书谈今后昌龙的改革。时针指向了凌晨四点，两个人仍意犹未尽，但老支书怕孔书记太累，不情愿地劝他休息去，自己躺在床上怎么也睡不着，孔繁森也是一样，他在想着另一个问题，怎样才能使昌龙尽快富裕起来。根据老支书介绍的情况和自己对昌龙掌握的情况，把想到的办法提笔写在了纸上。写完后，天已麻麻亮，就叫醒了司机：“趁乡亲们还没起来，我们赶紧走吧，不然就走不成了，那就要给乡亲们添许多麻烦。”趁着星光，孔繁森离开了昌龙，害得老支书格热和爱人提着两只鸡追了半天。刚回到屋里，乡亲们也提着酥油茶来了，一看不见了老书记直怪格热。格热走到孔繁森睡过的房间，拿起放在床上的纸一看，完全明白了。他给乡亲们一字一句地念着孔繁森为昌龙设计的致富蓝图，含着泪说：“我们不能让老书记失望啊！”乡亲们也异口同声。

一张汇款单

原阿里地区计委主任洛桑与孔繁森交往颇深。孔繁森去世后，记者曾采访他。当时他非常悲痛地告诉记者：“孔书记是个心里只想着西藏人民，而唯独没有想着自己的清正廉洁、大公无私的好干部。”接着洛桑叙述了一件事：有一天去孔书记处，无意中看到了一张从山东给孔书记汇来的一张800元的汇款单，经细问得知是孔书记的表弟汇给他的。问孔书记一个人在西藏为什么还要别人给寄钱，他虽没有回答，但我们都知道他的钱几乎都用在了西藏老人、困难户和孩子们的身上了。

这使记者联想到了孔繁森在拉萨当副市长时的一些事情。

孔繁森刚进藏，记者就认识他，且不时抽空去他那里聊天，一次他新买了一台电视机，却又发现在凉台上晒着的几件内衣裤全打着补丁，就开玩笑地对他说：“这么大个副市长买得起电视机却买不起几件衣服。”“哪里，那是爱人给寄来三千元钱才买的，好看新闻什么的，内衣裤穿在里面又没有人能看见怕什么。”

他的钱少吗？并不少，他在山东的那部分工资和在西藏的补贴没有给家人一文不说，妻子还先后给他寄过三次钱，加上他的一位表弟寄的，不用说自己花，就是再养两口人也该够了。没见他自己吃好的，没见他有件像样的衣服，却又一分钱没有存下。阿里地委秘书长刘明接受记者采访时还告诉记者，孔书记去世后，清理他的遗物没见一样值钱的东西，除了一个在某次会上发的一个估计价值五六百元的小收录机外，就是一套大约价值在二百元左右的西服和几件旧衣服、旧军裤和20元钱，别无它物，最多的是文件和来往信件。

在孔繁森的儿子孔杰住处，记者还见到孔繁森在拉萨的全部遗物清单，这个清单是孔杰寄遗物之前抄下来的，上面这样写着：箱子一对，小药箱一个，部分书、字画，被褥各两床，衣物四套（四季服装）和内衣裤数件，还有一些零星之物。

“没有别的东西吗？”记者问孔杰。“没有了。”孔杰苦笑道：“前天俺把俺爸的遗物拿到邮局去寄，邮局的人点着这些东西，看着俺笑了：‘没有一样值钱的东西，全部加起来也不过一千多元怎么填报了5000元价值，值吗？寄费可要3000多元呀！’俺想这是俺爸的遗物，不管值不值钱，俺都要寄回去，就对邮局的人说寄吧！他们笑了。”

“你知道你爸的钱干什么用了吗？”

“俺也不太清楚俺爸的事。”孔杰说：“俺今年都23岁了，和俺爸在一起的时间只有两三年。俺姐俺妹和俺见了俺爸都觉得陌生，很怕他，不敢跟俺爸提什么要求。他每次回去也从不给俺姐和俺带东西，给俺妹带过两次，是西藏卖的那种塑料手镯，有时回去上街给俺们买衣服，总是买那些挂着减价、处理牌子的货。给俺妈只买过一件羊毛衫，是俺爸有一次到北京出差买的。给俺妈时他说是100元，俺妈很高兴。不久，俺妈也去过北京一趟，看到到处都是俺爸给她买的那种羊毛衫，价牌上写的却只有18元。这是俺妈从北京回来告诉俺们的。这次俺妈让俺来看爸，天天跟着跑才明白了一点。”

接着，孔杰断断续续回忆着他到阿里后亲眼所见的一些事。

孔杰11月12日到达阿里，此时陈汉昌同志正带领工作组在阿里考察工作，孔繁森要与工作组一起下乡无法陪儿子，就把儿子也带上跟着到乡下跑。

“去普兰县时俺爸带了很多东西，”孔杰回忆说，“有油条、饼干、水果、衣服什么的，可在路上俺爸只给俺吃油条，俺爸也是，饼干水果一个没给俺，到了一个乡，俺爸就带俺向一个村庄走去，把水果、饼干都提着，还有一件他自己穿的棉衣，到了村庄他进了一个老人的家和那位老人说什么俺也听不懂，过了一会把东西放在老人家里出来，俺爸对着大山呆呆地站了足有十多分钟，俺不知他为什么站在那里发呆，过了一会他才说：‘这里原来有两个年过八旬的老人无人照料，两个月没来看就有一个去世了，这里有的一个县都建不起敬老院，都因为经济落后。’俺爸说着就掉下了泪。”

“俺们在普兰住了两天，离开时俺爸跟俺要一百元钱。俺不知俺爸为什么跟俺要钱，谁知俺爸拿着钱去交俺的食宿费。俺想他是地委书记，在乡下住两天还要俺交钱吗？可俺没敢问。”

“到了新疆时俺就更想不通了。”孔杰继续说，每次吃饭叔叔们让他点菜，他总是点些蔬菜，这也嫌贵那也嫌贵。在新疆还有一次听达瓦专员叔叔对俺爸说：“孔书记你是一个地区的领导，接待任务很多，这次无论如何该下决心买套像样的衣服。俺爸说：“‘我一定买。’可转了好些商店也没有买，看着这个一千多元一套，那个七八百元一套，就说太贵。”

“在新疆考察结束时，他们要去考察边贸，让俺回家，俺来时没带什么钱，俺妈说到了西藏你爸会给你的。可俺爸一分钱没给俺，还告诉俺说：‘自己把食宿费结了。’俺没敢说什么，就把身上的钱全部结了食宿费，可俺回家的路费都没有了，他也没说给俺买机票的钱，还是爸的通讯员小梁给俺先垫的机票钱。”

“怨恨爸爸吗？”记者问孔杰。他摇了摇头：“俺爸出事后，俺又来到阿里，叔叔们都说俺爸平时对自己都很严格，生活很节俭，经常吃米饭和榨菜，开水泡馍，叔叔们还说俺爸是好人，把自己节省的钱用来帮助老百姓了，俺还有什么怨恨的呢？”

是啊！儿子说得不假，叔叔们说得也不假。孔繁森每次到敬老院，总少不了给老人们送医送药，送衣送食品送钱，每次下乡总是要看望接济困难户。一次在尼木下乡，有天下大雨，他马上与县领导冒雨赶到敬老院和部分困难户家中查访，一方面指示县里设法安排好困难户和敬老院老人的生产生活，之后，他又把自己的几百元钱拿出来给困难户和老人们买酥油、茶叶、罐头、饼干送去，还把自己身上穿的衣服脱下来送给老人。

一个寒风凛冽的冬日，天空飘着纷纷扬扬的雪花，一辆丰田车驶向堆龙德庆县的桑达乡敬老院，车上坐着的就是在堆龙德庆考察教育工作的拉萨市副市长孔繁森。

风刮得这么狂，雪下得这么大，敬老院的老人们过冬的衣服被褥准备得怎么样，能抵御这样的严寒吗？孔繁森不放心，吃罢早饭就叫着司机向敬老院奔驰而来。

丰田车停在敬老院的大院门口，下了车，孔繁森踏着吱吱作响的积雪，走进每个老人的房间问寒问暖，查看老人们过冬的衣物，给老人们一一检查身体情况，当来到哑巴老人琼宗的房间时，见老人用一床被子包着脚坐在床上，孔副市长走到床边："阿妈啦，冷吗？"一旁的乡领导忙说："老人是个哑巴。"并对老人打手势告诉老人是市里的"大奔布啦"来看她。老人十分激动，就要下床穿鞋。孔繁森忙示意老人不要下床，但老人还是下来了。见此情景，孔繁森就伸手为老人拿鞋。手还未摸到鞋，心里就咯噔一下。这是一双怎样的鞋呀！一双单胶鞋，后根已经没有了，怪不得老人裹着被子坐在床上，这怎么能过冬！他心里一阵酸楚，忙去扶老人的脚不让老人下床，当孔繁森的目光看到琼宗那双脚时，又惊呆了：一双脚冻得像是发面馍，又红又肿。泪水一下子溢出了眼眶，他知道敬老院的难处和乡里的难处，没有对乡里的领导发火，轻轻把老人扶上床，用被子给老人包好脚，拿出手帕擦擦泪走了，抓紧时间考察工作。回到拉萨的第二天，孔繁森就把爱人从数千里之外的山东给他寄来一双新棉鞋托人给琼宗老人带过去。这是他自己唯一的一双过冬棉鞋，“给老人带去你冬天怎么过？”公务员说什么也不让带，“让敬老院给一双不就得了。”他火了：“我是人民的市长，能看着他们受苦不管吗？”

敬老院把孔副市长的新棉鞋交给琼宗老人，并打着手势告诉老人这是那天来看望她的“大奔布啦”特意从拉萨带来的，琼宗老人热泪止不住溢出了眼眶，竖起大拇指一个劲地点头。

冬去春来，杨柳吐绿了，琼宗老人将棉鞋换下，洗得干干净净，放在床头，整日看着看着。

1993年严冬，孔繁森得悉日土县遭受到50年未遇的雪灾，马上带人赶往日土察看灾情。日土一片白雪皑皑，厚厚的白雪覆盖了山峦和草原，他心里十分焦急且又心情沉重。下车后冒着呼呼作响的寒风和零下30℃的气温，踏着厚厚积雪奔向一个又一个乡村、一个又一个帐篷看望群众。在郭巴乡，他走进一户人家的帐篷，见这户人家个个穿的单薄，一家人穿着棉衣冻得发抖，掉头回到车上，将自己身上穿的棉衣、毛裤脱下来送给了这户人家。在他洗澡时，随从人员发现了，问他，他只说衣服放在包里。听他这么说谁也没有再说什么，只是从内心发出了理解、钦佩和愧疚的微笑。他们是了解自己的书记的，知道他每月几乎把全部的工资都用在群众和孩子的身上不说，就连妻子给他寄来购买营养品的钱也都花在了群众身上。

在海拔4700多米的革吉、改则，看到群众被雪灾所困、生活贫困的情景，看到大雪覆盖草场，牲畜挣扎在死亡线上，孔繁森立即掏出身上仅有的300元钱和衣物救济群众。虽说是大自然给人民群众带来的灾害，作为地委书记的他却觉得有愧，当有人劝他也该顾顾自己的身体时，他总是说：“自然灾害使群众很苦，我们不把党的温暖送给群众，让他们怎么生活呢！”难怪阿里的干部都说：“孔书记不仅是新时期的雷锋，更是新时期的焦裕禄和朱伯儒。”

孔繁森，为了西藏人民把自己搞得很清贫，他因多种高原病和营养不良，身体搞垮了。有一天他终因体力和抵抗力下降，得了一场病，医院要他立即住院，可他却交不起住院费，还靠自己两次献血才交上住院费用。

“他心里只有西藏”

“庆芝，公务繁忙暂不能来啦，保重，森。”绿树簇拥下的西藏军区总医院一间宁静的高山病房里，叶庆芝双手拿着电报轻轻地哭泣着。

1993年7月的拉萨，风和日丽，是避暑的好地方。一年多没有见到老孔了，叶庆芝带着儿女，从黄河岸边来拉萨，一则躲避山东酷热的夏天，二则见见老孔，享享天伦之乐。离开聊城时，叶庆芝深怕在拉萨见不到老孔，早早叫儿子孔杰给在阿里的爸爸发去了电报，年迈的老母亲更是想念儿子，私下准备了儿子爱吃的红枣和家乡的茶叶，吩咐儿媳妇一定要亲手交给孔繁森。

可是来拉萨好些天了，没有老孔丝毫消息。“是工作忙，还是病了……”叶庆芝非常着急，吃不香、睡不眠，急火攻心，终于熬不住了，住进了医院。两个孩子在拉萨，谁也不认识，妈妈住院可吓坏他们了，六神无主，既为父亲担心，又为妈妈担心。

自治区领导得知孔繁森的爱人住院后，非常关心，立即给阿里去电话，要求孔繁森迅速回拉萨。然而，此时的孔繁森正与自治区工作组在普兰县检查工作。普兰靠近印度，是国家对印度、尼泊尔的口岸。每年近半年时间的边境贸易，是阿里边境贸易的集散地。孔繁森深知边境贸易对阿里经济发展的重要作用，不但亲自过问，还时常驱车到普兰县调查研究，指导工作。此时，自治区工作组在此调查研究、检查工作，他能不在场吗？他也正有很多无法解决的问题需要自治区解决呢！这天县里接到地区转来的自治区领导要他回去的电话，他心急如焚。非常清楚，叶庆芝的身体本来就不好，能带着孩子来看他就很难为她了。自己自进藏后她既照顾老人，又抚养孩子，来拉萨住院都不能给他些温暖……孔繁森的心情久久不能平静，就在普兰给她发了一封电报。

孔繁森在山东聊城是个远近闻名的大孝子。他母亲腿脚不灵，进进出出需要背送，他便背出背进。母亲想吃什么，有什么要求，他也尽力满足，使老人日子过得很舒心，逢人便夸她有一个孝顺的儿子。可是，自从孔繁森进藏工作以后，儿媳妇要抚养三个未成年的孩子，她心想再不能给她添累了，进进出出便扶着墙一步一步慢慢向前移。本来孔繁森说好每一年半回家一趟的，可每次都逾期不回。看到儿媳妇的身体一天不如一天，看到这个家不像家的样子，老人是既怨儿子又想儿子。但孔繁森那一封封既充满对家人的想念，又露出对西藏和对西藏人民的挚爱的信，使老人一次次理解和原谅了儿子，并总催着叶庆芝和孙儿孙女们去西藏看看孔繁森。

但每次进藏，他们又总不能如愿。孔繁森总有干不完的工作：不是下乡，就是开会；不是慰问敬老院，就是给藏族群众看病……他们多么想跟孔繁森叙叙爱啊——夫妻之爱、父子之爱、父女之爱。一次次短暂相聚，一次次含泪别去，他们能说什么呢？他们知道孔繁森对西藏、对西藏人民的爱是那样炽热、那样专一；他们也知道对孔繁森的理解，就是对他工作的支持。

1989年初，叶庆芝第一次带着小女儿孔灵来拉萨看望孔繁森。这是叶庆芝第一次坐火车乘飞机出这么远的门，也是孔繁森第二次援藏后和妻子、女儿第一次见面。老孔很高兴，他多么想妻子、女儿好好住几天，也多么想带她们看看拉萨古迹啊！这天瑞雪纷飞，孔繁森早早地就回到了家，他要与妻子和女儿热乎乎地吃一顿山东包子。洗菜、剁馅、包包子，一家有说有笑，高兴得小孔灵手舞足蹈，她日夜想念的爸爸，今天又像在山东老家时那样了。包子蒸好后，孔繁森急忙拿起一个吃起来，连声夸讲："好吃，好吃。"看到老孔那馋劲，叶庆芝眼睛一下就热了。吃完包子。孔繁森看着两锅刚蒸好的包子，突然想起去堆龙德庆县桑达乡敬老院慰问时认识的孤寡老人琼宗。便装好包子，带着妻子、女儿驱车赶到敬老院，看着孔繁森一家三口身上的雪花和热乎乎的包子，琼宗老人激动地哭了。

说起这事，叶庆芝感慨万分："老孔为西藏和藏族人民做的每一件事，都是那样实实在在，西藏人民对他也是那样好，我们做家人的很理解。"

1994年11月，孔繁森的儿子孔杰专程到阿里去看他，当时，孔繁森准备随自治区工作组奔赴各县，宣传中央第三次西藏工作座谈会和自治区四届六次全委扩大会精神。儿子是专程来看他的，总不能把他一个留在狮泉河吧！为了不影响工作，他便带着儿子下普兰、札达，一路颠簸，白天宣传，晚上座谈会，唯一跟儿子在一起的时间只有在颠簸的汽车上，看到孔杰因高原反应而苍白的脸和被汽车颠簸的难受样子，孔繁森非常心痛，他知道这几年给孩子的父爱太少了，这次孩子来看他还要受这份罪。有时他真想让孔杰回去，但返回狮泉河镇几百公里，又没有时间专程送他，到嘴的话，几次又咽了回去。孔杰多么想和父亲说说话啊！但看见父亲疲惫的面孔，他又不忍心过多地打扰，有时只能通过眼神和父亲交流感情。7天时间就这样过去了，但谁能想到，这就是他们父子的诀别啊！

孔繁森因公殉职半个月后，孔杰到西藏整理父亲的遗物，发现了孔繁森给小女儿孔灵的一封没有来得及写完的信。

"灵灵：爸爸因为工作忙，一直没有给你去信，你不会怪爸爸吧？……看了你的来信，知道你到学校后，很多事都是自己试着做的，不再靠爸爸和妈妈了，这说明你成熟了。一个人在很多事情上都要靠自己去思索去做，你说对吗……”

这是孔繁森的最后一封家信，然而这封没有写完的信，寄托着多少父爱啊！孔杰拿着这封信悲痛地哭了，他说：“他心里只有西藏，灵灵也会理解爸爸的。”

孔繁森一生为党为人民，但是他欠家里的东西太多太多了！

两个恸哭的孩子

孔繁森有3个子女，然而他却总说有5个孩子。

原来，他第二次援藏到拉萨市任副市长后，收养了两个藏族孩子。

1992年夏天，墨竹工卡县发生强烈地震，公路滑坡，民舍倒塌，农牧民群众损失严重。当时，孔繁森正准备休假，回山东看望久别的老母亲和妻子、儿女。接到地震消息后，他心想：现在正是用人的时候，我一走，自己的工作不就落在别人的肩上了吗？揣在口袋里的休假报告怎么也掏不出来，他不但没走成，而且自告奋勇率拉萨市抗灾救灾小组，深入到了灾区第一线。

本来孔繁森在拉萨市是分管教育的副市长，但此时，他想的不是自己轻松，而更多的却是为自己肩上加担子。

在灾区，他走村串户，嘘寒问暖，带去了党和政府的温暖。在日岗乡，当他得知有一户人家大人都被地震夺去了生命，留下3个未成年的小孩无人抚养时，非常痛心，立即叫人把孩子带来。看到了眼泪汪汪的孩子，孔繁森的心一下子就碎了。

“怎么办？总不能眼睁睁地看着他们当孤儿吧！”孔繁森思绪飞转，他知道县乡地方财政极为困难，只给县里和乡里提提要求，总让人放心不下。一种对西藏人民的爱，使他当即决定，收留3个孩子，

图为孔繁森为他收养的两个藏族孤儿精心挑选毛衣。

格桑吉美 摄

由他自己抚养。

回到拉萨后，市长洛桑顿珠感到孔繁森一人抚养三个孩子负担过重难以承受，把老大曲尼接到自己家中抚养。

孔繁森在山东老家有三个孩子，但他两次进藏，不能给孩子们充分的父爱，使他心里总感到欠了孩子们什么。自从收养了两个孤儿以后，那千般爱、万般疼就全部倾注到了贡桑和曲印身上。

两个孩子刚来的时候，常常从睡梦中惊醒啼哭，孔繁森就一夜不睡觉地陪着。孩子们爱吃凉粉，他经常顾不上吃饭也要骑自行车出去买。贡桑学习跟不上，他就手把着手地教……甚至有时到了“溺爱”的程度，看到别人家小孩爱吃豆腐乳，他也给贡桑、曲印一人买一块，让他们放在手掌上吃。

一方面要当公务繁忙的副市长，另一方面要做照料孩子的慈父，这双重角色使孔繁森心力交瘁。晚上孩子尿了床，要半夜起来换床单；每天下班，要急急忙忙回家为孩子们做饭；几乎天天都要洗一堆孩子的脏衣服……这些困难没有使孔繁森后悔，孩子们在他的照顾下健康地成长起来，每次下乡回来不管多么疲劳，他总是要加紧步伐往家走，有时孩子老远看见他，都要迎上来喊“爷爷”，他总是高兴地笑，笑得那样慈祥。

1993年初，孔繁森奉调准备赴阿里任职，贡桑、曲印是随是留问题纠缠了他好一阵子。他知道，阿里的自然条件、生活条件、教育条件比不上拉萨，但又不放心把他们单独留在拉萨。他想，留在身边，问题总是好解决的，便带着两个孩子上路了。

可是到了阿里，事情却不是那么回事：打开工作局面需要忘我的精神；调查研究需要深入基层；改则等县的自然灾害需要他组织抗灾工作和慰问灾区群众……繁忙的工作，有时连他自己都照料不好自己，更抽不出时间去关心照顾孩子。孔繁森消瘦了，两个孩子的学习和身体状况也明显不如在拉萨。看到两个孩子，他的眼睛湿润了……

“不能这样下去了，我得对孩子们负责啊！”他常常对同事们说，送回拉萨又无人照料留在阿里又影响身体发育。孔繁森为了两个孩子着急了，在拉萨的熟人面孔时不时地在他眼前闪过。突然他想起了自己最熟悉和信得过的退伍战士、在林周县工作的小崔。于是孔繁森自援藏以来第一次也是唯一的一次向党组织提出了要求：把小崔调到拉萨市内工作照料孩子。党组织同意了他的要求。

1994年6月，趁参加中央第三次西藏工作座谈会在拉萨集中之机，孔繁森把贡桑和曲印带回了拉萨，托嘱给小崔照顾，临行前还特意带孩子们下馆子饱饱地吃了一顿他们爱吃的凉粉。会议结束后，孔繁森返回拉萨，看到贡桑和曲印红扑扑的脸蛋和壮实的身体时，他会心地笑了，高兴得看同乡会朋友都不忘带上孩子。1994年9月17日，当我们几位记者同他一块进餐时，他也带上了孩子们，并时不时给他们夹菜，这个吃了长身体，那个吃了补脑子。那眼神、那言语，使我们立刻想起了“慈父”两个字。

孔繁森去新疆的事两个孩子是从小崔那里知道的，同时小崔还告诉他们：“爷爷要回拉萨来看他们。”听到这个消息，贡桑和曲印甭提有多高兴了。他们等哪等，盼啊盼，听到外面汽车声都要跑出去，看看是不是他们思念的爷爷回来了。孔繁森不幸牺牲的消息传到拉萨后，小崔从外面回来，一把抱住贡桑和曲印说：“多么可怜的孩子……”泣不成声。连续几天，很多叔叔阿姨也都来看他们，使他们很纳闷：“怎么来这么多人。”悲痛的消息还没有袭上贡桑和曲印的心头。

12月15日，当贡桑和曲印在拉萨烈士陵园看到“爷爷”的遗像和满园花圈时，他们才真正明白再也见不到“爷爷”了，捧着“爷爷”的遗像，想起“爷爷”对他们的万般疼爱，两个孩子泪流满面。“爷爷！爷爷！”一阵阵肝肠欲断、撕心裂肺的呼喊，使在场的人听了眼泪哗哗直下。

两个幼小的心灵，怎么承受得了两次失去亲人的痛苦。

孔繁森殉职新疆，叶庆芝在聊城仍牵挂着贡桑和曲印。12月她召开家庭会议：确定了贡桑和曲印的家庭成员地位，并打算找机会让贡桑和曲印回家（山东）看看。

12月11日，孔繁森的儿子孔杰来拉萨料理父亲的后事，天天和贡桑、曲印住在一起，为他们洗衣服、擦鼻子、讲故事，两个孩子亲切地叫他小杰叔叔。

这天夜里，小杰安顿好两个孩子，悄悄整理着父亲的遗物，贡桑和曲印不知什么时候也起床整理好自己的东西，一件件拿在手上，一副要出远门的样子。小杰惊奇地问他们：“你们要去哪？”两个孩子声泪俱下：“我们去找奶奶……”

1994年11月29日。这个日子与一个平凡而高尚的人生的结束有关，与成千上万颗普通老百姓蒙上巨大悲痛的心灵有关。

孔繁森英年早逝，难免引起纷纷议论——有人责怪老孔在工作时对身体的毫不怜惜；有人联想起老孔在西藏的几次大难不死……

老孔啊！当你活着的时候、健康的时候，可曾想到，岗巴县的“阿爸”、拉萨的“普姆”、阿里的“阿妈”都在牵挂着你。因为你肩负重任；因为你热爱这片土地、热爱这里的人民。你的身体、你的生活、以至你的一丁点喜怒哀乐的情感，都已经不完全是你自己的事情了，大家祝愿你身体健康，大家希望你能干两年再干两年，然而这些祝愿和希望都要你来完成。可是，你没有听大家的话啊！

孔繁森去了！他把一腔热血和全身心的爱留在了西藏——这片高天厚土之间；孔繁森去了，他走得那样突然，当人们回过神来时，无不悲痛万分。

12月4日，狮泉河两千多名干部群众手捧哈达沿街长哭，人们多么不愿意失去这位好书记啊！哈达堆成了帐篷高，眼泪流成了河，哭声喊声交错在一起，整个狮泉河一片悲哀……

12月14日，山东聊城召开孔繁森部分骨灰安葬仪式，两千多家乡父老、领导、朋友看着孔繁森的遗像恸哭不止，谁也不敢相信，也不愿相信，孔繁森就这样去了……

12月15日，拉萨……

……

苍天不公，让正为事业奔波的孔繁森猝然中止了生命，在拉萨，在聊城，孔繁森的骨灰盒上覆盖着鲜红的党旗，他就这样静静地躺在花丛中，永远安息了！

西藏——这片年轻的高原又镌刻了一位人民公仆的名字——孔繁森！

基层干部的榜样——觉拉

◎自治区党委宣传部　西藏日报社　那曲地委宣传部

1997年2月17日01版　（人物47）

一个人能力有大小，但是只要有这种精神，就是一个纯粹的人，一个高尚的人，一个脱离了低级趣味的人，一个有益于人民的人。

——毛泽东

一

1995年11月10日至1996年6月，藏北连降七个月大雪。天寒地冻，白雪皑皑。尤为罕见的是，向来以冬春季风大著称的羌塘草原在这次雪灾中风少而且风力微弱，凝滞的雪面因高寒而结冰，冰雪封锁了道路，覆盖包裹了草原牧场。

藏北雪灾！

纯牧业大县安多重灾！

在这场人与自然的殊死搏斗中，一位基层乡党支部书记，一位优秀共产党员，一位62岁的藏族老人，在安多县岗尼乡北部重灾区

西藏日報

我区农牧区科技体系逐步完善

基层干部的榜样——觉拉

向觉拉同志学习

本报评论员

图为《西藏日报》1997年2月17日01版刊登觉拉稿件版面图。

抗灾救灾连续工作51个日夜，行程千余公里，救助受灾群众20余户100多人——当他耗尽了自己全部能量将党和政府的温暖送到受灾群众帐篷里的时候，当这些群众围坐在火炉旁喝着热腾腾的酥油茶的时候，老支书觉拉却因劳累过度，在受灾群众普巴家的帐篷里停止了呼吸。临终前，他手指北方，以极其微弱的语气断断续续地说：“真遗憾……我还有两户没有转完……”

这位羌塘之子、人民公仆就这样默默地离开了他热爱的草原和人民，离开了他为之鞠躬尽瘁、死而后已的平凡而伟大的事业。

格尔曲河凝咽，唐古拉山披白。

群众从几十里、上百里之外的牧场赶来，泪水打湿了一条条洁白的哈达，痛切心骨的哭声久久不能散去。人们无法相信，这匹草原上健壮的骏马怎么会突然倒在他创造出希望的土地上；人们多么希望，老支书只是暂时累了，暂时的休息，就像过去多次参加救灾被困在雪中，手冻坏了，脚冻坏了，但他们的“主心骨”从来没有倒下，没有低头……可是，人们无法欺骗自己，更不能回避这样一个事实：这位年届花甲如父如母的老支书是为救护他们活活累死的……

漫天皆白，九霄飘落的大雪犹如写满哀歌的挽幛，向世人诉说着一个共产党员的高尚与纯洁，昭示着一位党的基层干部对党和人民的无比热爱，对事业的无比忠诚。

二

1933年，党拉生于安多多玛部落一个贫苦牧民家中，他的童年和少年是在要饭、给人放牧、鞣皮、当佣人的日子里度过的。正是这段饥寒苦难的岁月让他深深理解了“共产党好”这句话中朴素而深刻的道理：寺庙、领主层层压榨下的穷苦人民当牛做马甚至牛马不如，哪里有自由和幸福？哪里有权力和尊严？是共产党、毛主席解救受苦农奴出苦海。当民主改革的春风吹遍藏北草原的时候，在党的关怀培养下，党拉迅速成长为民主改革中的积极分子，1963年担任乡邮员，1964年担任顿珠互助组组长，1972年担任乡革委会常委、民兵排长、调委会主任、贫协副主席。1981年担任岗尼乡管委会主任，1984年任该乡乡长，并光荣地加入了中国共产党，1988年起担任岗尼乡党支部书记直至牺牲。

安多县地处藏北唐古拉山南北两侧，全县平均海拔5200米，是全国海拔最高的县份之一。岗尼乡距县城帕那镇140公里，与双湖无人区搭界，年平均气温零下3度，极端最低气温可达零下36.7度，平均大风日数158天，最多可达284天，平均风速4.6米/秒，冬春季节经常出现10级以上大风并伴有强沙暴，没有绝对无霜期。这里的生存条件不可谓不恶劣，生产条件不可谓不艰苦，由于历史上长期封建农奴制度对生产力的束缚和破坏，这里发展经济的基础不可谓不薄弱。但是，就是在这样艰难困苦的环境中，以觉拉为代表的乡党支部一班人，带领全乡人民不向困难低头，不向菩萨祈求，不坐等上级的支援救济，而是迎难直上，以十倍、百倍的努力创造了经济建设和社会发展的奇迹。1995年，全乡各类牲畜存栏70093头（只、匹），牧业总产值388.4万元，牧副总收入373.4万元，全乡人均收入2401元，经济发展综合指标处于全县17个乡前5名。富裕起来的岗尼人率先在全县办起了地面卫星接收站、图书馆和文化站，办起了扫盲夜校、识字班，建起了岗尼乡历史上的第一所小学……“紫鹃半夜犹啼血，不信东风唤不回。”岗尼乡每一步历史性的前进都饱含着全乡人民辛劳的汗水，更浸透着老支书觉拉的心血。

为了将草原人民祖祖辈辈对幸福生活的憧憬变为现实，为了完成党交给的带领人民群众脱贫致富奔小康的历史重任，8年来，觉拉骑马走遍了岗尼乡万余平方公里范围内的山山水水，熟知全乡200多户牧民群众的生产生活情况，特别是贫困户的饥寒饱暖；他一生绝大部分时间都交给了群众和带领群众治穷致富的事业，而他却很少连续三天以上住在家里，而他的家又是多么需要他呀——他的家里有患先天性痴呆症的女儿，多病的妻子，年过半百、常年瘫痪在床的弟弟，三个不满十岁的小孙子……格尔曲河年复一年地流淌，无声地记录着觉拉骑马过河回家时的急切，离家时的依恋不舍……

三

实事求是、不尚空谈是觉拉的工作作风和为人处事的原则。他说，我们共产党人必须实事求是，一切从实际出发，从人民群众的利益出发，人民的利益高于一切。

1988年觉拉担任乡党支部书记时，全乡人均收入只有478.3元，经过几年苦干实干，到1992年底，该乡大部分群众解决了温饱问题，人均收入达到1000元以上。但是，由于因雪灾返贫和不善经营等原因，当时全乡还有30来户群众生活困难。在总结经验教训的基础上，根据实际情况，老支书觉拉提出创办扶贫致富牧场的设想：将全乡七个村的贫困户迁移集中，固定草场和居所，由集体组织投入启动资金和部分活畜，集体统一组织生产，不断壮大集体经济实力，提高集体抗御自然灾害的能力，最大限度地降低返贫率。创办扶贫致富牧场的建议经党支部研究、论证、完善，于1992年6月5日正式实施。在牧场成立大会上，觉拉动情地说，办这个牧场，我已经考虑了多年，今天终于了却了我的心愿。今天我们只是迈出了第一步，以后关键还要靠大家实实在在地干！他带头为牧场捐献现金1000元和6头奶牛、31只绵羊、29只山羊以及10斤酥油、20斤茶叶。在他的带动下，群众主动为牧场捐赠牛11头、绵羊787只、现金1300多元。同时，利用81000元信贷资金购买绵羊1160只，无劳力的困难户以400只绵羊作为入股资金，乡政府投入扶贫资金1.7万元。就这样，由全乡23户137人组成的扶贫致富牧场红红火火地办起来了！

牧场在乡政府附近，这里成了觉拉的试验田，办好牧场不仅是为了解决几十户群众的脱贫问题，而且还是对脱贫致富思路的大胆探索。80年代初实行的联产承包责任制激发了群众的生产热情，但在岗尼乡，由于劳动力少，经济基础薄弱，单家独户脱贫致富的力量有限，而且周期长、效率低，如果说当年的“分”是主客观需要，那么办致富牧场“合”的思想也体现了部分贫困群众的实际要求。

觉拉从旧社会的农奴一步一步成长并走上基层领导干部的工作岗位，他并没有受过正规的现代化教育；作为一名51岁才加入党组织的老同志，他也讲不出书本上关于辩证法、唯物主义和关于社会主义的论述，讲不出文件里的条条框框；作为一位基层党支部书记，他更关注的是群众的生产和生活问题：酥油的问题，糌粑的问题，茶的问题，衣的问题，烧的问题。他说，如果连这些问题都解决不了，群众怎么能全心全意相信党、跟党走！在牧场的创业阶段，觉拉跟群众一道架设围栏，挖沟引水，晚上，觉拉给群众讲解实用生产技术知识、经营管理方法，有时，干脆和群众吃住在一起。在生产中，通过强化生产责任制，调动群众的积极性，用事实引导和教育群众形成勤劳致富、多劳多得、少劳少得、不劳不得的观念。

苦心人，天不负。牧场23户贫困户当年全部脱贫，到1994年，由创办初的人均收入240元增长到人均收入3100多元。一批懂生产、善经营的新型牧民成长起来，觉拉的这块扶贫致富试验田获得了成功！安多县委、县政府充分肯定了办牧场的做法，并于1994年批准将牧场建为岗尼乡第八行政村。1995年底，第八行政村的公共积累已达38000多元。人们说，藏北草原上拔地而起的第八行政村，是矗立在藏北草原上的一块丰碑，它是老支书觉拉实事求是、富于创造精神和全心全意为人民服务思想的集中体现！

1992年，邓小平发表南方重要谈话；1992年党的十四大召开，确定建立社会主义市场经济体制。这一切，使觉拉受到很大的震动和启发。在学习贯彻十四大精神的支部大会上，他讲，其他省市早就提出“无农不稳，无工不富，无商不活”，这是有道理的。人不能做牛羊的奴隶，而要做生活的主人，我们也要从牧场走向市场。

安多县委、县政府所在地帕那镇在青藏公路沿线。每次到县里开会，觉拉都要抽空到公路上走一走，与过路休息的司机聊一聊。他问司机，现在的煤多少钱一吨、矿石多少钱一吨，以及牛羊肉、青稞、大米、小麦的价格。经过调查了解，在掌握大量信息的基础上，觉拉果断决策：加强宣传引导和配套服务，在牲畜商品率转化上下功夫，同时，组建牧民采矿队，将乡境内丰富的锑矿资源转化为经济资源，使牧场和市场协调发展。在这一思想的指导下，短短两年时间，岗尼乡出现了畜牧、开矿、运输、个体经营多业并举、经济发展生机勃勃的大好局面。1995年，全乡人均收入已达2401元，80%以上的牧民实现了定居，人们的思想观念发生了巨大的变化，“好男儿不经商”的陈旧观念已成为历史，一大批率先走向市场的牧民群众成了万元户、十万元户乃至几十万元户。乡政府有了丰田小汽车、东风大卡车，乡财政积累达到77.5万元，固定资产达40万元，集体经济不断发展壮大。

在此基础上，老支书觉拉为全乡今后15年的经济发展作出了规划：牧业总产值达到500万元，年均增长速度9.6%，商品率达到50%；牧副总收入达到700万元，年均增长速度为17.49%；人均收入达到4000元，年增长速度为13.32%；全面完成脱贫任务，70%的牧民群众生活达到小康标准……

可惜，壮志未酬身先去。

岗尼乡干部群众在万分悲痛之余，决心在觉拉同志的带领下岗尼人披荆斩棘、艰苦创业奠定的坚实物质基础、思想基础、人才基础上再接再厉，使老支书生前绘制的宏伟蓝图变为现实，以告慰英灵。

四

物质的富裕不等于精神的富有。老支书觉拉在分析岗尼乡经济迅速增长的原因时指出，归根到底，是党的富民政策和群众的辛勤劳动。但是由于缺乏人才、技术，群众观念还比较保守、封闭，我们的发展还远没有达到应有的水平，换句话说，我们本应发展得更好。“我这一代人所要做的大事之一，就是要为娃娃们造一个好脑袋瓜子，让他们有知识、懂技术，不然的话，我们就是犯罪！”

狠抓教育科学文化事业刻不容缓！

在这种强烈共识下，乡党支部迅速采取行动：首先兴办完全小学。人们不会忘记，是老支书觉拉为小学奠基铲下第一锹土，是他从家里扛来第一根木料；是他亲自带领群众奋战30余个日夜，使草原人民世代渴盼读书受教育的梦想成为现实。人们也不会忘记，当鲜艳的五星红旗在校园里冉冉升起的时候，老支书的眼睛里淌着晶莹的幸福的泪水。沸腾的群众在学校周围自发组织起来，连续5天在春天的草地上唱歌跳舞，庆祝岗尼乡历史上第一所小学的诞生。那响彻云霄、经久不息的欢歌笑语满含着对党的讴歌、对时代的赞美，也满含着岗尼群众对老支书的无比崇敬之情。

觉拉和乡党委一班人鞍马未歇，又在全乡八个村子里办起了扫盲夜校、科技推广站，建起了藏北草原上的第一座地面卫星电视接收站，办起了图书室和文化馆，保证群众看电影，经常开展群众性文化娱乐活动……精神文明建设在岗尼乡开展得有声有色、朝气蓬勃。

为了造就一支吃苦耐劳、能打硬仗、能谋善断的党员干部队伍，切实加强基层组织建设，确保两个文明建设的发展，觉拉创造性地在全乡党员、团员和妇联组织中开展内容丰富、任务量化、切实可行、措施得力的系列争创活动，即在党员中开展“七个一”活动：各村党支部每年完成一项草场和防抗灾基础设施建设任务；每年完成一户贫困户的脱贫任务；每年推广一项实用生产技术；每个党员每年培养一名入党积极分子，教育转化一名后进青年；送一名适龄儿童入学；提出一项发展致富建议。在各村团支部和妇委会开展“十二个一”活动：每年帮助一个贫困户脱贫；每年推广一项实用生产技术；完成一项防抗灾基础设施建设任务；帮助一名青壮年文盲脱盲；教会一家或一人一项致富技术；抢救一个重灾户脱险；教育转化一名后进青年；动员一名适龄儿童入学；培养一名入团积极分子；输送一名优秀团员入党；帮助一个“五保户”或特困户储备好过冬越春和防抗灾物质；提一项发展致富的建议。为了保证争创活动全面落实，还健全了监督、奖罚机制，使活动朝着规范化、正规化的方向生机勃勃地开展起来，社会效益、经济效益显著，争创活动分解和具体了对党员团员干部“全心全意为人民服务”的要求，既确确实实地为人民群众办了实事、好事，又在活动中培养和锻炼了干部，而且由于“七个一”和“十二个一”活动让群众看得见、摸得着，感受深切，进一步在牧民群众中牢固树立了党的形象和威信，有力地促进了反分裂斗争和治乱治愚、移风易俗等各项工作的深入开展。如今，岗尼乡政治稳定、经济繁荣、社会发展进步，群众思想观念不断更新，科学文化水平不断提升，这一切与乡党总支两个文明协调发展的决策部署，毫不含糊、不遗余力地认真组织实施是密不可分的。

“好羚羊要做领头羊”，在岗尼乡干部群众心目中，老支书觉拉不但是物质文明建设的带头人，而且是精神文明建设的带头人。觉拉同志多次被那曲地委、安多县委授予优秀共产党员、基层优秀党务工作者等荣誉称号，1991年、1994年被评为全区优秀共产党员。

五

毛泽东同志在《关心群众生活，注意工作方法》一文中指出，要得到群众的拥护，“就得和群众在一起，就得去发动群众的积极性，就得关心群众的痛痒，就得真心实意为群众谋利益……我们是这样做了，广大群众就必然会拥护我们，把革命当作他们的生命，把革命当作他们无上光荣的旗帜。”不善言辞的觉拉常说，全心全意为人民服务是干出来的，不是喊出来的，为人民而死，死得其所。觉拉不仅是这么说的，也是这么做的。更为重要的是，他的奉献不限于一时一事，而是积年累月，几十年如一日，默默地践行着共产党人的崇高宗旨，无私地奉献了自己的光和热、情与爱。

——八村特困户强巴，患严重的风湿病，行动困难，上有两位七十多岁的老人，下有四个孩子，其中两个小孩是残疾人，家中缺少劳力，生活十分困难。多年来，觉拉先后送给他家20多只绵羊，现金1600多元和部分生活物资，还将身上穿的一件羔皮藏装脱下来给了没有换季衣服的强巴。他家每次到乡粮站买粮都是觉拉帮着背回去。

——八村牧民孟拉，家中生活困难，觉拉先后接济他家粮食600多斤，现金200多元，茶叶30多斤。

——三村牧民扎才家在1985年特大雪灾中牲畜全部死光，家里没有一点吃的东西。作为救灾队长的觉拉见此情景，当即自己拿出现金300元，茶叶20斤，酥油15斤给了扎才，使全家渡过难关。

——1994年秋，觉拉给三村困难户嘎金家送去牛肉100多斤，青稞100多斤，茶叶12斤，现金200元，并宰杀了两头牛分给三村的其他困难户。

——八村牧民贡布家没有交通工具，觉拉就送给他家一匹马；八村牧民曲桑衣服破烂、无钱添置，觉拉将身上穿的一件羔皮袄脱下给了他，还给他家里一袋面粉；他还送给该乡四村可乃格姆家3袋面粉、8斤茶叶，给三村牧民格果家3只绵羊，甘格家1头牛、10只绵羊，大才仁家4只绵羊，给四村牧民扎西群培家奶牛1头，昂乃家现金400元、面粉100斤、绵羊1只。1990年他还运回价值600多元的盐巴分给该乡的困难户。

——在1993年雪灾中，他给色务乡牧民肖洛家送去绵羊58只、牛5头，给强马乡牧民次仁措姆家16只绵羊，给洛珠家绵羊24只、茶叶80斤，青稞380斤……

仅据上述不完全统计，几年来，觉拉为群众捐钱捐物折合人民币达5万余元。不论是本乡人还是外乡人，只要群众有困难，他就尽其所能地给予帮助；而他每每将自己的钱财物送到困难群众手中的时候，从不提个人如何，只反复说，这是“党的关怀”。对一些老人，他还强调：“是党中央、毛主席让我给你们送粮食来的，党中央、毛主席在惦记着我们大家。”

觉拉去世后，他家还有各类牲畜1100多头（只、匹），银行存款4万余元。这，既凝结着他和儿子、儿媳多年辛劳的汗水，更是他带头冲破自然和思想的束缚，靠勤奋劳动脱贫致富为群众所作的表率。我们进而可以想象，如果他一心一意地过自己的小日子，如果他不是毫无保留地救助他人，以他的聪明、智慧和勤劳，他完全能够成为一个富有的人。但他没有。他自己和家人一直过着清简的生活。他捐出了牲畜、粮食乃至自己的工资，在冰天雪地里脱下衣服披在老阿爸、老阿妈的身上；他在艰苦的环境和微薄待遇的条件下甘愿清贫、兢兢业业地做着中国最基层的聘任干部、乡党支部书记，为了什么？又是什么力量使他舍己为人、舍生取义？他说：“我曾经是旧社会的农奴，是靠要饭长大的。今天的一切是党和毛主席给的，我要把自己的一切献给党和人民。为人民服务，对一个共产党员来说是无上光荣的事。”

这是何等高贵的品质！这是何等崇高的精神境界！这种境界不正是共产主义思想境界吗？我们的人民群众不正是因为这样具有崇高共产主义思想境界的党员干部的所作所为而对共产主义事业充满必胜信心吗？不正是因为有这样一些为国分忧、为民解愁，积年累月，默默无闻，甘于奉献，关键时刻挺身而出的基层党员干部，才使亿万人民群众自觉自愿地相信党、跟党走吗？安多县委书记多托同志在老支书觉拉牺牲后，数日沉浸在巨大的悲痛中。他在全县向觉拉同志学习动员大会上说，孔繁森就在我们身边！失去这样的一位好同志是安多人民的损失，是安多事业的巨大损失！那些曾接受过觉拉救助的牧民群众听到老支书牺牲的消息痛哭不止，有的讲，我们比死了亲生父亲还难过，我们有如变成孤儿的感觉……觉拉同志正如毛泽东同志所指出的，以全心全意为人民服务的实际行动为党赢得了人民群众的衷心拥护，使人民群众自觉地把革命当作“他们的生命”和“无上光荣的旗帜”。

六

1995年藏北的雪来得特别迅猛。根据县里的安排部署，各乡迅速组成救灾工作组下到基层，抗灾救灾，保人保畜，决不冻饿死一人。

谁也不知道老支书觉拉这是第几次主动请缨，担任救灾小组的组长了。11月13日早晨，他从家里出来，简单地向家人嘱咐了几句，就投身于茫茫雪海之中。路上，多托书记见老支书坐在大卡车里，握着老支书的手说，这场雪下得不小，老支书要保重身体啊！您还是坐乡里的丰田车下去吧。觉拉说，你还信不过我的身体？少占一辆车就能多派上一些用场。

1996年1月13日、14日乡党支部再次召开各村灾情碰头会，安排下一步的救灾工作，并将下次碰头地点定在六村牧民普巴家。会后，乡干部分成四组下到各村、户，每组一台车，装上粮食、燃料等物资挨家挨户落实救灾任务。觉拉再一次选择了全乡路程最远、路况最差、灾情最重的西部。这里的群众居住分散，有的村与村、户与户之间相距数十公里，加之积雪深厚，路况不明，危险丛生。

一路上，陷车时有发生，有时一天竟陷车十余次；由于密封不好，驾驶室里的气温与室外气温相差无几；淡水接济不上了，就吃雪……一路上，寒冷、颠簸，食物和淡水供给不足，得不到应有的休息，这一切使得这位62岁的老人体力迅速下降。他与司机一道挖雪开路，每次车子从泥中开出来都需要付出巨大的艰辛的代价。

1月15日，觉拉在第四村委会副主任土毛家谈完工作，就赶到三村牧民布巴乌家发放了救灾物资，晚上，在原支书家住了一夜。

16日清晨，觉拉赶到三村牧民强祖家和副乡长甘培家了解受灾情况，发放救灾物资；

17日，觉拉到了一村牧民木切、加洛两家，发放面粉、糌粑。

18日，觉拉赶到一村牧民热登家、三村牧民嘎马家察看灾情，在加绕打布家的帐篷里睡了一夜；

19日，觉拉到三村索朗拉姆家发了牛粪和酥油。此时，雪下得更大，汽车再一次陷到雪地里，直到凌晨两点才将车子开出来。

20日早晨，因天气寒冷汽车发动不起来，司机用喷灯烤车，觉拉独自到前方去探路，到中午才回来。下午赶到三村色玛家。下午5点多钟车子又误在雪地里。觉拉挖雪时浑身发抖，咳嗽不止。司机心疼地说，我们先别走了，休息一天半天再赶路吧。觉拉语气坚决：不行！普巴家就在山后面，据说他家的年轻人都到牧场去了，家里只有老人和孩子，已经一天没吃东西了，今天必须赶到他家。说罢，他让司机继续挖雪，自己背了粮食和牛粪艰难地向山坡上爬去。400余米的山路他竟用了半个小时。到普巴家时，老奶奶看到的是一个衣服上沾满了雪和枯草，浑身上下冒着热气的老人！

觉拉放下东西就询问起家里的生活情况，并不时做着记录。黄昏时分，他咳嗽得更厉害了，好几次手里的铅笔掉到了地上。赶来的司机扶他休息，他艰难地躺下，说，没关系，可能是一路上雪吃得太多了……说着，就昏睡过去。5分钟后他猛地醒来，想说什么，却再也说不出任何话来。来这里碰头的同志马上给他扎针、服药……到1月21日上午11时许，老支书觉拉从昏迷中醒来，用手指了指北方，含混不清地自言自语："真遗憾……我还有两户没转完……"这成为觉拉同志的遗言。

此时此刻，这位年已花甲的老人在抗灾第一线奔波了51个日夜，在远离亲人千余里之外的一户牧民帐篷里带着未能为群众当好公仆的遗憾，停止了呼吸，终年62岁。

后记

1995年安多县各类牲畜存栏114万头（只、匹），其中工牧业总产值达到6046.36万元，工业产值填补了空白达到490万元，牧业总产值达到5556.36万元，第三产业收入500万元，财政总收入318万元，牧民人均收入1780元。

几年来，安多县一手抓经济建设，一手抓精神文明建设，两个文明协调发展，相互促进，共同进步。现在的安多——西藏的北大门——呈现出政治稳定，经济繁荣，社会进步，人民安居乐业，处处欣欣向荣的景象。安多告别了苦寒落后的过去，正以崭新的姿态屹立于羌塘草原。

是什么使我们的事业充满生机和活力？

是什么使我们党的领导在群众中根深蒂固？

是什么使我们的群众对社会主义事业满怀必胜的信心？

党拉同志的先进事迹和高尚精神向我们作出了明确的回答。党的路线确定之后，事业取得胜利的关键是党员干部。安多县正是有一大批党拉式的认真贯彻党的方针政策、带领群众治穷致富奔小康的基层党员干部，他们长年累月在艰难困苦的环境中坚韧不拔，勇往直前，甘于牺牲，无私奉献，带领群众创造了并正在创造着两个文明的崭新业绩！据不完全统计，近10年来，安多先后有3位基层干部牺牲在扶贫、救灾第一线。

1985年，多玛区干部布加同志在下乡救灾期间因脑溢血病突发而牺牲；

1993年，腰恰乡党支部书记江白同志在基层扶贫时牺牲；

1996年1月，岗尼乡党支部书记党拉同志在救灾第一线因公殉职。

为有牺牲多壮志，敢叫日月换新天。

党拉等同志的先进事迹和高尚精神是安多党员干部精神风貌和思想境界的集中体现，他们在为党的事业、为人民的幸福奉献牺牲的同时，也谱写了壮美的人生乐章，塑造了光辉的大写的人——一个纯粹的、高尚的、脱离了低级趣味的、有益于人民的人。

西藏人民的“门巴”将军——李素芝

◎王卫东　廖嘉兴　高玉洁　沈小丁

2004年4月13日01版　（人物57）

2004年，新华社拉萨2月2日电：“ 2月1日上午，西藏军区总医院和上海第二军医大学的专家主刀，西藏首例活体供肾肾移植手术在拉萨获得成功。这一手术的成功，标志着在高寒缺氧环境下人体器官移植技术迈上了一个新台阶。”

随着西藏人民广播电台中波996千兆赫的电波，这条振奋人心的消息传遍了万里高原。

高原的人们已经记不清了，这熟悉的电波是第几次在他们的耳畔回响，但每一次都那么令人欢欣鼓舞：

2000年11月，高原地区首例浅低温心脏不停跳心内直视手术在西藏军区总医院获得成功；

2001年9月，高原地区首例法乐氏四联症根治手术在西藏军区总医院获得成功；

2002年8月，高原地区首例浅低温心脏停跳大动脉转位矫正手术在西藏军区总医院获得成功；

2003年3月，高原地区首例肾移植手术在西藏军区总医院获得成功；

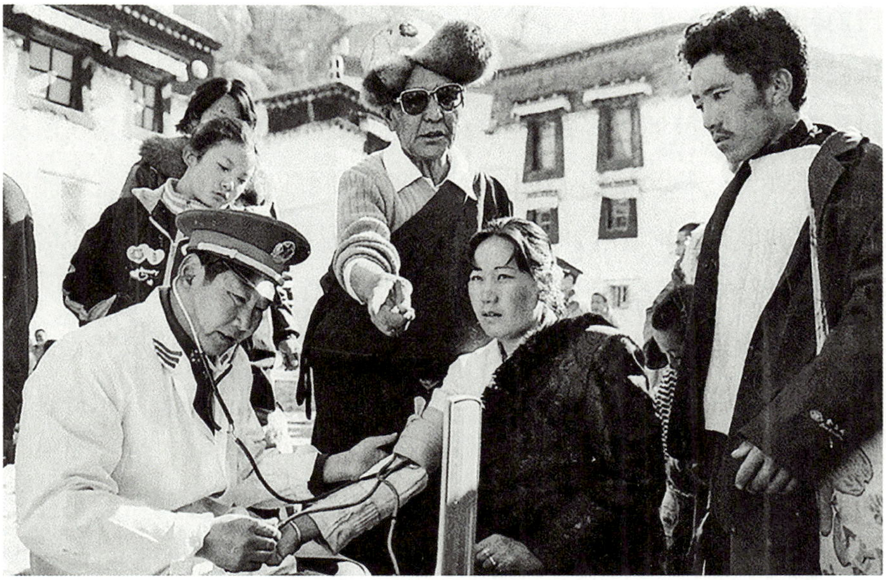

图为李素芝在为群众检查身体。

孙锐　雷仲选　摄

……

一个又一个医学奇迹，在被世人称为“世界屋脊”的西藏高原上创造出来。

创造这些奇迹的，是一位普通的高原军人，一位与时俱进的外科专家，一位把西藏人民的健康看得比自己生命还重的“门巴”（藏语“医生”）将军。

他的名字叫李素芝。

上篇

李素芝，主任医师，教授、博士生导师，专业技术四级，享受政府特殊津贴的外科专家，成都军区唯一被授予少将军衔的“全军优秀科技干部”，现任西藏军区总医院院长。

从风华正茂的年轻军医到年近半百的热肠将军，李素芝在西藏走过了28年的风风雨雨。这28年来，李素芝以他对党和人民的无限忠诚，以他对理想、对事业的执着追求和顽强的毅力，在他的生命旅程中立下了一个无愧于党、无愧于人民的丰碑——

28年来，他在高原主刀和参与的手术万余例，没有出现过失误，数以万计被病痛折磨的边防官兵和藏族群众在他的手术刀下获得了新生；

28年来，他主持并亲自参与的科研项目中，有15项新技术、新业务创造了世界医学领域的奇迹，32项成果属国内首创，80项成果填补了西藏高原医学空白；

28年来，他先后发表学术论文186篇，荣获国家、军队和西藏自治区科技成果奖20项。

28年来，他用自己的青春、热血、智慧和信念，在世界屋脊再造生命，在医学领域填补空白，在雪域高原创造奇迹……

没有豪言壮语，为了那些放不下的人，为了那块需要呵护的土地，他放弃了上海良好的工作条件和舒适的生活环境，毅然来到了西藏

1977年，李素芝提着简简单单的行李来到了雪域高原。与他一起来的，还有他的上海女友、后来成为他妻子的郭淑琴。

李素芝生长在山东临沂一个对党、对革命有着深厚感情的普通家庭。母亲是一位善良的一般干部。困难时期，她宁可一家人饿肚子，也要把家里仅有的半瓢地瓜干送给比他们生活还困难的乡邻。

尽自己的能力帮助别人，是李素芝童年时就从母亲身上学到的做人准则。从那时起，他就经常把母亲给自己不多的生活费省下来，接济生活比自己还困难的同学。

参军入伍后，他5个月就入了团，10个月就入了党。“学雷锋先进个人”“优秀学员”“模范共产党员”等各种荣誉一直伴随着他成长。

1972年，样样都过硬的李素芝被选送到中国人民解放军第二军医大学学习。在上海这所著名的大学里，他如饥似渴地汲取着知识的营养，每个月仅有的6元生活费大部分被他节省下来购买医学书。

快毕业时，学校组织他们到贫困山区实习，看到那里的老百姓缺医少药，年轻的李素芝总是觉得心里沉甸甸的。

四年的大学生活转瞬即逝，作为大学里的佼佼者，李素芝被留在了学校的附属医院——长海医院普外科工作。能留在“大上海”，这是当时很多大学生梦寐以求的。可是，李素芝在工作之余，仍常常陷入久久的沉思。他的心里有一个一直未解的结。

那时，医院经常收治一些边防部队军人。一次，一位从西藏边防部队来的患短肠综合症的军人住进了李素芝所在的科室。诊疗之余，李素芝和那位边防军人谈理想、谈人生、谈西藏。时间一长，他们成了无话不谈的朋友。

“西藏的医疗水平还很落后，很多手术做不了，得了重病，只能到其他省市治疗。一些重病人经不起路途的颠簸或因交通不便延误了时间，在半路上就走了。”李素芝看到，这个黑塔般的边防军人在说这话时，喉咙有些发哽。

“那要是老百姓得了病怎么办？”

“有免费医疗。不过，还是有不少边远农牧区的群众得病后得不到及时医治。再说，一些群众观念落后，信神不信医，得了病不愿去医院治。”

“那你说，如果我到那里去，尽自己的力，应该还能派上些用场吧?”

“到西藏？你?”边防军人又惊又疑。

半晌，他紧紧抓住李素芝的手，满含深情地说：“那里太需要像你这样的医生了！不过，西藏可不是上海。”

下班后，李素芝又找来一大摞有关西藏的医学资料。边防军人那又惊又疑的神情，在他眼前一次又一次浮现。

资料显示：西藏是世界上平均海拔最高、空气中平均含氧量最低、高原疾病最多的地区。由于低压缺氧、寒冷干燥等气候特征和恶劣的生存环境，高原心脏病、高原血压异常症、高原衰退症、高原红细胞增多症等各种高原疾病发病率居全国之首，对驻藏部队官兵和人民群众的身体健康造成极大的威胁。更让人担忧的是，西藏的医疗技术水平相对比较落后，缺医少药现象普遍，许多高原疾病的防治至今仍是世界级的医学难题。

多一名医生，就多一份战胜高原疾病的力量。李素芝想。

当天夜里，李素芝再也坐不住了，他铺开纸笔，郑重写下了到西藏工作的申请。

听说他要去高原，母亲急了，她急忙从临沂赶到上海：“素芝呀，娘知道你是个有出息的孩子，可你也不能扔下这个家不管呀。娘一天不如一天了，你妹妹年纪还小。留在上海，兄妹几个以后好歹有个照应。再说，西藏那么远，我们怎么放得下心啊。”

李素芝劝母亲说：“娘，您不是一直教儿要好好做人，要知恩图报吗？您不知道，有多少人在艰苦的地方流血流汗，他们也像儿一样，是娘的希望和牵挂啊。上海是好，可西藏更需要我，那里的病人更需要我。如果没有亲眼看见从那里走出来的人，如果没有亲耳听他们说那些让人难过的事，我也许不会想到去西藏，可我看见了、听见了，娘！部队培养了我这么多年，现在，是我该为大家做点事的时候了，您说对吗?”

李素芝的母亲从来没有看见儿子这样激动过，她含着眼泪，点头答应了儿子的请求。这位善良的母亲，这位为党长期在基层工作的干部，她懂得自己的儿子。

听说李素芝要去西藏，同在一个学校的同学郭淑琴不知说什么好。但很快，她也向院党委递交了进藏申请。

当时，第二军医大学并没有援藏的名额要求，时任总政治部主任的余秋里亲自批准了他们的申请。

长海医院在为失去李素芝这位优秀的年轻医生感到惋惜的同时，也为李素芝的壮举感到骄傲。临行时，第二军医大学、上海市专门为他们举行了欢送仪式。

一直对李素芝寄予厚望的老教授紧紧握住他的手，语重心长地说：“好男儿志在四方。去吧，到边疆建功立业去吧，老师等你的好消息!”

仁者爱人。善良的爱铸就了善良的心，高尚的情塑造了高尚的人。

28年来，李素芝没有辜负母亲，也没有辜负边防军人和老教授的期望。

为了解除先天性心脏病对高原患者的折磨，他付出了整整20年的心血。期间，他几乎牺牲了所有的假期，饱尝了试验失败和痛失双亲的痛苦

李素芝之所以能够闯关夺隘，攻破一道又一道高原医学难题，是因为他视西藏各族人民为亲人，把人民的生命看得比泰山还重，把

为人民解除痛苦作为自己义不容辞的神圣职责……

对李素芝来说，对高原人民无限的爱是他攻克一切难关的动力。

那是发生在李素芝到西藏军区总医院后不久的一件事。

因为患先天性心脏病不治，年仅18岁的藏族少女卓玛永远地离开了人世。当医生们将白床单盖在卓玛脸上时，她的双亲死死地拉着医生的手，泣不成声地恳求大夫再想想办法，再救救他们的女儿。可那时在西藏做体外循环心脏手术，根本就是不可能的事。

亲眼目睹了这生离死别的一幕，李素芝悄悄走到门外。望着远处的天空，他为自己没有能力留住这个年轻的生命而深深自责，愧疚和难过的泪水从脸颊长长地流下。长这么大，他还是第一次这么伤心地哭，仿佛被病魔夺走的不是一个素不相识的患者，而是自己一个挚爱的亲人。

那天晚上，李素芝彻夜难眠。作为医生，经常看见不治而亡的患者并不是件了不得的事，可卓玛的心脏病从此成了他的一块心病。

他想起了在医院看到的一份关于高原先天性心脏病的普查报告。在一次病情普查中，医院从不到两万名受检学生和儿童中，竟查出了近百名先天性心脏病患者。

西藏是先天性心脏病高发区，心脏病的发病率是其他省市的两倍以上，许多患者因为得不到及时治疗而被病魔夺去了生命。

治疗先天性心脏病最有效的办法就是手术。然而，在如此高海拔的地区做体外循环心脏手术，国外没有先例，在国内，也是无人涉足的“禁区”。由于低压缺氧，导致患者肺动脉压力增高，血液粘度增大，手术中发生意外乃至猝死的可能性远远超过内地。就连国外医学专家也无可奈何地断言：在海拔3000米以上的高原实施心脏手术，简直是天方夜谭！

难道就只能眼睁睁地看着藏族群众忍受心脏病的折磨？

他暗暗下定决心：一定要攻克高原心脏病手术的“禁区”。

很快，李素芝和医院外科、麻醉科的几名年轻医生一道，自行组成了一个攻关小组。

因为尚未申请专门的科研项目，没有这方面的科研经费，试验用的器材设备和动物都得自己想办法。李素芝和攻关小组其他同志的工资，几乎都用在了购买简单手术器械和试验用的动物上面了。

买不起监护仪和其它贵重仪器，他们绞尽脑汁，想出了许多“土办法”。

为了更好地观察动物的临床反应，李素芝索性住进了试验室，连晚饭都是让妻子送到试验室里。

几年时间过去了，人瘦了一圈，试验做了上百次，却没有一次成功。

忍受着一次又一次失败的痛苦，李素芝曾经动摇过、彷徨过，可一想起卓玛那双眼睛，想起西藏许许多多的心脏病患者，他迈出试验室的脚又缩了回去。

试验得到了医院许多人的理解和支持。一天，科里的老主任恳切地对他说：“小李啊，我知道你在做一件大事。不管怎么样，既然已经开了头，就一定要坚持下去。”老主任的话，如同一针强心剂，使李素芝在彷徨的时候坚定了信心。

不久，时任总后勤部部长的张震到西藏视察工作，当西藏军区领导说起总医院有一群年轻人在利用业余时间开展心脏手术试验时，他大为赞赏，特别批示为总医院拨了两台人工心脏机。

10年的辛苦没有白费。1990年，试验终于获得第一次成功。李素芝和同事们没有欢呼雀跃，大家相互看看，彼此送去一个疲惫的微笑。

动物试验虽然成功了，但李素芝迟迟没有把手术移植在人身上。

毕竟是在高海拔地区首次实施人体体外循环心脏手术，一旦失败，后果不堪设想。“一定要有百分之百的把握!”

为了这个百分之百，他又在高原不同海拔的地区进行了10年动物试验。

为了能在高原上早一天开展人体心脏手术，李素芝几乎牺牲了所有的业余时间和假期。

快19年了，他只休过四次假，在家的时间加起来不超过3个月，剩下的时间，全部被他用在到长海医院、长征医院查阅资料、请教专家、“自费进修”上了。

年迈的父母想让他在家多呆些日子，他却总在说：等手术成功了，一定抽出时间，好好陪陪两位老人家。

可天有不测风云。1999年8月，老家接连打来几个电话：母亲病危!

这时，手术试验正进入最后的攻坚阶段，还有一大堆手术数据资料需要整理。

等李素芝赶回家时，母亲已经去世6天了。他跌跌撞撞来到母亲的坟前，跪倒在坟头。整整的，他跪了两天，以泪洗面。

然而，李素芝没有忘记，西藏还有许多心脏病患者在等着自己，手术不能再等下去了。两天后，他抑制住内心的悲痛，踏上了归途。

祸不单行。不到两个月，噩耗再次传来：父亲也撒手人寰。大妹在电话中哽咽地告诉他，父亲在弥留之际，不停地唤着他的乳名。

李素芝再也经受不住这沉重的打击，他病倒了……

自古忠孝难两全。李素芝知道，自己这辈子孝没有尽到、也没有机会再尽了，可自己对西藏人民尽了心、尽了力。

忠于党，忠于人民，在李素芝的身上，原来体现得竟这样朴实、这样自然，像西藏的高天厚土，一切都是那样的本色，而又那样的厚重。

父亲去世几天后，人们看见，脸色苍白的李素芝又回到了手术室。

此时，离他在西藏成功实施第一例体外循环心脏手术只有短短的一年。

2000年11月10日，对高原医学来说，是一个载入史册的日子。多少代医务工作者为之奋斗的梦想，将在这一天实现。

这一天，已经是总医院院长的李素芝从容地走进手术室。

就在四个月前，成都军区宣布由中央军委主席江泽民签发的命令：授予李素芝专业技术少将军衔。至此，他成为西南战区获此殊荣的第一人。

时间在一分一秒地流逝。两小时46分零8秒，在第三军医大学新桥医院的协助下，李素芝在西藏高原实施的第一例体外循环心脏手术获得了成功！

在新华社记者采访李素芝并向他表示祝贺时，他却说：“让患者整整等了20年，作为医生，我心里有愧啊！”

而此刻，又有谁知道20年来，他愧对的恰恰不是自己的患者。

为了支持李素芝搞科研攻关，他的妻子、已经是西藏军区总医院妇产科主任的郭淑琴，不得不放弃挚爱的事业，离开她所热爱的高原，转业回去照料瘫痪在床的姐姐和年幼的女儿。

还有女儿楠楠。出世不久，李素芝就把她送回了家乡。从小到大，在楠楠心目中，“爸爸”只是一个概念，一个陌生的名词。她总觉得爸爸很忙，也从来不敢奢望自己能够像别的孩子一样，让爸爸陪着这样那样。李素芝觉得愧对女儿，有空也给女儿打打电话，希望能够弥补一点兑不了现的父爱。可他每次给家里打电话，只要是楠楠来接，她要么不说话，要么喊一声“妈，你的电话”，然后就走开了。

18岁了，对于楠楠来说，叫一声“爸”真的比婴儿说话还难。在别人面前说起自己的父亲，她也只是称李素芝为“他”。尽管李素芝心里无时无刻都在盼着女儿能够喊自己一声“爸爸”，但他不责怪女儿。他知道，自己的确欠孩子太多了，是时间和空间的距离，冲淡了原本血浓于水的亲情。

此后，李素芝一口气为西藏450余名心脏病患者实施了高原先天性心脏病主动脉瓣二尖瓣替换术、法乐氏四联症、单心室、大动脉完全性转位矫正等手术，15次创造了世界医学的奇迹，手术成功率达98.9%。

将军主院，靠的是“人才兴院”的“高招”，靠的是艰苦奋斗的“法宝”。为了医院的建设，他废寝忘食，连千里迢迢来探望他而生病在家的妻子也顾不上照顾

作为西藏唯一的部队现代化综合性医院，能不能满足民族医疗的需要，能不能适应高技术局部战争卫勤保障的需要，科学技术人才是决定性因素。

然而，把时钟倒拨到8年前，总医院的人才状况无不让李素芝感到一阵阵的揪心：医院考取其他省市大学的研究生，毕业后没有一个人主动申请回医院工作。与此同时，申请转业和内调的报告却每年都在增加。

“只有一流的医院才能培养一流的人才队伍，只有一流的人才队伍才能建设一流的医院。”在实施“人才战略工程”中，李素芝想得更多的是中央军委主席江泽民为解放军总医院的亲笔题词：“建设第一流的解放军总医院，为提高部队战斗力服务。”

“江泽民同志的题词，指明了我军医疗卫生事业的发展目标和方向。我们坚信，有军地领导的关心支持，有科技人才的保障，有艰苦奋斗的‘法宝’，我们一定能够把总医院建设成为高原一流的解放军医院。”在医院军人大会上，李素芝既是做动员，又是与大家交心。

为了留住人才，李素芝和医院党委积极争取军区领导和有关部门的支持，不仅先后解决了20名主动来医院工作的硕士研究生家属的就业困难，而且还形成了一条不成文的规定：凡是来医院工作具有研究生以上学历的毕业生，优先分给一套两居室住房，安装一部国内直拨电话，和院领导一起吃小灶，解决家属就业，在科研经费、出国留学、晋升职务、技术等级、军衔等方面予以重点倾斜……

为了培养人才，在军区的关心支持下，李素芝和医院党委先后送出357名医疗技术骨干到英国牛津大学、全军人才基金培训班和4所军医大学以及其他省市医院进修深造，与第三军医大学联合建立了一个博士生培养点、三个硕士生培养点，培养出一大批优秀医疗科研人才……

为了改变医院的硬件和基础设施建设现状，李素芝和医院党委将精心设计的医院建设方案和详细规划报请上级部门，积极争取各方面的支持。那饱含深情、力透纸背、一心想为部队和人民做点事的工作热情，那科学、严谨、缜密的工作方案，得到了军地领导的真诚理解和大力支持。解放军四总部和成都军区、西藏军区先后为医院解决了600多万元的医疗设备；西藏自治区党委、政府不仅在科研项目、人员转业安置上给予政策倾斜，同时还为医院的建设注入了1000多万元的资金；其他省市军地院校、医院慷慨解囊，向总医院赠送了价值1000多万元的医疗设备……

为了用好来之不易的每一分钱，真正把党和部队的关心落实、体现在每一件实事上，对医院的基础设施建设，李素芝亲自督阵，严把工程质量关。一有空，他就跑到工地上，只要机器还在转着，就绝不回家休息。建设经费不够用，他号召全体干部职工发扬艰苦奋斗的优良传统，利用空余时间为医院建设出力出汗，并率先挖土运沙、捡石填坑。在他的带领下，医院的基础设施建设不仅工期大大缩短，还弥补了部分资金短缺。看着自己和同志们手上磨起的厚茧和被高原强烈紫外线炙得脱了一层又一层皮的脸，李素芝一半自我解嘲、一半郑重其事地说："谁让我们是高原军医呢，我们的这双手，不仅要会拿手术刀，还要学会拿锹、拿镐、搬石头。"

那些日子，医院建设工地几乎成了李素芝的家。

其间，妻子郭淑琴专程从大连赶来看他，由于多年没有进藏，身体又不好，一到拉萨就病倒了，高烧40度。

李素芝脱不开身，只好把妻子托付给医院里值班的医生。

郭淑琴一病就是十几天。这十几天里，李素芝一直忙于医院的建设和手术，只有到了晚上睡觉前，才抽出一点时间，为妻子端上一杯水，说上几句体己话。

十几天里，郭淑琴每顿的饭菜都是从医院食堂打来的。但她没有怨言，她理解丈夫，也习惯了。

临别的前一天，郭淑琴拖着虚弱的身体，特意做了一顿丰盛的晚餐，想要和丈夫好好吃顿饭，可是等到天黑，丈夫还是不见踪影。

直到夜里11点，李素芝才回到家。吃着郭淑琴热了一遍又一遍的饭菜，李素芝眼中溢出了泪水。他歉疚地说："来了十多天了，也没时间好好陪陪你。等退了休，我一定加倍补上。"

郭淑琴忍住内心的酸楚，勉强笑了笑，说："好吧，就等到退休吧。"

通过李素芝和院党委的努力，一个跨世纪的高素质人才方阵，神奇般地在总医院崛起。在这个人才方阵中，有两名博士后、13名博士、50名硕士，临床一线医生本科学历达到100%。

通过李素芝和全院官兵的努力，总医院彻底摆脱了昔日的窘境。医院先后获得了“全军环境保护先进单位”“园林式营院”“文明卫生军营”“全军房地产正规化达标先进单位”的殊荣。

在构建一流的医疗设备方面，总医院也实现了质的突破。他们先后引进了数字减影系统、核磁共振、CT、大型X光机、中心监护系统等一批大、中型先进医疗科研设备，总价值达4000多万元，与8年前医院所有设备总价值只有600万元相比，可谓天壤之别。

在科研工作和技术水平方面，总医院也一年一个台阶。不仅在高原疾病研究、高山病防治等方面走在了世界前列，形成了自己的特色，同时，一大批科技含量高、在国内外有较大影响的科研成果不断问世。医院先后创造了47个世界第一，填补了867项高原医学空白。

在这一项项让全国、让世界叹为观止的医学奇迹背后，像山一样挺拔的，是李素芝和战友们战胜困难的不屈脊梁；像水一样激荡的，是李素芝和战友们对党、对祖国、对西藏人民的一腔热血。

中篇

意莫高于爱民，行莫厚于乐民。

行医高原28年，李素芝为成千上万名群众解除病痛，常年下乡为老百姓送医送药，足迹遍布高原的山山水水，巡诊行程达18万公里。

作为一名西藏“门巴”，18万公里的路程，只是他丈量自己对农牧区藏族群众感情长度的数字之一；

作为一名高原军人，18万公里的路程，只是他表达“视驻地为故乡，视人民为父母”的方式之一；

作为一名共产党员，18万公里的路程，只是他实践“代表最广大人民的根本利益”的行动之一。

其实，数字并不重要。在李素芝心里，比自己生命还重要的，是西藏人民群众的身体健康。

“改变落后的就医观念，养成健康文明的生活方式，是广大群众提高生活水平的重要前提。”为了使患者及早得到救治，他来到患者家里，苦口婆心、反复劝说患者及其家人。

有一件事，李素芝28年如一日始终坚持在做，风雨无阻，从未间断，那就是深入农牧区、寺庙为广大农牧民、僧尼送医送药，传播健康文明新风。

这份执着缘于李素芝对西藏各族人民深沉博大的爱，对西藏医疗卫生状况客观清醒的认识。由于西藏独特的地理、历史因素，经济基础相对薄弱，医疗事业相对落后。不仅如此，常年下乡巡诊的李素芝还切身感受到，在一些偏远的乡村和农牧区，一些群众卫生健康意识淡漠，对现代中西医缺少全面客观的了解，“信神不信医”的思想普遍存在。

对此，李素芝有独到而深刻的见解：改变落后的就医观念，养成健康文明的生活方式，是广大群众提高生活水平的重要前提。但观念的改变并非一朝一夕，不仅需要做耐心细致的工作，更需要持久不懈的真诚付出。

山南地区扎囊县道班工人卓嘎，患风湿性心脏病多年，饱受病痛折磨。她每天都在心里祈求菩萨保佑自己，可病情还是一天天加重。

一天，李素芝带医疗队来这里巡诊，实在忍受不了病痛折磨的卓嘎瞒着父母从家里溜出来，半信半疑做了体检。她做梦也没想到，穿军装的“门巴”说自己得了心脏病，而且病得很重，必须马上到拉萨的医院去做手术。

回家后，求生的欲望促使她鼓起勇气跟父母说了情况，但父母不信。他们说：不会的，你又没有造什么孽，菩萨会保佑你。

卓嘎走后，李素芝一直放心不下，他和同事们来到卓嘎家里，苦口婆心地劝说卓嘎父母同意让女儿去拉萨做手术。可无论他们怎么说，卓嘎父母就是不信不同意。

回到拉萨，李素芝总感到有件事没有做。夜深了，他久久不能入眠，27年前为卓玛拉上白布单的一幕又在眼前叠现。他下意识地缩着身子，仿佛卓玛父母的手又要伸过来，要抱住他的腿哭着求他再救救孩子。

“不行，手术一定得做，绝不能让卓玛的悲剧重演！”

一周后，他又带队来到卓嘎家，好说歹说把卓嘎接到了拉萨。

经过李素芝主刀全力抢救，病重的卓嘎被医院从死神那里抢了回来。

痊愈出院时，卓嘎拉着李素芝的手连声叫他“活菩萨”。李素芝笑着说：“阿佳啦（藏语‘大姐’），我不是神，也不是什么‘活菩萨’，回去后请转告你的父母和亲戚朋友，我是靠先进的医疗技术才解除了你的病痛。”

卓嘎出院了，可李素芝并没有松一口气，相反，他的心情更加沉重。尽管医院现在已经能够做卓玛患病时不能做的手术，但在农牧民群众中一再发生先天性心脏病这一病例，使他产生了强烈的忧患意识。作为医生，他知道对农牧民群众来说，这意味着什么。

很快，李素芝和院党委“一班人”决定：立即走出去，在农牧区开展大规模的病例普查和病源调查。

一支支高原心脏病普查医疗队从总医院出发了，分赴全区各地。李素芝带领的医疗队去了平均海拔最高、气候条件最恶劣的那曲地区。

吉确是那曲地区申扎县的牧民。这天，县里的干部带着一群背着药箱、穿着白大褂的解放军医疗队来到村里，说是专门来给大家检查身体的。

在场的许多牧民摇了摇头，走开了。他们不相信自己有病。

经不住李素芝的反复动员，吉确带着3个女儿走进了医疗队的帐篷。检查完毕，他被告知自己和3个女儿都患有先天性心脏病。

吉确不信，哪有一家人都得一种病？

“平时是不是走两步就喘不过气来？”李素芝不厌其烦地问吉确和他的 3 个孩子。

吉确点点头。

“是不是感到心跳得很快？”

吉确又点点头。

“这就是了。坐我们的车去拉萨吧，我给你们做手术。”

听说是手术治疗，吉确和女儿们连忙摇头，他们害怕手术。

回到医院，李素芝安排两名医生再次专程到那曲，再三吩咐一定要把吉确和他的女儿接到拉萨来。

5天后，两位医生空手而归。吉确就是不愿意做手术。

李素芝有些急了：“他们不能再拖了！你们再走一趟吧，能不能把病人接来，就看你们的工作做得怎么样了。”

这次，李素芝没有失望。返回的车上，坐着吉确和他最小的女儿德吉央宗。

李素芝对13岁的德吉央宗进行了全面细致的复查，确诊为先天性动脉室间隔缺损。

手术非常成功。

手术后第三天，德吉央宗已能下床走路了。

吉确再也没有顾虑了。10天后，他带着21岁的大女儿索朗央宗和17岁的二女儿卓玛主动来到了医院。复查结果与初步诊断完全一致。

手术依然非常成功。

总医院免费为吉确和他的女儿们做手术的事，很快传遍了申扎。看着判若两人的吉确和他3个健康活泼的女儿，牧民们信服了。

当总医院的医疗队再次来到申扎县时，医疗队的帐篷前挤满了来做检查的牧民。

不久，许多被检查出有心脏病的人陆续来到医院，医院全部免费为他们做了手术，没有路费的，医院还专门给他们派了车。

那些被治好了病的农牧民群众争相传颂总医院的功德。一位患者出院时，送给李素芝一面锦旗，上面写着：“军民鱼水情，藏汉心连心”。

有人说，金钱不是万能的，但离开金钱是万万不能的。接受免费心脏病手术的西藏农牧民群众说，我们没有钱，但有“金珠玛米”（藏语“解放军”）高超的技术和爱心，快死的人也是能够再生的

李素芝带队进行心脏病普查的结果显示：由于西藏高原缺氧气压低的自然环境，农牧民群众中患先天性心脏病的人占了不小的比例。而眼下尚没有有效的预防措施，一旦发病，唯一的办法就是及时进行手术治疗。

根据常规收费标准，一个心脏病患者的手术花费至少是几万元，复杂先天性心脏病和瓣膜置换，每个病人需要花费15—25万元。这对于并不富裕的西藏农牧民来说，无疑是一个天文数字。怎么办？为了群众的身体健康和生命安全，唯一的办法就是免费为患者手术。

客观条件下的“两个唯一”，坚定了李素芝免费收治农牧民心脏病患者的决心。

可话一出口，立即在医院里引起了争论。

其实，免费民族医疗的政策在西藏早已有之。仅西藏军区总医院，每年都要拿出至少上百万的资金落实这项政策。

自从李素芝担任总医院院长起，免费民族医疗这一传统不但没有丢，而且有了新的发展。大家都知道，西藏的民族医疗事业，是在极其落后的封建农奴制的基础上建立和发展起来的。由于受相对落后的经济和传统观念的限制，农牧民群众防病治病的投入十分有限，免费医疗必须成为西藏坚持和发展的一项医疗制度。但免费医疗免到这个程度，倒是一些人始料未及的。

有人说，现在是市场经济时代，内地的医院都在忙着搞创收、谋福利，而我们却为什么偏偏要背上这个沉重的“包袱”？

也有人提出，因为免费民族医疗，医院的账上至今还挂着100多万元的亏空，现在又加上个免费心脏手术，医院还要不要发展？

李素芝不这么看。在院党委扩大会议上，他激动地说：“什么叫‘包袱’？什么叫‘发展’？难道忽视人民群众的生命健康、对有病的患者视而不见，就是所谓的甩掉包袱？难道天天数钱、不管这钱来得是不是心安理得，就是所谓的发展？不要忘记，我们是医生，我们的医院是人民的医院，救死扶伤、治病救人永远是我们最崇高的职责和最光荣的使命。如果我们不考虑人民的利益和需要，一味追求所谓的发展，那发展还有什么意义？如果我们失去了对生命应有的尊重和敬畏，那我们还配受‘白衣天使’这一神圣的称谓吗？我想，我们都是共产党员，讲政治、讲大局，绝不是一句空话。”

李素芝的讲话，使得全场鸦雀无声。半晌，会场爆发出雷鸣般的掌声。其实，作为军队医务工作者，大家并不是想不明白这些道理。经李素芝这么一说，个别认识不到位的同志心里更亮堂了。

会上，医院党委决定：在开展好原有免费民族医疗的基础上，加大对农牧民群众免费医疗包括免费心脏病手术的宣传力度。同时，为没有拿到“免费医疗证”的群众，马上补办证件。

2000年，中央军委和解放军四总部发出通知，要求部队医院积极参与西部大开发建设，对西部贫困县医院进行对口支援，为群众防病治病。这个通知，使李素芝开展免费民族医疗工作的“底气”更足了。

截至去年8月，西藏军区总医院在3年中，仅心脏病手术就免费1800多万元。

北京一家著名医院的院长来西藏军区总医院参观时，又钦佩又羡慕地对李素芝说：“你们真了不起。敢拿出这么多钱来为群众看病的，你们是第一家。”

是啊，不论是医院的医护人员，还是医院救治过的患者，他们的心里都有一杆秤：从“免费医疗证”到免费心脏手术，哪一桩、哪一件不凝聚着李素芝和院党委的殷殷爱民之情？

与“心脏工程”一起启动的，还有针对西藏高原多发病和常见病的“复明工程”。他们采用的先进的超声乳化法，使上万名白内障患者重见了光明；严重关节疾病患者，经置换可以行走，使患者有了追求美好生活的热情。

对260多万西藏人民来说，李素芝和西藏军区总医院的军医们用爱心和责任实施的，何尝不是群众最愿意看到的“关爱工程”“民心工程”！

乐民之乐者，民亦乐其乐；忧民之忧者，民亦忧其忧。几年来，78岁的色拉寺住持江白，每天都忘不了双手合十，为自己许下的三个弘愿虔诚祈祷

今年藏历年前一天，为了让格日寺的尼姑们过一个平安健康的新年，李素芝带着妇产科的医生一早就来到这里。海拔4700多米的

格日寺，山高路险，被称为“悬在云端的尼姑庵”。

过去，因恶劣的生存环境，不懂得健康防护，加上受“信神不信医”观念的影响，尼姑们长期受妇科病、风湿病的困扰。

4年前，李素芝了解到这一情况后，亲自带着十几名女医生登上尼姑庵，让女医生为尼姑们讲解女性生理卫生常识，给每个尼姑发放了卫生用品。此后，总医院的女医生们就成了这里的常客。住持甘赞旦达常常对弟子们说：“过去我们只知道在山上求神拜佛念经，有病不愿治，不懂得爱惜自己，现在我们也要像山下的‘金珠玛米’一样，念科学的经、文明的经、管用的经。”

78岁的江白是色拉寺住持。几年来，他每天都忘不了双手合十，为自己许下的三个弘愿虔诚祈祷：

“一愿共产党为国为民万世留芳!”

“二愿伟大祖国繁荣昌盛!”

“三愿藏汉民族团结坚如磐石!”

1998年以前，身板硬朗的江白一直不相信现代医学，偶尔小病小痛就诵经“消业”。不料，这年5月，江白病倒了。

来寺里巡诊的李素芝得知此情后，趁着江白昏迷时把他送进了总医院。一起被接走的还有76岁的喇嘛扎达和23岁的喇嘛江村多吉，他们也已病了很长时间。

诊断完，李素芝告诉苏醒过来的江白，他得的是高血压和前列腺肥大。第二天，江白被送进了手术室。

恢复期间，李素芝天天来看他，医生护士个个不厌其烦地为他忙这忙那。江白看在眼里，记在心里。没过多久，江白的身体康复了，李素芝又亲自用车把他送回寺里。随后，又与同行的医生为江白的弟子们一个一个地检查身体，忙了整整一天。

不久，扎达和江村多吉也回来了，无病一身轻的江白，看到李素芝与同事们忙碌的身影，看到扎达和江村多吉精神焕发的模样，往事一幕幕在他眼前浮现。

当年，江白是通过一墙之隔的穿白大褂的解放军认识共产党的。那些解放军时不时地背着药箱来寺庙，给他的弟子们体检、看病、送药，从没收过一分钱。开始僧人们不让他们进寺庙门，但没过多久又来了，一次又一次，从不放弃。后来只要医生们来巡诊，弟子和闻讯赶来的群众，就把解放军围得紧紧的，从早忙到晚，医生们常常连喝口水的时间都没有。如果第一天没看完，第二天一早准来。

而江白那时身强力壮，又觉得有佛的“保佑”，每次见到穿白大褂的解放军来寺庙，总是悄悄地躲开。

有这次亲身经历，江白算是悟透了：共产党、解放军是真心诚意的，相信现代医学错不了。多少年了，他恨自己明白太晚，想想李院长对自己的恩情，想想总医院对寺里无私的帮助，江白对僧众们说：“我们帮不上什么忙，就为‘金珠玛米’许三个弘愿吧。”

而在李素芝的心中，为了把医疗卫生知识普及到千家万户，他有太多的弘愿要去实现。

从1998年开始，经李素芝倡议，总医院与西藏电视台、西藏人民广播电台联合开办了“健康热线”“健康卫生知识讲座”等栏目，他定期到节目录制现场为群众解难释疑，深受广大群众的欢迎。

……

为了支援地方经济实现长远发展，无论是定点对口扶贫帮带、培训民族医疗骨干，还是积极投身抢险救灾、参与重点项目建设，他都当作义不容辞的责任和使命

李素芝在娘热乡有个21岁的“忘年交”朋友，他叫旦增。

旦增是李素芝8年前收治的重病号。当李素芝得知旦增是个孤儿时，便在科室为他搞起了募捐活动，并为他申请减免了1万多元医疗费。

此后，李素芝与17岁的旦增成了忘年之交，经常与他谈心，并出资送他学驾驶。在李素芝多年的无私帮助下，旦增搞起了个体运输，如今已成了村里脱贫致富的带头人。

这些年，李素芝与其他院领导分别与娘热乡16家特困户建立了帮带关系。每逢节日，李素芝都要带着机关和科室领导，走访慰问驻地敬老院和贫困户，还先后为娘热乡13名家庭较贫困的群众在医院解决了就业问题。

娘热乡副乡长格桑旺久感慨地说："没有总医院、没有李院长，乡里群众脱贫的时间可能会拖得更长。"

授人以鱼，不如授人以渔。李素芝感到，无论自己还是医院，扶贫帮困的财力和物力都有限。如果立足医院优势特点，在医疗上进行对口帮带，效果也许会好得多。

他的这一想法，得到院党委"一班人"的大力支持。

2000年7月，医院与当雄县县医院结成对口帮带对子。李素芝代表全院官兵，向当雄县人民医院捐赠了价值30余万元的药品和医疗器械，签订了人才培养、技术支援等一系列帮带协议，并常年派出临床经验丰富的专家轮流进驻县医院，长期进行传帮带。

近年来，总医院每年都要义务承担西藏医学高等专科学校、西藏大学医学院等单位的教学和实习指导任务。

与此同时，针对西藏偏远农牧区缺乏医疗骨干的实际，李素芝利用巡诊的机会，主动走访各地卫生部门，详细了解记下当地医疗骨干缺口情况，以请进来或派专家和业务骨干下去蹲点帮带的方式，免费为他们培训医疗骨干。

据不完全统计，自李素芝担任院长以来，总医院利用各种形式，已为西藏各地免费培训不同层次的医疗骨干530余名。

由于特殊的地理环境，西藏一些地区几乎十年九灾。但“哪里有灾情，哪里就有总医院的医生”。

1997年冬天，那曲地区发生百年不遇的特大雪灾，6万多藏族群众被积雪所困！

灾情牵动着李素芝的心。总医院派出由40多名专家组成的医疗队赶赴灾区一线。

在藏北的80多个日日夜夜里，医疗队踏着厚达1米以上的积雪，上安多，下聂荣，进班戈，闯双湖，奔波在茫茫雪海中。

安多县腰恰乡。

分娩难产的桑姆被困在雪地中，生命危在旦夕。

这时，李素芝带着医疗队赶到了。他脱下大衣，在帐篷里支起了简易产床。同行的医生烧旺牛粪炉，用开水把手术器械消毒后，开始接生。

半个小时后，随着“哇”的一声啼哭，一个男孩降生了。

为了感谢李素芝的救命之恩，桑姆夫妇为孩子取名“玛米”，他们说：“我们要让孩子记住，他的命是‘金珠玛米’给的。”

2001年，中央召开了第四次西藏工作座谈会。西藏军区党委在组织学习传达会议精神时，对贯彻落实会议精神提出了明确要求。李素芝又陷入了深深的思考：作为军队医院，作为军队医生，如何立足本职，在市场经济这个“战场”上，帮助西藏经济实现长远发展，在小康社会建设中有所作为？

那段时间，他把使命和责任当火药，整个人就像一座火炮，时刻都准备着为人民群众“冲锋陷阵”。

2001年6月，举世闻名的青藏铁路建设工程全线开工。由于施工现场平均海拔高达4000米以上，数万名建设者的医疗保障成了摆在青藏铁路指挥部面前的一道难题。

这时，李素芝主动请缨，立下“军令状”，“揽”下了正在修建中的青藏铁路唐古拉山口至拉萨段医疗保障任务。

12月，是青藏高原缺氧最严重和最寒冷的季节，李素芝带着医护人员上了铁路施工一线，用最短的时间拿出了最科学的医疗保障方案。在医院严重缺员的情况下，他派出全院最好的医生，在当雄、那曲建立了两个医疗救护站。

工程开工后，李素芝又带领工作组来到施工现场，有病治病，没病预防。300余名施工人员在他的救治下重新回到了工地。

2003年8月，羊八井隧道正进入紧张的施工阶段。为了不影响施工，李素芝决定：深入到隧道内开展医疗保健工作。

隧道内，光线昏暗，地面泥泞。一些碎小的石块随着机器的轰鸣不断地往下落。

为了他的安全，同行的医生劝道：“院长，您就别进去了。有我们在，保证完成任务。”

听到这话，李素芝有点生气：“在这种时候，我们都是医生，你们可以进去，我有什么理由后退？再说，这里的工人同志们不是每天都在里面吗？”

说完，他带头走进了隧道。

走出隧道，李素芝已是满身泥泞，和现场施工人员没有什么两样。工地的藏、汉族民工怎么也想不到，与他们一起钻隧道的，是一位名气很大的高级知识分子，是在西藏高原享有崇高声誉的专业将军。

的确，李素芝不希望自己看起来与别人有什么不同。他说，一滴水不管有多大能量，只有融入大海才不会很快被蒸发；一抹绿不管有多么耀眼，只有融入森林才不会孤单；一个人不管有多大能耐，只有融入社会方显示其价值；一个共产党员不管有多么辉煌，只有深深地扎根于人民群众之中才会受到人民的爱戴。

下篇

多年以来，李素芝养成了一个习惯，每晚入睡前要办两件事。

首先是查看病房。无论官或兵，无论病情轻重，他都要挨个嘘寒问暖，征询诊疗意见，关切之情溢于言表。

然后是看地图。担任院长前，他面对地图想得最多的是，某个部队病员归队康复得怎样了？该到哪个边防部队去巡诊了？担任院长后，在地图前思考最多的是，面对新军事变革，医院如何在未来高技术条件下的信息化战争中，提供强有力的卫勤保障，为部队战斗力服务。

两个小习惯，凸显出李素芝居安思危的“大思想”：爱兵就是爱战斗力，维护官兵的生命健康就是维护战斗力，维护战斗力就是维护西藏的稳定发展。

从战士成长起来的他深怀爱兵之情，把战士的生命看得比自己的生命还重，为战士的健康敢做最难的手术、舍得用最好的药品、愿担最大的责任

今年大年初一，李素芝接到的第一个拜年电话是从四川达州打来的：“李院长，我是小张……”

打电话的既不是他的老部下，也不是家人。

电话把李素芝的思绪拉到10年前的那个寒冬。

1993年12月14日，岗巴营班长张明带着11名战士巡逻在雪山中，当到达第4个山口时，一场雪崩突然袭来，肆虐的暴雪以排山倒海之势把12名战士顷刻间冲散……3天后，躺在总医院病床上的张明醒了过来，严重的冻伤使他双臂失去全部功能，必须截肢才能保住生命。

时任外科主任的李素芝，含泪为张明做了手术。尽管手术很成功，但张明始终无法接受失去双臂的残酷现实，产生了轻生的念头，不配合医生的治疗。

为此，李素芝住进了病房，24小时守护在张明身边，不厌其烦为他测血压、量体温、喂食。为帮助张明尽早恢复生存的勇气和生活的信心，李素芝买了一摞启迪人生的书籍，与张明一道谈理想、谈人生。李素芝无微不至的关怀使张明重新树立起生活的信心。

11年过去了，身残志坚的张明实现了完全自立，办起了养殖厂，组建了温暖幸福的小家庭。“珍惜生命，好好活着”——每每想起李素芝的赠言，张明不禁泪湿衣襟。

也许张明并不知道，类似的故事在李素芝身上不知发生了多少。就在张明打电话前一天的除夕夜，李素芝就是与战士一起度过的。而专程从老家来陪李素芝过春节的女儿楠楠，却一个人在电视机前守了一夜。

从士兵成长起来的李素芝，对士兵有着一份特殊的感情。他常说，爱心是医生行医的基础，士兵是战斗力的基础，爱兵就是爱战斗力。

有爱，就能创造奇迹。

1978年5月的一天。山南军分区某边防连，一位年轻战士在国防施工中身受重伤，脑内血肿，脸色苍白，生命危在旦夕。

连队条件简陋，连一张像样的手术台都没有。送拉萨救治，显然已来不及。团卫生队的医生们，你望着我，我望着你，脸上写满了焦虑与无奈。怎么办？

团卫生队医师李素芝望着战士痛苦的模样，心如刀割。难道眼睁睁地看着战友被死神夺去生命？不管条件有多简陋，一定要试一试！他立即行走150多公里赶到连队，马上实施开颅手术。

手术在简易搭建的“手术台”上进行，奇迹出现了，李素芝战胜了死神，年轻的战士得救了。

随后赶来的西藏军区总医院一位副院长和外科主任不由连声称赞：“奇迹！简直就是奇迹！”

事后，有人问李素芝：“你怕不怕？当时怎么想的？”浑身湿透、只有23岁的李素芝说：“当时容不得我多想，我把这位战士的生命当成了自己兄弟的生命，如果手术失败，我一定会在这位战士的父母面前谢罪，一辈子当他们的儿子……”

功高不忘军医本色，情长洒向普通士兵。随着岁月流转，李素芝的医术和职务越来越高，名气越来越大，爱兵的情怀也更加宽广。

李素芝不止一次在全院大会上讲：“医生护士要有一颗同情心和一双愿意工作的手，而且这一切要源于心灵深处的爱。年轻的战士从五湖四海来到西藏，为的是巩固边防，保卫祖国，我们没有理由不尽心尽力维护好战士的健康。工作上稍有懈怠，就对不起党，对不起人民！”

当院长后，有人见李素芝经常为了普通士兵加班加点，甚至通宵达旦，便劝他：“作为一院之长，不必像科主任一样事必躬亲，凡事宏观掌握就行了。”他说：“我首先是医生、党员，然后才是院长，关爱战士是我的分内之责。”

一次，某汽车团11名战士被烧成重伤，李素芝连续抢救了三天三夜，累得晕倒在病房里。输液前，他还强撑着身体挨个看了一遍。

在李素芝的大力提倡下，医院为兵服务的措施越来越人性化，以人为本成为制定一切医疗规章制度的核心原则。李素芝提出，只要是边防官兵来看病，“有病治病，无病疗养”，此举得到了全院官兵的理解，更受到广大基层官兵的欢迎。

“官兵就是我们的兄弟，只要能让他们早日恢复健康，再难的手术也要做，再贵的药品也要用！”这是李素芝近年来常挂在嘴边的话。他是这样说的，也是这样做的。

这些年，李素芝特批用于官兵治疗的超标准药品达100多万元。

山南军分区某边防团新战士邱金训练中不慎摔伤，由于病情出现反复，需要特效药。为了不使病人留下后遗症，李素芝特批了5种超常规用药。经过精心治疗，小邱脑伤基本得到治愈；

某汽车团助理员李夏患严重肝腹水，生存的希望渺茫。当时拉萨缺少治疗肝病的特效药，李素芝立即指示在内地出差的人员，购买了价值20多万元的特效药。经过3个多月的精心治疗，李夏奇迹般地康复了；

日喀则军分区某边防团战士李峰，患慢性骨髓炎，需用“去甲万古霉素”“头孢曲松钠”等特效药。小李病情重，药剂用量大，价格又贵，一位新来的医生从经济上考虑，准备减少药量，换成一般药剂。李素芝知道后非常生气，当即严肃批评了这名医生，随后在院军人大会上郑重宣布：“今后再出现类似情况，谁停战士的药，我就停谁的职!”话虽刺耳，但爱兵之情，日月可鉴。

有的同志劝李素芝，名气大了，以后冒风险的手术尽量少做，不要因此坏了自己的名声、砸了医院的牌子。但李素芝没有这样做，他总是把安全留给别人，危险和责任自己一个人扛着。

2002年3月，某部战士刘其因左大腿不明原因酸痛住进了总医院。专家确诊为恶性骨肉瘤，危及生命。以往的治疗方法是截肢，但这并不能延长患者生命。

眼看肿瘤一天天增大，刘其一天天消瘦，李素芝坐卧不安。他与骨科主任殷作明反复研究治疗方案，最后提出全股骨带髋关节和膝关节置换术，进行保肢治疗。

考虑到此手术国内尚无先例，手术难度高、风险大，李素芝便给主刀的殷主任和欧阳教授减压：手术成功功劳算你们的，手术失败一切后果我来承担。

李素芝亲自在手术室指导。手术历时4个小时，成功实施了国内首例全股骨带髋关节和膝关节置换术。

为攻克制约战斗力的高山病，为边防官兵送去一流服务，他几乎跑遍了西藏所有边防连队和哨所，小小药丸彰显他对雪域边关的无限热爱与忠诚

1995年12月，上任不到3天的李素芝就带着医疗队去了岗巴营。

岗巴，藏语意为“雪山脚下的村庄”。这里海拔4810米，年平均气温摄氏零度以下，空气含氧量不足平原的50%，被生物学家称为“生命禁区”。

一到岗巴营，医疗队就兵分四路，到各连队开展身体普查、病理调研。李素芝把最艰苦的任务留给了自己，带着3名医生来到海拔5300米的查果拉哨所。

李素芝和同事们在山上呆了3天。他们为哨所每位官兵仔细检查了身体，建立了健康档案，从饮食起居到工作强度，从气候变化到含氧量变化，详细地记录了这里的生存数据。

检查结果令人揪心。由于高寒缺氧，饮用的雪水矿物质少，再加上缺乏维生素，岗巴营80%的官兵有指甲凹陷、脱发掉发病症，近20%的官兵有心脏、血管和消化系统疾病。查果拉哨长吴鹏的血色素竟高达23.7克，超出正常人近10克。

而就在两个月前，副营长王海的妻子，从广东来岗巴探亲，因患高山急性肺水肿病故岗巴；3个月前，营部机要参谋李建华，回家探亲第三天，突发高原心脏病，病逝在家中……

重重心事加上高原反应，李素芝彻夜难眠。他索性把三位同伴叫起来，借着牛粪炉子微微的光亮聊了起来。

李素芝不无内疚地说："边防官兵长年累月守在边关，有的甚至把青春和生命都献给了边防，大部分官兵走时落下一身病，可他们从不提任何要求，无怨无悔，他们图什么呢！而我们有个别同志一提下部队巡诊，就去有山有水的地方，嫌苦嫌累……"

说着说着，四个人眼中都噙满了泪花，越谈心情越沉重，最后都不说话了，默默拥着被子一直坐到天亮。

导致这一起又一起悲剧的，是曾经夺走无数患者生命的"顽症"——高山病。

上个世纪80年代，西藏高山病发病率高达20%—40%，成了影响驻藏官兵生命和部队战斗力的最大威胁。

回院不久，李素芝就提议召开院党委扩大会。他在会上痛心疾首地呼吁：一定要在过去高山病研究的基础上，解放思想，加大投入，在攻克高山病上要有明显的突破，为提高部队战斗力提供有力保障！

为进一步摸透高山病的发病机理、临床表现，李素芝带着医院高山病防治研究中心的科研人员，翻雪山、涉冰河，跑边防、上哨所，对不同海拔地区人体的免疫功能，各种急慢性高山病的发病率及对人体各种器官的损害开展详细调研，获取了大量的第一手资料。

下部队调研时，遇上雪崩、泥石流、山体滑坡如同家常便饭。饿了就啃方便面，渴了捧几口雪水。一次去山南某边防营普查的路上，由于大雪覆盖，基本辨不出路来，越野车陷进了一个雪坑，在车上等待救援10多个小时，车内的人冻得直打抖。李素芝笑着安慰大家：“幸亏下面不是悬崖，大家都应该为彼此的幸运高兴才对！”

脱离危险后，见雪越下越大，同行的医生劝李素芝：“院长，太危险了，下次再去吧。”李素芝拉下脸来：“都说好了，那里的官兵正等着我们，做事不能半途而废，做人又岂能言而无信，再险也要去。”

长期深入的调查研究，使李素芝的思路越来越清晰。他果断将课题一分为四：高原病流行病学研究、发病机理研究、现场救治研究、单兵急救箱研究。四个学科带头人各带一个课题组，分头攻关。

攻关的结果，使总医院对高山病的防治达到了世界领先水平。抢救时间由原来的7至10天缩短到24小时之内。

研究中他们发现，对付高山病最有效的办法就是预防。“能不能研制出一种新药，把高山病消灭在萌芽状态？”李素芝的想法得到了院党委支持。不久，医院药物研究所成立了，李素芝亲自担任所长。

那段时间，李素芝带着研究人员天天跟小白鼠打交道。为观察药效反应，并随时记录数据，从成都平原到藏北草原，不分昼夜，寸步不离小白鼠。12个月下来，李素芝和同事们普遍掉了十多斤肉，为了获得更客观真实的数据，李素芝带头在自己身上试药，有几次差点“牺牲”。

2000年6月，国内11名高山病专家来到海拔4500米的那曲地区，对总医院高山病防治研究中心研制的预防新药“高原康”胶囊，在动物和人群中进行反复实验。结果表明：“高原康”胶囊对急性高山病的治愈率达99.9%以上，低海拔地区提前服药到高海拔地区发病率不到2%。

不久，他又组织科研人员研制出了高红冲剂、红景虫草露、花虫胶囊等一系列药品。

如今，急性高原病发病率从上个世纪80年代的50%—60%，下降到现在的2%~3%，治愈率达99%以上，驻藏部队连续10年没有一名官兵因高原病非战斗减员。

“高山病”已不再是令人生畏的字眼。

组建野战救护所，成立卫勤研究室，常设应急小分队，瞄准“打得赢”拓展新技术、新业务，他着眼明天的信息化战争，不断锤炼医院卫勤保障能力

春节刚过，军区一位首长到总医院检查工作，突然提出要检查医院的战备落实情况，一不看纸上的预案，二不听口头汇报。“到5公里外的指定地域实施野外救护!”首长留下话就走了。

连随行的机关人员也没想到，年还没过完，首长会突然来这一招，都替李素芝暗暗捏了一把汗。

当李素芝把队伍带到首长面前时，首长一看表：比要求的时间提前了两分钟，人员一个不少，装备一件不漏。

首长满意地把手伸向了李素芝：“没想到，也很难得，你这个技术少将的头脑这么清醒！”李素芝接任院长后，思考最多的就是如何更好地为提高部队战斗力服务，处理好谋市场与谋战场的关系，真正把“谋打赢”摆在首要位置。他与院党委“一班人”形成共识：“部队医院处理不好‘战场’与‘市场’的关系，就会沦为商品化的工具，就会失去部队医院存在的价值!”

医院每次参加部队演习，李素芝都要再三强调：士兵最高的荣誉在战场，军医最鲜亮的锦旗也在战场。

医院知识分子居多。为了使每一名医务人员都牢固树立“生于忧患，死于安乐”的忧患意识，一旦“有事”能“上得去，展得开，救得下，治得好”，他和院党委开始实施一系列“大胆”的决定。

医务人员评功评奖、职务提升，科研人员申报专项经费、公派深造，必须与本人的军事理论、技能和素质挂钩；

每季度进行一次卫勤保障综合演练，用战争的要求谋划每次演练，用战场的残酷落实每次演练，用战斗的标准检验每次演练；

用“打得赢”的标准培养、使用人才，“谁谋打赢就用谁”，实行“小材大用，外材内用，量材而用，育材待用”的原则；

着眼明天的信息化战争，加大医院信息化建设力度，提高信息化服务水平和保障能力；

组建野战救护所，常设应急小分队，随时处于战斗准备状态，瞄准“打得赢”开展新技术、新业务；

……

这一件件、一桩桩的工作落实下来，并非一帆风顺。人员编制，经费物资保障，处理练技术与练战术的矛盾，等等，都需要逐项解决。不管难度有多大，李素芝从未打退堂鼓，只要是有利于医院全面发展，有利于服务部队战斗力的事，他坚决主动贴上去干、顶着压力干、创造条件干、担着风险干。

总医院没有野战医院编制，李素芝抽调人员组建了野战救护所，进行野外训练，并对野战救护所人员进行轮换。

为使医院信息化水平有一个大的攀升，李素芝和院党委“一班人”显示出一种时不我待的紧迫感，在资金十分紧缺的情况下，开源节流，自筹资金200多万元，建立了院“一号工程”——局域网，有力推进了医院资源共享、信息共享、成果共享，为战时信息化保障打下了坚实的基础。随后，又投资100多万元建起了“二号工程”——西藏首家远程诊疗系统和远程教学系统，大幅提升了医院疑难杂症诊治能力，为医务人员提高业务技能、再次深造打造了一个方便快捷的平台。

2002年，李素芝创造性地在高山病防治中心成立了高原卫勤研究室，重点研究高原高寒地区火器伤的特点，高原战时火器伤救治原则，高技术条件下高原高寒山地卫勤保障的特点模式，以及高原战时药材配备和高原卫生防护等，以期为提高和保存部队战斗力提供强有力的理论支持。“十五”指令性课题《高原高寒地区战时火器伤的特点、治疗原则、标准化阶梯救治方案》，李素芝担任首席专家，并取得突破性成果。有专家评估，这项科研成果对我军高原战伤救治和卫勤保障具有重大指导作用。

2003年初冬，一场实战背景的演练，为李素芝的高原山地卫勤保障研究成果打了一个大大的感叹号。

海拔4500米的念青唐古拉腹地，白雪飘飘。“红”“蓝”双方剑拔弩张，“战争”一触即发。李素芝率领的野战医院负责“红方”的保健、巡诊、卫生防疫、伤病员的前接后送和诊治。

是夜，李素芝建议院党委“假戏真做”：把野战医院的配置位置向前推进500米到战术后方区，“坚决沉下去”，做到“十米不见人、百米不见车”；针对西藏地形复杂、距后方医院较远的实际，对一线救护所前送的伤病员实施确定性专科治疗，按实地标准来处理高原战伤。

这些，都是脱离教科书的超常规手段。

4天后，一场现代化高技术条件下的“战争”打响了。李素芝一声令下，洗消组、急救组、手术组、后送组等功能组迅速出击，一座近100张床位，日最大手术量60台、日最大伤员通过量400人的野战医院，在“敌人”眼皮底下悄然展开工作……

为检验野战医院反敌特袭扰、反恐怖袭扰和防空袭的能力，导调部门在医院作业区域和前接后送地段增设了袭扰科目。李素芝早有应对，危机被一一化解：“敌人”的炸点全落在假目标之内和“敌人”

认为的必经之地。

演练结束，李素芝大胆锤炼部队的设想一一变成现实，收到了良好效果。上级首长对他创造的几个“意料之外”给予了充分肯定：

意料之外地把战役后方的野战医院配置在战术后方区，使更多的伤病员能在战术后方得到确定性专科治疗，大大提高了野战救治的成功率和归队率，减少了死亡率、伤残率和后送率；意料之外地摈弃教科书统一的战伤救治原则来处理高原战伤，通过对高原火器伤伤道病理学、细菌学，高原战伤免役、输血指征等“实战”研究，为高原战创伤的救治提供了科学的依据；意料之外地提出全新的卫勤保障模式，即两头大、中间小的“哑铃形”大跨越式卫勤保障新概念。

三个“意料之外”，开创了我军高原山地卫勤保障新纪元。

作为西藏人民的好儿子——孔繁森的生前好友，李素芝的心里，时刻铭记着他和孔繁森分手时相互勉励的一句话：“我们在西藏很艰苦，但不能白苦，要苦就要苦出个名堂来，为西藏人民谋点福利！”

李素芝实现了自己的诺言。

在他的家里，实在没有什么奢侈品，唯一能够让他永远珍藏的，是患者出院时献给他的100多面锦旗和1000多条哈达！

每一面锦旗的背后，都有一个救死扶伤的感人故事；每一条哈达的背后，都有着一段民族团结的真情！

锦旗颂不完的，是李素芝为人民服务的一片赤诚。

哈达献不尽的，是西藏各族人民对人民子弟兵的无限深情。

在那曲班戈县，有这样一位党的好干部：她离开人们快一年了，可当地的干部和群众却无时无刻不在怀念着她。她把自己的一切，都献给了她魂牵梦绕的万里羌塘，献给了自己挚爱的班戈人民。2004年11月30日，中组部追授她为“全国优秀组工干部”。她就是——

藏北人民的好女儿——祁爱群

◎沈小丁　张晓明　达次　王杰

2004年12月4日01版　（人物59）

有的人活着，他已经死了；有的人死了，他还活着。

——臧克家

也许，时间会冲淡记忆、抚平伤痕，但万里羌塘绝不会忘记，藏北人民绝不会忘记——26年前，一个清纯如水的女孩从秀美如画的江南走来，从父辈手中接过“老西藏精神”的熊熊火炬，历经四次重大的人生选择而无悔。在西藏，在辽阔的藏北高原，用自己的梦想、希望、青春、热血和生命，谱写了一曲壮丽的生命颂歌，留下了一座永恒的、无字的丰碑。她，就是永远活在藏北人民心中的优秀共产党员、组工干部祁爱群。

多年来，祁爱群（右二）总是主动帮助干部群众解决遇到的困难，与一大批藏族干部、群众成为好朋友。图为祁爱群与班戈县干部一起下乡蹲点。

（资料图片）

上篇：美丽的青春梦想

1963年1月，祁爱群出生在江苏靖江县。在童年的记忆中，她和几个兄妹几乎没有爸爸的影子，但一个与爸爸紧紧连在一起的概念对她们却异常熟悉——西藏。

1960年，当时正在上海某印刷厂工作的父亲突然接到上级动员，要求在单位挑选几名技术骨干支援西藏建设，条件除了必须是业务能手、共产党员外，还必须是一个人前往，不得带家属小孩，并要有吃苦耐劳、长期建藏的思想准备。听到这个消息，祁爱群的父亲犹如一名战士听到冲锋的号角，马上向组织递交了申请。不久，他告别家乡的妻子和一个刚刚出生不久的孩子，踏上了奔赴高原的路。

祁爱群从一出生开始，就没有见过父亲的模样。当看见别的孩子骑在父亲的脖子上的高兴劲儿，祁爱群只能拿着照片，拼命地想象西藏的样子。

1977年，已经14岁的祁爱群再也不能忍受长期离别和思念父亲的痛苦，吵着要去西藏，要见爸爸。无奈之余，母亲一咬牙，干脆收拾行李，带着4个孩子一起来到西藏。“他不能回来，那我们就去！”

一到西藏，祁爱群就被这里湛蓝的天空和神奇的景象所吸引，最后，她们全家都留在了西藏。

1980年，祁爱群的父亲被组织安排回上海工作。回家了！这对很多常年含辛茹苦、漂泊在外的人而言，是一个令人振奋的消息。但正在上学的祁爱群却并不想走，此时的她，已经深深地爱上了这片土地和这里的人们。父亲理解她，尊重了她的选择。当父亲带着母亲和其他三个兄妹离开西藏时，有人问他：“老祁，机会难得呀，你就真的这么放心把一个姑娘留在这里？”祁爱群的父亲叹了口气说：“孩子愿意，就随她吧。再说，当年那些进藏的老战士们，有多少人不是在这里献了青春献终身、献了终身献子孙的。我的姑娘有出息，我放心。”

1984年，年仅21岁的祁爱群在西藏农牧学院毕业，获得了畜牧专业学士学位。在大学毕业论文上祁爱群写道：在西藏，有大片大片的草原，有成群成群的牛羊，我一定要学以致用，争取为西藏的畜牧业发展贡献自己的一份力量，让大草原结出丰硕的果实。

家人和在上海的亲戚朋友听说祁爱群大学毕业了，非常高兴，他们多方奔走，为祁爱群联系单位。可祁爱群却告诉他们，要留在西藏工作。她对父亲说：“我学的是畜牧专业，我要让西藏的蓝天白云下牛羊成群，上海能给我这么一片土地吗？”祁爱群不仅没有答应回上海，连学校留她在校任教的安排也婉拒了。她说，林芝是“西藏的江南”，她要到藏北、到真正的草原去实现她的人生价值，去放飞她青春的梦想和希望。

中篇：无悔藏北二十年

那曲位于西藏北部，平均海拔4500米以上，空气中的含氧量不足海平面一半，最低气温零下40摄氏度。由于自然环境和社会历史的原因，这里经济社会和基础设施建设等方面比西藏其它地方发展缓慢，每一项工作都需要付出更多的努力和代价。

越是艰苦的地方越能磨砺意志，越是艰苦的地方越能增长才干。告别大学校园，祁爱群义无反顾地来到了那曲，成为那曲地区中等专业学校的一名教师。

当时，地区中等专业学校正处于筹建中，师资力量严重不足。她一到那曲后，就主动承担了该校首届畜牧专业学生和师范专业学生的《家畜药理学》《动物生理学》等多门授课工作，成为该校授课任务最繁重的教师之一。一天几节课下来，常常口干舌燥，腰酸腿痛。剧烈的高原反应和极度的劳累，使祁爱群几次险些晕倒在课堂。但看着一双双求知若渴的眼睛，她的心中就涌起一股强烈的责任感、紧迫感。向来意志坚强的她，咬紧牙关，一次又一次挺住，一次又一次经受住考验。针对很多来自牧区、汉语基础较差的藏族学生，她翻阅大量资料，加大备课力度，总结出一套通俗易懂、循序渐进的教学方法，不厌其烦地从多个角度和层面讲解每一门课，晚上又批改作业到深夜。她还把学生作业中的问题，写在黑板上，逐个地给学生讲解。

1988年，由于种种原因，那曲地区综合中专学校准备改制，把学校建成一所师范专科学校。这时，祁爱群的母校林芝农牧学院发来信函，请她回母校任教。组织上也决定调祁爱群到地区畜牧局工作，任畜牧科副科长。一边是山清水秀、气候宜人的林芝，一边是高寒缺氧、气候恶劣的那曲；一边是初具规模的高等学府，一边是需要经常到农牧区了解情况的畜牧单位。祁爱群毅然选择了后者。

为尽快熟悉工作，进入角色，她更是加班加点地干。当有人说她这么做无非是想表现自己时，祁爱群总是摇摇头说："我只是想在自己的岗位上干点实事而已，如果不这样做，我心里就不踏实。"工作之余，祁爱群进行大量的社会调查。在短短的几年中，祁爱群从加强草地建设、改善生态环境、提高防抗灾能力、推进畜牧业基础设施建设等环节入手，撰写了大量论文。其中，数十篇在《西藏日报》《西藏科技报》等报刊上发表，并多次获得自治区、地区优秀论文奖、科技进步奖。

一

1991年3月，祁爱群被组织任命为畜牧局政工科副科长，从此开始在组织人事战线上辛勤耕耘。万事开头难，要做好这项全新而陌生的工作，对她来说并非易事，毕竟这不是她所学的专业，也没有什么经验，一切都得从零开始，但她没有气馁。她想到组织的信任，想到父亲在铅印厂辛勤工作的身影和对自己的教育，想到许许多多"老西藏"，便有了无穷力量。她以顽强拼搏的精神，不断求索，一本本业务书摆上了案几床头，工作笔记写满了一本又一本。身边的同事成了她的老师，组织部、人事局她常来常往……功夫不负有心人，刻苦学习、虚心请教，加上自己的聪慧，在不长的时间里，祁爱群这个组织人事工作的"门外汉"对业务逐渐熟悉起来，工作开始变得得心应手，也受到了干部职工和业务主管部门的一致好评。

1994年，那曲地区巴青县发生特大雪灾。祁爱群得知这一消息后，主动请缨，立即向组织递交了前往抗灾第一线的申请书。大家都吃惊了："她一个体弱多病的女同志，能行吗？"她看出了大家的顾虑，坚定地告诉大家："大家能干好的事情，我也能做好。让我跟同志们一起去吧。"

考虑到她的身体状况，组织决定不让她到救灾现场，只是在拉萨、那曲和巴青之间负责抗灾物资的运送工作。

装卸抗灾物资是一个强体力活儿，祁爱群的十指经常被磨破出血，寒冷的天气又让她的手指红肿不堪。然而，每样活儿祁爱群都是第一个上去，完成得非常出色。整整一个多月时间，她在拉萨、那曲和巴青三地之间来回跑了无数次，一车车牛粪、帐篷、被褥和药物源源不断地被送到巴青县，而她由于长时间坐车和搬运，没有得到较好的休息，落下了经常腰腿疼的毛病。

随着巴青县抗灾工作的深入，抗灾第一线特别需要畜牧业方面的专业人才。此时，来不及喘口气儿，祁爱群又找到组织："我的专业是畜牧业，让我去吧！"

"不行，你身体不好。"

"我是党培养的一名干部，又是老西藏的第二代，我不去谁去？"

"你太累了，好好休息，好好调整一下再说吧！"

"行！等抗完灾，我一定和巴青县的干部、牧民群众们一道休息。"

在一个寒冷的晚上，祁爱群又匆匆收拾行囊踏上了去巴青县的路。

此时，巴青县的灾情已经得到了有效控制。看到牧民朋友们吃、穿用品和牲畜饲草等物资得到了充足的保障，祁爱群紧锁的眉头舒展开来。啃两口方便面、塞两口雪，祁爱群又一头扑入了农牧民牲畜棚中，检查受灾情况、查膘、制订治疗疾病方案……在紧张的工作中，祁爱群送走了几个昼夜。

一天，祁爱群得知巴青县城附近一些牧民外出找牲畜还没有回来，她在向抗灾救灾指挥中心作了报告之后，带着几个人去寻找。在零下40多度的雪原上，祁爱群一行走了好几个小时，终于找到了困在大雪中的牧民。看到牧民扎巴丢失了防雪盲的眼镜，祁爱群把自己的眼镜给了扎巴，自己一路用手遮着眼睛走。回到县城，牧民扎巴看着祁爱群红肿的眼睛，连连道谢。他说："在旧西藏，遇着这样的大雪，我们牧民只会家破人亡。如今，我们有像祁爱群这样的共产党员，遇上再大的雪都不怕。"

"她是一颗永不生锈的螺丝钉，在每一个岗位上都会尽职尽责、兢兢业业；她是一眼沙漠中的清泉，默默奉献、不计得失。"回忆起在地区畜牧局的日子，许多与祁爱群共事的同志们感慨地说。

二

2000年10月，组织上认为祁爱群政治上已经成熟，业务能力也非常强，有意让她担任班戈县委常委、组织部部长。

到海拔更高、条件更艰苦的班戈县工作，这是祁爱群人生道路上的又一次选择，也是最重要的一次选择。祁爱群心里明白，这是对自己党性原则的考验，是机遇更是挑战。同时，祁爱群心里也非常矛盾：她的爱人在地区畜牧局工作，身体不好，长期以来，由于她工作繁忙，一直对丈夫照顾不够，心里颇感歉疚；女儿袁锦从小在上海生活，由外婆照看，学习上、生活上祁爱群都无法关心、照顾，今后到班戈县，连休假的机会可能都少了，她就更无法照顾了；父母远在上海，都是70多岁的老人，体弱多病，自己常年在西藏工作，父母身边无人照顾；自己患有高血压、心脏病、肾病等多种疾病，平时在那曲就没停过打针吃药，班戈县医疗条件更差，自己能坚持吗？但当组织上找她正式谈话时，祁爱群还是爽快地答应去班戈工作。

一听说祁爱群要去班戈，丈夫袁勇急了。他对祁爱群嚷道："你不要命了？班戈县那么艰苦，是你一个病人去的地方吗？"说完就要去找组织。祁爱群拉住丈夫，难过地说："袁勇，这些年我一直没有照顾好你，我知道对不起你，但你想想，这是组织的安排，我们能讲条件吗？再说了，在西藏工作一二十年的进藏干部职工中，谁身上没落下点高原病，如果大家都不愿在艰苦的地方工作，那么多工作谁去干呢？放心吧，我会照顾好自己的。今后，你也只有自己多保重了。"

10月的羌塘草原，天气变幻无常，一会儿还是晴空，一会儿却风沙四起；牧草开始凋零，远远望去，到处一片枯黄。

祁爱群望着车窗外连绵起伏的群山，望着草原上成群的牛羊和一顶顶洁白的帐篷。草原的秋色虽美，但她无心欣赏，她的心早已飞到了200多公里外的班戈县。她早就听闻班戈县海拔高、气候恶劣，就像眼前，虽然才是秋天，但寒风和冰雹已开始肆虐草原。

她透过车窗，看到草原上一种耐高寒耐干旱的植物，藏语叫"那扎"。寒风中，"那扎"昂然挺立，与冰雹、风沙搏斗，展现出一副不屈不挠的顽强斗志。祁爱群的心情为之一震，仿佛从中获得了一种鼓舞、一种激励，她坚信：她也会像"那扎"一样，扎根羌塘美丽草原。

在班戈，高原反应又让她的多种疾病反复发作，她始终咬牙坚持着。一次，她昏倒在办公桌上，前任班戈县组织部长桑珠看到后，坚决要求祁爱群先回老家检查身体。老部长对她说："我在这里，可以先代你工作一段时间，你先放心回去治病。工作是人来做的，可要是人都没有了，那还有什么意义，一定要先把病治好。"可祁爱群始终没有离开工作岗位。

为了改变班戈县干部队伍“青黄不接”的现象，她到处物色和培养年轻干部，时时留心各种人才信息。在她随身携带的小本子上，写满了密密麻麻的名字，还有各种各样的圈圈点点。为了考察干部，祁爱群不顾艰难困苦，不顾路途遥远，不顾高原反应，坚持深入基层去全面了解干部——

2003年4月，祁爱群带领组织部的同志到离班戈县城100多公里的青龙乡考察地区下派干部。出发前，同事们看见她嘴唇发紫、脸色苍白，都非常担心，她却安慰大家说：“没关系，大家不要替我担心，作为组织部长我要是不下去，又怎能对干部做到心中有数、全面了解呢？又怎能保证对干部做到客观、公正、平等呢？”

班戈的4月，仍然大雪纷飞，羌塘草原上到处白茫茫的一片，根本分不清哪里是路。有时，为了找路，不知跑了多少冤枉路；有时，大雪弥漫，根本看不清前面的道路。就这样，100多公里的路程，吉普车却颠簸了三四个小时。

来到青龙乡，为节约时间，祁爱群不顾路途劳累，立即投入考察工作。青龙乡副乡长强巴是地区粮食局下派挂职干部，从较繁华的地区下派到条件艰苦的基层锻炼，远离妻子、儿女，小伙子情绪一直不稳定，工作沉不下心。祁爱群就耐心地做他的思想工作，她解释道：“让你们年轻干部到基层接受锻炼，是想让你们尽快成长起来，这是你们的大好机会，要好好珍惜。这边条件是差了点儿，回去后，我想办法给你们捎点牛羊肉、蔬菜过来；家里有什么事，就直接给我打电话，我想办法帮你解决。”这朴实的话语，不仅蕴藏着祁爱群对年轻干部的理解之情，更让年轻干部感到一种关怀。强巴听后，思想包袱放下了，情绪稳定了，工作也积极了。

就这样，在近5天的时间里，祁爱群一个一个地找干部谈心、交流，帮助年轻干部们想办法、出主意。由于乡村条件有限，晚上，她都和同事们一起，住在寒冷、空旷的会议室里；早晨醒来，头发上都结了一层白霜。乡上没什么吃的，为了不给乡里添麻烦，祁爱群和同事们的每天主食都是方便面，下乡时带的3箱方便面，很快就吃光了。

由于劳累过度，祁爱群每天早上都流鼻血，洗脸时，盆里的水被染得红红的，同事们劝她说："祁部长，还是赶快回去治疗吧，这样下去，万万不行呀！"她微微一笑："问题不大，是高原反应，休息一下就好了。"

就是在这样的环境下，祁爱群保质保量地完成了青龙乡的干部考察工作。当她回到县城时，人瘦了5斤多。

祁爱群就是以这样一种不畏艰苦、顽强拼搏的奋斗精神坚持工作。2003年，她亲自组织了对全县27个县直单位和10个乡镇所有干部的摸底考察，并根据反馈意见、建议，结合自己平时了解掌握的情况，提出了县直部门、各乡镇领导班子调整、使用意见，使各级班子得到更为科学合理的调整，同时，采取"小步快走"的方法，对工作成绩突出的年轻干部破格提拔使用。这一大刀阔斧的干部调整，优化了班戈县干部队伍结构，使一批有知识、能力强、思想活跃的年轻干部走上乡镇领导岗位。两年中，全县有45名干部走上正、副科级领导岗位，成为建设班戈县各项事业的中坚力量。

在考录聘用干部为国家公务员工作中，她对35名报名者的参考资格进行严格审查，初步确认了9人的参考资格，对那些不符合报考条件的人员，一一进行谈话，讲政策、摆事实，动之以情，晓之以理，使他们无包袱、无怨言、心服口服。目前，这9名符合考试条件的人员已顺利通过地区组织的交叉检查和自治区统一组织的考试，已跨入国家公务员行列。

三

毕业于1997年的干部张旋坤，在班戈县民政局工作。由于高寒缺氧，2000年他被诊断患有高原性心脏病。从2001年开始，张旋坤的病情日益加重。平时吃饭，他边吃边吐，极为难受。有一次，张旋坤上医院去看住院的同事，当医生来检查时，看到张旋坤蜡黄的脸色，误以为张旋坤是病人，要进行治疗。

祁爱群了解到这些情况后，几乎天天跑到张旋坤的家中看望他、照顾他。甚至在休假时，祁爱群还时常打电话询问张旋坤的病情并捎来一些药物。为了帮助张旋坤，祁爱群多次专门走访有关部门反映情况。2003年，经过组织上的协调，张旋坤顺利调到低海拔、气候较好的林芝地区波密县工作。

现在，张旋坤的病已痊愈。他说："我是一名普通干部，跟祁爱群同志不沾亲不带故，也没给她送礼。但她关心爱护我，办事公正无私，是她让我获得了第二次生命！"

可是，有些人就算请客送礼，祁爱群也不会违反原则为他们办任何事情。

一位年轻同志因想调到条件较好的地方工作，找祁爱群说情并送来一些礼品，没想到碰了一鼻子灰。祁爱群诚恳地对他说："你要到哪里去，去从事什么样的工作，要由组织来决定、安排，我个人无能为力。""我的'礼'不够'大'？我的'后台'不够硬？"当这位同志正在反复琢磨之时，祁爱群用自己的实际行动折服了他——不久，一位领导的爱人工作表现太差，在进行年度考核时，祁爱群照样不留情面，给了她一个"不称职"的评价。

又有一次，班戈县两名职工出差，事情办完了却迟迟不归，实际所用时间远远超出请假时间。有人提醒："处罚这两人，可能会有些

‘后遗症’，还是睁一只眼闭一只眼就过去了。”然而，她坚定地说：“按原则办事，我怕什么？我决不让一个人吃亏，也不让一个人占到‘便宜’。我这样做，只因为我是一个党员，公道正派才能让党满意、让干部满意、让群众满意。”于是，她硬是扣了两人超假期间的工资，并在干部职工大会上进行通报批评。

祁爱群常说：“作为一名共产党员，时常要把群众的事情放在心上，时常要想一想普通百姓吃什么、穿什么、用什么？他们需要什么？他们的日子过得怎么样？他们的困难解决了吗？”

班戈县普保镇二居委会的贫困户白玛拉姆，是全镇一年到头靠吃政府救助粮的贫困户，全家人经常是吃了上顿愁下顿。逢年过节，家中里里外外拿不出一件像样的衣服和家具；人家高高兴兴过年时，她们一家就躲在家中不敢出门。2002年冬季，一场大雪，又把她家仅有的20多只羊全部冻死。看到这些，家中的主要劳动力——她的丈夫也积劳成疾，离开了人世，丢下她和两个未成年的孩子。

正当白玛拉姆一家感到绝望之际，2003年，祁爱群向她伸出了热情的双手——把白玛拉姆作为自己在普保镇的扶贫联系对象。

在不足一年的时间里，祁爱群多次来到白玛拉姆家中，看望白玛拉姆，帮助料理生产、生活上的事，甚至看到白玛拉姆家中的碗没有洗时，也连忙帮着洗了。每一次来，祁爱群都少不了带点酥油、糌粑，有时扛一袋大米或面粉等生活必需之物。在与白玛拉姆接触中，祁爱群深深地感到，要彻底帮助这些贫困户，真正帮他们脱贫致富，最重要的是要变“输血式”的扶贫为“造血式”的帮扶，以增加贫困户自我发展的能力。为此，她联系县民政局、电信等部门，向白玛拉姆赠送了100多只羊。同时，她与县农牧局、民政局和普保镇商定，对白玛拉姆等一批贫困户开展增收技能培训。

为了改变白玛拉姆惜杀惜售的传统观念，祁爱群经常掰着手指给白玛拉姆算经济账："养一只羊最少四五年，养一头牛最少七八年，每年草场破坏、设施建设和劳务投入，与收获的牛羊毛和鲜奶、奶制品相比，得不偿失；相反，如果进行短期育肥、反季节销售，则除了解决温饱，还能存一些现金。这样，年复一年，走入一个良性循环当中，脱贫致富也就有了希望。"

看到这些实实在在的好处，白玛拉姆开始有些心动了。为了进一步坚定白玛拉姆的信心，祁爱群有几次带着她，去其他乡镇取经、学习和参观。

去年年底，白玛拉姆家的牲畜出栏了，祁爱群帮她联系销路，并与购买商谈好价格，白玛拉姆第一次勇敢地走进市场，出售了10头羊，仅此一项就收入现金3000多元。

无情未必真豪杰。祁爱群对待班戈的干部群众就像自己的亲人一样。可是对家庭，特别是对女儿却有着深深的愧疚。每当夜深人静，祁爱群一个人坐在孤寂的小屋，望着熊熊燃烧的牛粪火炉发呆。望着窗外清冷的月光，她在想，这时女儿睡下了吗？作业完成得怎么样？睡觉时被子是否踢到了床下？作为母亲，她欠女儿的实在太多了。作为妻子，她同样对丈夫有着歉意。每次和袁勇相聚，祁爱群又是做饭又是洗衣，不愿让袁勇插手家务。在老家休假，祁爱群总是天天陪着父母和公婆聊天、散步、逛街，恨不得吐尽离开父母几年的相思之苦。见到女儿，总是做上满满的一桌好菜，晚上睡觉，又总是守在女儿身边，尽可能多地陪陪女儿……

到班戈县工作就意味着夫妻两地分居，意味着放弃彼此的照顾。2002年春节前夕，祁爱群还在县里为工作而忙碌着，直到腊月二十九日下午，她才风尘仆仆地赶到袁勇身边。当看到满院子晾晒的床单、被套、衣服时，祁爱群眼里流露出了深深的歉意，她对袁勇说："对不起，我工作太忙了，走不开，让你受累了。"

2003年12月3日，她带领两位同志赶到了那曲地区，夜以继日地做完了班戈县干部职工的调资报表工作。之后顾不上休息，又匆匆返回班戈县，临走时，她已经感冒了，袁勇劝她说："好好休息两天，把感冒治好了再下去吧！"祁爱群摇了摇头说："年底事多，元旦我回不来，争取春节早点回来，咱们好好过个年。"然而，谁也没想到，这个承诺竟永远无法兑现了。

下篇：永恒的羌塘记忆

班戈人民永远不会忘记，公元2003年12月13日的那个下午，他们的好女儿祁爱群永远地闭上了眼睛。

在连续召开4个小时的班戈县国家公务员年度考核会后，令人意料不到的事发生了。祁爱群由于劳累过度，突发大面积脑溢血，昏倒在工作岗位。县委书记论白一边向县卫生局和县人民医院的全体人员发出命令："不惜一切代价全力抢救"，一边紧急报告那曲地委、行署。然而，由于呼吸中枢衰退，经全力抢救无效，祁爱群还是永远离开了这块她魂牵梦绕的土地和她真心挚爱的人民，享年41岁。

"出师未捷身先死，常使英雄泪满襟。"

已经在病床前守了6个多小时的老政协主席嘎玛益西，再也难以抑制内心的悲伤，失声痛哭、老泪纵横。这位土生土长的班戈老人，多年没有掉过一滴眼泪，但这次，看到一个优秀的共产党员就这样离去，竟让他痛心不已！

人们在料理祁爱群的后事时，看到几件令人心碎的遗物：一是她卧室书桌内满满的一柜子降血压的药和一个电子降压仪；一是她未写完的2003年班戈县委组织部工作情况报告。

这就是祁爱群留下的全部遗产，这就是一个组工干部、一个共产党员的高尚情怀！

草原含悲，江河呜咽。

2003年12月15日。一个令人永远难忘的日子。

班戈县委、县政府为祁爱群举行了简单的遗体告别仪式。县直机关的所有干部职工都来了，附近乡镇的群众闻讯也自发地赶来了。花圈簇拥，哀乐低回，人们沉浸在极度的悲痛中。一条又一条洁白的哈达，献在祁爱群的灵前，抚慰着她布满伤痛的遗体。

“祁部长，您不能丢下我这个孤老太婆不管呀！圈里的牛羊又该出栏了，您还没有喝我给您打的酥油茶、还没有帮我讲好出售牛羊的价格呀！”祁爱群扶贫联系点的藏族老阿妈白玛拉姆跪在她的遗像前，失声痛哭。

“痛哭慈母弃儿竟早去，儿肝肠寸断；唯凭悌女慰母以奋发，母神魂永安。”这是祁爱群15岁的女儿袁锦写给日夜思念的母亲的一幅挽联。在凛冽的寒风中，洁白的挽联上下翻飞，像一双颤动的小手，像一颗瑟瑟发抖的心。

祁爱群，一个优秀的共产党员，像许许多多把自己的青春、热血和生命都献给了西藏高原的先辈那样，以“人生奋进无终点，河水长流润无声”的信念，走完了她短短41年的人生之路，把她的一切，献给了万里羌塘这片美丽、神奇的土地。

群山唱起赞歌，江河捧起哈达。日益富强的雪域高原，永远向祁爱群一样无私奉献的人们致敬！

矗立在西藏人民心中的丰碑

——记支援西藏建设的优秀交通工程技术人员陈刚毅

◎张晓明

2006年4月20日01版 （人物64）

上篇

使命高于一切，责任重于泰山。

——陈刚毅

一个人，他的生命紧紧与路桥连在一起，路桥就是他的孩子，他为路桥呕心沥血，他就是一条路、一座桥；

一个人，为了西藏的公路建设，他始终牢记党和人民的嘱托，战胜种种艰难险阻，用汗水和真情把路桥建在高原大地，铸在西藏各族人民心中；

一个人，在他身患癌症之后，在生死的关头，仍然选择了勤勤恳恳、任劳任怨地为党工作，为西藏人民铺路架桥，7次化疗期间4次进藏，用生命和汗水演绎着当代交通人顽强拼搏、无私奉献，生命

图为陈刚毅在芒康县盐井乡角笼坝大桥建设中精细测量。
本报记者　洛桑 摄

不息、奋斗不止的无悔人生……

他，就是支援西藏建设的湖北省交通规划设计院高级工程师陈刚毅。

2006年4月，踏着陈刚毅的足迹，我们从云南省迪庆藏族自治州出发，沿着茶马古道和澜沧江逶迤北上，前往芒康县盐井乡角笼坝大桥采访陈刚毅先进事迹。

4月，海拔4000多米的白茫雪山依然冰雪皑皑，雪雾迷蒙；214国道崎岖蜿蜒，山高谷深，望之令人生畏。我们采访团一行顶风冒雪，艰难前行，从迪庆到盐井乡300多公里的路，就颠簸了12个多小时。

到达角笼坝大桥时，天已垂暮，莽莽苍苍，到处一片静寂，只有澜沧江水缓缓南流，只有高原风掀起漫天尘埃。陈刚毅就在这样一个偏僻的地方，寂寞地生活了近3年。就在这样一个荒凉的地方，他和同事们一起，修建了被誉为“西藏第一跨”的角笼坝大桥。就在这样一个艰苦的地方，他坚持与病魔作斗争，带病工作，甘于奉献，努力践行着一个共产党员的先进性。

我们追寻着、思索着，我们采访着、感动着：陈刚毅没有豪言壮语，没有惊天动地的业绩，他就像214国道上一颗普普通通的铺路石，默默无闻地奉献着自己，在平凡的岗位上努力实现自己的人生价值。他同我区交通战线干部职工一样，把自己的一切献给了路桥，献给了西藏各族人民，在雪域高原、在西藏各族人民心中矗立起一座“无字丰碑”……

湖北大道不仅是一条现代城市大道，是一条藏汉友谊的金光大道，更是一座无字丰碑，凝聚着陈刚毅的心血和汗水，凝聚着他对西藏人民的爱

作为湖北省交通规划设计院工程公司副总经理，修路架桥是陈刚毅的职业，也是他钟情的事业，是他生命的一部分。

1986年参加工作后，陈刚毅先后参加过武黄高速、汉宜高速、黄黄公路、京珠高速军山大桥等路桥的设计施工。在各项工程建设实践中，他始终坚持勤耕不辍地学习，刻苦钻研技术，逐步成长为湖北省交通规划设计院的青年技术骨干，成为一名懂设计、会施工、善管理的复合型人才。

对口支援西藏建设是党中央、国务院为加快西藏发展、促进西藏社会长治久安而采取的重大战略举措，充分体现了党中央对西藏工作的高度重视和对西藏各族人民的亲切关怀。按照对口援藏工作部署，湖北省是对口支援山南地区的省份之一。2001年初，湖北省援藏项目——湖北大道即将开工建设。这条长1.827公里、宽40米，总投资2520万元的道路，是当时湖北第二大援藏项目，也是西藏交通史上第一个“交钥匙工程”。这条大道凝聚着湖北人民对山南人民的深情厚谊。它的建成，将泽被雅砻江畔千千万万的农牧民。

2001年3月，湖北省交通规划设计院接到援建湖北大道的任务。陈刚毅得知这一消息，第一个报了名。湖北省交通厅按照“政治表现好、业务能力强、实践经验丰富”的要求，决定由他出任总工程师兼工程技术部主任，带领设计院14名技术骨干奔赴西藏，组成湖北大道项目部。

2001年4月，陈刚毅第一次进藏，他和其他援藏人员刚到拉萨，强烈的高原反应使他昏昏沉沉，但他顾不上这些，一放下行囊就到项目中心，开展工作。

从进藏那天起，陈刚毅就在心中默默告诫自己：一定努力工作，高质量地建好湖北大道，向山南人民交一份满意答卷！

在海拔3500多米的高原上，平常人走不了几步路就会气喘吁吁，稍微严重的还会出现头晕、心慌和呕吐现象。可陈刚毅不顾高原反应，每天来来回回坚持在施工现场实地检查进度、把关质量，一天下来，要走十几公里的路程。

工程开工前，有“地主”之优的山南地区水泥厂上门找陈刚毅，要求使用他们的水泥产品。陈刚毅通过调查比较，发现该厂产品质量不稳定。于是，他毅然舍近求远，选择了拉萨水泥厂的国家免检产品。

工程正式开工后，陈刚毅事事身先士卒，不仅自己对工作认真负责，而且严格要求项目办的同志，每天轮流上工地检查工程进度、安全、质量。对大家不懂的问题，他总是亲自指导和耐心解释。有一次，因为计量上的问题，他同项目办的一位年轻同志发生了争执。那位年轻同志经验比较少，一下子想不通，不太礼貌地表示无法接受他的意见。陈刚毅没有和他计较，而是耐心地给他解释，这位年轻同志终于弄懂了问题，虚心接受了意见。

从工程的材料选购、施工管理到质量检测，陈刚毅的弦总是绷得紧紧的。作为这项工程的质量和技术负责人，他把一个交通技术人员的“认真”和“严格”记刻在工程的每一个细节。西藏昼夜温差大，白天，阳光下的路面温度高达30多度，能晒得人头皮发疼，而夜晚却只有3–5度，水泥板养护难以控制；在路面施工的三个月里，陈刚毅每天晚上裹着棉大衣、打着手电筒赶到施工现场观察温度，优化养护方案。

有一次，陈刚毅发现一段200米的水泥稳定层强度不合格，二话不说，立即要求施工单位全部打掉重来。施工单位请求通融一下，陈刚毅坚决不同意，他说：“我们修路要对老百姓负责，千万不能留下豆腐渣工程。”施工方按要求重做后，感慨不已地说：“我们做了这么多年工程，还从来没遇到过这样严格的业主。”

仅用不到一年的时间，陈刚毅就和他的同事们把湖北大道项目建成了精品工程、示范工程和标志性工程，创造了西藏城市道路建设历史上路面最宽、建设周期最短、设计标准最高等十个第一，受到自治区和山南地区的高度评价。2002年，湖北大道项目被评为全国公路建设优质工程。

如今，湖北大道两边的人行道彩砖，使用多年，仍光泽如新，没有出现任何裂缝，这正是陈刚毅和项目部的同志当年精心选料的结果。湖北大道犹如一座无字丰碑，凝结着陈刚毅等一批交通人的顽强拼搏和完美追求。

山南地区泽当居委会个体户次仁欧珠高兴地说：“以前这里路很烂，进出极为不便。现在，湖北大道又宽又亮，两边都开发了，我们做生意更方便了。”琼结县拉玉乡二村运输户多杰激动地告诉记者：“以前，路很难走，特别是下雨天，这里一片泥泞，车辆难行；现在，路修通了，好走了，跑运输更通畅了，收入也增加了。我们农牧民衷心感谢党中央、感谢湖北省、感谢像陈刚毅这样为西藏人民铺路架桥的交通人！”

山南地区城建局领导深情地说，今天山南泽当镇的城市规模是从中央第三次西藏工作座谈会后逐步形成的，而湖北大道对泽当镇的城市建设起到了极大的推动作用，我们永远记着陈刚毅和他的同事们！

陈刚毅把角笼坝大桥看成自己的孩子，看着大桥一天天成型，他的内心充满着喜悦和自豪，那是一个交通人对路的爱、对桥的情

作为一名共产党员、高级工程师、业务尖子，陈刚毅与西藏结下了不解之缘。

2002年4月，交通部在北京举行援助西藏九个交通重点项目的启动仪式。角笼坝大桥是9个项目中唯一的桥梁项目，概算总投资1.1亿元，主跨345米。曾在山南地区出色完成湖北大道建设任务的陈刚毅主动请缨，湖北省交通厅和设计院经过反复挑选，确定陈刚毅担纲该项目法人。

“我通过2001年到西藏建设湖北大道，看到了西藏交通的落后，看到了西藏人民对交通建设的渴望和期盼。作为一个交通人，我感到有责任、有义务把我所学的知识献给西藏交通，尽能力为西藏人民做一点事。”在采访中，陈刚毅这样深情地回忆起当时的想法。

角笼坝大桥工地，位于昌都地区芒康县盐井乡，地处横断山脉腹地、澜沧江南北向的红拉山山腰。

盐井乡拉久西村70岁的老人斯朗扎西清楚地记得，1997年，这里出现第一次泥石流，村民格桑次仁和他的儿子不幸被泥石流砸死

了。从此，角笼坝每年都有伤亡事故发生，村民们过角笼坝时都提心吊胆，过往司机也非常担心。特别是雨季一来，堵车更是常有的事，最长时堵了一个月。2002年8月，自治区交通厅原厅长加措一行，从四川成都赴昌都地区检查工作，在角笼坝被堵了4天，最后不得不原路返回。频繁的滑坡，使角笼坝成为214线上的“卡脖子”地段。

昌都地区交通局局长泽洛告诉记者，角笼坝地段每年发生山体滑坡十余次，事故十余起，死伤数十人。“这条路是西藏与云南最重要的通道，藏东地区的生产、生活物资主要靠这条线运输，交通一断，各方面的损失很大。”另外，昌都地区尤其是芒康县，旅游资源丰富，境内有我国仅存的古盐田、国家级金丝猴保护区、文成公主庙、优质温泉等，水果产量也不小。近年来，当地利用资源优势拉动经济发展的愿望十分迫切，但交通状况不改善，这一切都只能是空想。

2003年4月，陈刚毅怀着对西藏的挚爱和对西藏交通建设的责任，再次踏上技术援藏的征程。

这是陈刚毅第二次技术援藏，他感觉到此次任务更重：援藏的9个项目个个都是西藏交通的新亮点，9个省都派出了精兵强将；而且，陈刚毅知道，角笼坝大桥承载着当地藏族群众谋发展、求致富、奔小康的愿望，承载着湖北人民对昌都人民的深情厚谊！

“能接手这样的工程，我感到很光荣。作为一名共产党员，我清楚自己的责任，我一定会干出个样来！”受命之初，他向领导表了态。

抱着这样的信念，他带领项目办全体人员于4月飞往西藏。“西藏，我的第二故乡，我又回来了！”再次踏上西藏的土地，陈刚毅心中非常激动，望着熟悉的山水，止不住热泪盈眶。

不顾强烈的高原反应，一下飞机，陈刚毅就直接赶到自治区交通厅项目中心报到，一头扎进工作里。他每天只睡三四个小时，有时甚至通宵达旦工作，实在支撑不住了，就以浓茶和香烟提神。极度疲劳加上高原反应，使他的肠胃变得不适，吃饭没有胃口，只能用白开水泡点米饭勉强下咽。

从4月8日到达拉萨至6月2日发售招标文件，短短50天，陈刚毅整整瘦了11斤。经过昼夜奋战，一套高水准的招标文件终于完成，得到了专家们的一致好评，被西藏自治区交通厅称赞为9个援藏项目中“质量最好、效率最高、提交资料最及时、最完整”的项目。

2003年8月，位于滇藏公路214国道上的角笼坝大桥正式开工建设。

角笼坝大桥施工现场，地质结构十分复杂。按设计方案，要在破碎性、风化性玄武岩上采取隧道锚碇方法建桥，技术上是否可靠？这是一道摆在人们面前的难题；如果这个方案不可行，则采用巨型混凝土墩重力式锚碇，那投资要比隧道锚碇高出好多倍。

面对这两种方案，陈刚毅果断提出先进行岩锚模拟试验及单根锚、群锚试验，并对整个试验过程进行控制。根据反复试验得出的初步结论，陈刚毅决定采用锚碇设计方案，并在锚碇后面增加预应力锚索，最终获得成功。湖北省交通规划设计院院长姜友生告诉记者，陈刚毅带领大家运用先进的施工工艺，创下了在山区、高寒地区修建跨径悬索桥的宝贵经验，特别是对隧道式预应力复合岩锚锚碇技术的研究及成功应用，在我国桥梁建设领域具有一定的领先水平。

每年3月至9月是西藏施工黄金时期，但却是运输物资困难的雨季。冬季冰霜雪冻，施工很难展开。陈刚毅与施工单位见缝插针，施工开展得有条不紊。

“我们是这座桥的项目法人，要负主要责任、终身责任，不能有任何闪失啊！”这是采访中陈刚毅说得最多的话。

“去年做完结肠癌手术的第二天，陈总从武汉打来电话，说得也是这句话。电话里，他的声音在颤抖，听得出来，那时他的身体非常虚弱。”角笼坝大桥项目办负责人熊颂宝对记者说。

在每一次施工例会上，陈刚毅从不含糊，特别是技术指标和极配计量严格要求。有一次，有人说在高原和经济欠发达的少数民族地区，质量标准可以网开一面，况且黄金施工季节就这么几天，耽误了不知道还要等多久。但陈刚毅坚定地说："质量要求只有一个，那就是部颁标准，不论什么地方，只能往高靠，绝不能往低降。"

为了保证工程万无一失，陈刚毅对每个施工环节都精心组织，一丝不苟。他常说，质量是交通人的生命，失之毫厘，差之千里。

"陈总是个随和的人，但在工作上却非常较真。"项目办负责人熊颂宝记得，有一次计量数据出了点小误差，陈刚毅严厉批评了他，当时他想不通，差点和陈刚毅吵了起来。正是由于他的严格把关，角笼坝大桥才成为全藏的样板工程。大桥的4个锚塞体，技术上本来允许有两毫米的定位误差，但他们却将误差控制在0.1毫米以内。

茶马古道飞彩虹，澜沧江畔树丰碑。2005年8月3日，角笼坝大桥正式竣工。那一天，角笼坝大桥成了欢乐的海洋、歌舞的海洋，附近的藏族群众从四面八方纷纷赶来，一个个脸上绽放着喜悦的笑容。热情的藏族群众拉着陈刚毅和他的同事们，一起跳起欢快的锅庄舞。此时此刻的陈刚毅，是多么的自豪、多么的开心！

曲孜卡乡乡长旺秋亲自给陈刚毅献上了洁白的哈达，紧紧拉着他的手，激动地说："多少年啦，我们一直盼着角笼坝这里能有座桥，把山里的土特产运出去，把山外的物资运进来。现在大桥终于修通了，乡亲们都感谢你呀！"

陈刚毅紧紧握着旺秋的手，深情地说："我只给乡亲们尽了一点绵薄之力，我希望乡亲们都富起来！"

角笼坝大桥的建设不仅给当地群众带来了方便，而且促进了当地经济的发展。曲孜卡乡拉久西村村民玉珍拉姆感激地说，现在，我们进出再也不用担心了，孩子们上学也安全了，感谢陈刚毅，吐其切

（谢谢）、吐其切！纳西乡村民旺久激动地说，桥修好了，我现在可以开车到昌都、拉萨跑运输了，收入大大增加了。

芒康县副县长登巴旺修深情地说："角笼坝大桥是我们的幸福桥、致富桥，也是藏汉人民的友谊桥。它的建设，不仅方便了群众，保障了群众生命财产安全，而且对藏东南地区经济、社会发展起着举足轻重的作用；同时，还将促进芒康县与祖国内地的经济、文化交流，促进民族团结。"

当陈刚毅做完大桥的扫尾工程准备起程回武汉时，当地各族干部群众纷纷前来送行，他们向陈刚毅献上洁白的哈达，敬上甘甜的青稞酒和酥油茶，表达他们的感激之情！

昌都地委副书记刘建敏说，在陈刚毅身上集中体现了"特别能吃苦、特别能战斗、特别能忍耐、特别能团结、特别能奉献"的老西藏精神，体现了一名共产党员的先进性。他为我们树立了新时期共产党员的光辉形象，他为西藏人民做了许多实实在在的事，西藏人民永远铭记他！

陈刚毅，这个修路架桥的交通人，他没有在多彩的岁月里追求享受，他忘我献身、情系高原，奉献边疆、造福西藏，用辛勤汗水落实了对口支援西藏的重大决策，用行动诠释了共产党员先进性的深刻内涵；他用忠于职守、不畏艰难，勇于创新、无私奉献，演绎了生命对事业的忠诚，唱响了一曲新时期交通人的时代赞歌……

中篇——澜沧飞花颂风骨

快乐在岗位上，生命在事业中。

——陈刚毅

在陈刚毅的人生坐标中，永远没有停止，只有奋斗。

“人活着，一定要有一点精神，要有一种信念。”这是陈刚毅言行的写真。

正是这种精神、这种信念，支撑着陈刚毅像他的名字一样，坚强地面对癌症，面对人生的种种考验；支撑他在各种考验中，坚持自己的不灭信念，坚持自己的选择不动摇。

生命不息、奋斗不止，恪尽职守、忘我工作，淡泊名利、清正廉洁。陈刚毅，这个荆楚大地的好儿子，用生命演绎了对事业的忠诚、对路桥的热爱、对西藏的深情。修筑一条路，就树起一种精神；建起一座桥，就延续着一段感人肺腑的民族亲情。这正是陈刚毅在澜沧江畔刻画的一个交通人的铮铮风骨……

七次化疗四次进藏

2003年11月下旬，陈刚毅承担的西藏角笼坝大桥正在紧张施工。身体一向很好的陈刚毅，肚子常常隐隐作痛。他利用去拉萨开会的时间看病，医生说是肠炎，他就没在意，开了点药，后来似乎就没怎么疼了。

可春节回武汉又开始疼了，做了肠镜检查后，医生说要马上开刀。因为要急着回工地，他问能不能先开点药。医生严肃地说，你要再去西藏回来就成烈士了！不知情的妻子还为医生的话大为生气，知道他得的是结肠癌后，妻子悲痛欲绝，怎么也不愿意相信这个残酷的事实。和医生商量后，他们做了个假病历，说是息肉，要开刀。2004年2月底的手术切除了20公分结肠，可敏感的陈刚毅术后总感觉有些不对劲，在他的一再追问下，妻子才告诉他实情。

人毕竟是人，知道后他开始焦虑、烦躁，脾气也变得很坏，他想知道自己到底还能不能活，还能活多久？40岁正是生命的黄金时期，他以前一向身体很好，可突然得了这种顽症，谁愿意接受这个事实呢？他真有些万念俱灰了。无处发泄怨气，他就整天找妻子吵架。贤惠的妻子只有把眼泪往肚里咽，想方设法宽慰他。

得知他患病的消息，院领导和同事都来看望、鼓励他。慢慢地，他也想开了，乐观是最好的抗癌良药。化疗期间，他翻阅了大量肿瘤方面的书籍，知道这种癌并不可怕，比肝癌之类的要好治得多，而且是中期癌症，还没扩散。另外，他一直信奉伽利略的一句话，“生命犹如铁砧，愈被敲打，愈能发出火花。”当初父亲给自己起名叫刚毅，就是希望自己在困境中可以保持刚毅的品质，自己不能辜负老人家的期望。

他在心里默默地做出决定：“干一件事情，不仅要干完，还要干好，决不能半途而废。”强烈的事业心激励着他与病魔顽强抗争，此时他只有一个念头，一定要重回角笼坝工地！

重拾生命信念的陈刚毅一边积极配合治疗，忍受化疗带来的极大痛苦。化疗打针多了，血管都扎不进去，经常打一针要换几个护士，他怕护士紧张，虽然自己满身是汗，钻心地疼，还笑着让她们尽管扎。

尽管一点胃口也没有，还是强迫自己喝点稀饭、牛奶。多运动才能尽快恢复，他手术后第二天就下地，没挪动几步就已大汗淋漓。亲友看了心疼不已，可他笑着说没什么，咬咬牙就过去了。他一边治疗，一边保持与西藏工地的热线联系，要求项目办的同事每个星期都要向他汇报工作。

病情稍有好转，陈刚毅就要求回工地去。考虑到他的病情，组织上一直没有同意他的要求。

角笼坝工地地质情况复杂，2004年4月，工地传来锚洞塌方的消息，陈刚毅再也躺不住了。

5月，第二次化疗刚结束，他就向设计院提出，重回角笼坝工地。

面对陈刚毅的要求，院长姜友生、院党委副书记高进华既感动佩服，又心疼。

“你就通过电话遥控指挥吧，我们会另外派人接替你的工作，治病要紧啊！”

“打电话不方便，也说不清楚，有些事得到现场看才行，否则会影响工程进度和质量。”

“在家里坐着，我觉得自己成了个废人。工地非常需要我，我去那儿精神有了寄托，对病情还有好处，你们就‘成全’我吧！”陈刚毅摆出种种“理由”，与设计院领导“软磨硬泡”。

陈刚毅还向妻子做出保证：“你放心，如果不对劲，我马上回来。”

大伙拗不过陈刚毅，只好“放行”，但一再叮嘱他到了化疗前夕要提前返回。妻子毛细安坚决要陪他一起进藏。他们狠狠心，把年幼的女儿一人留在家，白天让她在外面买点东西凑合着吃，晚上就叫一个亲戚从武昌赶过来照顾她。

令毛细安感动的是，到工地山高路险，随时都有生命危险，特别是从云南迪庆到角笼坝大桥的最后90公里土路，健康人走完后都快要颠出脑震荡了，难以想象，他一个癌症病人，在这条路上来来回回无数次，是怎么咬牙坚持过来的？可为了西藏人民，他们毅然放弃都市的繁华、亲情的欢乐，忍受寂寞、无私奉献，妻子也被丈夫和他同事们顽强拼搏、无私奉献的精神深深打动了。

7 月份，角笼坝大桥锚碇实验全部完成。按照程序，项目办要根据实验的结果确定锚塞体处理方案，总结上半年工作，对下半年的工作进行部署安排。同时，还要向西藏自治区交通厅汇报整个工程进展情况。陈刚毅忍受着化疗后一波高过一波的痛苦，在化疗期间第二次进藏，以顽强的毅力完成了这些“分内的事情”。他说，尽管病了，却不能降了工作标准。

9月的西藏，是施工的黄金季节。陈刚毅在做完第六次化疗后的第二天，又第三次回到了角笼坝。他组织大家开展了“大战一百天”劳动竞赛，抢在冬季来临前，完成了锚塞体混凝土浇灌、大桥主缆架设、吊索安装等重要的工序。

11月，第七次化疗一做完，在角笼坝大桥上构安装的关键时期，陈刚毅又义无反顾地选择了第四次进藏，这一待，又是一个月……

7次化疗、4次进藏，凝结着陈刚毅对路桥的无限热爱，凝结着他对西藏人民的深情厚谊，凝结着一个交通人对肩负使命的责任！

2004年的7次化疗期间的4次进藏，陈刚毅经常加班到深夜，好像完全忘了自己是个绝症患者。由于高原恶劣的环境，加上操心，陈刚毅经常失眠，一到凌晨两三点就醒了，在床上翻来覆去，熬到天亮。他常把蒋筑英的一句话挂在嘴边：“生育我者父母，教养我者党。”他把对祖国、对党的忠诚和对交通事业的满腔热忱全部融入自己的工作中。

7次化疗、4次进藏，陈刚毅把一个坚强的交通技术人员的人生，就这样刚劲地刻写在祖国万里高原。

10月中旬，角笼坝大桥工程交接已接近尾声。湖北省交通规划设计院派出副院长孟建丹等3人，赴藏协助处理交接工作，并提前接陈刚毅回家。院里还为他安排了合适的技术岗位，以便他一边工作、一边治病。

2005年8月3日，西藏芒康县角笼坝大桥通车现场成了欢乐的海洋，鼓乐喧天，人声鼎沸，从四面八方赶来的藏族群众个个笑逐颜开，他们期盼已久的大桥终于通车了！可谁会想到，这座雄伟的大桥却凝聚着一个病人，而且是癌症病人的心血！

去年，湖北省授予陈刚毅“劳动模范”“模范共产党员”“五一劳动奖章”“青年五四奖章”等荣誉称号，并号召全省人民向他学习。在荣誉面前，陈刚毅没有骄傲，他说，我做得很少，党和人民给予我的太多，我只有用不断的努力来报答！

经历风雨　始见彩虹

“子规夜半犹泣血，不信春风唤不回。”陈刚毅在从中专生成长为懂设计、会施工、善管理复合型人才的成才道路上，始终闪烁着精神的光芒。

1983年，陈刚毅走进了湖北交通技术学校。“要做就做最好的自己！”抱着这样一个念头，陈刚毅很快就找到了奋斗目标，他给自己定下一条原则：每门功课考试成绩必须在80分以上。

用功读书，是陈刚毅三年交校生活的行为准则，更是他战胜学习中拦路虎的制胜法宝。毕业前夕，陈刚毅所在的8301班到黄冈一个工地上进行实地测量。当时正值隆冬，大雪纷飞，野外北风呼啸，冷得人瑟瑟发抖，手伸出来一会儿就冻僵了。有的同学把冻得通红的双手缩进袖子里，打退堂鼓了。可陈刚毅却不愿放弃，他认为，学路桥的，就得适应野外艰苦的条件，就要学会吃苦。不服输的陈刚毅冒着飘飞的风雪，一丝不苟地认真测量。飘舞的雪花落满了他的头上、身上，刺骨的寒风冻得他的双手通红。在漫天雪花、纯白的世界里，他就像是一尊雕像，用坚强和意志支撑着自己，终于测量到实实在在的数据。

陈刚毅学生时代的班主任郑力老师说："在学生时代，陈刚毅可能并没有做出惊天动地的大事，只是踏实、勤奋、默默无闻地做着点点滴滴的事。他无怨无悔地付出，不断地寻找着精神和心灵上的满足。"

1986年，陈刚毅从湖北交通技术学校毕业，被分配到湖北交通规划设计院。在人才济济的设计院，一名中专生如何立足？在工作中，他也明显感觉到与老一辈技术人员的差距，而且交通技术发展也很快，好强的他强烈感觉到继续学习的重要性。

院里规定工作两年后才能进修，还没满年限，陈刚毅早就迫不及待地想报名。他平时工作忙，只能利用业余时间自修。炎炎的夏日，别人都在乘凉，而他却在简陋的单身宿舍里赤膊上阵，刻苦攻读；寒冷的冬天，他就着一个小电炉取暖，坚持学习。

1990年冬季的一天，他学习至深夜一点多才休息。凌晨3时左右，肚子突然剧烈疼痛。一个人挨到凌晨5时左右实在忍不住了，走一步，蹲一步，来到路口，才被三轮车师傅扶上车送到同济医院。经查是碎小肾结石，在医院检查、打针折腾了两个小时。为了不耽误上课，针没打完他就要医生拔了针头，拿了点药，急急忙忙乘车赶往学校上函授课。

1990年婚后，随着女儿的出生，家里事情更多了，可他根本顾不上，最多一个月回去一次，每次也就是打个转就走了。年幼的孩子，年迈的父母，全靠身体不太好的妻子一人照顾。亲友们谈起这些不免对他心生埋怨，可他何尝不想多陪陪可爱的孩子、白发苍苍的父母？就这样，他克服重重困难，顺利完成了西安公路学院的本科函授。

陈刚毅十分珍视在实践中学习的机会。他参加工作至今，先后参加了武黄、宜黄、黄黄、京珠等高速公路的建设，逐渐成长为设计院的青年技术骨干。特别是1990年—1994年参加宜黄路的建设，使他的书本知识与实践经验很好地结合起来，实现了质的突破。

湖北省交通厅党组书记、交通厅厅长林志慧说，在湖北省交通规划设计院“单打一”的人才较多，像陈刚毅这样懂设计、能施工、会管理的人可不多，设计院最需要这种复合型人才。

淡泊名利 廉洁奉公

“贪如火，不遏则燎原；欲如水，不遏则滔天。”陈刚毅在他经手的大、中工程中，以一名共产党员的党性和原则坚守住了廉洁的阵地。

对待工作，他充满热情，但在名利面前，陈刚毅却显得十分淡泊。他担任过多个重点交通工程的项目经理、总工程师乃至项目法人，在这些岗位上，他始终牢记自己是一名共产党员。在上亿元的工程款使用中，他始终以国家和人民利益为重，严格管理，不沾分毫。

2004年12月，因天气寒冷无法施工，项目办的同志要撤回武汉。在走之前，施工单位为了表示对陈刚毅的感谢和关心，特意给他封了个红包，要他回去好好补补身体。陈刚毅却说：“你们的心意我领了，但这钱我坚决不能收。”拿着没送出去的红包，施工经理感慨万分，对陈刚毅的敬仰之情油然而生。

陈刚毅常说：“人不能有权欲，有了权欲，就容易出问题，必须用制度堵漏，用制度保护干部。”他在角笼坝项目上的每一笔支出，都严格遵循财务制度。项目办付给施工方的款项按计量支付，每项计量款都要经过5道关口的严格审核。就这样，陈刚毅按照制度用好每一笔钱，确保了角笼坝工程的资金安全。在修湖北大道期间，不是靠关系进材料，而是真正看哪个厂家的质量好。每批材料进来，都严格把关。虽然成本提高了，可质量始终在他们心中是第一位的。

“常在河边走，就是不湿鞋。”陈刚毅癌症手术后第一次进藏时，施工单位听说指挥长抱病回到了工地，又是敬佩又是感动，都争着请他吃饭，要给他接风，有的单位还送来了慰问金。陈刚毅都一一谢绝了，他说：“这些客套就免了吧，把工程建设好了，就是你们对我最好的招待！”

采访期间，陈刚毅经常与记者谈到自己的家乡咸宁，他说好久没回家了。记者后来得知，他这次回老家，除看望老人外，还了却了另一桩心事。

那是2003年，陈刚毅一位亲戚从老家专程来到西藏，要他在角笼坝大桥分个小项目做做。去的那天，陈刚毅热情招待远道而来的客人，但谈到工程时，他一口回绝：“我是项目负责人，如果今天开了这个口子，那以后怎么管别人。”

看到亲戚一言不发地走了，陈刚毅心里特别难受。从西藏回去后不几天，他就回到老家，与那位亲戚一起吃了餐饭，以求理解。

在采访座谈时，陈刚毅的同事说，角笼坝和湖北大道两个项目创造了许多“西藏第一”，这是陈总技术过硬、大胆创新的成果；也有人认为是他清正廉洁、敢于管理的结果。

舍“小家”顾“大家”

陈刚毅心里装满了对事业的追求，却唯独没有他自己。那是1990年12月底，女儿出生，陈刚毅请了一个月的假特意赶回咸宁陪妻子。女儿出生的第3天，他接到工地打来的电话，随后，他就对妻子毛细安说，宜黄公路现在是关键时期，仙桃工地那边有急事，我去把事情处理完就回来。结果，他走了后，在爱人坐月子期间就没有回来，坐月子的妻子只好请人照顾。那时，毛细安躺在床上，孤零零的，委屈得禁不住流下眼泪。

2001年，妻子和女儿从咸宁到了武汉，但却没有了工作，一下子觉得心里空落落的，想让陈刚毅帮忙在设计院找个临时工作干干。可陈刚毅说："现在没有工作的人多得很，我们的生活还算过得去，就不要给组织添麻烦了。你虽然没有工作，但照顾好了孩子，照顾好了这个家，我在外面的工作你也一样有功劳啊！"

2005年6月，设计院党委领导一行到角笼坝工地检查工作，领导想起陈刚毅的小孩今年要中考，便问及此事。陈刚毅说："工地现在这么紧张，我实在是没精力和时间去管她，只能靠她自己努力了。"想着多少父母正在为自己的子女上学而奔忙，可陈刚毅却为了自己钟爱的事业，抱病在雪域高原为交通建设默默奉献，大家的眼眶湿润了。

陈刚毅的父亲80多岁，身体有点不舒服，想来武汉看病，因年迈坐不了车，于是，妻子打电话给陈刚毅，看他能不能找单位借一辆车把父亲给接到武汉去。陈刚毅还没等妻子把话说完，就直接说："这事怎么能麻烦组织，况且现在单位都很忙，没时间去接人。"没办法，妻子只好说，那我先把老人接过来，你有空就带着他去看看病。陈刚毅答应了，等妻子把老父亲从咸宁接过来，陈刚毅却没顾得上父亲看病的事情，天天都在工地上忙着。

后来，当陈刚毅得了癌症的消息传到85岁老父亲那里时，父亲老泪纵横，专程跑到武汉来看他。看着苍老的父亲，陈刚毅满面愧疚，说："我把桥修好了，我拿桥来报答您。"

2004年4月，听说他要带病进藏，父亲在陈刚毅哥哥的陪同下，心急火燎地赶到武汉。看着以往壮实的儿子虚弱地躺在病床上，父亲忍不住老泪纵横。

"刚毅啊，你都病成这样了，还要去西藏，你就不怕让我这个白发人送你这个黑发人吗？你让我怎么对得起你死去的妈妈呀？"

面对白发苍苍的老父亲，陈刚毅满面愧疚："爸，对不起！儿子不孝，让您这样为我操心。等我把桥修好了，我一定回来多陪陪您老人家！"

在角笼坝项目办，陈刚毅的宿舍十分简陋，但有3样物品给记者留下深刻的印象：一样是放在他床头大包小包的药品，让我们无法忽视，这个房间的主人，虽然工作起来完全不知疲倦，其实还是一名重症患者；一样是他书桌上堆得高高的专业书籍和技术资料，让我们想起，这个房间的主人，靠着坚持不懈地自学和钻研，从一名普通中专生，成长为一名出色的工程技术人员和独当一面的项目负责人；一样是放在他枕边的一叠家人的照片，让我们感受到，这个房间的主人，虽然始终把工作放在第一位，但在他心底，也深藏着对家人的眷恋。

透过这三样物品，记者看到了陈刚毅生命的缩影：一个坚持与病魔抗争的坚强汉子，一个不断进取、追求卓越的交通技术人员，一个舍小家顾大家、把使命看得高于生命的共产党员！

下篇——凝结在路桥上的民族情

建好大桥，是我的责任；

造福人民，是我的愿望。

——陈刚毅

"太阳和月亮，是一个妈妈的女儿，她们的妈妈叫光明；藏族和汉族，是一个妈妈的女儿，我们的妈妈叫中国……"每当这首《一个妈妈的女儿》优美的旋律在耳边响起的时候，陈刚毅总会热泪盈眶。

身为一名汉族高级工程师，陈刚毅深知自己进藏的历史使命：不仅要为藏族人民建起一座富裕之桥，还要建起一座民族团结之桥、藏汉情谊之桥！

在角笼坝，陈刚毅用自己的一言一行树立了民族团结的榜样，在澜沧江畔谱写出一曲亮丽动人的民族团结的颂歌……

妥善搬迁　保障建桥

2003年7月，中铁二局五公司角笼坝项目组进场，首要工作就是驻地建设。按照常规，项目办只需要拨给他们相应的驻地建设资金，其他工作则由施工方自己想办法解决。可是在施工方找到的唯独一块场地上居住着两户藏族群众，因为舍不得离开居住多年的村庄，他们硬是不同意搬迁，让施工方的驻地建设工作顿时陷入了困境。

陈刚毅得知情况后，立即召集曲孜卡乡的乡长、书记以及该村的村长到现场进行协调，并亲自到藏族村民家中，仔细地向他们宣传国家政策以及搬迁后的妥善安排。经过他的耐心讲解，两户藏族村民终于放下了心，同意搬迁，施工方的驻地建设也得以顺利开展。

施工方经理朱显辉说："在这个工地上，我们和设计方、监理方在陈总的带领下，和当地藏族群众相处得就像是一家人。我做工程多年了，感觉这里最和谐、最亲切。"

谈到这些，陈刚毅深有感触地说："在民族地区工作，要注意搞好与当地群众的关系，只要多从当地的实际情况出发，多为藏族群众考虑，问题就容易解决，与当地群众相处也就融洽了。"

芒康县盐井乡养护段段长刘显明（藏族）告诉记者，在角笼坝大桥建设过程中，陈刚毅非常重视民族团结，他带头尊重藏族和纳西族的风俗习惯，主动维护民族团结，和当地群众关系融洽，当地群众都说他们“哑古嘟（好）”！

抢险救难　不遗余力

2003年9月8日早晨6时许，一辆载着藏族群众的卡车在离角笼坝工地不远的险段掉下几十米深的山谷，藏族群众的生命危在旦夕，情况万分危急！

陈刚毅得知消息后，第一个赶赴现场，当即决定停止施工，不惜一切代价抢救伤员。在当地政府领导来不及赶到现场的情况下，他组织工地施工、后勤和医务人员，成立抢救小组，下到谷底，用施工木板作担架，把伤员一一抬上来；由于坡陡路险，抢救伤员的汉族同胞有几人负伤。

伤员被抬上来后，因考虑到芒康县医疗条件有限，陈刚毅果断决定，把伤员全部送到云南的德钦县医院救治。由于抢救及时，处置得当，被救的9名藏族群众全部脱险，整整忙了三天的陈刚毅这才松了一口气。为救人，项目组耗资10多万元。事后，被救藏族群众送来青稞酒和羊肉，表达他们对汉族同胞的谢意。

陈刚毅快速有效地组织了抢救行动，在盐井乡、曲孜卡乡和工地周边村庄中引起强烈反响，大家对陈刚毅竖起大拇指啧啧称赞，昌都地委、芒康县委赞扬他为民族团结作出了重要贡献。

昌都地区交通局泽洛局长动情地说：“陈刚毅把一座雄伟的大桥和一份深厚的藏汉情谊留给了我们，自己却带着一身病痛离开，他有着大山一样的胸怀！”

2003年冬天，正当大家准备冬休，项目办的藏族司机旺久在回家途中突然胃部大出血，医院急电项目组需B型血浆1000毫升。当地县医院条件简陋，没有血库，一时又找不到献血的人，医院下达了病危通知书。

得知此事，陈刚毅立即带领项目办的三个年轻人赶往医院献血，经检查他们的血型都不符合要求。当时天下着大雪，气温降到零下15摄氏度，陈刚毅不顾山高路险，连夜摸黑赶到施工单位，特事特办，以有偿献血方式组织了8名汉族同事，驱车赶到芒康县医院献血，硬是把旺久从死亡线上拉了回来。

旺久躺在病床上说不出话，却流下了感激的眼泪。旺久的妻子赶到医院，见到陈刚毅就“扑通”跪了下来，说：“吐其切（谢谢）！吐其切！陈总，您真是我们的救命恩人啊！”

那时候，谁也没有想到，这位不知疲倦连续奔波了十几个小时，把旺久从死亡线上拉回来的刚毅汉子，自己也正在忍受着病痛的折磨！

兑现工资　助民增收

2003年12月，由于工地气温低，无法正常施工，陈刚毅决定放假冬休。放假前，他要求施工单位把工资一分不少地发到参与工程建设的藏族民工手上。

为及时兑现工资，他组织人员、车辆到100多公里之外的德钦县城取款；钱取回来后，他亲自到现场督促造册、发钱，直到最后一位藏族民工按下手印，领到现金，他才放心离去。拉久西村村民仁青多吉激动地告诉记者，他们村绝大部分村民都参与了大桥建设，每人每天25元，大大增加了收入。项目办还优先租用当地群众的施工机械，支付租金；当地村民还将本地的蔬菜、鸡蛋等卖给项目办，增加了家庭收入。

陈刚毅深情地说，角笼坝大桥建设离不开藏族群众的大力支持，与藏族群众处理好关系，是我们分内的工作。工程项目外聘劳务费用超过千万元，其中农民工工钱达700多万元，没有出现一笔拖欠。

角笼坝大桥项目工程保障民工工资发放的做法，得到了自治区交通厅高度评价，其经验在全区推广。有人问陈刚毅为什么，他说："我是农民的儿子，最了解农民的疾苦，我应该这样做。"

这类事情，一桩桩、一件件，都记在当地藏族群众的心里。他们积极配合陈刚毅的工作，施工中只要有什么困难，随叫随到。三年多来，项目办的同志与藏族群众相处融洽，从未发生过任何纠纷、不快。

路桥稳固　民族情深

修建湖北大道，泽当镇是最大的受益者，原援藏干部、湖北省交通规划设计院党委副书记、湖北大道项目法人代表高进华对记者说："修这条路，开始很担心施工队伍不能与当地藏族群众和睦相处。事实证明，在陈刚毅的领导下，一切都为当地藏族群众着想，不侵犯群众的利益，不欠藏族民工一分钱，山南地区没接到一起群众投诉或上访。"

在修建角笼坝大桥期间，得知陈刚毅患病的消息后，当地藏族群众十分揪心，他们给陈刚毅送来水果、羊肉，还有酥油茶。经常有藏族群众不顾路程遥远，有的甚至走上百多里山路，拎着自家种的一点蔬菜和水果来看望他。高原地区种点蔬菜和水果不容易，陈刚毅找各种理由推脱着让他们拿回去，但善良的藏族群众总是趁他不注意，悄悄地将东西放在门口。有时在路上碰到了，藏族群众都会真诚地拉着陈刚毅的手，送上一句句祝福的话语。

当角笼坝大桥工程项目竣工、陈刚毅准备离开盐井回武汉时，盐井乡、曲孜卡乡等地的藏族群众赶来了。他们打算在角笼坝大桥旁立下碑文，记载建桥的经过，刻下陈刚毅的事迹。

癌症中期，留给陈刚毅的，是生命的不确定性。离开西藏前夜，陈刚毅向记者袒露胸襟：如果病好了，西藏还需要的话，我愿意再来这里架桥，为西藏再添一道风景。

在返回武汉的前一天晚上，陈刚毅对同事赵欣说："大桥修好了，这次回去，以后恐怕很难有机会来角笼坝了，我们一起再去看看大桥吧！"

他们站在桥头的一块岩石上，夜幕中，闪烁着灯光的大桥，像是一条流淌到凡间的银河，格外璀璨美丽。陈刚毅深情地注视着大桥，说："这桥就像是我的孩子，我看着他一天天长大、一天天强壮，心里觉得非常满足，就算是吃再多的苦、受再多的累又算得了什么呢？"

2005年10月，在一片"扎西德勒"的祝福声中，陈刚毅启程返乡。一位从芒康县城赶过来的老阿妈说，昨天让孙子带路，赶了100多里路，就是为了送送这个为我们造福的人哪！祝好人一生平安，扎西德勒！

芒康县副县长登巴旺修也赶来了，他激动地说："角笼坝大桥是西藏人民的幸福桥、致富桥！芒康县8万人民忘不了大桥的建设者，忘不了陈刚毅！"

汽车开动了，送行的藏族群众还站在路边挥手，久久不愿离开。望着那片熟悉的山、那片熟悉的水渐渐远去，陈刚毅的眼睛再一次湿润了。

一个共产党员爱的最高境界是爱人民，一个为人民办实事的人，人民永远热爱他！

“闪亮的酒杯高举起，这酒中充满了情和意，祝愿朋友吉祥如意，祝愿朋友一帆风顺，欢聚的时刻虽然是这样的短暂，友谊的花朵却开在我们的心里，幸福的回忆长留在我们的心中……”

当《祝酒歌》那优美的旋律再次在耳边响起时，我们衷心祝愿陈刚毅能够早日康复，扎西德勒！

采访结束了，然而，在短短几天的采访过程中，记者始终被陈刚毅的精神所深深感动着：顽强拼搏、锐意进取、改革创新、热爱祖国、爱岗敬业、无私奉献、廉洁自律的“刚毅精神”，不就是“老西藏精神”的体现和延续吗？不就是千千万万的援藏人员，努力完成党中央、国务院交予的援藏任务，辛勤工作、无私奉献的缩影吗？

修路架桥铺坦途，一腔热血献高原。角笼坝大桥静卧在214国道线上，与雪山旷野相依，与蓝天白云相映，它是记录藏汉情谊的无字丰碑，它是雪域高原上的钢铁脊梁！

陈刚毅，就像一块熊熊燃烧的煤，燃烧自己，温暖别人，为西藏人民奉献了自己的青春和热血，他的名字将永远镌刻在西藏人民的心中。“刚毅精神”，这面迎风飘舞的旗帜，将激励人们不断向前，为西藏的美好明天而奋斗……

爱党报国赤子情

——记西藏军区某大队江勇西绕的模范事迹

◎程晓红　张明海

2008年1月5日01版　（人物65）

“忠于祖国、忠于人民、爱我大队！一、二、三、四……”沐浴着清晨的第一缕阳光，迎着高原隆冬的刺骨寒风，西藏军区某大队这支高原劲旅全体官兵又开始了一天的艰苦训练，铿锵有力的训练口号从战士们的胸膛冲出，响彻云霄，在空中久久回荡……

在热气腾腾的训练场上，有一位年轻的藏族军官格外引人注目，他身着迷彩服，一米八的个头，壮实魁梧而又笔直的身板，如一棵白杨，斧刻刀削的面庞神色冷峻，每一个训练动作都做得认真准确、规范到位，一招一式张扬着军中男儿的果敢与刚毅。他，就是西藏军区某大队侦察营副营长江勇西绕。江勇西绕入伍以来，在党的教育和培养下，在人民解放军这个革命的熔炉里刻苦锻炼、茁壮成长——他2003年参加了第十届“爱尔纳·突击”国际侦察兵比武并带领中国二队获得第二名，他先后多次荣立一等功、二等功和第七届西藏自治区“十大优秀青年”称号，并作为英模代表光荣地出席了全军英模大会，受到胡锦涛主席亲切接见。

图为训练场上的江勇西绕

本报记者　达尔基　摄

江勇西绕，如何从一个不谙世事的孩童成长为一名优秀的青年军官？是什么力量使他在十几年的军旅生涯中磨砺意志、百炼成钢？面对荣誉、面对褒贬，他又在想些什么？这位军中的“康巴汉子”说道：“是人民养育了我，是共产党培养我成为新时代军人，我时刻准备用一生报效祖国！”

党的恩情比天高

“西藏和平解放前，农牧民在农奴主的压迫下过着牛马不如的生活。后来，解放军来了，大家才有了平等的社会地位，有了自己的土地和家园。饮水思源，我不能一味地享受，我要做一名军人，扛枪放哨，在党和国家需要的时候，挺身而出，献出自己的青春乃至生命。”

——摘自《江勇西绕日记》（1993年7月19日）

“我要去湖北上学啦……！”1991年8月，江勇西绕以优异的成绩从昌都地区江达县一个叫嘎通的小山村，考上了湖北省沙市第六中学西藏班读初中，那一年，他刚刚14岁，那一年，他第一次走出大山。

享受党中央从各方面给予西藏的一系列优惠政策，免费到西藏班（校）求学，是江勇西绕一生中最重要的经历之一。至今回忆起来，江勇西绕仍然记得当时父母的殷殷嘱咐：“我们藏族孩子能到祖国内地去上学，全是因为党的政策好，你一定要好好学习，争口气呀！”听着父母语重心长的话语，江勇西绕一边不住点头，一边暗自下定决心：一定要努力学习，多学知识。

求学的日子是辛苦的。然而在沙市第六中学读书的岁月却让小江勇感受到了祖国大家庭的温暖和学校集体生活的快乐。一天晚上，正在看书的他突然感觉浑身不舒服，一阵剧烈咳嗽嘴里吐出了血，当时一下子把宿舍的同学们吓坏了，立即报告给了老师，闻讯赶来的班主任杨亮和同学们连夜把他送到了沙市人民医院。经过医院的诊断被确诊为肺结核。住院期间，当地政府不时派人探望病情，学校安排了专人照顾，老师给他包了饺子，给他洗脸洗脚，扶他上厕所，同学们经常来看望他并为他补课。就连同一病房的两位病友也给予江勇西绕无微不至的关心，常常把家里送来的可口饭菜分给江勇西绕享用。在大家的悉心照顾和关心下，江勇西绕的病很快痊愈了。

沙市第六中学明确提出“民族教育无小事，事事关大局，事事要办好。”并开展了建“汉藏友好班”“一帮一”“团结互助献爱心”等一系列活动。每逢节假日，小江勇和他的同学无一例外地都会被邀请到老师或同学家中做客，大家在一起干家务、唠家常，比一家人还亲切。

民族团结、手足情谊的种子在小江勇的心里扎下了根。在江勇西绕的心目中，学校就是温暖的家，老师就是慈祥的母亲，汉族同学就是亲密的兄弟姐妹！

在沙市读书的那些日子里，江勇西绕的表现就很优秀，是班上的副班长，他刻苦、勤奋、认真、顽强的性格给老师和同学们留下了深刻印象。江勇西绕读小学时，基本上接受的是藏语教学，识汉字不多。到内地中学后，学习汉语成为他第一个要攻克的难关，因为不懂汉语其他课程都听不懂。在老师和同学们的帮助下，他从汉语拼音字母开始学起，常常学习到很晚，仅钢笔他一个月就用坏了两支。刻苦的学习使江勇西绕的汉语水平有了明显提高，半年后，他不仅能读汉文报纸，而且还能用汉语给家里写简单的书信了。语言文字障碍克服了，他的学习成绩也有了大幅提高，不到一年时间，他的成绩就从全班倒数第三名一跃进入全班前十名。

1995年6月，品学兼优的江勇西绕即将初中毕业，在填报升学志愿时，班主任杨亮对他说："你不是一直都想成为一名军人吗？以你的条件，报考昆明陆军学院附属藏族中学比较合适，那里可以帮助你实现从军的理想。"是呀！当解放军、做一名优秀的共和国军人从来都是江勇西绕最大的愿望。他天生就对解放军有着特别的感情，在儿时的记忆中，解放军叔叔是光明和正义的化身，是他们一家的救星，他始终忘记不了父亲经常讲给他的关于奶奶的故事——当年，因为爷爷列旺过早的去世，体弱多病的奶奶布姆带着儿子次仁巴登、多那和女儿布姆在昌都牧区四处流浪、乞讨为生。是解放军叔叔在一个寒冷的冬夜救了奶奶，为她们腾出了自己的帐篷，送去了米、面、油、肉等生活必需品，帮助她们重建家园……

想到这些，江勇西绕毫不犹豫地选择了昆明陆军学院附属藏族中学。说起杨老师，江勇西绕饱含感激之情，他说杨老师是他人生路上的指路明灯，帮助他做了一个正确的抉择。1995年9月，江勇西绕考入昆明陆军学院附属藏族中学。三年后他又荣幸地成为这个学院的一员，开始了他梦寐以求的军旅生活。

进入昆明陆军学院以后，江勇西绕感到了前所未有的压力。自己从来没有接受过哪怕是一丁点的军事训练，而中队的许多学员均是来自各个部队的训练尖子。江勇西绕没有被困难吓倒，他没有畏惧，也没有退却，他从投弹、单杠、双杠、蛙跳等项目开始练起，无论是烈日炎炎的中午，还是细雨霏霏的清晨，抑或是灯火通明的夜晚，江勇西绕刻苦训练的身影总会映入同学们的眼帘。

看到他这样拼命，同学们送给他一个外号——“高原雄鹰”。而江勇西绕常常用“笨鸟先飞”来鞭策自己，别人休息，他学习，别人玩耍，他看书。每年的寒暑假他都主动申请留校，天天泡在图书馆里，有时一呆就是一整天，误了吃饭时间更是家常便饭。

在昆明陆军学院的几年里，江勇西绕凭着自己对知识的渴望和那么一股子韧劲，实现了“后来居上”。在这里，他系统而全面地学习了党的创新理论，对党有了更加深刻的认识和了解，也更加坚定了听党话、跟党走、服从党指挥的信念。在这里，他光荣地加入了中国共产党。在这里，他军事技能和文化水平全面提高，自身综合素质出类拔萃，在各类校级军事比武中逐渐崭露头角，不断摘金夺银，在一次校运动会尖子比武中独揽四项第一，被昆明陆军学院评为“优秀学员”。

2001年夏天，江勇西绕即将从昆明陆军学院毕业。作为品学兼优的毕业生，学校希望他能留校工作。但江勇西绕却有着自己的志向和选择。他在入藏申请书上这样写道：“我也向往都市的繁华，也留恋昆明四季如春的景色，但我能从一个牧民的孩子成长为一名中国人民解放军军官，这一切都是党的培养，我应该到祖国的边防去实现我作为军人的价值。我的家乡还比较落后，那里更需要我。”满怀赤子之情的话语深深打动了学院领导，在他递交第四份申请书的时候，学院终于批准了他的请求。

就这样，江勇西绕打起背包，收拾行囊，走出校园，回到了故乡——西藏。

“我们的妈妈叫中国”

“作为一名藏族党员干部，受党教育培养多年，我有责任去宣传党的民族政策，有责任为民族团结做贡献。”

——摘自《江勇西绕日记》（2005年4月26日）

从少年时期到青年时代，从鱼米之乡到青藏高原，江勇西绕随时随地感受着改革开放给祖国大地带来的勃勃生机，感受着这些年来西藏在中央的亲切关怀和全国人民大力支援下发生的巨大变化，这些变化来自身边，真真切切。家乡低矮破旧的房屋不见了，公路变宽了，街道整齐繁华了，商店增多了，商品丰富了，一切都呈现出欣欣向荣的新气象。每次探亲回家，父亲总要向他说起不少的“新鲜事”：县里来了援藏干部，组织群众科技兴农，发展水利，架桥修路，基础设施改善了，家家户户都用上了电……

回顾自己一家的经历，江勇西绕深有感触。他说：“我奶奶因为‘金珠玛米’重建了家园，获得了新生，我父母因为党的好政策过上了好日子，我的弟妹和我一样上了大学，我们一家都沐浴着党的恩情，这些我们都不能忘啊！”

一个人在做每一个决定的时候，背后一定有他的思想基础来作支撑，而这样的支撑决定着他的选择。江勇西绕内心的思想基础是什么呢？是对党的感情，是对人民的热爱，是对哺育他成长的党和祖国的回报。他深深地懂得，西藏只有在祖国大家庭中才能繁荣昌盛，才能有美好的未来。他深深懂得团结稳定是福、分裂动乱是祸的深刻道理。在工作中他把执行党的民族宗教政策、维护民族团结变成了自觉行动。一次，部队让江勇西绕带领侦察小分队执行反恐维稳任务。在他们执行任务连续七天七夜的坚守过程中，他和战友常凤田之间有一段精彩的对话。常凤田问："共产党把西藏建设得这么好，为什么总有少数人要闹分裂呢?"江勇西绕毫不犹豫地答道："任何一个有良心、有正义感的藏族同胞都不会答应的，不管别人信什么，我只信共产党。"常凤田进一步问道："如果真发生点什么，你会怎么办?"江勇西绕说："军人以服从命令为天职，只要接到命令，我就会立即不折不扣地坚决执行。"

多么坚定的回答！多么鲜明的态度！

"藏族和汉族是一个妈妈的女儿，他们的妈妈叫中国……"这是江勇西绕最喜欢的一首歌。在部队，战友们来自五湖四海，他们远离故土来到自己的家乡戍边卫国，江勇西绕内心时刻充满了感激之情。训练场上，他是一位严厉的指挥官；生活中，他是战友们的好兄弟、好朋友，他爱战士胜过爱自己，谁有了心事、情绪、压力总要找他倾诉，谁有了困难总会得到他的帮助。过年过节他总要邀请战友们去他家，喝酥油茶，吃风干肉，在他家里，战友们就像在自己家里一样，大家开心地谈笑，开心地吃喝，没有一丁点拘束，其乐融融。某连二班班长王树风还清楚记得，自己刚入伍时，因为训练方法不对，将右腿摔成骨折。养伤的那些天，江勇西绕天天背着他上厕所，为他洗脚，由于当时正值冬季，怕他的伤腿冻着，细心的江勇西绕还专门买了一个热水袋用布条绑着固定在他受伤的地方。如今说起这段往事，王树风的眼里依然泪光点点。

凡是接触过他的上自部队领导、下至基层官兵，无不佩服江勇西绕关键时候经受得住考验的坚定品格。他们这样评价江勇西绕：他是一名听党话、跟党走、报党恩，对党和祖国忠诚不渝，在关键时刻能够真正经受得起考验的优秀共产党员。

2007年8月，江勇西绕光荣地参加了全军英雄模范代表大会，受到胡锦涛主席的亲切接见。回忆起当时的情景，江勇西绕至今依然记忆犹新，心潮难平。他感慨地说，那真是一种巨大的荣誉，更是一种巨大的鼓舞。同时更加深刻地感受到："母亲"伟大，祖国强大。

爱军精武做领军

"在科学技术日新月异的今天，部队正朝着信息化的方向跨越。作为一名新时期的军人，要想更好地履行新的历史使命，积极为国家、军队和人民服务，就必须坚持学习，立足本职岗位成材。"

——摘自《江勇西绕日记》(2005年9月15日)

一部军旅题材的《士兵突击》，让我们记住了许三多的名字，片中那些真心英雄可歌可泣的故事，让我们感动流泪。然而很少有人知道，《士兵突击》还有一个话剧姊妹篇叫《爱尔纳·突击》——作为国际侦察兵顶尖赛事，是为纪念二战某著名战例而设的，其目的是为了培养各国军人的国防意识，增强爱国精神。能参加这种国际性的侦察兵大赛是一个共和国军人终身的荣耀，江勇西绕就是这样一个"幸运儿"。

毕业回到西藏后，江勇西绕被分配到西藏某山地步兵旅任排长。进入该旅后的第二年，他就因为综合素质过硬而被选派参加第十届"爱尔纳·突击“国际侦察兵集训——从西藏到成都，再到海口，突出重围，过关斩将，一路走来，脱颖而出。

2003年8月4日，举世瞩目的第十届“爱尔纳·突击”国际侦察兵比武竞赛在爱沙尼亚东北部的原始森林正式拉开帷幕。江勇西绕有幸成为了9名代表中国参赛此次“远程渗透侦察作战”中的唯一一名藏族队员，并且还因为协调能力突出、机动性强而成为中国二队的队长。他率领中国二队在爱沙尼亚恶劣的“战场”环境中，在负重40公斤，毫无补给的情况下，历时五天四夜，远程渗透近300公里，顺利完成操舟、武装泅渡、抢滩登陆、乘车射击、侦察等18个课目，成功甩掉了千余名“假设敌”的围追堵截，最终于8月10日凌晨6时抢占终点，为中国军人赢得了外军组第二名的成绩，他本人也因此荣立一等功，真实地展现了当代中国军人的风采和实力，为祖国和人民争得了荣誉。

从“爱尔纳·突击”战场归来的江勇西绕，还没来得及收拾喜悦的心情，就调入西藏军区某大队并被委以重任。这是一支年轻的部队，为打破传统训练模式，快速提高部队战斗力，优秀旅团主官——大队长韩志宏给江勇西绕压担子，由他负责大队第一期集训。韩志宏对江勇西绕鼓励道：“只要你爱着部队，爱着这面军旗，军旗的光辉将伴着你所向披靡，永远前进。”语重心长的话语激励着江勇西绕，他在日记中这样写道：“我不能辜负部队领导对我的殷切希望，要把自己集训和比武的成果运用到连队的军事训练上，为提升连队的战斗力贡献自己的一份微薄之力。”由此开始，4年来，江勇西绕以开放的心态和实践的精神，敏于思，善于行，借鉴先进的练兵模式，先后改进射击、战术、体能等训练模式20余项，探索出“多专业集成编组训练”“野外生存训练法”“单科实战模拟强化训练”等10余种训练方法，开创50余项高原侦察兵训练记录，探索出了一条适合高原快速作战生成实战能力的科学路子。

训练场上，他并不是只在旁边喊喊口令，做做样子就行了，他和大家一起练，要求战士做到，他自己首先做到。一次在沼泽地中进行体能训练和实战摔打，当时虽然是夏天，但是从山上流下来的雪水和沼泽地中的烂草淤泥可着实把大伙折腾得够呛。在一句又一句的“忠于祖国、忠于人民、爱我大队”的高呼声中，装满了教练弹、重达50多公斤的弹药箱被一次次地举起来，这在平地上举都已经很费力气了，何况是在沼泽地里。战士们个个全身都被冰水、泥巴还有身上的血水覆盖了，带着腥臭味的泥水顺着头发、额头一直向下，流进鼻孔、耳朵、嘴巴，让人只想恶心呕吐，训练下来，常常让人连饭都不想吃。看到战士们所遭的罪，在“爱尔纳·突击”训练场上都没有产生退却念头的康巴汉子江勇西绕内心充满了痛楚，凭他和战友们深厚的感情，他真想说“不”，可从嘴里喊出的却是“再来”。战友们似乎也深深懂得自己的教官，没有一人退出训练。摔倒再爬起，爬起来再练，经过一年的反复训练，战士们终于可以一口气举半个小时弹药箱了，体能训练大关硬是被他们闯过来了。

因为不可避免地要在高原沼泽、湿地这样的环境中进行训练，很多战士都患上了关节炎和风湿病，这让江勇西绕非常苦恼，心里一直在琢磨解决的方法。后来，他观察到江边打鱼的藏族群众常年撑着牛皮筏子穿行在刺骨的江水中，却游刃有余、毫发无损，感觉非常惊奇。于是上前请教，原来他们是在下水之前就早已将可能见水的部位用白酒揉搓了一遍。得到“秘方”的江勇西绕如获至宝，在训练时大力推行。对于那些新入伍的娃娃兵们，因为怕他们没有经验，做得不到位，他还亲自为他们揉搓。

“四昼夜不间断行军”训练方法是江勇西绕将“爱尔纳·突击”比武经验引入到部队训练中的一个大胆尝试。在四昼夜不间断的高原行军中，不仅要甩掉“敌人”的围追堵截，还要最终拿下顽抗“守敌”的据点，不可谓不困难。而这样的过程与其说是与“敌人”较量，还不如说是与伤痛疲惫和自身意志的决战，战胜自己就是最后胜利。这样的训练每几个月就要举行一次，一直到现在。就这样江勇西绕硬是将一个个战士锻炼成了机智顽强、骁勇善战的勇士。大队长韩志宏的“用好一个尖子人才，就会带出一支尖子队伍”的用人理念在江勇西绕身上被诠释得淋漓尽致。既是战友又是昌都老乡的格登达吉这样评价江勇西绕，他说，江勇是在用心带兵，用人格力量带兵，他身教重于言教，因此大家都很敬佩他，服他。

江勇西绕当兵9年，参与执行各种重大任务7次，有4次是临危受命，每次他都圆满完成上级交给的任务，为部队争得了荣誉。而江勇西绕把每一次接受任务都看成是组织的信任，愉快接受，没有多余的语言，回答总是一个字“是”！铿锵有力，信心百倍。

今年6月的一天，在西藏大学脱产深造的江勇西绕被韩志宏一个电话召回部队。“上级即将举行‘爱军精武’比武竞赛，大队很想让你参加，但又怕耽误你的学业，考虑再三，只想听听你的意见。”听完大队长的话，江勇西绕顿感热血沸腾，他立即答道：“坚决服从命令，坚决完成任务，坚决为部队争光，就算死也要死在赛场上。”带着大队长的希望和鼓励，江勇西绕踏上了征程。韩志宏的慧眼没有识错人，在比武场上，江勇西绕和战友们以37分的绝对优势夺得了团体第一名的好成绩，为部队捧回了金灿灿的奖牌，他本人也被上级表彰为“爱军精武标兵”。

饮水思源献真情

“在以后的生活中，我一定努力工作，在自己平凡的工作岗位上，干出不平凡的业绩，用自己的实际行动来回报党对我多年的培养。”

——摘自《江勇西绕日记》（2006年7月1日）

这是江勇西绕前年在党的生日时写下的一段话语，他是这样说的，更是这样做的。

无情未必真豪杰！江勇西绕是个铁血男儿，骨子里却具有剑胆琴心的特质。比武场上，他充满霸气，叱咤风云，追求卓越。生活中，他却是个懂得回报，充满爱心的人。无论是对祖国，对部队，对家乡、或者是对战友、对亲人，抑或是那些素不相识的孤寡老人们，江勇西绕都是在用他的真性情付出万般柔情，在江勇西绕的生死战友、最佳搭档黎忠强看来，这些没有丝毫的做作，一切都是那样自然，都是生活中的平常小事，也恰好就是江勇西绕的不平凡之处。

还是在昆明陆军学院读书的时候，正赶上世博会召开，世博会的高科技水平和众多的科技产品让从小在农牧区长大的江勇西绕大开眼界。当天晚上，他在日记中这样写道："科学技术发展日新月异，如果让家乡的父老乡亲也掌握一两门实用技术来发家致富，该多好啊！"当年寒假，江勇西绕便带了一大摞关于科技兴农方面的书籍与光碟回到了家乡，他把自己的想法告诉了父亲。得到了父亲的赞同，可是村民们大多表示怀疑，不相信那么一点科技知识能让大家致富。事实胜于雄辩。一年后，当江勇西绕家开辟的科技实验田结出了硕果，农产品收入从头年的每亩200元提高到每亩500多元时，村民们都很羡慕，大家纷纷前来取经，学习科技兴农技术，观念开始慢慢转变。

江勇西绕是家中长子，承担着帮助父母供养弟弟妹妹读书的任务。前些年，江勇西绕每个月的工资基本上就都寄回了老家，对此，善良贤惠的妻子拉珍非常理解并支持。到现在，大弟弟曲达和哥哥一样穿上了军装进入了警营，最小的一个弟弟俊美旺修和妹妹永清也都顺利地读完了大学，回到家乡当上了中学教师。对于这一点，江勇西绕觉得是义不容辞的责任。甚至，他还建议自己所在的连党支部，形成一条不成文的“特殊军规”：对那些刚入伍的新兵，每个月工资只发给他们够用的零花钱，剩余的全都统一存到连队司务长处，等凑够整数以后，连里再分别以他们的名义寄到他们的父母那里。这套“管家婆”作风还真管用，一些不能很好管束自己的新兵增强了自我约束能力，父母们也感觉到自己的孩子越来越懂事，认为把孩子交给部队放心。

“老吾老以及人之老，幼吾幼以及人之幼”。江勇西绕深爱着自己的父母，这些年转战南北，每到一处他都要打电话向父母报平安，汇报自己的工作成绩。在采访中有几次我们都看到江勇西绕和母亲通话，轻言细语，明显可以看得到那一脸的关切与温馨。

对自己的父母是这样，对敬老院的孤寡老人江勇西绕何尝不是这样呢?

一个偶然的机会，江勇西绕结识了拉萨市敬老院的曲贡老人，于是空余时间，江勇西绕的身影就会出现在敬老院。他为老人带来礼物，帮助老人打扫卫生，换洗衣物，拉家常，老人很喜欢他，一老一少之间结下了深厚的感情。2005年8月，曲贡老人因重病住进医院，当时，江勇西绕正在野外搞集训，得知消息后，他十分焦急，立即让妻子拉珍前去医院看望。老人在临终前，将自己多年的积蓄1000多块钱交到拉珍的手上说，自己孤寡了一辈子，做梦也没有想到在老了的时候，还有人这样照顾他，这辈子也没有什么遗憾了，就是希望此刻能听到有人叫自己一声“爸爸”。顿时，拉珍泪如雨下，一声动情的“阿爸”回响在病房中，老人含着微笑离开了人世，见此情景，在场的人无不为之动容。打理完老人的后事，江勇西绕和拉珍把老人留下的钱全部捐给了敬老院。

一次次战胜自我，一次次超越自我。江勇西绕用自己的实际行动诠释着“爱党忠诚、爱国奉献、爱军精武、爱岗敬业”的深刻内涵。从他身上我们看到了共产党人的坚定信念，看到了新时期青年军人的强烈使命，看到了边防军人的奉献精神和高尚情操。一滴水可以汇流成川，江勇西绕在一点一滴中用卓越书写人生，坚定自己的信仰，树立了边防军人的高度。

三十而立。盘点江勇西绕三十年的人生旅程：父母养育13年，受党培育17年，军中锻炼12年。获国际大奖一次，立一等功一次，受党和国家及军队最高领导人接见一次……

江勇西绕的青春是眩目的，这眩目的背后有无数的拼搏和汗水；

江勇西绕的青春是灿烂的，这灿烂折射的是坚强的意志和刚毅的军魂；

江勇西绕的青春是火热的，这火热的动力是对党的忠诚、对人民的深情！

把五星红旗插上世界高峰

——中国西藏攀登世界14座海拔8000米以上高峰探险队纪实

◎李成业　王开波

2008年2月25日、26日01版　（人物66）

上篇

在首都北京，每天清晨，有一支威武矫健的国旗护卫队，让鲜艳的五星红旗在天安门广场冉冉升起；

在雪域高原，有一群英勇无畏的登山健儿，一次又一次让五星红旗在世界之巅高高飘扬。

他们就是中国西藏攀登世界14座海拔8000米以上高峰探险队。

“一定要把五星红旗插遍世界高峰！”为了这个崇高的追求，高峰探险队在冰雪世界里顽强拼搏了整整14年，用青春、热血乃至生命一次次实践着报效祖国的忠诚誓言，一次次创造着人类的壮举和世界登山史的奇迹，同时也铸就了“攻坚克难、挑战极限、勇攀高峰、为国争光”的新时代登山精神。

图为在攀登希夏邦马峰时攀登队长次仁多吉（前）带领队员艰难前行。
阿克布　摄

把五星红旗插上14座世界高峰，这是祖国和人民的重托。它激励着英勇的登山健儿不畏艰险、勇往直前，创造了一个又一个奇迹

2007年7月12日，巴基斯坦时间9时20分：洁白静谧的世界第十一高峰——迦舒布鲁姆Ⅰ峰峰顶，一面鲜艳的五星红旗，在海拔8068米的高度猎猎作响。

历史将铭记这一刻：中国西藏攀登世界14座海拔8000米以上高峰探险队的3名主力队员次仁多吉、边巴扎西、洛则成功登顶世界14座海拔8000米以上高峰中最后一座，从而创造了人类以集体形式攀登世界上全部14座海拔8000米以上高峰的世界纪录。

这项宏伟的行动，起于1992年。当时，世界上没有任何一支团队以集体形式登顶14座高峰。

经自治区人民政府批准，中国西藏攀登世界14座海拔8000米以上高峰探险队，于1992年底正式成立。从当初迈出第一步，到大功告成，已整整过去了14年。

14年，探险队的勇士们远离繁华的都市远离温馨的家庭，忍受雪山的孤独冰寒的寂寞，默默地穿行于喜马拉雅和喀喇昆仑的崇山峻岭，在铺天盖地般的雪崩下逃生，在深不可测的冰缝前脱险，把鲜艳的五星红旗插遍世界之巅，在世界登山史上创造了一个又一个奇迹。

1993年4月，探险队首次出征，向第一个目标——位于尼泊尔境内的安纳普尔那峰进发。

安纳普尔那峰海拔8091米，是世界第十高峰。4月26日，次仁多吉、边巴扎西、仁那、阿克布让五星红旗飘扬在峰顶。

然而，当他们从峰顶下撤到突击营地时，路线已全被雪崩冲走，极度疲劳的队员们找不到营地帐篷，在没有任何避风设施的情况下苦捱了3个多小时，最终在凌晨1点回到营地。

这时，队员仁那突患急性胆囊炎。他冒着生命危险、忍着剧痛坚持走出大山。

每年四五月份，正是登山的黄金季节。登山探险队顾不上庆贺胜利，又马不停蹄地奔赴尼泊尔境内的世界第七高峰——海拔8172米的道拉吉里峰。

为不耽误集体行动，仁那只做了简单治疗，又以超人的毅力，带病随队伍一起向道拉吉里峰进军。

5月30日，仁那和其他8名队员一起成功登顶。

探险队首战告捷，创造了一个登山季节(一年有春、秋两个登山季节)连续登上两座高峰的世界奇迹，令国际登山界刮目相看。

他们曾这样评价西藏探险队：”你们的队员都长着两颗心，三个肺。”

探险队队员们这样回答：“我们是多长了一颗心，那就是为祖国为人民争得荣誉的心。”

正是在第二颗心的引领下，此后，探险队在世界登山史上又创下了一个个新纪录；

1994年5月，9名队员仅用7天时间就登上中国境内的世界第十四高峰——海拔 8012米的希夏邦马峰，创造了攀登这座高峰的世界最快纪录；

1999年5月27日，8名男队员和2名女队员登上世界第一高峰——珠穆朗玛峰，在地球之巅点燃第六届民运会火种。

……

诞生于1960年10月的西藏登山队，有一部显赫的历史：建队48年来，先后有藏、汉族登山运动员46人次登上世界第一高峰珠穆朗玛峰，有270人次登上海拔8000米以上高度；

然而，在这些成功的背后，是一次次惊心动魄，是一次次大难不死，也是一次次绝处逢生。为此，每次出征前，队员们都会留下遗书，迄今已有500多封。

“报效祖国，为国争光，为五星红旗增辉。”这是西藏探险队的队训，也是队员们挑战极限、勇攀高峰的原动力

在这些寂寞英雄、无畏勇士的心里，祖国的利益高于一切！高峰探险队，作为一个集体登遍世界海拔8000米以上高峰，他们的成功有着深刻的意义。

他们正是靠着“报效祖国，为国争光，为五星红旗增辉”的队训，才得以克服普通人难以克服的种种困难，不断超越自己，向着更高目标前进。

靠着这样的队训，他们把青春留在了雪山深处，他们把五星红

旗插遍了世界之巅。

祖国，需要这样的登山精神。

然而这样的登山精神，却是在一次次惊心动魄，次次生死考验中凝成的。

据统计，攀登珠峰的死亡率为1：27，攀登乔戈里峰的死亡率为17。西藏登山探险队在攀登山势和气候最为复杂的乔戈里峰时，就险些与死神擦肩而过。

乔戈里峰，在巴基斯坦的巴帝斯语里，“乔戈里峰”是“洁白的神峰”之意。登山界则称它为“凶残暴峰”“没有回报的峰”，很多登山队都在它的面前铩羽而归。

2002年7月，探险队与巴基斯坦登山队组成联合登山队攀登乔戈里峰。

由于进山徒步路线长、山形陡峭，沿途光是修路、运输和搭建营地，就花了一个多月。

正式攀登时，多次遇到暴风雪，只好下撤。如此反复，前后折腾了4次。

第四次，当终于攀登到海拔8410米、距离顶峰仅差200米时，又被强烈的暴风雪挡住了道，不要说登顶已不可能，即使下撤也危机四伏。

此时，队伍正处于雪崩地带，如不迅速撤离，灾难随时会降临。

望着触手可及的顶峰，队员们不得不饮泪下撤。

下撤途中，能见度几乎为零，不断有人滑倒或踩到悬崖边上几次面临生死边缘。

在没有路绳的情况下，与暴风雪搏斗了14个多小时，终于找到被大雪掩埋的帐篷。

此时，大家不由得抱头痛哭！

两年后，探险队再次向乔戈里峰发起冲锋，终于将五星红旗插上峰顶。

“国旗是我们登山队员最珍爱的，每当我们在峰顶上高举五星红旗的时候，会产生一种亲切感、自豪感和内心的冲动！”

14年，14座海拔8000米以上高峰。

14年来，探险队一次次向巍峨的高山挑战，没有观众，没有掌声和喝彩，也没有金牌和鲜花。

然而，他们用生命创造的奇迹，为祖国、为登山人赢得了荣誉。

国际级登山运动健将仁那，一个剽悍洒脱的美男子，是探险队队员中的佼佼者，曾两次登顶珠峰。

作为探险队的主力队员，他已成功登顶13座海拔8000米以上高峰，屡次虎口脱险、化险为夷。然而就在大功将成时，他却倒在攀登最后一座高峰的途中！

2005年5月27日中午，攀登迦舒布鲁姆I峰的探险队在巴基斯坦境内喀喇昆仑山区行进途中，突遇滚石，仁那乘坐的吉普车被击中，他被滚石击中脑部，不幸遇难！

就在此时，他的爱妻中日女子联合登山队队长吉吉刚刚第二次成功登顶珠峰，正在下撤的途中。

夫妻俩分别时曾有约定，今年双喜临门，重逢时要好好庆贺一下，没想到从此竟天隔一方！

为了完成亲人未竟的事业，为了完成祖国交给的重任；也为了告慰丈夫的英灵，吉吉主动要求参加攀登迦舒布鲁姆I峰的行动，并成功登顶，成为中国第一位登上迦舒布鲁姆I峰的女性。

仁那若地下有知，也该含笑九泉了！

……

曾三次荣获国家体育运动荣誉奖章的全国先进工作者边巴扎西，2005年身负重伤后，导致右耳失聪、局部面瘫，身体平衡困难。

照常规，他已不适合再从事登山运动。

但是，他深知，在登山探险队，除了他和牺牲的仁那外，目前仅有次仁多吉、洛则两人登完13座高峰，如果他放弃攀登最后一座高峰，以集体形式攀登全部14座高峰的纪录将大打折扣。

因此，无论伤痛如何折磨他，“要亲手把五星红旗插上最后一座高峰”的信念，从来就没有动摇过。

他说：“国旗是我们登山队员最珍爱的，每当我们在峰顶上高举五星红旗的时候，都会产生一种亲切感、自豪感和内心的冲动！”

下篇

中国西藏攀登世界14座海拔8000米以上高峰探险队，自1992年底成立以来，从1993年春至2007年7月先后成功登顶世界14座海拔8000米以上高峰。

15年来，不惧雪崩、狂风、滚石的威胁，一次次挑战生命极限，他们是一群无畏勇士；每一次历尽艰险到达顶峰时，没有鲜花，没有掌声，没有喝彩，他们是一群寂寞英雄；长年跋涉在喜马拉雅和喀喇昆仑的冰峰雪岭之中，不断向上、向上再向上，他们用忠诚和坚韧书写了一个个鲜为人知的动人故事……

立誓出征——为了祖国，为了人民

1992年底，探险队经自治区人民政府批准正式成立。

探险队立下军令状：一定要把五星红旗插上世界14座高峰。

15年来，每当人们享受春华秋实好时光的季节，他们便背起行囊，走进冰天雪地的世界，开始一次又一次艰难的攀登。

15年来，他们任劳任怨，流血流汗，多少次与死神擦肩而过：他们攻坚克难，勇攀高峰，完成了人类登山史上的一个个壮举。

……

1998年8月27日，探险队从尼泊尔侧攀登中尼边境上的第四高峰——海拔8516米的洛子峰时，在距离峰顶只有616米处扎营夜宿，准备第二天一早冲顶。

攀登队长次仁多吉和队员边巴扎西、仁那、阿克布同睡一顶帐篷。

午夜23时40分，尚未睡熟的边巴扎西忽然听到帐篷顶上传来沙沙声，经验丰富的他知道这是雪崩前兆！

瞬间，只听一声巨响，帐篷被流雪压得严严实实。

睡在帐篷门口的仁那被强大的气流冲出帐篷。

见队友们被埋在雪下，身着单衣薄裤的他一边哭喊，一边手脚并用刨雪。

一分钟、两分钟过去了，在仁那的帮助下，边巴扎西第一个露出雪面。

随后，次仁多吉、阿克布也被刨出雪面，已被憋得说不出话来。

紧急关头，仁那仅凭着自己的双手拼命挖雪，从流雪下面挖出了同伴。第二天，他的一双手都肿了，全是水泡。

2002年7月21日，探险队4名队员穿越乔戈里峰险关“瓶子颈部”，此时离顶峰只有210米。

突然狂风肆虐，一场突如其来的暴风雪把他们困在了齐腰深的积雪中。

上下道路全被大雪掩埋，能见度几乎为零。

探险队队长桑珠果断命令下撤。

下撤不到一小时，就听边巴扎西“啊”地一声惊叫，原来是他的左脚一下子踩空，已伸到了悬崖外，险些发生意外。

历经7个小时，队伍艰难下撤到海拔7900米的突击营地。

但是，此时的突击营地，却是白茫茫一片，帐篷不见了。

此时，他们已在暴风雪里奋战了14个小时。

如果再找不到帐篷，接下来的危险不言而喻，也许会全军覆没。

又经过近两个小时的艰难寻找，边巴扎西眼睛一亮：“那有一个黄点，帐篷在那儿!”

4个人扒开积雪，钻进帐篷，你看着我，我看着你，眼泪止不住哗哗流淌下来。

……

这样的危险又何止一次两次。

在每一次危险面前，他们正是凭借着一定要把五星红旗插上世界14座高峰这一坚定的信念，凭借着他们的智慧和经验，才得以化险为夷。

艰难攀登——生死相依，患难与共

在攀登14座高峰的行列中，西藏探险队是唯一的“另类”：这是一个集体。

正因为凭借着集体的力量，才战胜了一次次艰难险阻，最终实现3名勇士登顶14座高峰的目标。这在世界上绝无仅有。

登山运动是一项集体性运动，一名优秀的登山运动员，必须同时具备三项素质：强健的体魄、顽强的意志和生死相依的团队精神。

这可贵的团队精神，被西藏探险队的队员们演绎得淋漓尽致。

1996年秋，探险队出征西藏境内的马卡鲁峰。

天公不作美，遭遇一个多月的连续阴雨天气，毫无登顶机会，队伍不得不下撤。

下撤途中，探险队队医洛桑云登失踪了。

当天晚上，探险队分成几个小组分头寻找洛桑云登。

边巴扎西 、仁那、达琼等沿原路返回寻找。那段路非常长，当地村民一般要走4天，而他们只走了25个小时。

边巴扎西说："那天夜里，我们带着头灯，摸黑在齐腰深的积雪中翻越了一座大山。后来才知道那段路非常危险，曾经有一家人在那遇到雪崩全部遇难。"

一天、两天、三天，队员们还在寻找着，登山鞋磨烂了脚走肿了。

在所有队员连续寻找了7天后，失踪的洛桑云登在当地村民的帮助下回到了队伍。

此时，大家一句话都说不出来，只是相互紧紧地拥抱在一起，失声痛哭。

……

曾两次荣膺全国先进工作者（全国劳动模范）称号的探险队攀登队长次仁多吉，每次攀登途中遇到危险路段时，总是身先士卒。

有一次，他带领中国和比利时登山队组成的联合登山队攀登希夏邦马峰。

完成任务下撤至7800米处的冰陡坡时，比方队长突然滑坠，眼看一场悲剧就要发生。

万分紧急时刻，次仁多吉冒着生命危险冲上前去，将系有安全保护绳套的冰镐插入冰缝，并用自己的身体紧紧压住冰镐，及时挽救了异国队友的生命。

比方队员感激涕零。

他们很清楚：万一次仁多吉冰镐松脱，他将会被他们拽着同坠深渊！

……

古道热肠的仁那登山时总是想着队友：乘车时抢先坐在危险位置，行进时走在最前边探路，队友疲惫时帮着背行李。

就在牺牲前半个小时，他仍然把危险留给自己，把安全让给别人。

在向迦舒布鲁姆I峰进发的路上，要经过两个滚石区。

仁那坐在副驾驶位置拍了一段录像后，深感前进的路上充满危险，于是主动与坐在后排内侧的队友调换座位。

他说："第二滚石区之后的录像我昨天就已提前拍好，不需要坐在前边了，年纪大的同志坐在前排会舒服些。"

其实有经验的登山队员都知道，坐前排视野开阔，容易发现险情及时躲避，而坐在后排内侧既不便观察，又极易遭滚石的袭击。

果然，半小时后他就被罪恶的滚石夺去了生命。

登山运动是一项没有国界的体育竞技运动。15年来，西藏登山探险队也与外国登山运动员结下了生死相依的友谊；

1996年，登山探险队在攀登中尼边境的第八高峰—海拔8156米的马纳斯卢峰时，得知一名墨西哥队员下撤时患上雪盲，火速救援，挽救了他的生命；

1998年，他们在攀登世界第三高峰—海拔 8586米的干城章嘉峰时因帮助被流雪冲走的一名外国队员而耽误了攀登行动，后来在营地遭遇雪崩，险遭不测；

英雄的西藏探险队，就是这样一群默默无闻无私奉献的钢铁团队。

成功登顶——实现梦想，超越荣誉

15年，成功登顶14座海拔8000米以上高峰。

荣誉来之不易，要超越荣誉更难。

探险队所在的西藏登山队，可以毫无愧色地叫作英雄的“生产地”！

这个人称“雪域雄鹰”的登山队，仅列在红色光荣榜上的全国先进工作者等就有13名之多。

年近六十的探险队队长桑珠，获得的各项荣誉数不胜数。

面对自己的荣誉，他总是谦虚地说：“组织给我的太多太多、而自己付出的却大少太少。”

为了登山事业的发展，他把他的一生都献给了雪山。

曾经有人这样问他：“你把你的一生都献给了雪山，你觉得值吗？”

英雄这样回答：“为了祖国，我们要完成集体登顶14座高峰的壮举，我们做到了，值！”

……

声名显赫的边巴扎西、次仁多吉也总是那么平易近人、和蔼可亲。

“你们已经是国际上大名鼎鼎的专业登山家，现在年纪大了，可否想过告别神秘的雪山？”

次仁多吉的回答出乎意料之外：“我家祖辈们都是农奴，旧社会他们过着猪狗不如的日子，是在社会主义新西藏，我们才能完成这样的壮举，我今年才48岁，我们还要继续创造登山奇迹，为祖国争光！”

“登山是我的全部生命，尽管我已局部面瘫右耳失聪，但我们探险队是一支英雄的队伍，我们的职责就是为国争光，我们还要延续我们的登山使命！”

世界在变，中国在变，西藏探险队在变。但是，他们不允许自己变化的，就是为祖国、为人民争光的信念。

眼下，正是严寒季节，但英雄的西藏探险队并没有停下来，他们正在加紧训练，参加奥运珠峰圣火传递的探险队队员洛则、吉吉说：“在珠峰点燃奥运圣火是我们这代登山人终生的荣耀。”

灾难之中见忠诚

——记当雄县格达乡羊易村党支部书记扎拉

◎益西加措　次仁罗布　杨正林

2008年10月1日01版　（人物68）

10月7日，在当雄地震的重灾区格达乡羊易村，阴沉的天空下，寒风不时卷起地上的尘土漫天飞扬。记者在现场看到，救援人员在帐篷和卡车边抓紧分发棉被、食品等救灾物资给受灾的村民。羊易村党支部书记扎拉，跑前跑后，深褐色的藏袍不时在帐篷与废墟间闪现。

灾情面前从容镇定

回忆起10月6日下午发生的一场噩梦般的地震，扎拉依旧显得有些惊讶："当天下午，我走出家门和2组的村民们一道，在不远的草地上割草。突然，一声轰隆隆的巨响，顷刻间，地动山摇，我们都眼睁睁看着村里的房屋纷纷倒塌，扬起一片灰尘。这才意识到地震了。"

来不及犹豫，救人要紧。扎拉急忙带领50多个村民转身往倒塌的房屋处跑去。来到废墟上，他一边喊着："大家不要慌张！"一边和

灾难之中见忠诚

——记当雄县格达乡羊易村党支部书记扎拉

本报记者 益西加措 次仁罗布 杨正林

10月7日，在当雄地震的重灾区格达乡羊易村，阴沉的天空下，寒风不时卷起地上的尘土漫天飞扬。记者在现场看到，救援人员在帐篷和卡车边抓紧分发棉被、食品等救灾物资给受灾的村民。羊易村党支部书记扎拉，跑前跑后，深褐色的藏袍不时在帐篷与废墟间闪现。

灾情面前从容镇定

回忆起10月6日下午发生的一场噩梦般的地震，扎拉依旧显得有些惊讶：“当天下午，我走出家门和2组的村民们一道，在不远的草地上割草。突然，一声轰隆隆的巨响，顷刻间，地动山摇，我们都眼睁睁看着村里的房屋纷纷倒塌，扬起一片灰尘。这才意识到地震了。”

来不及犹豫，救人要紧。扎拉急忙带领50多个村民转身往倒塌的房屋处跑去。来到废墟上，他一边喊着：“大家不要慌张！”一边和大伙儿一起用手搬开石块和椽子木，徒手从倒塌的房屋里刨出了近20名被埋的村民。

被埋的许多村民得救了，可是就在这时噩耗传来，扎拉年迈的老母亲和幼小的孙女不幸遇难。

“当时我心里特别难过，觉得对不起老母亲，因为我没去救她老人家。但作为村支书，我看到村里几乎所有的房屋都被地震夷为平地，群众受灾情况很严重。危难的时刻，村民们更需要我这个村党支部书记。”扎拉语气坚定地说。

灾情发生后，扎拉简单地向前来帮忙的亲朋交代了两句后，又立即召集村干部和党员投入到进一步的搜救中。

面对着刚从废墟中刨出来的受伤群众，扎拉看在眼里急在心上，他深知仅凭村里的力量和电力民工的帮助是搞不好抗震救灾的，得赶紧把受灾的消息送出去，争取时间，争取救援。

可是，试了很多次电话还是打不通，怎么办呢？扎拉当机立断叫来各方面素质较好的村民热杰，安排他当即骑着摩托车赶赴30多公里外的格达乡汇报灾情。

（下转第三版）

压题图片：扎拉正在清点救灾物资。蒋盖 摄

众志成城 抗震救灾

——关注当雄地震

图为《西藏日报》2008年10月1日01版刊登扎拉稿件版面图。

大伙儿一起用手搬开石块和椽子木，徒手从倒塌的房屋里刨出了近20名被埋的村民。

被埋的许多村民得救了，可是就在这时噩耗传来，扎拉年迈的老母亲和幼小的孙女不幸遇难。

“当时我心里特别难过，觉得对不起老母亲，因为我没去救她老人家。但作为村支书，我看到村里几乎所有的房屋都被地震夷为平地，群众受灾情况很严重。危难的时刻，村民们更需要我这个村党支部书记。”扎拉语气坚定地说。

灾情发生后，扎拉简单地向前来帮忙的亲朋交代了两句后，又立即召集村干部和党员投入到进一步的搜救中。

面对着刚从废墟中刨出来的受伤群众，扎拉看在眼里急在心上，他深知仅凭村里的力量和电力民工的帮助是搞不好抗震救灾的，得赶紧把受灾的消息送出去，争取时间，争取救援。

可是，试了很多次电话还是打不通，怎么办呢？扎拉当机立断叫来各方面素质较好的村民热杰，安排他当即骑着摩托车赶赴30多

公里外的格达乡汇报灾情。热杰骑着摩托车，在崎岖山路艰难地骑行将近一个小时后，到达格达乡。他立即通过电话把羊易村受灾的情况向当雄县和羊八井镇做了汇报。

消息传出后，西藏军区某训练基地官兵、成都军区测绘大队、区市县医疗救助队等先后赶到灾区，抗震救灾工作如火如荼地展开。

强忍悲痛履行职责

震灾无情，令人扼腕；寒冬将至，形势更加严峻。

必须尽一切努力缓解灾区生产和群众生活面临的困难。刚失去两个亲人的扎拉强忍悲痛，认真履行村支书的职责。

提起扎拉，在地震中受重伤的羊易村村民朗杰激动地说："要不是村支书领着乡亲们把我从废墟里救了出来，我现在可能不在这个世界上了。扎拉支书是全村的主心骨，我和我的家人都万分地感谢他。"

"外援到达村里后，扎拉仍旧忙着安慰群众，忙着安排大家住的、吃的，到现在我也没见他好好地睡一觉、吃上一口热饭。"在村民边巴眼里，扎拉支书是村里的好当家人。

正在拉萨住院治疗的村民多吉在接受采访时对记者说："扎拉支书知道我们村里受伤的牧民听不懂汉语，就专门派自己的女儿嘎珍陪我们到拉萨，给大家当翻译、做陪护。扎拉支书替我们想得太周到了！"

"现在我们家里基本已经安顿了下来，扎拉支书说得对，'虽然发生地震了，可日子还要过下去，牧业生产不能耽搁。'"正在自家废墟边上修羊圈，整理牲畜过冬饲草料的村民吉母和玉珍说。

"从来没遭过这么大的灾，幸亏有党和政府的关怀，有解放军亲人般的帮助。我们现在有了吃的、住的，下一步就是发展生产，把乡亲们毁了的家再建起来”，扎拉闭口不谈逝去的亲人，只字不提自己连日来超负荷的工作，但红红的眼睛里闪着点点泪光。

托起全村的希望

羊易村是一个纯牧业村，这里海拔高，地理位置偏僻，气候寒冷。村里有5个作业小组，147户牧民。在这次地震中，羊易村全村754个村民中遇难9人，其中就包括扎拉的母亲和孙女，此外受伤近20人，90%以上的民房倒塌，剩下的基本上是危房。

灾后恢复正常生产生活的任务繁重，扎拉顾不上自己家里一堆事情，每天早上五六点钟就起床，一方面召集村里的党员和青壮年配合部队和救援人员分发从各地运来的各种救灾物资，另一方面积极动员乡亲们，抓紧时间恢复牧业生产。

谈到恢复村里的牧业生产，扎拉告诉记者：“幸好，这次地震没有破坏村里的草场，各家的牛、羊也没有伤亡。这些可是乡亲们最主要的生产资料和生活来源。目前，全村的牧业生产开始恢复了正常。”

“看到村里的群众开始安顿下来，生产也恢复了，我这个村支部书记心里就塌实，就觉得对得起村民们对我的信任。”扎拉说。

震后第四天，在地震中遇难的扎拉的母亲和孙女该处理后事了。正在村里忙得不可开交的扎拉，甚至没时间再看一眼遇难的亲人，做最后的告别。深知群众心思的扎拉一一找到遇难群众的家属，深入细致地做思想工作，组织大家把遇难群众的后事办得既让家属满意，又尽量不去麻烦组织和救灾部门。

看着全村生产、生活恢复秩序，惊魂已定的老人、孩子、遇难家属在救灾帐篷里过着正常的生活，极度疲乏的扎拉目光沉稳而坚毅。

老阿妈的酥油茶

——“十大爱国拥军新闻人物”拉吉与官兵的深情厚谊

◎张涛　李泽龙　鄢小川　晓勇

2009年5月7日05版　（人物72）

个人资料：

拉吉，女，藏族，1933年生于西藏岗巴县昌龙乡乃村。

1997年7月，被民政部、总政治部授予“拥军优属模范个人”荣誉称号；

2001年4月，被西藏自治区和西藏军区授予“拥军优属模范个人”荣誉称号；

2003年10月，被全国拥军拥属拥政爱民工作领导小组、国家人事部、民政部、总政治部授予“爱国拥军模范”荣誉称号；

2003年12月，被民政部、总政治部授予“拥军模范”荣誉称号；

2007年8月，被评选为《感谢人民——激励军营80周年》“西凤·将军情怀”十大爱国拥军新闻人物。

西藏日报 2009年5月7日 星期四
动态西藏
5

立足实际 发挥优势 繁荣经济
“五大战略”助推波密经济又好又快发展

携手共克就业难关

通过四个“狠抓”
江孜县全力打造旅游品牌

芒康县举办村党支部书记轮训班

八宿县全力做好虫草采集管理工作

曲松县开展电影“四进”活动

拉萨啤酒厂为尼木县捐款20万元

地方快递

老阿妈的酥油茶
——“十大爱国拥军新闻人物”拉吉与官兵的深情厚谊

西藏俊誠集團
苏轼茶府
玉指足坊
来玉指足坊 过“足”瘾

图为《西藏日报》2009年5月7日05版刊登拉吉稿件版面图。

她说她会唱《北京的金山上》，她说她知道北京有个红太阳……

75岁的藏族老阿妈第一次走下海拔4800多米的雪域高原，第一次目睹像巨龙一样奔驰而过的火车，第一次乘上雄鹰一般的飞机……她，就是“2007《感谢人民——激励军营80周年》‘西凤·将军情怀’十大爱国拥军新闻人物”之一的藏族阿妈拉吉。

雪山脚下，酥油茶唤醒了战士的生命

1961年，岗巴营组建之初，雪山脚下除了几间藏式民房，就只剩下风雪和寒冷。

40年前，拉吉阿妈还是个年轻的姑娘。在一个风雪交加的夜晚，一名战士站哨时突然晕倒，不停地抽搐。同样年轻的战友一时慌了手脚，不知如何是好。听到战士们的呼唤声，28岁的拉吉来不及穿好羊皮袄，夺门而出，“抢”过昏迷的战士往家里背。她将战士放在还余有体温的被窝里，化油、掺水、加糖，然后把酥油茶一勺一勺地喂进战士嘴里。几勺酥油茶下去，昏迷的战士居然奇迹般地睁开了双眼。

从那以后，拉吉经常召集村庄里的姑娘们，把家里舍不得吃的酥油拿出来，熬成最香最甜的酥油茶，无论路有多远，无论风有多烈、雪有多深，她们总会把酥油茶送到官兵身边。

四十余载，雪域边关飘满了酥油茶的芬芳

在岗巴，官兵外出巡逻是非常危险的。40多年来，每逢官兵执行巡逻、执勤等重大任务，拉吉阿妈总会放下手中的农活，熬制足够多的酥油茶，亲自送到部队为官兵补充能量。

2001年11月9日，岗巴营四连官兵去海拔5600多米的西西拉山口巡逻。出发前，拉吉阿妈再三叮嘱官兵，什么地段容易发生雪崩，什么地段有坑坑洼洼，什么地方最容易迷路……然而不幸的是，就在拉吉阿妈交待的危险地段，巡逻车被滑进了冰窟窿，官兵们被困在雪

山峡谷。

从早到晚，拉吉阿妈在村口掐着指头盼官兵归来，却迟迟未见他们的身影。“晚上温度会降到零下40多度，如果被困在雪山上，那就太危险了！”来不及多想，拉吉阿妈匆匆跑回村里挨家挨户敲门，通知乡亲们带上羊皮袄和干粮去搜寻官兵。

步行5个多小时后，村民终于在雪山上找到了一脸茫然的巡逻官兵。当老阿妈深一脚浅一脚地踩着厚厚的积雪将一碗碗还冒着热气的酥油茶递到官兵面前时，这群铁打的汉子忍不住热泪盈眶，抱着老阿妈相拥而泣。

战士心中，阿妈慈母般的情意如酥油茶般醇浓

“喝一碗酥油茶，滚烫得就像妈妈的眼泪……”每当老兵退伍时，战士们总会面对老阿妈深情地唱起这首歌。在战士心中，阿妈的慈母情如酥油茶般醇浓，像雪山一样圣洁。

每年新兵来队，阿妈总会背着酥油茶如期来到连队，像慈母一样对新战士唠叨：“刚到高原，要多喝酥油茶，少运动，这样对身体才好，你们身体好了，我们国家才安全。”这些话，阿妈对一茬又一茬的新战士重复了千万遍……每年老兵退伍，阿妈总是早早地为老兵们熬好酥油茶、做好糌粑。去年12月的一天，又是一个老兵们退伍的日子。天不亮，阿妈就带着小孙子，背着糌粑，带着哈达，提着热气腾腾的酥油茶和沁人心脾的青稞酒，来到营区为老兵们送行。当她把酥油茶端到每一个退伍战士面前，用藏族人民最虔诚的方式，双手合十，默默地祈祷和祝福她的兵儿子们幸福安康时，老兵们早已热泪盈眶……

40年风雨人生，40年风雨无阻。40年来，她用藏族人民最珍贵的酥油为官兵熬制3吨多酥油茶，如果用半斤容量的军用瓷缸来盛，至少有12000多缸。她把藏族人民最纯朴的感情熬进了浓浓的酥油茶，用自己的青春和梦想坚固了国防。

一名白衣天使的生命守望

——记西藏那曲军分区门诊所护师彭燕

◎黄嵩　许凌康　张立军　梁军

2011年6月3日01版（人物74）

高山万里，碧波素裹，丰美的羌塘草原总是让到过那里的人流连忘返；可生活在那里的人都知道，在平均海拔超过4500米的羌塘草原，处处都潜伏着威胁。

碧空之下，雪山之侧，一座座坟茔整齐列队，那是500多名将士为藏北雪域奉献过青春热血、直至生命的无声见证。

逝者已安息，生者仍将战斗。

彭燕无法预料，留在这里将会付出什么样的代价。早已将生死置之度外、无怨无悔坚守在这片土地上、深爱着这片土地的她，以对党和人民的无限忠诚，忠实践行着一名共产党员、一名革命军人的神圣职责。

西藏日报

2011年6月3日 星期五

"十二五"山南力争实现农村低收入人口扶贫全覆盖

联系乡(镇)村贫困人口减少90%以上

展望十二五

中共西藏自治区委员会关于贯彻落实《中国共产党党员领导干部廉洁从政若干准则》的实施意见

(2011年4月21日)

在京接受免费救治的西藏先天性心脏病患儿欢度"六一"

朱维群出席

区直行政事业单位周转房二期工程开工

郝鹏出席开工仪式并为项目奠基

日喀则地区广播电台正式开播

自治区党委政法委下发决定

号召全区政法系统向文胜昌同志学习

45岁以上城镇居民体检——政府组织还买单

铭记关怀珍惜荣誉 不辱使命再立新功

——公路养管职工典型报道之一

一名白衣天使的生命守望

——记西藏那曲军分区门诊所护师彭燕

图为《西藏日报》2011年6月3日01版刊登彭燕稿件版面图。

彭燕说："服务高原人民，要有一颗赤子之心，更要有过硬的素质本领。"

扎根藏北高原12载，摸索15项高原护理新技术和17条特殊护理经验

1999年7月，以全优成绩从成都军区高等医学专科学校毕业的彭燕，主动放弃了内地多家部队医院的优厚条件，毅然选择了藏北高原

那曲。

上班第一天，就遭遇了“尴尬”。

一名腿部受伤的战士前来诊所就诊，清洗、消毒、止血……彭燕轻车熟路，对这名战士的伤口进行了紧急处理。

可是，30分钟后，受伤战士又回来了，鲜血把纱布都染透了。“怎么连一个小小的伤口都包扎不了？”彭燕急得额头上渗出了颗颗汗珠。

“在高原止血和内地是不一样的。”门诊所护士长段绍慧主动上前，一边给战士重新包扎，一边向彭燕传授经验：“在高原，人体血液里的凝血因子会减少，处理伤口时，必须先用纱布块压迫住伤口周围的毛细血管，再进行外部包扎……”

经历了这件事，彭燕深深地感到自己仍只是个学生。从此，只要是技术比自己好的、兵龄比自己长的卫生员，彭燕都恭恭敬敬喊“老兵”，恭恭敬敬地向他们请教。

为了更好地掌握高原特殊环境下的医护经验和技术，彭燕还偷偷地跑去那曲地区人民医院“取经”。因为她知道，这家医院里有许多中高级护理人员，对高原肺水肿、脑水肿等发病快、危险高的疾病有独到的护理经验。

在医院医护人员悉心的帮带下，渐渐地，彭燕学会了用高压锅蒸煮消毒，学会了调整高原用药的剂量，学会了把输液管预热以对付高原温差产生的气泡，学会了在很难摸到血管的冬天采取逆向进针的方法给病人输液……这些靠一代代高原医护人员口耳相传的知识，被密密麻麻地写进了彭燕的笔记本中。

12年来，彭燕先后实践探索出了“寒冷条件下热敷输液部位减轻疼痛”等15项高原实用护理技术；总结出了“高原皮试时间应延长5分钟”“高原抗生素静滴每分钟滴数应控制在常规数量的80%以内”等

17条特殊护理经验；结合高原临床实践，她还撰写发表了《高原护理基本要领》等30多篇学术研讨文章。

彭燕说："只要能为军民的健康尽一份力，再苦再累我也乐意。"

学中医、习针灸、自修心电图，工作之外，学习几乎占满了彭燕的所有时间

2005年，那曲县人武部战士陈光双下肢皮肤患鱼鳞病来门诊所就诊，虽然给他又是打针又是输液的，但半个月过去了，小陈腿上的"鱼鳞"有增无减。

"我用中医方法试试。"诊所里唯一自修过中医的邹明淼医生站了出来。通过中医内服外敷，小陈的症状全部消失了。

这次治疗经历，让彭燕认识到了中医的妙处。"邹医生，我要向您学中医。"战士小陈刚出院，彭燕就决定拜邹明淼为师。在她看来，诊所里多一个人懂中医，患者的健康就会多一份保障。

此后，彭燕屋里那盏台灯熄灭得更晚了。按照邹医生的指点，她从中医最基本的望、闻、问、切学起，"舌苔白厚则寒症入体""脉相沉则脏腑实结"……在氧含量不及内地一半的那曲高原，人的记忆力明显减退，对很多拗口的中医知识，她背了又忘，忘了再背，不甘心的彭燕跟自己较上了劲。几个月后，她那满头青丝中，居然长出了几根白发。

这些年来，彭燕眼睁睁地看着许多官兵和群众靠大把大把地吃药来抵抗高原病痛的折磨，心里难受极了。尤其是每次把战友、群众

送上转院到拉萨的汽车后，她总会望着绝尘而去的汽车伫立许久，总会带着愧疚彻夜不眠。

这种愧疚让彭燕觉得肩上的担子很重，需要学习的东西很多。12年来，她先后自修了心电图，学习了“整体护理”，自学心理学并考取了心理咨询师资格证……

12年来，彭燕只是做着一些平凡的事，可透过这些平凡，我们感受到的却是人性的光辉！

彭燕说：“作为白衣天使，就是要用生命守护生命。”

700天巡诊，5万里行程，全身23处摔伤，记录了她珍视生命的一个个感人故事

翻开门诊所的巡诊日志，彭燕112次、700余天为民义诊的记录，一一在案。可印在彭燕身上的一本特殊“日志”，却鲜有人知晓：全身上下的23处摔伤，是她用生命守护生命的真实记录；让我们仿佛看到她那瘦弱的身躯永不停歇地行走，矢志不渝地守望！

2008年11月的一个夜晚，突降的暴雪将那曲高原染成了一片雪白，刺骨的寒风在山谷中穿梭呼啸。凌晨一点多，一阵刺耳的手机铃声将彭燕从梦中吵醒。

“是彭门巴吗?”电话另一头，一名藏族男子略带哭腔地问着。

“我是彭门巴，请问什么事?”

“我是玛索日村的旦增，我阿妈啦快不行了……”

没有一丝迟疑，彭燕立即起身准备出发。

“这样的天气出诊，你不要命了！”丈夫张涛也被急促的电话声吵

醒了。

“还真是要命的事！”彭燕甩给丈夫一句话，径直消失在茫茫风雪中……

途中，彭燕3次被狂风掀下马背，摔断了三根肋骨。可彭燕并不后悔，她说：“要是再晚去一点点，阿妈就没救了。”

2004年11月，又是一个风雪交加的夜晚，安多县牧民边巴的妻子难产，生命垂危。顾不得外面雪海茫茫，彭燕背起医药箱就朝边巴家赶去。狂躁的暴风雪将彭燕打翻在沟里，她的手臂被锋利的冰凌划出了一道大口子，鲜血直流。她来不及为自己包扎，继续赶路，硬是从死神手里抢回了母子两条生命。

12年来，彭燕无数次蹚过冰河，翻过雪山，17次经历暴风雪、泥石流、塌方等险情，累计行程两万多公里，义务巡诊数万人次，挽救了42名危重病人的生命。

在彭燕的巡诊日志外，她用自己对这片土地和人民饱含深情的爱，在藏北干部群众心中树立了一座永远的丰碑。

用心援藏的“有为书记”

——记江苏省援藏干部、曲水县委书记周广智

◎王杰学

2011年10月19日01版 （人物75）

上篇

在拉萨市曲水县，有这样一位援藏的县委书记：

从进藏的第一天起，他就不断地告诫自己，要牢记党的嘱托，围绕发展和稳定两件大事，全心全意为人民谋福利。要通过自己的努力在雪域高原的广阔天地里勤奋工作，做一个有所作为的人。

四年来，他始终坚持下基层、搞调研、理思路，开创了曲水经济社会全面协调发展的新局面；

四年来，他始终坚持立场坚定、旗帜鲜明，冲锋在前、率先垂范，充分体现了对党忠诚、敢于负责的政治品格；

四年来，他始终坚持视曲水为第二故乡，把群众当亲人，满腔热忱地为群众办实事、解难事、做好事，与当地群众建立了深厚感情，赢得了广大群众的衷心爱戴。

图为曲水县援藏干部周广智（右一）在达嘎乡深入田间地头，了解土豆收成情况。

本报记者　李洲　摄

他，就是江苏省第五、第六批援藏干部，曲水县县委书记周广智。

“规划书记”——以“农业抓调整、工业抓园区、农村抓配套、城市出形象”的发展思路，让曲水连续3年在全市考评第一

周广智不会忘记。

2007年7月10日，他一踏上曲水这片热土时，眼前出现的是欢迎的人群，热情的笑脸，醇香的美酒，洁白的哈达。这一切，是因为他们一行的到来。

作为江苏省选派的第五批援藏干部之一，这一天，周广智从江苏泰州来到西藏曲水县。在曲水县人民的热情迎接中，他看到了群众期盼的眼神。

曲水县地处西藏中南部的拉萨河下游，面积1680平方公里，与西藏其他地区相比，自然资源匮乏，没有矿产，也没有大的旅游景点，是一个典型的农牧业县。

在送走当地干部群众的当天晚上，周广智连夜伏案翻看手头上有关曲水的资料。

仅仅依靠发展一产，曲水是富裕不起来的。曲水要发展，出路在哪里？

带着这样的困惑，第二天，周广智不顾高原反应，开始下乡调研。跑基层、访群众，听汇报、理思路……与群众交谈，和干部交流，在不到一个月的时间里，他的足迹踏遍了曲水的沟沟坎坎。

在下乡途中，尤其是当他看到还有部分群众没有脱贫，日子过得清苦时，他非常揪心。他对身边的同志讲：“群众生活这样苦，我们不能坐着，要尽快改变这种状况！”

在对曲水做到心里有数后，为了破解依靠一产发展的这一瓶颈难题，周广智召开县委扩大会议，提出“农业抓调整、工业抓园区、农村抓配套、城市出形象”的总体发展思路，提出确保人均生产总值、农牧民人均纯收入增幅超过全市平均水平，工业经济总量、财政收入翻一番，城市建设、新农村建设、特色产业发展取得新突破的“一个确保、两个翻番、三个突破”的发展目标。

根据各乡镇资源禀赋，他提出要在原有的工作基础上，在曲水县城主要发展工业经济和服务业，在东边靠近拉萨的4个乡镇主要发展连片设施农业，在西边缺水的2个乡主要发展高原土豆和以核桃、桃子为主的木本经济作物的规划建议，初步形成符合曲水实际的区域经济发展规划。

思路决定出路。4年来，在这样的发展目标指引下，他用实际行动向曲水人民提交答卷：2010年，曲水县实现人均生产总值13023元，工业总产值42000万元，财政收入2274万元，分别是2006年的2.33倍、3.57倍和3.45倍，实现了援藏工作“一年打基础、两年上水平、三年见成效”的目标。从2008年起，曲水县连续3年在全市综合考评中位列七县区之首。

面对这样的成绩，周广智没有满足。他趁着曲水被确定为改革开放以来西藏唯一一个农村改革试验区的机遇，提出以同步推进工业化、城镇化和农业现代化为突破口，进一步统筹城乡发展，全面落实科学发展观，以新型工业化致富农牧民、以新型城镇化带动农牧区、以新型产业化提升农牧业，积极探索并走好具有曲水特色的“强农富民”之路，争取到2015年实现生产总值16.08亿元、工业总产值19.8亿元、财政收入突破1亿元，与全国人民一道实现全面建设小康社会的宏伟目标。

“瓜果书记”——引领群众种植土豆、西瓜，打响了“曲水土豆”“鑫赛西瓜”等品牌，让全县大部分农牧民实现了增收致富的夙愿

现在，曲水县达嘎乡群众富了。当提及这一变化时，他们都感谢一个人，那就是他们的“周书记”。

由于长期干旱、土地贫瘠，以前，当地群众除了种植青稞，就是种些油菜。一年下来，这两样的收成，顶多是满足生活需求，要谈

增收，根本是没门儿的事情。

这是多年困扰曲水县委、县政府的难题。2008年，在多次实地查看土质后，周广智提出种植土豆的想法。当时，群众听后感到好笑，认为这是不可能的事情。为了说服群众种植土豆，周广智亲自到村里给村民算经济账。

那段时间，周广智抽空都要往乡里跑，往村里跑。县里有人跟他说：“这点事情，你派别人下去不就行了。”而他的回答是：“我下去和别人下去不一样。我不下去，百姓怎么会觉着我心诚呢？”

让群众未曾想到的是，当年，达嘎乡试种的500亩土豆获得大丰收，每户增收1000元。村民格桑罗布向记者说道，他家7亩地，现在有5亩种植土豆。“每斤土豆价格最高卖到1元，最低时也能卖到4角。每亩土豆产量按最低2500斤计算，最低也有1000元的收入。这比种植青稞划得来。”

在尝到种植土豆的甜头后，像格桑罗布一样，群众都学会算经济账。达嘎乡有耕地15000亩，其中9300多亩种植土豆，占到全乡耕地面积的60%。“现在，通过种植土豆，全乡人均增收2300多元。明年，全乡种植土豆将达到1万亩。”在谈到达嘎乡发展规划时，乡党委副书记琼达特别自豪地说道。

如今，“曲水土豆”几乎控制了拉萨市场。“只要曲水打个喷嚏，拉萨土豆市场就得‘感冒’。”

在曲水农业发展中，远远不止“曲水土豆”这一张名片。曲水“鑫赛”牌西瓜，在拉萨市场上也拥有一定的知名度。2007年，在提出“农业抓调整”的总体思路后，周广智提出“以乡镇自身条件为基础，大力发展设施农业”的新举措。

位于南木乡江村的曲水县瓜果蔬菜园区，2007年时只有160栋温室大棚，其中130栋还是简易大棚。在通过对园区的深入调研后，周广智帮助园区理清了发展思路，运筹发展规划，积极争取、协调、整合各方资金，投入2600余万元对园区温室进行改造，并新建半墙体高效节能温室438栋。南木乡乡长旺扎说："目前，园区通过土地流转和种植温室瓜果蔬菜，使当地218户群众受益，受益群众占全村总户数的80%，每栋温室帮助群众每年增加收入7000多元。"

在尼玛的温室大棚中，她正忙着给出土的花菜松土，之后又忙着浇水。现在，她家的6座大棚，每年可为她创收4万多元。在没有大棚之前，她每年种植青稞和外出务工，忙死忙活落到手里也就四五千元。她说："现在虽然是忙了点，但开心。有时实在忙不过来，自己还会雇两三个小工帮忙。"

在园区的基础设施得以提升后，周广智还让园区的管理人员走出去，到内地学习先进的管理理念和经验，要求县直部门帮助和引导园区成立了瓜果种植农民专业合作社。通过和园区种植户、合作社的座谈，他还提出转变以往"马路经济"为主导的经营模式，建立农企对接、农校对接、农超对接、专业分工等系列措施应对销售问题。

在促进农业发展的同时，周广智还提出要加大养殖业结构调整，鼓励农民从事改良牲畜养殖。才纳乡乡长昌珍说："2007年以前，才纳乡群众养殖本地奶牛，没什么收入。2007年以来，周书记大胆鼓励村民养殖改良奶牛，现在，全乡改良奶牛达2000多头。仅这一项，村民每人增加300多元的收入。"现在，才纳乡家家户户都养殖起了改良奶牛。

"服务书记"——专心服务于园区企业、不遗余力地为企业发展奔波协调，为工业"一穷二白"的曲水引来了"金凤凰"

"我们为什么要到曲水工业园区投资建厂？首先，曲水县有一个思想超前、团结奋进、带领全县人民干实事的领导班子；其次，曲水县人杰地灵，地理位置优越，例如中尼公路直通日喀则、樟木口岸，距航空港较近，离中心城市距离适宜；第三，曲水工业园区水、电、路等各项配套设施齐备，是建工业厂房的首选理想之地。”在西藏远征纸业股份有限公司的车间里，公司常务副总经理王隆向记者列举了到曲水投资的理由。

西藏发展不像其他省市有一定规模的工业经济支撑。在曲水县，工业经济基础更是薄弱，工业发展可谓“一穷二白”。为了培育工业经济这一新的增长点，实现工业经济总量、财政收入翻一番的发展目标，2008年，周广智提出大园区发展思路，将县城绿色农产品加工园区和聂当工业园合并为曲水县雅江工业园区，成立了西藏首家县级园区管委会。

有了梧桐树，如何引凤来？根据在江苏省工作的经验，周广智提出，曲水要发展工业园区经济，首先要有扎实的服务思想。只有真心服务园区建设，切实支持园区发展，及时为园区排忧解难，才会把企业引进来。

“只要周书记不下乡不开会，除了组织县直单位领导到园区开会，专题协调解决有关困难和问题外，有空的时候，他总会到园区的各家企业转一转、走一走，详细了解企业有关情况，同企业家们共谋发展大计。”在这里入驻的企业家说。

西藏金哈达集团药业有限公司总经理扎西深有感触地说：“如果没有周书记，我们药业公司早就关门了。”每次说到周书记的好，他都显得很感动。金哈达集团药业有限公司成立后，因生产批件一直未获批复，公司面临关闭的困境。当时，周广智利用自己的“关系”和“人脉”，硬是将公司从困境中拉了回来。他还经过多方努力协调，于2009年帮助公司获得了藏药研发资格，争取到4个国药“准字号”，成为西藏第一家藏医药研发公司和第一家藏药销售公司，把产业链延伸到了医疗研发和医药销售。最近，周广智正在牵线搭桥，利用泰州医药产业大市的优势，帮助“金哈达”做大做强。

位于聂当乡的西藏信通水泥有限公司因生产工艺落后、设备老旧、年产量低，一直处于低迷的境况，500余名公司员工面临失业。周广智利用去拉萨开会、办事的机会，积极反映情况，多方协调请示，终于得到自治区批复同意，将信通水泥有限公司与位于堆龙德庆县的两家水泥厂合并，重组成立了一家新的年产120万吨的大型水泥生产企业。目前，新企业已开始选址勘探工作，厂址初步定在曲水县。在此之前，这3家水泥公司年总产量不足60万吨。

在周广智的带领下，曲水县的产业结构不断优化，县域经济实现协调发展。2009年，雅江工业园区被拉萨市列入“一区三园”发展规划，升级为自治区级工业园区。曲水县筹资4800万元对园区进行了拓展，使园区面积由原来的0.8平方公里增加到了2.4平方公里，与县城对接连片发展。

2010年，曲水县共有各类企业65家，入驻园区企业占全县企业总数的61%，税收占80%。西藏远征纸业有限公司、高争民爆公司等一批投资规模大、科技含量高的产业集群正在形成。由吉鹰铝业等企业生产的产品还填补了西藏市场空白。

“和谐书记”——“坚决支持国家重点工程建设，坚决维护群众合法权益，坚决打击违法犯罪行为”，他为发展中的曲水带来稳定和谐的好局面

中央第五次西藏工作座谈会强调：做好新形势下西藏工作，必须把维护稳定作为硬任务和第一责任，深入持久地开展反分裂斗争；必须凝聚人心，汇聚力量，切实做好民族宗教工作。

曲水县位于拉萨市西南65公里处，地处交通要道，社情复杂，是西藏反分裂斗争的前沿阵地之一。周广智从来到曲水的第一天起，就立足长治久安，始终把反对分裂和维护稳定、促进和谐作为全县工作的重中之重，坚决维护曲水的社会稳定。

2008年拉萨“3·14”事件时，当时正在老家休假的周广智得知消息后，立即中断休假，火速返回了工作岗位。回到曲水的当天，他顾不上片刻休息，直接奔赴维稳工作第一线，了解情况，检查工作，看望慰问乡镇工作组成员和设卡干警；主持召开党政联席会议，听取维稳工作汇报，研究贯彻落实区、市党委指示的具体措施，并且按照“不反弹、不蔓延”的工作要求，对全县维稳工作作出了安排部署。

拉萨“3·14”事件后，他又着眼于曲水县的长治久安，认真研究部署维稳基础工作，及时主持开展矛盾纠纷排查调处，使机场专用公路建设过程中发生的近千起矛盾纠纷化解在了基层；加强乡镇公安派出所（警务室）建设，实行政法机关联村和政法干警进村工作制度；牵头制定了《曲水县宗教领域八项管理制度》等制度，推进全县宗教领域管理工作实现制度化、规范化、常态化。

维护社会稳定，促进社会和谐，思想教育必须常抓不懈。在不断出台完善有关规章制度的同时，他还组织全县利用“西藏百万农奴解放纪念日”等重大节庆，积极开展多种形式的教育活动。通过开展新旧西藏对比教育，引导干部群众深刻理解“谁在造福西藏人民，谁在祸害西藏人民”的道理。通过大力宣传党的富民惠民政策，引导广大干部群众真正了解“惠在何处、惠从何来”，不断坚定群众跟党走的信念和决心。

当前，曲水县经济社会发展正处在转型时期，各种矛盾、问题复杂交织。如何顺利化解这些矛盾纠纷，周广智有一套自己的办法。

他通过开展矛盾纠纷排查调处工作、把解决矛盾的关口前移的办法，及时协调处置机场专用公路等引发的多起群体性纠纷。

同时，为了增加百姓的现金收入，他还鼓励百姓成立运输车队。目前，全县800余车辆正活跃在铁路建设工地上。

结合“五五”普法工作和社会治安的实际，在他的带领下，曲水县还建立健全了“护院队、护校队、护厂队、护路队、护村队”等内保队伍及以治安员、巡访员、监督员、帮教员、调解员、协管员为主的群防群治队伍，实现维稳工作群防群治常态化，使曲水的社会局势呈现出和谐稳定的喜人景象。

时光荏苒，岁月如梭。2010年7月，作为江苏省第五批援藏干部的周广智，已经完成了他第五批的援藏使命。当大部分援藏干部都选择回去时，他却选择了留任。对此，他说：“一方面，我和曲水人民在一起已经有3年时间，这3年，我为曲水人民做了一些事情。这些事情中一些已经有了成效，一些还需要我做得更好，所以我选择留下来；另一方面，这3年，我和曲水人民朝夕相处，彼此之间有着深厚感情，他们不希望我走，我也舍不得离开他们。另外，为了保持援藏工作的连续性，组织上也期望我留下来。”

和他已经共事4年的曲水县县长孙宝祥说：“广智书记总是踏踏实实工作，认认真真做人。他结合实际，总结经验，总能创造性地处理工作中所遇到的困难和问题。他经常深入农牧民群众之中，了解群众疾苦，听取群众心声，在群众中树立了很高威信。更难能可贵的是，他政治坚定，旗帜鲜明。他是曲水干部学习的榜样。”

在曲水县委工作的一名干部说：“周书记是好人。他为曲水人民做了实实在在的事情，曲水人民永远不会忘记。”

下篇

为了让群众不把自己当成“大官”，而当作一般人看，周广智从不在群众面前摆官架子、打官腔，而是与群众打成一片。他学习说藏语、吃糌粑、喝酥油茶，把自己当作地地道道的曲水人，时时刻刻想着为曲水群众谋福利，曲水群众亲切地称他为“福分书记”。

这个“福分书记”，心中牵挂的是群众的冷暖；这个“福分书记”，所做的一切全是为了群众的幸福。

无论走到哪里，他都融入群众中。对困难群众来说，他就是大家的“福星”

茶巴拉乡是曲水县五乡一镇中最远、最穷的一个乡。

2008年，周广智在茶巴拉乡茶巴拉村调研时，得知村民德琼的丈夫去世多年，家中没有什么收入来源，还要供儿子罗布次仁在县中学读书，家里里里外外全靠她一个人支撑，日子过得非常艰难。

在了解这一对孤儿寡母的情况后，周广智心里很不是滋味，他当即决定把德琼一家作为自己的扶贫联系户。他从自己的工资中拿出一万元，让德琼从低矮破旧的土坯房搬到了宽敞明亮的新房。

“青稞收了没有？收成怎么样？种植油菜没？”每次到德琼家，周广智都关切地问长问短。

除了定期到德琼家看望慰问外，周广智平时下乡路过德琼家时，经常拿出200元、500元，帮助她解决生活困难；到县城，有时还让司机把德琼的儿子接到县委食堂加餐。

对周书记无微不至的关怀，德琼心里充满感激。而她惟一能做的，就是每次周书记到她家中时，她都会给他献上一条洁白的哈达。

周广智认为，帮助贫困户，既要解眼下之急，更要帮他们谋长远之计，不光是给他们盖房子、送“票子”，关键是要指“路子”，只有帮助他们找到一条致富门路，才能从根本上解决问题。

现在，德琼在乡里谋到一份“工作”。在乡里，她通过做零活，每个月有800元的收入，家庭经济状况大为改观。

2009年，周广智把茶巴拉村二组村民普琼和三组村民索朗作为自己的帮扶对象，帮助他们盖起了新房；为普琼的两个儿子联系了工作，每人每月有1200元的收入。2010年，周广智又增加了一个新的帮扶户——茶巴拉村七组的多吉。他自己出资8000元，帮多吉盖起了新房，还让他养起了藏鸡。现在，多吉一家人的生活状况逐步好转，日子一天天好起来。

孤寡老人也是周广智关心帮助的对象。2009年藏历新年前，周广智到农牧民家中走访慰问。当他来到才纳乡才纳村白玛家中时，看到69岁的老党员白玛一个人孤零零地躺在破旧的院落中，脸上的表情非常痛苦。他立即走上前去，蹲下身子询问情况。在得知老人家患有肾病却无钱医治，只能长时间忍受疼痛时，他十分愧疚地说道:“老人家，是我们没把工作做好，我们对不住您啊!”

白玛是一位有着40多年党龄的老党员。在将老人送到县医院后，周广智召开会议，专题研究农村贫困老党员的住房和看病难问题，并从援藏资金中拿出60万元，为包括白玛在内的10户贫困老党员修建新房。后来，他还通过多方协调，免费为曲水的“三老”人员进行了体检。

“现在身体怎么样?”

“已经好得差不多了，就是最近有点感冒，肺部有点发炎，不过已经到医院看了，昨天才出院。”

“那一定要记得吃药，要把身体养好。”

……

在白玛的家中，周广智和老人又一次亲切地聊了起来。拉着眼前这位“大恩人”的双手，白玛久久不肯放下。

2010年，白玛终于从生活了20多年的两间土坯房里搬了出来，住进了现在的二层新房。她和两个女儿，心里有说不出的高兴。

为了在全县营造“组织关爱党员、党员靠拢组织、党内团结互助”的和谐氛围，周广智还从县财政中拿出20万元，建立了党内激励帮扶基金。

“福分书记”心中只有群众，在灾难面前，他身先士卒

在灾难面前，特别是有急、难、险、重任务和灾情发生时，周广智总是冲在最前面，亲临现场指挥，直到险情完全排除。

2008年8月中下旬，曲水突降20年一遇的暴雨，山洪引发的泥石流灾害致使318国道中断，部分桥梁、水渠等基础设施被毁。灾情发生后，周广智带领县相关人员冒雨进村入户查看受灾情况，赤脚踏进冰冷、齐膝的淤泥中转移疏散群众，抢救财产。在他的组织指挥下，连夜抢通了被中断的国道，确保没有一名群众受伤。

2008年10月6日，当雄县发生里氏6.6级地震，曲水县也有强烈的震感。周广智立即与县委班子的其他领导分头深入各乡镇查看灾情，安抚群众，组织部分群众、学生和病人安全疏散，积极为受灾群众申请和争取活动板房、帐篷、棉被等救灾物资。通过对受灾群众的生产生活进行妥善安排，受灾群众无一人在危房中过夜，无一人受冻挨饿。

今年7月12日晚，一场暴雨把拉日铁路曲水镇曲水村段施工工地的民工帐篷冲毁，12户居民的民房不同程度受损。忙了一天正准备休息的周广智二话没说，立即带领几名干部赶赴现场。看到有部分群众被洪水围困，情况十分危急，周广智一边喊话安抚群众，一边跳进洪水中亲自参加营救，终于把被淹的4名民工从洪水中救出来，并组织人员迅速把他们送到县医院进行抢救。

当晚，这边的灾情还没有处理完，又接到曲水村农发项目80多栋温室被洪水冲毁的情况报告。周广智又马不停蹄地赶往曲水村查看灾情。紧急安排调运编织袋、铁丝网等抗洪救灾物资，筑土堤堵洪水。但由于水势太猛，干渠堤坝很快又被冲破了，洪水涌入温室，大家只能眼巴巴地看着长势喜人的西瓜、草莓等作物被洪水吞没。看到此情此景，周广智心情非常沉重，他为群众遭受的损失感到痛心。

为了减轻受灾群众的负担，凌晨一点，他又召集相关部门负责人，研究恢复、补偿和灾后重建事宜，并挨家挨户走访慰问受灾群众，稳定群众情绪，告诉大家党和政府会尽快帮助恢复生产，重建家园。

曲水村受灾群众都感动地说："有这样的书记，有党和政府的关怀，我们群众心里不怕了。"

修路、架桥、盖房、办学，帮助群众就业，真正为群众"造福"。

周广智常说，保障和改善民生是曲水工作和援藏工作的出发点和落脚点。

按照江苏省委、省政府在全省援藏援疆工作会议中提出的"在发展思路上更加突出民生，在资金投入上重点保障民生，在产业发展上着力带动民生，在项目建设上优先改善民生"的工作要求，在援藏4年中，周广智大力推进以农牧民安居工程为突破口的新农村建设，着力解决群众的住房难、出行难等迫切需要解决的问题。

2011年，周广智多方筹措资金近2亿元，对交通干道沿线的2000户民房进行了整体提升改造。目前，曲水县60%以上的农牧民群众住上了宽敞明亮的二层小楼，绝大部分群众用上了干净卫生的自来水，用上了清洁安全的沼气，收听收看到了丰富多彩的广播电视节目，生活质量一天比一天提高。

要致富，先修路。在曲水县才纳乡与南木乡之间，有一座才纳大桥，是两个乡群众之间往来的重要通道。但由于年久失修，该桥已成了危桥，因此，两乡群众只能绕行50多公里过河去对岸。在了解这一情况后，2010年，周广智带着班子成员跑部门、找领导，争取到了3400万元的资金，在这座老桥旁边建成了一座新桥，解决了近5000名群众的出行难问题。

再苦，也不能苦孩子；再穷，也不能穷教育。为了改变多年以来曲水县教学点分散、办学条件差的状况，周广智在上级部门的支持下，利用两年时间，将原来13所完小、19个教学点优化整合成7所完小，基本实现“中学集中到县、小学集中到乡”的集中办学目标，改变了曲水多年来的“一贯制”办学模式，促进了全县教学质量的大幅提高。

位于公路沿线的南木乡中心小学就是一个典型的例子。该校德教主任白玛告诉记者：“在没有实行集中办学之前，这所学校有三个教学点。学校分散，教学质量根本跟不上，同时，也没有很好的条件给学生提供食宿。2008年合并后，教育质量明显提高了，学生学习、住宿环境明显改观。”

曲水县城规模不大，能够提供就业的岗位不多。周广智认为，要让群众过上好日子，没有就业就是空话。他协调上级有关部门和驻县企业，努力为符合就业条件的群众创造就业机会。4年来，全县新增就业人数超过前10年的总和。同时，还逐步建立起了城镇居民医疗保险、基本养老保险、工伤保险、失业保险、生育保险等全方位的社会保障体系，基本做到了应保尽保。

为了切实解决农牧民群众看病难、看病贵的问题，4年来，周广智亲自过问乡镇卫生院（所）建设，督促新（扩）建卫生院6个，即将实现乡乡有卫生院、村村有卫生室的目标，使人民群众的身体健康得到有效保障。

借鉴江苏省的经验，周广智提出发展县域经济，让县城发挥“火车头”的作用。4年来，他带领曲水人民坚持城乡建设齐头并进的思想，不断加大投入力度，使县城面貌发生了很大变化。现在的曲水县城，已经初步形成了“一线、一区、三中心”的空间布局和“三横六纵”的道路网架，面积从3.2平方公里增加到了5.6平方公里。

在县城面积不断扩大的同时，周广智还十分注重相关配套建设，先后投资600万元用于县城自来水改造工程，投资3200万元用于县城电力扩容工程，解决了曲水多年来经济社会发展与水、电供应不足的矛盾，实现了县城水、电供应的全方位、全时段覆盖。2010年，曲水县城被列为拉萨市发展的重要支点，曲水县三分之二的乡镇被列为拉萨市发展的重要节点。

舍小家，顾大家，工作和责任永远是最重要的

曲水干部群众心里有一杆秤：周广智是把曲水当家的一个好“本部啦”（领导）；周广智心里也清楚，自己要把曲水这个家照顾好。但是，对于江苏老家的亲人，他觉得有太多对不住的地方。

2007年，在来西藏工作之前，由于怕年迈多病的母亲担心，援藏工作的事情他一直没给母亲讲。临行前，他才坐在母亲床边，轻轻地说：“妈，我要去西藏工作几年，你别担心我。我走后，你要好好

注意身体，兄弟姐妹们会照顾好你的，我会经常给你打电话的。”

老人在农村生活了一辈子，但通情达理。虽然她不知道西藏在哪个方向，也不知道西藏有多远，但她知道国家需要儿子到西藏去，说明那里需要他。她鼓励儿子说：“你放心去吧，去了把工作搞好，给妈妈争口气！”他到西藏后，老人每天若有所思地好像在等什么人。别人问她：“你在等谁呀？”她回答说：“在等我的儿子呀！”

2011年5月19日，瘫痪多年的母亲病情突然加重，不幸离开人世。当时，周广智正在协调处理拉日铁路上的事情，突然接到妻子从泰州打来的电话，妻子的语气很沉重：“母亲去世了……”那一刻，他的大脑一片空白，他强忍悲痛，在坚持处理完事情后的第二天才匆忙赶回家中。跪在母亲的灵柩前，周广智不禁失声痛哭。没有很好地孝顺母亲，没能见老母亲最后一面，成了他一辈子永远无法弥补的遗憾。

2009年，因为一次意外事故，妻子张德全的胳膊摔成了粉碎性骨折，做手术时，周广智赶了回去。刚在家照顾了几天妻子，想到曲水还有很多的工作，他便对妻子说，县里工作多，我不能照顾你了，你自己多保重。就这样，他又回到了工作岗位。

2011年7月，泰州市给他的妻子安排了两个月时间到西藏探亲。不巧的是，正值西藏和平解放60周年大庆最忙的时候，周广智天天早出晚归，妻子待在宿舍里连他的人影也见不着。

周广智清楚自己确实没有时间陪妻子，他就对在宿舍里“傻呆”了十多天的妻子说：“我没时间陪你，你还是回去吧！”在送妻子去机场的路上，司机其加也有些气不过地冲着他说：“周书记，没想到你心这么狠啊！嫂子好不容易来一趟，你不陪她不说，才来几天你就让她回去！”相知莫如妻，张德全理解丈夫的工作，知道丈夫工作忙，她只是希望，丈夫每天给家里打一个电话，就是说一句话也行。

作为曲水的“一把手”，有太多的事情摆在周广智的面前。他有限的精力正让无限的工作消耗着。

由于工作劳累，2010年10月，周广智患上了肺炎。谁知，在去医院检查完后的当天，他就坚持让医生把打点滴和服用的药开好，自己带回宿舍治疗。就这样，他自己打了十几天点滴。为治病，他下定决心，戒掉了20多年来的吸烟习惯。2009年，他患上腰椎间盘突出症，疼痛难忍，他就躺在床上，在腰间系根绳子，在绳子的另一头绑上几块砖头，用这种垂吊的土办法治疗。

“周书记刚来曲水时，他走路，我跟不上他；现在，我走路，他跟不上我。”就周广智现在的身体状况，曲水县委办主任任映琦列举这样一个事例说：进藏前，周广智从不睡午觉；进藏第一年，他也不睡午觉；第二年只是感觉身体有点疲劳；第三年，他必须睡午觉；现在到了第四年，他睡午觉前，还要吸一会儿氧气。

但是，当周广智看到曲水群众从以前“拎个酥油瓶，提个茶壶，晒晒太阳，放放牛羊”的懒散生活到现在“脚步匆匆，忙忙碌碌，想着奔头，争着富裕”的变化时，他开心地说，自己所做的一切都值了！

天地之间有杆秤，秤砣就是老百姓。正是因为周广智心里装着曲水县的老百姓，老百姓的心里也有了他的位置，曲水人民才把他称作给他们带来幸福的“福分书记”，把他当作心中最亲的人。

党和人民忠诚的检察官

——追记拉萨市城关区人民检察院原副检察长金淑萍

◎杨正林　阿孜古丽

2012年1月6日01版（人物77）

一朵雪莲花，因为忠诚，始终扎根自己深爱的土地，一次次绽放温暖的春意；

一名检察官，因为忠诚，守住清正廉洁道德底线，始终挺起公正执法的脊梁。

这，是一种怎样的忠诚？

——题记

2011年7月29日，金淑萍又流鼻血了。

“没事、没事，就是没休息好。”金淑萍反过来安慰同事，但此刻的她看上去气色却很不好。也许真是太累了吧，大家伙也没多想。

随后的几天，金淑萍依然像往常一样上班、讨论案件，只是身影愈发疲惫，脸色愈渐苍白。同事们发现她的性子变得比以前着急了一些，似乎生怕手里的案子结不完。

2011年8月2日上午11时，金淑萍突然一头栽倒在办公桌上，手

金淑萍在慰问贫困户。（资料图片）

旦增　提供

里还握着的案卷材料，一张一张滑落了一地。

35天的抢救，没能挽回突发脑溢血的金淑萍，她48岁的生命就那么仓促、那么意外地结束了，仓促到还来不及给没找到工作的女儿一点儿安慰，更来不及给没好好做顿饭菜的丈夫说一声“抱歉”……

这一次，金淑萍真的太累、太累了。

她是一面旗帜——金淑萍总是在危难来临时临危不惧、奋勇向前，那勇敢的力量，源于她爱国、爱民的心

1989年10月1日，拉萨的上空阴霾笼罩。一伙暴徒点燃了八廓

街办事处和派出所的楼房，人民的生命财产安全受到威胁，党和政府的权威受到挑战。

情况十分紧急！城关区委紧急命令城关区人民检察院派5名男干警到八廓街办事处抢救档案。

“我是共产党员，现在正是党最需要我的时候，我要和你们一起去！”当检察长指派干警时，金淑萍站出来主动请缨。

金淑萍的毅然决定，使她成为城关区人民检察院5名参加处置突发事件干警中唯一的一名女干警。

由于被暴徒包围，拉萨市检察院前来城关区检察院的几位领导被困，需要由干警护送回拉萨市检察院。听着外面暴徒的喊叫声，金淑萍的脑海里浮现出几个小时前被暴徒围困时那些狰狞的脸庞，心不自觉地揪了一下。几分钟的沉默后，金淑萍用坚定的眼神看着丹增，说：“我和你一起去。”

“作为一名女同志，她在危难面前冲锋在前，不怕流血牺牲，充分体现出一名共产党员的英雄本色！”丹增如此评价金淑萍。

2008年3月14日，拉萨发生了骇人听闻的打砸抢烧严重暴力犯罪事件。对金淑萍来说，那是何曾相似的恐怖场面。

“不能让犯罪分子的阴谋得逞，不能让群众的利益受到损害！”金淑萍不顾身体有恙，第一时间赶到检察院，与全院干警奋战在一起。

当天，检察长与部分男干警被抽调到维稳第一线执行执勤任务，金淑萍带领检察院所有女干警，第一时间成立后勤保障组，为执勤干警准备饮料和食品。

中午，金淑萍和一名女干警前往八廓街加央巷给执勤的干警送饭。当她们把饭从车上拿下来准备送往执勤点时，突然发现一伙暴徒正向八廓街涌来。

“情况不妙，我们还是先撤到安全地带吧！”同行的女干警赶紧催促金淑萍撤离。

“我们不能丢下警车不管啊，这是国家的财产。车在，我们就在!”金淑萍的语气坚定而沉着。

“可是我们俩的力量有限，守在这儿也保护不了车啊!”女干警着急道。

“再等等，等司机拿钥匙来把车转移后我们再走!”金淑萍一边坚定地说着，一边及时把警灯等卸下来转移到居民家中。

暴徒一路打、砸、抢、烧，眼看就要走到金淑萍二人的面前，女干警带着哭腔说：“怎么办啊？我们快走吧……”金淑萍虽然嘴上安慰着女干警，可是经历过1989年骚乱的她，却深知事态的严重性。

就在千钧一发的时刻，司机赶来了。这时，暴徒也发现了金淑萍一行人，开始往她们的方向扔石头、棍棒。金淑萍一行以最快的速度钻进车里，驱车离开现场，才躲过一劫。

金淑萍经常教育广大干警说：“要了解老百姓的疾苦。老百姓的事，即使再小，我们也绝不能漠视。”“其实，了解金淑萍的人都知道，她对别人很‘大方’，对家里人却很‘吝啬’。”城关区人民检察院副检察长边巴扎西这样评价她。

家住铁崩岗居委会、今年50岁的其米卓嘎，在几年前是一个不幸的女人。由于丈夫酗酒，其米卓嘎守着穷困的家，还要忍受丈夫酒后的拳打脚踢。

“你知不知道这么做是犯法的！是家庭暴力!”金淑萍一边严厉地批评其米卓嘎的丈夫，一边给流泪的其米卓嘎递了一张纸巾。

“如果以后你还这样，我们一定要采取法律手段。”金淑萍下了最后通牒，并留下慰问的生活用品后，离开其米卓嘎家。

几个月后，金淑萍再次来到其米卓嘎家里的时候，其米卓嘎容光焕发，已不再是之前哭哭啼啼的女人了。她的丈夫彻底戒了酒，还找了一份工作。听其米卓嘎说着她家里的变化，金淑萍感到欣慰：这次的帮扶对象，算是真正走出了困境。

“人们都说，好人有好报。她是一个大好人，为什么就这么走了啊……我要去点盏酥油灯，天天为她祈祷！”当得知金淑萍离世的消息后，其米卓嘎泪流满面，泣不成声。

从此，在八廓街转经的人群中多了这样一位虔诚的祈福者——其米卓嘎，她在为一名好检察官、一名党和人民的好女儿祈福……

她是一面镜子——金淑萍在情与法的面前，始终忠诚为民、公正廉洁，是一个攻不破的“堡垒”、一道摧不垮的“防线”

“非淡泊无以明志，非宁静无以致远。”作为一名执法者，金淑萍向来严于律己、大公无私，对自己廉洁方面的要求近乎苛刻。因此，许多人都知道，金淑萍是一个攻不破的“堡垒”、一道摧不垮的“防线”。不仅是共事的干警、朋友和家人，甚至有一些“领导”都“怕”她。

1997年，金淑萍和宗小帅、旦平两位同事，对拉萨市11个派出所的超期羁押现象进行督察。当时，在吉崩岗派出所当普通干警的弟弟金荣，由于证据需要，将一件盗窃案的犯罪嫌疑人关押了4天。

“你作为人民警察，怎能知法犯法？”金淑萍知情后，气得大喊起来，“今天必须写一份书面检查，明天送到城关区检察院，否则，后果自负。”金荣委屈地看着姐姐离去的背影，敢怒不敢言。

“姐姐从小就特别疼我，我跟她的感情一直很好。所以当时我觉得姐姐会对超期羁押的事睁一只眼闭一只眼。即便是要追究责任，也会等回去了再教训我。没想到，这件事不仅在拉萨市政法系统进行了通报，而且办案人就写着我的名字。”金荣回忆起姐姐的铁面无私，记忆犹新，且佩服得五体投地。“她平时是那么慈爱、有爱心的一个人，但是一到工作岗位就像换了一个人似的，特别威严，关乎法律的问题，她从不会有半点退让。”

“我们的父母是‘老西藏’，我们姐弟三人是在‘老西藏精神’的熏陶下成长的。虽然姐姐没有做过什么轰轰烈烈的业绩，但是，她在工作岗位上所做的点点滴滴，完全继承了在父母身上体现出来的‘老西藏精神’。我和二姐（指金丽萍）会继承大姐（指金淑萍）的遗志，即便身体条件不允许，也会继续在高原贡献我们微薄的力量……”说到这里，金荣再一次掩面哭泣。

从小受父母潜移默化的影响，虽然金淑萍性情和善，人缘很好，但她决不拿党和人民赋予的“执法权”与人情做交易。

“金检察长，这是我们的一点心意，这件事就请您帮帮忙。”在金淑萍的家里，一个嫌犯家属拿着装有金镯子的礼盒说道。

“我们一定会按司法程序办理，绝对会公平、公正，你先回去吧，把东西带走。”金淑萍皱着眉。

“请您一定要收下……”嫌犯家属不依不饶。

再三拒绝后的金淑萍不耐烦了，她把礼盒扔出门外，冲着那人喊道：“再不出去，我就报警！”

业务部门的负责人和干警深有体会，这么多年来，金淑萍经手的案件多达3000余件，始终坚持秉公办案，不徇私情。金淑萍的一言一行都潜移默化地影响着干警。

2009年的夏天，刚加完班拖着疲惫的身躯来到门口的金淑萍吓了一跳，一个陌生人正守在门前。

“你是谁啊？”金淑萍强压内心的怒火问道。

“金检察长，谢谢您！您真是好人，那件案子圆满地解决了。上次送的现金和购物卡您死活都不收，这是我从乡下买来的一筐鸡蛋，请您收下。”陌生人一脸的感激。

原来，在一个多月以前，确实有一个人来到金淑萍家里请求“帮忙”，被金淑萍“赶”了出去。金淑萍也没有把这件事放在心上。后来，严格按照法律程序办理的结果，恰好符合那位送礼人的意愿，送礼人不明原因，以为是金淑萍暗中“帮忙”了，就又来送礼了。

知道了事情的来龙去脉后，金淑萍又好气又好笑，再一次“赶”走了那位送礼人。

类似的事情不胜枚举。面对前来要求“通融”“帮忙”的朋友，金淑萍总是“不礼貌”地“请”出去。有一次，丈夫不解地对金淑萍说：“你不收礼是对的，可也不能这样对待人家啊！”金淑萍却向丈夫回答道：“如果我不强硬一些，不清楚地表明自己的态度，就会让他们产生误解。”“权力是人民给的，只能用来为人民服务，决不能用来为自己牟取私利。”

金淑萍在述职报告中写道：“我是一名党多年培养的人民检察官，是一个党和人民信得过、政治可靠、有事业心和责任感的基层政法干部……清正廉洁、公正执法，对于犯罪嫌疑人的家属及其关系人的请客、送礼，向来拒之门外，从未办过人情案、关系案、金钱案，经受住了品质的考验……”

她是一根标杆——金淑萍生命时钟的发条从未有过松动，直至用生命的力量将“忠诚”二字镌刻在这片自己深爱的土地上

金淑萍是拉萨市城关区人民检察院的副检察长。从1982年到离

开人世，金淑萍在拉萨市城关区人民检察院一干就是29年。

“好记性不如烂笔头。”金淑萍常说。因此，从拉萨市农机学校毕业后分配到检察院，只会开拖拉机的她，面对一大堆的法律词汇，毅然地“啃”起了法律书籍。从此，金淑萍有了一个好习惯——记笔记。

“办公室的复印机实在修不了了，所以我打了一份报告。今天，买复印机的报告批下来了。”“今天，我向钟检汇报了XX案情。”“搞形式主义，要害是只图虚名，不务实效；搞官僚主义，要害是脱离群众，做官当老爷。”……

翻开金淑萍记的笔记，写满了她事无巨细的工作。

1993年的6月，金淑萍写道：“要去格尔木出差了，小女儿才8个月……可是我一定得去。”

金淑萍当时担任城关区人民检察院反贪局局长。由于城关区人民检察院反贪局刚刚成立不久，除金淑萍外，局里仅有两名办案人员。在人力、财力非常有限的情况下，金淑萍带着这两名同事开始了对自治区原地矿厅系列贪污案件的办理工作。

“我要出差去格尔木办案，可能很多天都不能回家。”临行前，金淑萍回家收拾行李，只简单地对丈夫交待了几句，便丢下才8个月大的小女儿，匆匆走了。

金淑萍的丈夫彭俊杰是一名水利工程师，平时工作也非常忙。妻子要出差，丈夫只好默默地把工作带回了家。8个月大的孩子半夜醒来要吃奶，妻子出差的那些夜里，在家画图纸的彭俊杰就把开水、奶粉和奶瓶放在桌边，孩子醒了，就兑好奶粉喂孩子；孩子睡了，他便继续画图纸……

驰骋在青藏公路上的切诺基，时不时地因为坑洼的道路而颠簸着，金淑萍与同事们还在讨论着案情。“我们这次的任务，除了要将犯罪嫌疑人绳之以法，更重要的还要为国家尽量挽回更多的经济损失。”金淑萍对两名同事说。

“金局长，你的嘴唇好青啊，你没事吧？”一名同事关心地问道。

“没事，可能是因为快到唐古拉山口了，缺氧。”金淑萍勉强地笑着，可是刚说完，就开始了剧烈地呕吐。

两天后，金淑萍和两名同事终于到达格尔木。到了住地，金淑萍对镜子中蓬头垢面、面色苍白的自己打了打气，就拉着正要休息的同事去办案。

功夫不负有心人，犯罪嫌疑人很快被带回拉萨。虽然女儿们天真的笑容在脑海里挥之不去，但是，金淑萍咬着牙没有回家，而是与两名同事连夜突审犯罪嫌疑人。

“下一步的审讯应该怎么进行”“我们在审讯过程中有没有遗漏什么内容”“取证工作该怎么办”……审讯结束后，望着东方发白的天色，金淑萍一边想着案情，一边把办公室的椅子拼在一起，和衣睡下。

这件案子一办就是两个月。两个月后，当回到家里看到背着女儿画图纸的丈夫时，金淑萍泪眼模糊地抱起女儿，在女儿粉嫩的脸上亲了一口……

2009年以来，金淑萍的身体越来越差，不仅时不时地流鼻血，而且面部肌肉也总是不自觉地抽搐。更糟糕的是，有好几次，她都因为劳累而昏倒在办公室。“咱们不能就案办案，要注意社会影响，不能因此案引起其他的纠纷……”正在输液的金淑萍在电话里分析着一件复杂的诈骗案，向城关区检察院原侦监科科长、现任城关区检察院副检察长的边巴扎西交代着需要注意的办案细节。

几天后，金淑萍还是放不下手头的工作，不顾医生和家人的劝告，又回到忙碌的工作中。

2011年初，在成都出差的金淑萍约上同在外地出差的弟弟金荣，满心欢喜地想要回家给父母一个惊喜。没想到，推开门的那一刹那，笑容僵在了姐弟俩的脸上：老年痴呆的母亲身下垫着湿漉漉的老年尿不湿，裤子褪到膝盖附近，正用手抓着一块肥腻的香肠送进嘴里，见到女儿和儿子，冲他们“嘿嘿”地傻笑；因脑溢血中风、身患多种心血管疾病的父亲皱着眉头，吃着碗里的白米饭，看到女儿和儿子，老泪纵横；月薪近3000元的保姆却坐在沙发上悠闲地看着电视……

看到眼前的情景，金淑萍的眼泪夺眶而出，喊了一声“爸、妈”后，冲进卧室失声痛哭。

“最近我母亲的身体越来越差了，我想向院里请几天假。只要她的身体好一点，我就立刻回来上班……”金淑萍满脸通红，像个做错事的孩子。

“你先照顾老人吧，不用着急赶回来。再说，你最近身体也不好，该好好调养一下了。”城关区人民检察院检察长谢延生不免担心地叮嘱着。

“百善孝为先。”金淑萍从小就是个孝顺的女儿。在父母身边的日子里，金淑萍每天都要为父母洗脚，亲手给父母喂药，即便因病复发住院，她还是会偷偷从医院跑出来照顾父母。

天不遂人愿。尽管金淑萍那么用心地照顾，母亲还是在不久后离开了自己。伤心欲绝的金淑萍办理完母亲的后事，看着坐在轮椅上的父亲，却在耳边回响着父亲从小就一直说的话：“我们那个时代的人，进藏就是把自己的一生奉献给西藏，敢于为西藏的繁荣安宁而牺牲……”

于是，心情沉重的金淑萍将父亲托付给保姆后，一步三回头地出门了……可她不知道的是，在她关上门的那一刻，父亲的脸上露出欣慰的笑容。

由于办案量大，金淑萍经常带病坚持参加办案工作，每天不但要受理大量的案件，还经常和干警阅读卷宗、讨论案件到深夜。

“虽然检察院离家很近，但她为了不影响工作，有时连着几个月几乎没有回过家！”一直支持金淑萍工作的彭俊杰，回忆起妻子忘我工作的点点滴滴，双眼满含泪水。

城关区人民检察院承担着全区30%左右、拉萨市60%左右的刑事案件的审查批捕任务，平均每年受理审查批捕案件1000多件。为了完成繁重的工作任务，金淑萍在不断加强专业知识方面学习的同时，经常带领干警加班加点地工作。据不完全统计，金淑萍从检29年来，经她亲手办理过的案件超过3000件，这些案件的办理，浸透着她的满腔心血和毕生精力。直到生命的最后一刻，她把自己的人生航标——忠诚，用生命的力量镌刻在这片自己深爱的土地上。

她是一位典范——金淑萍出生在一个藏汉结合的家庭，与各民族兄弟姐妹情同手足，民族团结之路在她的脚下无限延伸

金淑萍出生在一个藏汉结合的家庭，生前，她经常笑称自己是“团结族”。

金淑萍是一个坚决维护民族团结的楷模，她始终牢记“不利于民族团结的话不说、不利于民族团结的事不做”。

有一次，一位藏族同事无意中说了一个不利于民族团结的词汇，金淑萍听到后，严厉地批评了对方。虽然在别人眼里，那只是一个微不足道的词汇，但是，对金淑萍来说，这却是伤害民族感情的大事。

在拉萨市城关区人民检察院干警的眼中，金淑萍是一位热心的大姐，无论在工作或在生活中，她总是会无微不至地关心、爱护同事。

1996年，干警宗小帅和旦平分配到城关区人民检察院工作。由于办案数量较大，他们经常加班。当时，城关区人民检察院没有食堂，加上单位附近也没有饭馆，两个单身汉常常饥一顿、饱一顿。知道情况后，金淑萍经常给二人送饭。“后来我们才知道，金检常常是自己都还没来得及吃一口就先给我们送来，生怕我们饿了。搬出单位后，她还骑着一辆蓝色的自行车来给我们送饭，骑车都得要10分钟左右。我到现在都能回想起她炒的青椒牛肉丝的味道……”宗小帅谈起这一细节时，眼泪夺眶而出。

拉萨市城关区检察院副检察长钟世龙回忆说：“她是民族团结的榜样，无论是在工作还是在生活上，她对各民族同志都是一样关心，从来不会有任何偏袒。在这方面，她为我们树立了一个很好的典范。”已退休的郭彩虹是金淑萍的同事兼好友。由于夫妻分居等原因，郭彩虹的婚姻生活并不美满。金淑萍看到她情绪低落，影响了工作，便经常找她聊聊天、谈谈心，在工作之余，无微不至地关心她的生活。这一位“团结族”的大姐，就是这样关心着身边的汉族同志。

虽然自己身体不好，且家庭负担较重，然而，金淑萍却总是满怀深情地爱护、帮助有困难的干警。2004年，干警格桑达瓦身患骨结核需要做手术。由于他的妻子没有工作，家里又有三个孩子，生活比较困难。了解情况后，金淑萍专门到医院和家中看望格桑达瓦，并组织全院干警捐款。在她的倡议下，拉萨市、县两级检察机关干警募捐了1万多元钱，送到了格桑达瓦手中。

每年“三八”妇女节，金淑萍都号召全院女干警捐钱捐物，与她们一起到对口联系点铁崩岗社区居委会慰问贫困母亲和贫困儿童，并亲自采购毛毯、书包等用品捐赠给他们。她常对院里的女干警说：“‘三八’妇女节，我们要过得有意义。”现在，“过一个有意义的节日”，已成为全院干警的共识。

一分耕耘，一分收获。29年来，金淑萍获得了众多的荣誉，她先后多次被评为“反分裂斗争先进个人”、拉萨市检察机关“先进个人”、拉萨市“巾帼建功标兵”、自治区检察机关“先进个人”、自治区和拉萨市“优秀党务工作者”“优秀共产党员”，还被最高人民检察院授予检察荣誉勋章，她的家庭也多次被评为“五好文明家庭”。

岁月无迹，青春有痕。

金淑萍走了，把自己的一生献给了检察事业，献给了深爱她的人民群众，用赤胆忠心谱写了一曲激昂的赞歌。

9月5日，一个令人永远难忘的日子；

9月5日，一个令人依依不舍的日子。

金淑萍与世长辞后，城关区人民检察院为她举行了遗体告别仪式。

悲歌动地，哀乐惊天。

黑幛诉哀思，白花寄深情。

很多人从四面八方赶来，在金淑萍的遗像前泣不成声；多少她帮助过的群众赶来，手捧洁白的哈达，献在她的灵前。

自发来参加遗体告别仪式的干部群众中，既有古稀之年的老人，也有年幼的孩子，他们胸戴白花，表情凝重，热泪盈眶。他们，都要亲眼护送和蔼可亲的金检察长最后一程。

“最爱我的妈妈不在了，我不知道是不是我的世界末日到来了……我只能对着空气喊‘妈妈’了……”大学毕业后在家待业的大女儿失去妈妈后在日记本中写道。

曾经走上犯罪道路被金淑萍拽上正路而考上大学的3名大学生满心愧疚、泣不成声：“金淑萍副检察长，您是一位好人啊，您不能走啊……”

城关区人民检察院办公室主任宗小帅悲痛不已：“我的好领导，

我的好大姐，一路走好!”

“草木含悲，伤数年如一日，壮志未酬身先死；江河哀泣，痛一别几千年，常使我辈泪沾襟。”城关区人民检察院副检察长钟世龙的一副挽联，诉说着城关区干部群众对金淑萍的无限哀思。

女人在人类社会中有着许多种角色，女儿、妻子、母亲、姐妹，而金淑萍却把自己最重要的角色定义为“党和人民的女儿”。对党的忠诚，对人民的忠诚，是金淑萍扎根基层29年从检人生的真实写照。

疲惫的身躯，一脸的倦容，却永远精神不倒。金淑萍，党和人民的卫士，在雪域高原，在平凡的工作岗位上，用生命抒写不变的忠诚。她，恰似一株高原上傲然坚守的雪莲花，永远活在西藏各族人民的心中……

草原上留下闪光足迹

——追记舍己救人的仲巴县中学教师阿旺伦珠

◎陈志强　杨小娟

2012年7月18日01版　（人物79）

蜿蜒流淌的柴曲河像一头酣睡中的狮子横亘在黄天厚土上；

高山的融雪混着雨季的泥水，汇集成滚滚洪流冲出山谷，咆哮着奔向雅鲁藏布江；

时间定格在2012年6月21日。丝毫不会水性的他毅然跳进河中奋力拯救落水的学生，冰寒刺骨的河水耗尽了他最后一丝力气，滔滔河水带走了他的身影……

刹那间，孩子们停下了琅琅读书声，柴曲河呜咽了，乌云笼罩整个“生命禁区”！

带着对教师理想的追求，带着对美好未来的憧憬，带着对纯真孩子的关怀，带着对娇妻幼儿的遗憾，他走了，走得那么慷慨、豪迈！

他叫阿旺伦珠，仲巴县中学的一名普通教师。今年29岁的他，刚刚送走自己教师生涯的第一届学生，可是为救落水学生，他献出了年轻的生命。

西藏日报

2012年7月18日 星期三

文明是标志

——六论深入开展核心价值观主题教育

铸长远优势 新兴产业为中国经济孕育新机遇

科学发展 成就辉煌

突破制约新瓶颈

全区维护社会稳定工作电视电话会议召开

向巴平措白玛赤林吴英杰出席 郝鹏讲话

僜人新村展新颜

走基层·转作风·改文风

以“爱国、团结、和谐、发展、文明”为主题的核心价值观标语口号之一——

热爱党、热爱祖国、热爱社会主义

紧密团结在以胡锦涛同志为总书记的党中央周围

上半年拉萨市落实扶贫资金1500万元

55个项目让贫困群众“大步”脱贫

传统艺术绽放时代光芒

——我区文化产业发展前景扫描

以优异成绩迎接党的十八大胜利召开

文化产业领域开拓出全新事业

西藏人民广播电台三套节目

实现直播卫星平台播出

40多万户农牧民将大饱耳福

时事点击

三沙市政权组建正式启动

草原上留下闪光足迹

——追记舍己救人的仲巴县中学教师阿旺伦珠

毫不松懈的年轻人民教师

图为《西藏日报》2012年7月18日01版刊登阿旺伦珠稿件版面图。

毫不松懈的年轻人民教师

仲巴县平均海拔在4700米以上，素有“生命禁区”之称。县城所在地拉让乡是一座新兴的小城镇，海拔4772米，距离日喀则市路途遥远；缺水缺电，寒风刺骨；春夏只在弹指一挥间，冬天才是它的主旋律。

带着幼年的梦想，刚刚离开大学校园的阿旺伦珠又走进了校园——仲巴县中学，走进了孩子们的心灵世界，也曾经属于他的世界。他和同学们一起学习，一起成长，一起享受快乐生活。

他说："和天真可爱的孩子们在一起，充满快乐，我的心永远和他们一样年轻、充满活力。作为一名人民教师，我端的是爱心碗，吃的是良心饭，对学生负责，就是对自己负责，对社会负责。"没有豪言壮语，片言只语映衬着年轻老师那美丽的心灵与宽广的胸怀。

他，更是用行动来书写自己的路！

与阿旺伦珠相识十一年的同事次仁多吉告诉我们："每天，他都是最早来到学校的老师，是工作上最努力的老师。有一次我们在聊天时，他告诉大家他的愿望是让更多的孩子上高中，让更多的孩子走出仲巴，感受外面多彩的世界！"

新的环境、新的生活、新的角色，一切都让阿旺伦珠感到生活充满挑战。由于工作表现出色，刚任教一个月，阿旺伦珠就被委任为2008级4班班主任，而学校的规定则是要任教一年才能兼任班主任。2008级4班是全校有名的难管的班级，但阿旺伦珠没有犹豫，毅然挑起了重担。

大学学生物专业的阿旺伦珠，却被学校安排上起了汉语文课。

为了尽快适应语文老师的角色，阿旺伦珠的空闲时间都是在其他语文教师的课堂上和阅读语文教学资料中度过的，他说："听老教师们讲课，能直观较快地掌握语文教学的技巧；多看语文教学资料，不仅能进一步提升我的语文水平，主要是能从中总结教学技能。"

一个月后，当老教师们听了他讲的课，大家一致认为阿旺伦珠比起他们这些老教师，也不遑多让。

他，用心与学生交流，用心教会孩子们要好好学习！

让阿旺伦珠牵肠挂肚的是如何才能让学生尽快增强功底，增加学习的积极性、主动性。仲巴县中学的学生绝大部分来自牧区，由于受环境制约，学生们的底子都很薄，学习非常吃力。

他向经验老到的教师请教，和青年教师们探讨，抓住每一个机会和学生聊天以把握学生的心理。方法总是在失败与总结中得出，经过无数次的实验，阿旺伦珠开始鼓励学生无论是在课堂上，还是在生活中，多用汉语交流；他自己花钱买来许多适合学生们提高汉语水平的故事书，吸引大家的眼球，以提高学生们的阅读能力；写，则成为家常便饭的事儿，他要求学生们每天必须把新学的生字写上十次，并延伸扩张组词等。

三年过去了，阿旺伦珠有了自己的家，孩子也快出生了，但他对学生们的关怀与感情与日俱增。毕业时，孩子们拿出自己心爱的礼物，送给这位像父亲、兄长般关心自己的老师。“我们舍不得离开老师您！”共同的心声道出真挚的感情。

毕业时，让人欣喜的是，作为年级里底子最差的班，有五名同学考上了高中，这是对阿旺伦珠三年教学最大的鼓舞与奖励！

阿旺伦珠的一位同事说，他话不多，对谁都真挚热情，对学生关心之至，很快和学生打成一片，深受孩子们的喜欢。特别是牧区学生都把他当作“知心哥哥”。

“不管是在以后的班主任工作中，还是在教育教学中，他都对学生爱如其子，热爱学生；他处处以一名人民教师的要求来规范自己的言行，毫不松懈地培养自己的综合素质和能力，全力做好各项工作。”在2011年年度考核表上，阿旺伦珠这样写道。

平凡岗位上不一样的关怀

2010年10月28日中午，正值阿旺伦珠在校门口值班。一个初二的学生从校门口跑向公路对面，突然从进县城的拐角处飞驰过来一辆摩托车。千钧一发之际，阿旺伦珠眼疾手快，冲过去推开了学生，自己却被飞驰而过的摩托车挂倒在马路上，膝盖严重擦伤。

阿旺伦珠还没爬起来，扭头就问："同学，有没有事？受伤没有？"

学校教务处主任达瓦老师闻讯赶来，让他去医院检查一下，他笑了笑说："没事，真没事！我还在值班呢！"

阿旺伦珠家境贫寒，从小知道生活的艰辛。他平时生活非常节俭，没有名牌的衣服，没有奢侈的消费品，为了帮助学生，他甚至戒了烟，这让很多老师不能理解。对于学生，阿旺伦珠却从来不吝啬。事发后，当我们走进仲巴县中学了解阿旺伦珠老师时才发现，每年阿旺伦珠在寒暑假负责接送学生，都要自掏腰包，为学生购置饮料、路餐。

2011年7月份，这是一个别离的时节，阿旺伦珠送走了执教生涯的第一届学生。和孩子们最后一次见面则是在去仲巴县北部乡的路上，阿旺伦珠和同事次仁多吉带队。三辆大货车载着近100名孩子和两名护送老师，蹒跚在崎岖山路上。在前往布多乡的路上，海拔5500米的约拉山矗立当中，成为大家需要克服的第一道难题。随着海拔的升高，部分学生因身体素质不好、衣着单薄，已不能承受高寒缺氧。见此情况，阿旺伦珠与次仁多吉赶忙把反应比较严重的孩子们弄到副驾驶位，让孩子们挤在一起，避免寒风的侵袭。仲巴县北部的隆格尔乡、帕江乡、仁多乡都距离县城200多公里以上，每次接送学生来回至少要花四五天时间。到了乡政府，当阿旺伦珠老师看到不少孩子家庭十分困难时，当即掏出腰包给即将离开自己呵护的孩子们每人50元钱。钱虽不多，但这份心意与关爱却感动了在场的每一个人。次仁多吉老师很奇怪他的做法，问他为什么要给学生钱。他淡淡地说道:“学生家里生活太困难了，我好歹还有工资呢。”

阿旺伦珠作为班主任，看到自己班的学生生活拮据，就主动在生活上多关心、多帮助，并多次出钱为学生购置衣物、学习用品。2011年3月，又逢一年开学之际，班里有一个叫古汝的学生，家庭十分贫困，一学期家里只给了一百元作为半年的生活费。入学的第二天，古汝同学就不慎把这一百元丢失了。伤心至极的古汝，无处诉说自己的不幸与难过，那来之不易的一百元钱承载着他半年的生活啊。阿旺伦珠老师得知后，马上带他去商店，给他从里到外购置了保暖的新衣服，并给他一百元钱的生活费，还说:“有困难，就给老师说。”2011年6月，仲巴县举行首届中学生运动会，根据要求，全体师生都要着装整齐，而他们班由于贫困牧民子女较多，孩子们的鞋五花八门。阿旺伦珠就自掏腰包一千多元，为每个学生购置了崭新的胶鞋。

牧区来的孩子生活自理能力相对较差，作为班主任，作为一个男人，他不厌其烦，教学生穿衣、叠被，教学生刷牙、洗漱，给学生洗头、理发。班内有学生生病了，他半夜起来送学生去医院，利用课余时间主动去医院陪护，忙不过来的时候就让自己同是中学教师的爱人利用课余时间去看护。

2012年5月11日夜，阿旺伦珠老师像往常一样到学生宿舍看看。经过女生宿舍时，他发现尼桑脸色苍白，汗珠挂在额头上，很明显，尼桑生病了。县医院虽不远，但此时焦急的阿旺伦珠却觉得这路很长，走了很久很久。在医院，取药、交钱，并紧急联系尼桑所在乡镇领导，通知她家人来学校。等尼桑安静睡着后，他才想起给还在家等他的妻子打个电话。妻子米玛参拉是理解与支持他的，米玛参拉曾对同事说：“就是因为阿旺伦珠有责任心，有爱心，对人好，孝顺父母，所以我才嫁给他的。”一周的时间在阿旺伦珠的忙碌中悄然过去，白天，他要上课，中午得去医院陪尼桑聊天，给她补补课；晚上，查寝，备课。有时候实在忙不过来，就叫妻子米玛参拉去医院陪着尼桑。在一周的陪护过程中，尼桑同学的吃、住、医药费都是阿旺伦珠老师自己掏腰包。由于路途遥远，交通不便，等尼桑的家长到达县城时，尼桑已经出院了。当尼桑的家长扎西给阿旺伦珠老师献上洁白的哈达表达谢意时，他却说道："我是他的老师，这是应该的！"

像这样的事，在我们采访过程中听到的举不胜举，在我们眼中可能是小事，在阿旺伦珠老师眼中却是大事："这是作为一名老师的责任，是对学生负责，我要对得起自己端的这碗饭。"据不完全统计，在他参加工作的近四年里，每年花在帮助学生身上的钱都在10000元左右。

他用双手托起生命

阿旺伦珠2008年6月毕业于西藏大学生命科学学院生物学专业，从日喀则拉孜县芒普乡达龙村走出来的他放弃了留在城市的机会，毅然报名参加了全区教师考试。通过自己的努力，他终于圆梦，成为一名光荣的人民教师，并留在仲巴县中学执教，现任初一（五）班的班主任、语文老师。如果这一切可以继续，他平凡而幸福的生活也将会继续，可万万没有想到的是，这份对老师责任的执着结束了他宝贵的生命……

6月21日是2012年西藏自治区普通高中（中专）招生录取考试日。一大早，仲巴县中学的初一、初二的学生在班主任的带领下，离开学校考点，来到县城边上的柴曲河畔。

柴曲河，亦称"擦曲""扎曲"，又称"擦曲藏布""柴河"，意为"盐河"或"碱河"。作为雅江源支流之一，柴曲河在穿县城而过后，水面达到了近四十米宽，水深近两米。在县城迁来拉让乡之前，此地是野牦牛的饮水聚集之地。仲巴县城搬来之后，柴曲河就成了全县的生命源泉，流淌的河水日夜向过往的牧民诉说它的故事。

在一年中，这种能全班集体来外面的日子并不多，学生们在草地上玩得很开心，看书复习功课，洗衣服等。忙碌的老师们也能有时间和同学们畅聊了，在这里，大家都是朋友。安静祥和快乐的一上午就这样慢慢过去了。

中午一点半左右，在各班班主任的看护下，学生个人卫生全部清理完毕。在组织全体学生用晚餐后，学生们准备自由复习，十几位老师也开始准备用餐，阿旺伦珠老师自告奋勇为各位同事分餐。

用完餐，初二（二）班学生小曲吉拿着餐具，来到柴曲河边，开始清洗自己的餐具。松软的沙子并没有引起小曲吉的注意。鞋子渐渐陷进河沙，身子在不知不觉间前倾，突然，失去重心的小曲吉一头栽进滚滚的河水中。

“啊！”河水瞬间灌进了小曲吉的嘴里，但这突兀的声音惊醒了旁边的同班同学尼玛石曲、次仁石达。无须多余的念头，两位同学伸手往前一捞，小曲吉已被河水卷走，距离越来越远。忘记了危险的两名同学惊觉自己也落水了，呼救声响彻草坪。

正在给老师们忙着发餐的阿旺伦珠，突然听到“老师救命”的呼喊声。阿旺伦珠一看，不远处的学生正在河水中挣扎！一扔手中的餐具，他大步奔向河边，二话没说，就跳进了柴曲河中营救。老师们急忙紧随其后，跳进了冰寒刺骨的河水中。一道人梯悄然形成，三名女教师站在离岸边较近的河水中，焦急地看着前面在奋力推学生的阿旺伦珠。尼玛石曲、次仁石达被老师们一个一个地推递上了岸。柴曲河一改往日的温顺，在众人眼中它成了一条脱缰的水龙。小曲吉在挣扎间，已被河水卷到了河中，阿旺伦珠猛一蹬脚，来到快看不见影子的小曲吉身边，在将小曲吉推向生命的希望时，冰寒的河水耗尽了他的力气，全身无力的阿旺伦珠老师慢慢沉入河水中……

“来人哪，救救我们的老师!”惊慌失措的孩子们哭喊一片。

被救上岸的三名学生立即被送至仲巴县医院进行抢救，最终尼玛石曲、次仁石达两名学生得救，而小曲吉最终抢救无效，不幸遇难。

事发后，仲巴县委、县政府在第一时间组织干部职工、驻地部队、牧民群众沿柴曲河搜寻阿旺伦珠老师。历经两个半小时的打捞，最终找到了阿旺伦珠老师的遗体……

“我现在的感悟和品德与其说是个人的操行，不如说是个人对整个社会的责任，有了高尚的品德才能正确认识自己的责任，在工作中实现自己的价值。”在大学毕业鉴定上，他如是说。

记得2010年6月20日，阿旺伦珠主动找到了当时的县中学支部书记贡嘎同志，庄重地递交了自己的入党申请书。在入党申请书的最后一句，他郑重写下了“请党组织在实践中考验我”。是啊，正如他在入党申请书中写的“我要在思想上入党，进而在组织上入党”。实践是检验真理的唯一标准，阿旺伦珠老师用生命的壮举经受住了实践的考验，也从实践中证明了他是无愧于党的优秀儿女。就在出事的前一天，他还跟爱人米玛参拉说：“今天，我已经递交入党申请书整整两年了，今年7月1日我就是正式党员了。”

人的生命只有一次。仲巴县中学以阿旺伦珠老师为代表的13名教师，在选择用知识改变命运的同时，在生命的危急关头也选择了用双手托起学生生的希望。阿旺伦珠老师则用生命诠释了师德的力量，用爱心展示了人性的光辉。

来自亲人的呼唤

从小在艰苦环境中长大，生活的压力让阿旺伦珠倍加珍惜来之不易的生活，也让他过早地成熟了起来。村里的老人们说："这孩子从小就懂事，聪明勤快，放学回家后还要下地帮父母干活。"

2009年，阿旺伦珠与年轻美丽的同事米玛参拉相恋了，很快他们走进了婚礼的殿堂。幸福的日子总是过得很快，又到一年新学期。今年3月1日，阿旺伦珠和妻子米玛参拉告别双亲，恋恋不舍地离开还不到一岁的儿子。这一走，却成了他和还在学语、还不懂事的儿子的永别。

忙碌的日子，阿旺伦珠只能依靠电话听听儿子咿呀的声音，和年迈的双亲聊聊天，拉拉家常。让他时常不能忘怀的是孩子那声"爸爸"，这是阿旺伦珠最高兴的事，同事们已习惯他每天都谈论儿子，大家知道，他是想孩子了。5月18日，儿子笃嘎次仁的一岁生日，阿旺伦珠和妻子既高兴又难过，高兴的是孩子在渐渐长大，是一家人的幸福之星；难过的是儿子一岁生日，却不能和他一起过。

天不如愿，在一家人幸福美满之时，却噩耗连连。2011年，老父亲索朗在县城建筑工地上打工，却不幸摔进屋基坑里，膝盖严重损伤，虽然现在人没事了，但腿却落下了残疾。虽然不幸，但聊以自慰的是，还有可爱的小孙子相陪，老两口硬是挺过来了。

接到丈夫出事电话的瞬间，米玛参拉泪水止不住地往下流，像是苍老了十岁。经受不住打击的她只想尽快看见儿子，只有孩子还能给她安慰。每天，米玛参拉在泪水中度过，嘴里不停地念叨："老公，你在哪，该回家了！"

刚满周岁的笃嘎次仁在妈妈的怀中，圆圆的大眼睛看着挂满泪水的妈妈，似是被周围悲伤的情绪所感染，眼中总是布满泪滴。米玛参拉说："自从丈夫出事后，一向晚上睡觉很安静的儿子总是经常半夜哭泣。"也许，冥冥之中，孩子感应到了，他也想爸爸了："爸爸，你很久没回来看我了，该回来啦！"

自得知儿子出事了，阿旺伦珠的双亲终日以泪洗面，悲痛交加。看着简陋而空荡荡的屋子，母亲扎西拉姆坐在卡垫上，埋着头，时不时传来几声抽泣。在某个瞬间，我们看见老人家布满皱纹的脸上挂满泪珠，本就昏暗的双眼更加黯淡，手指不停地捻动佛珠，像是在祈祷，为儿子而祈祷。74岁高龄的老母亲无法承受失去儿子的打击，几天的时间里，老人家已消瘦许多。抬头间，充满悲伤的眼神望着空中，仿佛看见了藏历新年时儿子陪在身边和自己聊天的景象……

“儿子，你快回家吧！”

站在仲巴县中学初一（五）班教室外面宁静而空荡的走廊上，我们用心感受琅琅读书声：“那天，林中小屋没有生起炊烟。鸟儿们知道，老人走了。树林里好像一下子寂静了许多……”

“阿旺老师就像是守林老人，用他那美丽的心灵，像守护林中的花草树木、小鸟一样守护着我们，关心我们，我想阿旺老师！”初一（五）班的格桑加措站起来说道。窗外蒙蒙细雨寄托着同学们对阿旺伦珠老师的怀念，教室内充满了同学们对阿旺老师的思念与淡淡的悲伤。

“阿旺伦珠从小成绩就名列前茅，也是我们村里的第一个大学生，全村人都为他感到自豪！”芒普乡达龙村村长多吉旺拉告诉大家。七月的拉孜县芒普乡达龙村，金黄的油菜花开满河谷，为您铺满去往天堂的大道，哗哗的小河水荡漾着家乡人对您的思念！

“生命禁区”，一个令人畏惧的名字；阿旺伦珠，一个普通的人民教师。他用坚强的双手，炙热的爱心，无私的奉献，至高的生命，将他对事业的热衷和对教育的爱永远地书写在了生命的禁区里！

特殊岗位上的平凡人生把他平凡的爱献给了生命禁区，献给了充满希望的孩子们！

他无愧于人民教师！他永远活在人们心中！

丹心一片照汗青

——追记区党委组织部副部长、巡视员强秋

◎肖涛

2012年9月13日01版 （人物81）

万里羌塘，阴霾密布。

2012年8月1日。那曲地区120急救中心。一例心脏猝停的抢救手术正在紧张进行。

与此同时，西藏最好的心血管专家应声而动，从拉萨出发，火速奔赴那曲。

这个人的安危，牵动了全区上上下下的心。

自治区主要领导指示，不惜任何代价，予以全力抢救。

闻讯而来的干部群众，把急救中心围了个水泄不通，他们神情悲戚，在焦急地等待奇迹的出现。

这个人就是赴那曲就基层政权建设情况进行调研的自治区党委组织部副部长、巡视员强秋。

抢救持续了4小时35分钟，仍没恢复自主呼吸及心跳。13时40分，噩耗传来——抢救无效，强秋永远地走了。

强秋生于那曲、长于那曲，又以身殉职、倒在那曲，他是那曲人

图为强秋同志（左二）生前工作照片。（自治区党委组织部提供）

民的优秀儿子。

强秋也是西藏人民的优秀儿子。他视党的事业为生命，把对党的赤胆忠心、对祖国的无限热爱、对人民的浓厚感情埋在心里、融入血液、化为行动，用短暂而光辉的一生，树立了组工干部“讲党性、重品行、作表率”的时代楷模。

他是农奴的儿子，在党的培养下，成长为一名优秀组工干部。他政治坚定、党性坚强，最后牺牲在工作岗位上

1957年10月，强秋出生于那曲县的一户农奴家。

强秋有一个凄苦的童年。还在襁褓中时，父母为了生计，不得

不把他捆在背上，四处放牧，过早地经受风吹日晒、雨淋雪冻。没有吃的，他经常饿得哇哇直哭，母亲听了，心都碎了，也跟着流泪，可是又有什么办法呢？成群的牛啊羊啊，都是农奴主的，他们长年累月的辛劳，到头来得到的不过是一口养命的饭而已。孩子成天哭，恐怕会夭折，父母掂量再三，最后冒着被农奴主鞭打的危险，把牛羊赶到偏远的地方，趁人不注意的时候，偷偷挤点奶，用手蘸着，再放到强秋嘴里，给他吮一吮。就这样，强秋勉强保住了一条命。

1959年，西藏实行民主改革，那曲人民也盼到了好日子。他们砸碎了套在祖祖辈辈身上的沉重枷锁，翻身做了主人，分到了属于自己的牛羊。然而，好日子没过几年，母亲突然去世了，抛下他和幼小的弟弟。家庭遭遇变故，父亲的精神变得失常，一家人的生活再度陷入了困境，要靠政府的救助和左邻右舍的接济来维持生计。

这时的强秋在古露区上小学。父亲对他说，家里穷得揭不开锅了，你就不要去上学了，还是去放牧吧。强秋一听，愣住了，他抿着嘴，没有说话，一个人跑到家门前的小河边发呆，他想慈祥的阿妈，他想继续去上学。想着想着，他的眼泪就哗哗地流了下来，到了后来，竟忍不住放声大哭起来。

还是一个亲戚找他的父亲说情，说这孩子聪明，他这么想读书，以后肯定有出息。如果让他去放牧，就是把他毁了，不但要穷一辈子，还要穷子孙后代。

强秋又回到了学校。沐浴着党的阳光雨露，这个苦水里泡大的孩子慢慢成长起来了。他提了干，从一个赤脚医生变成了那曲县卫生所的医生。之后，他被调到那曲地区公安处，做了一名法医。不久，他又来到自治区党委组织部工作，逐步成长为一名优秀组工干部。

经历过严冬，方知太阳的温暖。从农奴后代到国家干部的人生经历，让强秋切身感受到共产党的恩情，也更加深刻地理解了共产党的宗旨。他立志要成为这个先进组织的一员，帮助更多的人过上好日子。1985年，他光荣加入中国共产党，把对党的忠诚、对祖国的热爱倾注到西藏发展稳定的伟大事业上，鞠躬尽瘁、死而后已，最后牺牲在工作岗位上，用生命兑现了全心全意为人民服务的入党誓词。

“天大地大不如毛主席的恩情大，爹亲娘亲不如毛主席亲。”“毛主席就是西藏人民的大救星。”这是强秋挂在嘴边的话。他说，没有毛主席、共产党，他早就饿死在藏北草原上了，哪有今天的幸福生活！

佩戴毛主席像章，是强秋几十年如一日的生活习惯，衣服经常换，可像章始终挂在胸前。他的办公桌上，摆放着一尊从韶山请回的主席像，每天都要擦一擦，拭一拭。2008年，他去西安开会，在成都转机时，忽然发现忘记戴毛主席像章，顿时忐忑不安起来，急忙给西安的朋友打电话，请他们无论如何也要给他准备一枚毛主席像章。一下飞机，他就从朋友手中接过毛主席像章，别在胸前，长长地舒了一口气。还有一次去阿里，不小心把毛主席像章弄丢了，这下把他急得不行，他低着头，躬着背，顺着来时的路，一找就是4个多小时。腰酸背痛，头脑发晕，还是没有找到。他像丢了魂似的，嘴里不停地念叨：“怎么会这么不小心，太不小心了……”言语中充满了深深的自责。

在西藏，反对分裂、维护稳定是最大的政治。2008年3月14日，达赖集团一手策划制造了打砸抢烧严重暴力犯罪事件。面对穷凶极恶的暴徒，他十分气愤，手握木棍，冲在前面，说：中国是法治国家，打砸抢烧就是犯罪，如果他们来犯，要狠狠地予以反击。“3·14”事件后，他第一时间站出来揭批达赖集团政治上的反动性、宗教上的虚伪性、手法上的欺骗性。不管开大会小会，还是下乡调研，他总要通过新旧西藏对比，教育干部群众认清达赖集团的真面目，感党恩、跟党走。

这次去比如，有人说，佛爷保佑，虫草长得好，我们过上了好日子。强秋当即站了起来，说：十四世达赖在西藏的时候也长虫草，你们过的还不是奴隶的生活？是毛主席让我们翻了身，是共产党的政策好，我们才吃得好、住得好，日子越过越红火。一番理论之后，那人羞愧地低下头，不说话了。

强秋揭批十四世达赖从不遮遮掩掩，为此遭到不法分子的恐吓威胁，车子也被砸过。但他无惧无畏，依然冲锋在反分裂斗争的最前线。

这么多年来，强秋的单位在换，职务在变，但是他永远牢记入党誓言，保持着人民公仆的本色，始终与人民同呼吸、共命运、心连心。他没有官架子，有人来找他办事，总是笑脸相迎，递上一杯热茶，走的时候一定要送到门口。下去调研，他不喜欢看材料、听汇报，也不喜欢跟着安排好的点走，而是随机走到老百姓家中，与他们交心聊天，有时为了打消群众的顾虑，他还要陪同的干部回避，以便听到群众的心里话，掌握到最真实的情况。

每次下乡，他总要带上一两千元钱，看到谁家有困难，就捐助一点。回来后，钱包里总是空空的。他说他的工资是人民发给他的，他要返还给人民。

其实，强秋的工资也不高，他身体不好，经常吃药，儿子也做过心脏手术，用钱的地方很多。但是，哪里需要救助，他总是带头捐款，倾力而为。2008年汶川地震，他缴纳了一万元特殊党费；2010年玉树地震，除了捐款，他又多交了1000元党费。平时为残疾老人、贫困孤儿捐款捐物，更是没法统计。

身为党员干部，他始终以身作则，模范遵守党和国家的方针政策，不仅自己只要了一个孩子，还劝弟弟也生一胎，说是别给国家增添负担。他生前多次表示，我是一名共产党员，信的是共产主义，日后我死了，就把我火葬了，不要搞宗教那一套，坏了党的组织纪律。

西藏是边疆少数民族地区，民族团结是发展稳定的生命线。作为一名民族干部，强秋的每一个成长进步，都能找到民族团结的印记。他因此也格外珍惜民族间的友情，像爱护自己的眼睛一样爱护民族团结，在雪域高原谱写了一曲民族团结的赞歌。

强秋特别关心周围的汉族同志，关心进藏干部、援藏干部，喜欢与内地来的人交流、交往。在组织部工作了这么多年，强秋办的调动，汉族干部比藏族干部还要多。他说，西藏艰苦，汉族干部千里迢迢地来西藏工作，建设西藏、发展西藏，时间一长，他们的心肺都增大了，但是他们无怨无悔，仍然坚守在这里。他们的困难最多、牺牲最大，多为他们解决一些实际困难，是应该的。

团结稳定是福，分裂动乱是祸。对破坏民族团结的人和事，强秋从来是毫不留情、当面指出，严厉批评、耐心教育。

2009年，强秋到墨竹工卡县调研，在一个乡听取工作汇报时，书记、乡长都说藏语，刚听了几句，他就站了起来，打断发言，说："在座的还有汉族干部，你们用藏语讲，他们怎么听得懂，你们这样做既是对汉族同志的不尊重，也不利于开展工作。"

强秋走了，他把自己的人生定格在了55岁，但是他的感人事迹，印刻在万里高原，写进了西藏历史。

他一身正气、公道正派，从事组织工作24年，可是自己最亲的三个人都在西藏最艰苦的那曲地区工作

强秋长期从事干部选拔、学生分配、军转安置、干部监督等工

作，在别人看来，真是大权在握。然而，他从不把手中的权力当成牟取私利的工具。他说，我的权力是党和人民赋予的，不是我强秋个人的，来不得半点私心。

学生分配，事关千家万户。大家都想留在气候好一点的地区，分在待遇好一点的单位。每年学生分配的时候，有关系的就四处活动，托人说情，强秋是绕不过的一关。

有一年，某地区一个领导的儿子大学毕业，他买了一袋虫草，送到强秋的办公室，希望能给予关照。强秋黑着个脸，问他虫草是不是自己种的。对方有些尴尬，支吾着说不是。强秋说，那你把这些东西拿走吧，学生分配是有政策的，这些政策是你们领导制定的，现在又带头违反。领导的小孩是人，别人的小孩就不是人吗？你送的这个东西，是对我的一种侮辱，要么你自己拎走，要么我打电话，让纪检部门来拿。那人一听，灰青着脸，赶紧提着东西走了。

有送礼的，也有威胁的，强秋始终坚持原则，软硬不吃。

2003年，一个生源地是那曲的毕业生拉着一个老太太找到强秋，说奶奶身体不好，一个人在拉萨，没人照顾，要求分配到拉萨工作。强秋是地道的那曲人，一听老人的口音不是那曲的，就产生了疑问。通过询问，最后小伙子露了馅。原来，这个老太太是小伙子花钱雇来的，冒充他的奶奶，以求博得强秋的同情，谋得一个好的工作。事情败露，小伙子的情绪一下子激动起来，猛地从袋子里掏出一把刀，架在自己的脖子上，威胁强秋，要是不把他分在拉萨，他就死在强秋的面前。强秋眼疾手快，一把夺下小伙子手里的刀子，又给他倒了杯水，和他谈人生、谈理想，讲职业规划。最后，小伙子终于想开了，给他鞠了个躬，表示愿意回那曲工作，在基层增长才干。

强秋并不是铁人一个，他讲原则，也讲人情。对于长期在高海拔地区工作，夫妻两地分居，父母年老无人照顾的，他总是想方设法去协调解决，有时你不找他，他也会主动问上门来。

2009年底，墨竹工卡县扎西岗乡有一位叫普布卓玛的干部因公牺牲，哥哥在阿里工作，父母年老多病，住在拉萨，无人照顾。强秋听说后，心里很不是滋味，他说人人都有父母，人人也都会老，搞组织工作既要坚持原则，也要以人为本，这样才符合科学发展观的要求。他主动揽下了这个担子，多处协调，最后将普布卓玛的哥哥调到墨竹工卡工作。

武警总医院有个女医生，她有一个亲戚家在昌都，小孩却分在阿里工作，相隔遥远，多有不便。一天晚上，女医生来到强秋家，希望把小孩从阿里调到昌都。临走，她偷偷把一个信封放在桌子上，里面装了一沓钱。强秋发现后，赶紧拿起信封追了上去。他把钱退给女医生，医生不接，他一生气就把钱扔到地上，说你这是行贿，我要告诉你们领导。女医生一听，赶紧捡起钱就跑。女医生悻悻地想，钱没收，事情肯定没戏了。不料，没过多久，那个孩子就接到了去昌都上班的调令。后来，强秋见到这位女医生，说："情况我了解啦，都是真实的，阿里和昌都都很艰苦，调动不违反原则。不过，真要整那些乱七八糟的东西，你就去找别人好了。"

认识强秋的人都知道，他是个坚持原则的人。对于家人，他更是严格到了不可理喻的地步。

强秋只有一个儿子，妻子去世得早，临终前，她躺在病床上，拉着强秋的手，说强强还小，你一定要好好抚养，培养成才。

强秋含着泪答应了妻子最后的请求。可是，他太忙，没法照顾儿子，只好把强强送到四川遂宁，住在外婆家，一直到高中毕业。2007年，强强从成都理工大学毕业，考进了人民银行，去向是那曲支行。他找到父亲，希望能留在拉萨。没想到，刚开口，就被呛了回去。强秋说，那曲是你的家乡，你都不愿意去那里工作，其他人更不想去了。你还年轻，去基层锻炼锻炼有好处。

儿子急了，眼泪夺眶而出，冲着强秋喊：这么多年了，你什么时候关心过我！这次你不帮我，我真要去了那曲，以后就回不来了。说完，他摔门走了。那一夜，强秋失眠了，他觉得对不起儿子，更对不起去世的妻子。

儿子还是分到那曲去了。他是带着一肚子怨气去那曲报到的，强秋本想送他一程，儿子不肯，他无法理解父亲如此不近人情，父子俩的隔阂越拉越大。无奈，他只好让弟弟代为送一下。

强强的身体不太好，到了那曲之后，反应很大，不久也因心脏病突发，做了手术。那段时间，强秋一下子老了很多。他知道，在高海拔地区，患上心脏病意味着什么，那可是随时都有生命危险的啊。他就这么一个儿子，妻子去得早，临终遗言还在耳边。可是如今，他这个组织部的副部长，给这个调工作，给那个调工作，自己的儿子带病在那曲干了几年，按说也该调回拉萨了。可是，他有自己的苦衷：打铁还需自身硬，他在这个职位上，更需要作表率。否则，自身不正，何以正人？

不理解强秋的不止儿子，还有和他相依为命、一起长大的弟弟秋英。

幼年丧母，年轻的时候没有了父亲，对于秋英来说，强秋既是哥哥，又是父亲，俩人的感情自不待言。

秋英一直在公安系统工作，今年恰逢干部交流，他想留在拉萨，不成，就去林芝和山南，还不行的话，干脆退休算了。分配去向一出来，秋英傻眼了，他被分到了那曲地区公安处。50多岁的人了，去那曲身体肯定吃不消。他找到哥哥，求他帮忙说情。没想到，强秋扔下一句话就走了：你是老党员了，必须服从组织安排。秋英生气了，追着问：你是我亲哥哥吗？长兄如父，纵然一千个不情愿，他还是听了哥哥的话，去了那曲。

强秋唯一的侄子，从部队下来，安置在拉萨市质监局，身份是工人。侄子想考公务员，第一年差了几分，又考一年，还是差了0.5分。侄子心想，就差这么一点点，找大伯活动下，也许还有戏。不料，父亲把他拦了下来。他说，你大伯的为人我知道，不用找了，找了也没有用。第三年，侄子终于考上了，单位也在那曲。

强秋从事组织工作24年，可是自己最亲的3个人都在西藏最艰苦的那曲地区工作，说起来让人难以相信。

搞组织工作，几乎每天都要面对各种各样的诱惑。唯有修身立德，才能抵御各种不正之风。强秋深深懂得这个道理，一有空暇，就坚持学习，不断加强自身的党性修养。

近些年，强秋主抓干部监督工作，经常找干部进行廉洁谈话，劝诫大家：不该拿的钱一分也不能拿，不该吃的饭一口也不能吃，一拿一吃，你就成了别人的人了，做人做事就会出问题。

强秋严格执行干部选拔任用工作的政策法规，不断完善教育、监督、查处、考核和自我约束机制，使换届实现了“零上访、零举报、零违纪”，得到中组部和区党委的高度评价。

他坚持原则、清正廉洁，生活十分俭朴，去世后竟然找不到一件像样的衬衫

强秋十分注重组工干部的仪表，他上班从来是衣着整洁。

在那曲病倒后，工作人员把他抬到抢救室，帮他换衣服时，都忍不住掉泪——脱下西服，衬衫袖口处的几个补丁十分扎眼。秋裤磨得像一张薄纸，光光的、平平的，有些线缝裂开了，就钉上白布，还

有些地方布满了大大小小的洞，筛子一般。

抢救无效，遗体运到拉萨，大家看不下去了，说要给他换一件好衬衫。翻开下乡带的箱子，没有，又跑到家里，把衣柜翻了个遍，还是没有。最后，还是家属凑钱买了一件衬衫，给他换上。

他有两双旅游鞋，换着穿了十几年，鞋跟都磨破了，他舍不得扔，找人补了一次又一次。

这只是强秋清正廉洁、生活朴素的一个侧面。

强秋是领导干部，配有专车，但是他一直坚持走路去上班。他家在自治区第二人民医院附近，离组织部大约有7公里远，步行需要一个多小时。有一次，天气不好，驾驶员过来接他，结果挨了一顿批。强秋说，你这一来一回要烧多少油，这些油不是你掏钱也不是我掏钱，是国家掏钱。西藏还很穷，在这方面多省一分钱，就多一分钱用来搞建设。

强秋忙，经常把办公室当成家，把家当成了旅店。他中午一般不回家，累了就趴在桌子上睡一会儿。部领导不忍心，给他在部长楼安排了一个套间，他说是浪费，不要。最后，他挑了一个小单间，摆了一张床、一张桌子、两把椅子——这些家具还是从单位库房里“淘”出来的旧货。

2007年，强秋带工作组到日喀则地区聂拉木县考察干部，第二天早晨，他们从县里返回地区。车子开了几公里地，他突然想起一件事，问随行的工作人员，住宿的账结了没有。工作人员解释，是县里接待，不用买单。他一听，皱了皱眉头，说这怎么行，调头回去。40元一晚的住宿费，3个人共计120元。没有发票，就用一张白纸写了个收据，上面盖上县委办公室的章子。他说，公家的钱，一分一毫也乱不得。基层也很苦，不要增加他们的负担。

这次去那曲，强秋忘记带旅游鞋，走村入户很不方便，自己就到街上随便买了一双，工作人员要为他付账，他怎么也不肯。他认真地说：“你是要回单位报账呢？还是自己给我买啊？如果是回单位报账，我不能要，你是拿公家的钱，我要了就是占党和人民的便宜。如果是你自己出钱，我也不能要，我是副部长，你是办事员，工资比你高，我要了就是占你的便宜。”

强秋常说，人的需求是有限的，但是人的欲望是无限的。为了永葆公正廉洁，他把自己的需求降得很低很低，就连老朋友见个面、吃个饭也要一再核实，问钱怎么出，如果用的是公款，他绝对回避，还不忘苦口婆心地教育一番。对儿子，他更是盯得紧，时常敲敲警钟，打好预防针。

强秋对儿子强强很严厉，甚至有些苛刻。强强在成都上大学，有些在西藏工作的叔叔阿姨利用出差的机会去看他，给一点零花钱。强秋知道后很生气，总要在电话里教育儿子，说：你拿了别人的钱，我就欠了别人的情，以后办起事来难免要给人家关照。你还是把钱打到我的卡里，由我来还给他们。

儿子大学毕业，强秋又跟他约法三章：第一，每月必须存2000元钱，由他保管；第二，没有特殊情况，不准在外面吃饭喝酒；第三，不准向单位提工作以外的要求。对于这三条要求，他有自己的解释：每个月存钱，手头上有了积蓄，以后结婚生子、成家立业就不用靠父母了；不在外面吃吃喝喝，就不容易沾染社会上的不良风气；在单位工作，只要自己踏踏实实、认认真真，组织上自然会看到，有了困难，组织也会考虑，不要学那些投机取巧的人，只想为自己谋利益。

有一次，强强有几个同学从那曲来拉萨，他想请同学吃个饭，但是已经到了月底，囊中羞涩，只好向父亲借1000元钱请客。强秋说：“同学吃个饭要那么多钱吗？不借。”不得已，强强把同学请到家里。饭菜很简单，强强觉得很没面子。

强秋守得住原则，耐得住清贫，堂堂正正做人、踏踏实实干事、清清白白为官。他无愧于党，无愧于人民，无愧于组工干部的职责。

他勤奋敬业、永不停歇，先后动过两次心脏搭桥手术，这次去那曲调研前刚做过一次息肉手术

强秋是一个典型的“工作狂”，在他的心目中，休息不重要，身体不重要，甚至连儿子、家庭都要往后排，第一位永远是工作、工作，还是工作。

在那曲县人民医院工作的时候，他要经常走村入户巡诊，一年中有七八个月的时间在农村牧区度过。有人说他，你本来是县医院的，偶尔下去巡诊就行了，现在倒好，你好像是在乡村工作，偶尔回县城。强秋嘿嘿笑了笑说，下面的群众思想保守，好多人生了病就烧香拜佛，也不愿意来医院看病拿药，结果小病拖成了大病，发生了一些不该发生的悲剧。我是一名医生，不能总守在办公室等病人找上门来。我应该下去，帮助他们解除病痛。

强秋下乡巡诊的“行头”，就是一匹马，一个“马背套”，一个“肯搭”，一个药箱。“马背套”是帆布做的，有点像睡袋，主要用来装被子、褥子、毛毯之类。把“马背套”分搭在马背两侧，人再骑在“马背套”上。前面放上装糌粑、酥油的“肯搭”，背一个装满了药的箱子，他就这样出发了。

藏北的天气，一天换四季，说变就变，时而阳光灿烂，时而大雨倾盆，时而又是大雪纷飞。在茫茫草原，人烟稀少，一人一马，一

走一天，找不到地方遮挡雨雪，衣服常常是湿漉漉的，冷得直哆嗦。

这还不是最苦的。冬天，外出巡诊，碰到暴风雪，前不着村，后不着店，雪太大、太深，走也走不了。他只能在雪地上露宿，用手刨开一个人宽的积雪，取下“马背套”，铺在地上。“马背套”长只有1.6米，宽仅仅0.8米，人只能蜷缩着躺在上面，稍一翻身，就滚到地上去了。气温实在太低，不敢睡得太沉，担心一睡着就再也醒不来了。他只能躺倒眯一会儿，又爬起来走一会儿，等到身子暖和了，又倒下去打个盹。早晨起来，帽子上、衣服上都落了一层薄薄的雪，就连眉毛上都挂了小小的冰粒。天气转好，继续上路，积雪在阳光照耀下明晃晃的，格外刺眼。时间久了，眼睛受不了，强秋有一次患上了雪盲症，只觉得眼前一黑，什么都看不见，人差点一头从马背上栽下来。好在自己是医生，赶紧进行了自我救治，才得以恢复视力，安全到达目的地。

下乡巡诊，不仅艰苦，还时常伴有生命危险。强秋却乐在其中，他说，医生的天职是救死扶伤，有病人的地方就应该有医生。

到自治区党委组织部工作后，他对工作还是那么“玩命”。

1998年，全区开始搞“三讲”教育，强秋找到部领导，要求去那曲地区宣讲，说他是那曲人，既熟悉那里的情况，也比一般人更能适应高海拔的气候。

那曲地区平均海拔4500多米，是西藏条件最艰苦的地区，双湖又是那曲最苦的地方，海拔在5000米以上。那里流传着这样一句谚语：夏天穿棉袄，风吹石头跑。这样一个地方，别人避之唯恐不及，强秋一待就是几个月。说是那曲人，高原反应还是很强烈。他嘴唇乌紫，脸色黑青，通宵通宵睡不着觉，头发也掉得厉害。吃的是糌粑和牛羊肉，很少能看到菜叶子，水质也不好，老是拉肚子。苦是苦，工作还是干得有声有色。可是，毕竟是血肉之躯，一忙一累，他也有扛不住的时候。起初，后背隐隐作痛，他没太在意，以为不过是肩椎、腰椎有点小毛病。后来，他感到胸闷，心脏一阵阵绞痛。他强忍着，不让人知道，找来几副膏药，贴上，还是不管用。他心一横，干脆膏药也不贴了，硬扛着。

从那曲回来，到医院诊断，医生告诉他，是心脏病，必须马上动手术。部领导得知后，找到强秋，催促他赶紧去北京，那里医疗条件好。他却像没事儿一样，说不着急，先把手头的事忙完了再说。领导急了，给他下了一道命令：不去做手术，就不让你工作。

到北京做了一个心脏搭桥手术，医生听说他在西藏工作，特意嘱咐他，说这个病主要还靠“养”，不能累，尤其是不能去高海拔地区，否则容易导致心肌缺血，有生命危险。当着医生的面，强秋连连点头说是。出了院，回到拉萨，他就把医嘱抛之脑后，又全身心地投入到工作中去了。

加班是常有的事，累了他就靠在椅背上，合上眼，休息下，又继续工作。部里有下乡的任务，他总要抢着去，那曲、阿里，越是海拔高，越是条件苦，他越要争着去。同事们都担心他的身体，他回答，心脏搭了个桥，全好了。见大家不信，他就拍拍心口说，你看你看，没事吧。

结果还是出事了。没过两年，心血管又堵塞了，只得再次动手术，医生告诉他，堵了98%，再晚几天来，命就没有了。

之后，部里有了一个不成文的规定：强秋下乡去海拔4000米以上的地方，必须得到部长的特批。

对于这份特殊的关爱，强秋并不领情，他还是常常违规。强秋一年有一大半的时间在跑基层，每年的行程将近10万公里，去高海拔地区是常有的事。

今年初，强秋被分到区党委第一维稳督导组，主要负责拉萨市的维稳督导工作。整整3个月，强秋一直在忙，晚上突击检查各单位的维稳值班情况，白天召开会议，对发现的问题进行剖析和整改，每天都要工作十七八个小时。

藏历新年，万家团圆的时刻，他却带领督导组前往达孜、林周、墨竹工卡等县检查工作。出发的时候，已是晚上八九点钟，拉萨城爆竹声声、烟花绚丽。平时工作忙，很少有时间陪儿子，父子之间的感情有些生疏。儿子好不容易回拉萨过个年，他也想借这个机会加深与儿子的感情，却不能如愿，心里十分内疚。可是，越是重大节日，维稳压力越大，丝毫大意不得。他只得放弃与亲人的团聚，把心扑在工作上。一路检查，一路奔忙，回到城里，已经是凌晨3点多了，但他还是不放心，坚持到街道值勤点去走一走、查一查。

这样高强度的工作，连督导组的年轻人都受不了，几乎没有一个不生病的，可是看到做了两次心脏搭桥手术的强秋，请假的话到了嘴边又咽了回去。他们知道，在那一段时间，这位带病工作的老同志，除了督导组的工作，还同时在强基办、暗访组和自治区党委组织部等4个地方上班。

强秋患有痔疮，痛了好久，一直没有时间去割除。今年7月，他去武警总医院做了手术。手术完后，他没有回家，直接去了办公室。下车时，他费劲地用手抓住车门，脚尖慢慢地踮着接地，走路一瘸一拐，神情十分痛苦。刚做了手术，他只能侧身坐着办公，一忙就是好几个小时，血水透过纱布，把座椅都浸湿了。

息肉手术的伤口还未痊愈，他就要求去那曲调研基层政权建设情况。部领导又是不同意，他软磨硬泡，最后如了愿。不想，这竟成了他最后一次下乡。

7月27日至30日，强秋带领区党委组织部调研组在比如县开展工作，短短4天，他走访了6个乡镇、4个寺庙、8个村居，与党员干部和群众个别谈话17人次，走访农牧民群众13户……行程紧，任务重，白天调研，晚上还要撰写反馈材料，一忙，连药都顾不上吃。

紧接着，调研组还要去嘉黎县。谁曾想，强秋因为积劳成疾、劳累过度，引发心脏猝停，经全力抢救无效，以身殉职，倒在了他一生挚爱的羌塘故土。

他实在是太累了。多年来，强秋没有休过一次假。在这次去那曲的途中，他也曾说过，这次回去后，要找个机会好好休息一阵。可是，这个小小的愿望，却永远实现不了了！

2012年8月3日，拉萨西山殡仪馆内哀乐低回，白花如雪。来自西藏各族各界的近500名干部群众，怀着无比沉痛的心情，与强秋做最后的告别。

强秋是位优秀的民族干部，他牺牲在工作岗位上，是为组工事业献身的，也是为西藏的跨越式发展和长治久安献身的。他倒下去了，却在西藏300万各族人民心中树立起了一座不朽的丰碑。

巾帼风采创奇迹

——记全国“五一”劳动奖章获得者、昌都地区顺康客运公司董事长阿珍

◎张琪

2014年5月4日01版 （人物87）

图为阿珍在地区客运站值班室察看发车登记表。

本报记者　张琪　摄

女企业家、女劳模、女强人，这是不太了解阿珍的人给予她的评价；全国"五一"劳动奖章、全国"三八"红旗手、"全国女职工先进工作者"、"2005中国十大经济女性人物"、自治区"民族团结进步"先进个人、"优秀共产党员"、"先进工作者"……这是包围着阿珍的无数荣誉。但对阿珍来说，她心里只有亲如家人的职工。

昌都地区顺康客运公司，过去叫昌都地区客运公司，目前资产4872万元，拥有83台运营车辆、6个客运站，2013年收入突破4000万元；到2013年底，职工月最低工资4000元（不含福利和红利），平均工资5673元……公司红火的发展现状，无需列举更多的数字来证明。

垃圾堆上，她建起公司

用公司副总马增秀的话说，现在的顺康客运公司是"老母亲"（即阿珍）带着大家从垃圾堆上建起来的。在公司的新旧对比展板前，记者看到了公司过去的大致模样：三排平房围成"U"形，中间的空地停着两台没有车轮的客车，车旁便是一堆堆的垃圾。马增秀说，如果亲临其境，当时的公司大院连个下脚的地方都没有，满地垃圾、屎尿横流。那时的地区客运公司只有5台车，车子老旧不堪，有的连轮胎都没有，只能用石墩木桩撑着停在院子里。

当时的会计、如今的公司董事会成员曹红英清楚地记得，当时公司资产倒挂，负债388万元，银行账面仅有7000元，月人均工资不到200元，还得靠从银行贷款才能发工资。银行、税务、社保、电力公司、水厂……那时公司能欠钱的地方没有一家不欠。因为欠费停水，职工只能到河里挑水喝。"一次，我到银行取钱给职工发工资，碰到了另一家银行的一个干部，那人一见我就问，‘什么时候还钱’，众目睽睽之下，羞得我想立马找个地缝钻进去。”

“‘老母亲’来公司的第一件事，就是带着大家清理大院的垃圾。那天我穿着白衬衣，曹红英穿着老公刚买的新皮鞋，就这样跟着‘老母亲’一起清扫垃圾。当时，我们完全没想到‘老母亲’进院子后二话不说就亲自动起手来清扫垃圾，她大我们10多岁，还是领导，你说我们能不跟着干吗?”马增秀说。

早在1993年，阿珍受命担任昌都地区客运站站长，所做的第一件事就是打扫客运站臭气熏天的招待所，扫到它不臭为止。地区客运站现已划归顺康客运公司，阿珍说：“别看客运站这个招待所房子旧、规模不大、房间里也没有厕所，就因为它干净，我们的服务态度好，再加上价格便宜，一年下来利润也有200多万元。”

濒临倒闭时，她力挽狂澜

“党的政策这么好，只要不怕吃苦、肯干，没有什么事情是不可能的。”阿珍接手昌都地区客运站时，公司负债10多万元，濒临倒闭，情况与客运公司相似。在客运站，为了挣钱，阿珍带着职工盖猪圈、打猪草，养猪一年挣了9万元；每天早上4点起床磨豆腐，9点推到街上卖，又是一笔不小的收入；她甚至带着职工捡酒瓶卖。“那时，只要不违法，我们什么钱都赚，因为我们不能总等着别人来救，我们要生存，靠自己生存。”阿珍说。到1994年，阿珍只当了一年的客运站站长，收入就比最好的年份翻了一番多，第三年，客运站收入达83万元，一举甩掉了多年亏损的帽子。

现在，又一个奄奄一息的企业等着她救活，钱，这个最大的难题再次摆在她面前。

当时，贷款肯定是不可能了，阿珍只能自己想办法。她先借来4000元，给每个职工发了100元过春节，又到自己的原单位地区客运站借了6万元，再向自己帮助过的私营老板借了40万元……拿着东拼西凑来的钱，阿珍首先更新了5台车，让公司运转起来。

接下来精简机构。原本机关人员有68人，阿珍一下精减到16人，减下来的53人，阿珍没让一个人下岗。

在没有任何模式可借鉴的情况下，阿珍尝试推行“客运车辆单车股份合资经营”“资产转让挂靠经营”“内部承包经营”3种经营方式，几年下来，公司的客运占有率达81%，客运正班率达99.5%，旅客满意率提高到98%。为了使客运服务形成“一条龙”，1997年，客运公司接管了由原昌都地区交通局站务科管理的川藏南、北公路线上的13个运输站，对其分别实行“股份合资经营”“内部承包经营”“转让部分资产限期委托经营”“引进社会资金合资经营”，一举扭转了企业亏损的局面。

1998年是昌都客运公司大发展的一年。通过向社会筹资、银行贷款、企业投资、职工集资等途径，公司投资1361.5万元，更新豪华卧铺车29辆、中巴客车34辆、城市桑塔纳出租车15辆，将过去单一的超长途客运业务扩展为“长、中、短”途多种运输，车辆档次高、中搭配，满足不同消费层次的旅客需求。又投资2555.5万元，改扩建昌都、江达、白马客运站和扎木运输站；筹措资金购置土地，在芒康、察雅、类乌齐等县城建客运站，经营实体不断增加。近几年，通过招商引资1.67亿元，公司投资建设波密县波茂大厦、江达县商贸中心、八宿县交通宾馆，实现“路、车、站”“吃、住、行”跨行业服务的经营目标，并为463名社会人员和职工家属、子女提供了就业岗位。

公司职工的孩子，就是自己的孩子

阿珍有4个子女，可她常说："现在我和他们没多大关系了，我还有很多孩子，公司里的年轻人都是我的孩子。"她解释说，"自己的孩子从小学毕业去内地上学后就离开了家，陪伴自己更多的是公司的员工，他们更像自己的家人。"

公司保安向巴桑丁是个苦孩子。小学二年级的时候，父母离异，弟弟判给母亲，他被判给父亲，父亲将他带到拉萨又遗弃了他。在拉萨流浪了几年，母亲把他接回昌都，只能在镇上四处打零工。

见这孩子孝顺，父亲以前又是公司职工，阿珍把向巴桑丁招进公司当保安。有了稳定的工作，向巴桑丁一家的日子开始好转，也能吃上肉了。2008年弟弟考上大学后，母亲因积劳成疾去世。当时向巴桑丁一个月1500元工资，每月寄500元给弟弟。阿珍主动提出自己每月寄200元，公司其他老总每月寄100元，每个月1100元生活费让向巴桑丁的弟弟顺利完成了大学学业。

弟弟工作了，向巴桑丁也谈恋爱了。到了谈婚论嫁的时候，女方父母提出要见家长，这让向巴桑丁犯了难。原本就担心女方父母嫌弃自己只是一个保安，再加上没有父母，肯定更不放心把女儿嫁给自己。一段时间以来，向巴桑丁心事重重。阿珍知道后，立即去找女方的父母，说向巴桑丁是自己养大的孩子，她代表向巴桑丁的父母为孩子操办婚礼。现在，向巴桑丁的孩子都两岁半了，他说："虽然我失去了亲生母亲，却又多了一个养母。成家后，阿珍妈妈又时常教育我要对家庭负责。我要努力工作，照顾好家人，这样才能对得起阿珍妈妈的教导。"

公司里年轻人学历、文化层次普遍不高，阿珍像对待自己的孩子一样，教他们做事、做人。“我常常告诉孩子们，人首先要自己瞧得起自己，阿珍妈妈自己也没上过大学，不也从养路工人做到了董事长？我们都是好样的，因为我们不但靠劳动自己养活了自己，还向国家交税养活了别人，这多么光荣啊！”

63岁的阿珍视力开始有点模糊，可职工们都不愿意她退休。“我知道职工舍不得我，其实我也舍不得他们。现在公司还有一个孩子没成家，等看着他们全都结婚生子，懂得对家庭、对社会负责了，我就真的可以放心回家休息了。”阿珍深情地说。

用忠诚和信念守卫精神高地

——甘巴拉雷达站官兵风采

◎王杰学

2014年6月26日01版、27日01版、28日01版 （人物89）

上篇

海拔5374米的甘巴拉山直入云霄，世界上海拔最高的人控雷达站——甘巴拉雷达站坐落在此。

天上无飞鸟，地上不长草，风吹石头跑，氧气吃不饱。这是甘巴拉雷达站自然环境的真实写照。

近半个世纪以来，一茬又一茬甘巴拉雷达站官兵，在这样的“生命禁区”中，守卫着西藏的领空，守卫着祖国的平安。

“要让雷达观测得更远，我们就要站得更高。”这是甘巴拉雷达站官兵的铮铮誓言。

扎根甘巴拉——“生命禁区”变钢铁阵地

甘巴拉阵地高寒缺氧、空气稀薄，含氧量不足海平面的45%。这

图为新老甘巴拉人展开国旗欢呼合影。

本报记者 旦增西旦 摄

里风大，每年有9个月要刮8级以上大风，最大风力达11级；这里奇寒，终年难得见一棵青草、一片绿叶，冬季极端气温可达零下35摄氏度。

面对恶劣的自然环境，官兵们岿然不惧，凝心聚力，誓要将“生命禁区”变成钢铁阵地。

1965年，根据形势需要，驻扎在东海之滨的雷达某连官兵，奉命跨越江苏、安徽、河南、山西、陕西数省，长途跋涉抵达拉萨，组建甘巴拉雷达站。

1967年，这批官兵奉命登上甘巴拉，在山顶插上了第一面五星红旗，打下了第一根固定雷达天线的钢钎，成为第一代甘巴拉人。

夏仲昌，就是其中的一位，当时年仅20岁。“我们接到命令后迅速上山，首要任务就是架设雷达装备，大家齐心协力，仅仅用了两天时间就把雷达装备架设完毕，通过调试工作正常。在上级同意后，雷达站担负起了战备任务。”

雪域高原第一个雷达站——甘巴拉雷达站就这样诞生了。今天，白发苍苍的夏仲昌向我们说道：“自然环境艰苦还不算什么，在山上如何解决食物饮水，如何挨过漫漫长夜，才是摆在第一代甘巴拉人面前的最大难关。”

没有房，官兵们就挖山上的草垛，垒起墙垣挡风遮雪。为了对付肆虐的狂风，官兵们将被子四脚用石头牢牢压住，防止被风刮走。

没有水，官兵们就融冰化雪，在地面挖建蓄水池，用车从山下40公里之外的蓄水池往山上取水。官兵用水空前紧张，夏仲昌说：“每名战士每天只能用喝水缸子里装的那丁点儿水，刷牙、洗脸、洗脚全靠它。每次用完后，集中起来再用。”

在当时的生活环境下，官兵们最渴望的就是每月能洗上一次衣服，每半年能洗上一次澡，但这只是遥不可及的梦。

在山上第一年，官兵们几乎没有吃过一次青菜。脱水菜、海带、罐头成了大家的主菜。“虽然条件艰难困苦，但我们甘于吃苦，乐于吃苦；以苦为乐，以苦为荣。在革命战争年代，这些困苦无足轻重。”夏仲昌说。

杨承超，四川人，也是第一代甘巴拉人。他在山上的第一年就患上高原肺水肿，在医院治疗一个月后，医生告诉他不能再上山了，但他却坚持回到甘巴拉，回到了战友们身边。

“那时的确苦，但我们从不叫苦。”杨承超说，“那时我们下山看到一棵绿树都会忍不住流泪。”

“钢钎打不进，人也要扎根。”就是在这样的自然环境和生活环境下，第一代甘巴拉人硬是在雪山之巅扎下了根、站住了脚。

忠于甘巴拉——历尽艰险不离不弃

人固有一死，或轻于鸿毛，或重于泰山。

在甘巴拉雷达站，有一位年轻战士，以他对甘巴拉深沉的爱，以他的敬业精神，活在一代代甘巴拉雷达官兵的心中。

他叫许正兵，一位来自贵州遵义的小伙子，弹得一手好吉他，战友们亲切地称他为“百灵鸟”。

1988年10月，他第一次到甘巴拉雷达站。由于高原反应强烈，头疼呕吐、脸色发紫，心脏每分钟跳动120次，总值班立即派车把他送到西藏军区总医院。

刚一出院，他就要求上阵地：“我是雷达操纵员，我不上山，我操纵什么呀?”

1989年1月10日，他再次上山，高原反应依然强烈，躺在床上无法动弹。值班干部和战友们要求他跟随送水车下山，他却双手抓住床沿不放，流着泪恳求说：“是甘巴拉人，都要过这一关。让我再扛两天吧，扛过去就没事了。”

大家怎么也没料到，他躺下后，就再也没有醒来，高原肺水肿夺去了他的生命。这一天，是1989年1月13日。这一天，他才18岁。

每年春节和清明，战友们都要去拉萨革命烈士陵园看望他。

甘巴拉给了你什么?甘巴拉雷达站雷达技师王胜全说：“太多了，太多了。”每逢有人问起时，这个四川老兵总会深情地重复着这3个字。入伍21年来，他在甘巴拉雷达站坚守了18年，累计阵地值班6年多。

作为甘巴拉最老的兵，他的头发已掉得差不多了，还落下一身的高原病，但他就是舍不得离开甘巴拉，他要干到身体不允许的那一刻为止。

在儿子幼儿园毕业那年，王胜全正面临士官升级套改，他问儿子："如果爸爸离开部队，你觉得要说点啥？"当时只有5岁的儿子一本正经地说："爸爸，如果你离开部队，一定要说这句话：感谢甘巴拉培养了你！"

那一刻，他发现，对甘巴拉的爱，不仅融入到自己的血脉，更成为一家人坚强自豪的理由，成为一家人境界的标尺。

2007年，王胜全参与新型雷达高原定型实验，向厂家提出20多项高原适应性技术改进意见，均被厂家采用。2012年，他被成都军区空军评为"戍天西南十大感动人物。"

甘巴拉雷达站，是一个模范的集体，更是一个英雄的集体。王胜全说："是甘巴拉培养了我，我要努力地回馈这个集体。"他有很多机会调离甘巴拉，但他始终不愿离开。

魂归甘巴拉——雪山之巅英魂长存

高山埋忠骨，魂归雪域来。

2013年8月2日，甘巴拉阵地蓝天碧透，白云净亮。一大早，山上迎来了几位特殊的客人，他们是战士张在安的老伴和两个儿子。

这天，他们和甘巴拉的官兵一道在阵地前的山坡上忙碌着。挖掘坑穴，将张在安的部分骨灰轻轻裹上鲜红的党旗安放掩埋，并且用石块堆起了玛尼堆，一块刻有"坚守"的石碑放在墓前，一条条洁白的哈达覆盖在玛尼堆上……

"向老兵敬礼！"阵地总值班、排长杨雪帆的口令随寒风在雪山之巅回荡，新一代甘巴拉人以军人最隆重的礼仪，向魂归雪域的老雷达兵致敬……

张在安，1939年出生，1959年入伍，是第一批进藏的雷达兵。在西藏，他和战友们翻雪山、趟冰河、抗缺氧，在"伸手就能触到天"

的乱石冻土之上，建起了一座座钢铁阵地。

20年里，他从一名普通战士成长为副团长，跑遍了雪域圣地上百座高山，考察选址了十余个雷达站，亲自参与见证了西藏雷达兵从无到有、从弱到强的艰辛岁月，把生命中最美好的20年，贡献给了部队，奉献给了西藏。

1982年，张在安转业回家，但在西藏生活的点点滴滴一直让他无法忘怀。重返西藏，到西藏走一走，看一看，成了他最大的心愿。

遗憾的是，张在安没有等到那一天。2011年9月，他因病离世。在生命弥留之际，他仍惦记着魂牵梦萦的雪域高原。

为了了却张在安重返西藏的夙愿，他家人通过多种渠道联系到成空某雷达团，并千里迢迢赶到西藏。考虑到张在安参与了甘巴拉阵地的勘测和建设，又多次上甘巴拉雷达站指导工作，在有生之年又对甘巴拉雷达站表现出极度关注，驻藏空军雷达某团决定把他的骨灰葬在甘巴拉雷达站，完成一名老兵的夙愿，让他的忠魂成为官兵戍边卫国的永恒激励。

至此，这位老兵永远和他最热爱的事业呆在了一起。他的老伴李祝兰蹲在玛尼堆前，喃喃与魂归雪域的老伴诉说着，眼中含泪，脸露欣慰。“父亲如果知道他能长眠在这里，一定会认为这是部队给予他这个老雷达兵的至高荣誉。”张在安的儿子张军说。

长期的高原生活，在甘巴拉雷达兵们身上打下了深深的烙印。我们见到，在甘巴拉雷达阵地的官兵们，许多都是脸庞紫红、指甲凹陷、头发脱落，有的还患上了不同程度的高原病。二十多岁的士兵，看上去像三四十岁那样苍老。

但对甘巴拉的爱，让他们甘愿燃烧青春。

只要是祖国需要，党和人民需要，甘巴拉雷达站官兵一直会坚守在这里。他们用忠诚和信念，用青春和热血，在雪域高原谱写了一曲英雄赞歌，铸就了一座精神丰碑。

中篇

山峰入云，风雪弥漫。

甘巴拉，名副其实的“生命禁区”。

环境越恶劣，斗志越坚强。近半个世纪以来，甘巴拉雷达站官兵向生存环境极限挑战，战胜冰雪严寒和高原缺氧，凝练成的“甘愿吃苦、默默奉献、恪尽职守、顽强拼搏”的“甘巴拉精神”成为驻藏空军官兵一笔宝贵的精神财富。

1993年7月，甘巴拉雷达站被空军党委授予“甘巴拉模范雷达连”

图为新老甘巴拉人在海拔 5374 米的阵地上举行庄严的升旗仪式，向国旗敬礼。

本报记者 旦增西旦 摄

荣誉称号；1994年6月，甘巴拉雷达站被中央军委授予“甘巴拉英雄雷达站”荣誉称号。

从此，“甘巴拉精神”响彻雪域高原，享誉全军、全国。

传承家宝——荣誉，仅是万里长征第一步

艰苦奋斗，是甘巴拉雷达站的传家宝，是“甘巴拉精神”的灵魂。

随着雷达站的发展变化，面对“生活条件好了，艰苦奋斗精神还要不要”的观念挑战，雷达站党支部紧扣社会发展脉搏，根据不同时期官兵的特点，与时俱进地发展丰富着艰苦奋斗的时代内涵。

1996年冬天的一次支委会上，指导员阳吉才提出：是不是趁着冬季训练保障任务不重，全站官兵齐动手，把一块荒地改造成菜地。

提议得到大多数支委的赞成。但司务长朱志成却提出了反对意见：现在伙食费比较高，已不需要用农副业生产来补贴，而且站里已经有了大棚和菜地，不要把官兵搞得那么辛苦。

司务长朱志成的意见代表了一部分官兵现实思想。后来，在甘巴拉雷达站类似于生活条件改善了，艰苦奋斗还有没有必要坚持的争论还有过几次。

针对官兵的思想实际，站党支部以“艰苦奋斗、开拓创新、有所作为”为主题，深入进行艰苦奋斗教育，教育官兵正确认识艰苦与奋斗的关系，并采取走出去、请进来的办法，让大家领悟艰苦奋斗的具体价值，使官兵对艰苦奋斗这个传家宝有了新的认识。

十几年来，每届党支部都要带领官兵自力更生进行一些连队建设，开荒地、修菜田、植草皮，让官兵感受到了奋斗的乐趣。

在雷达站，党支部还一直坚持把满足官兵的合理需要作为弘扬艰苦奋斗的一个前提。

1998年，站里曾搞过一次官兵日用生活品调查，结果每名官兵都有护肤和防晒用品。许多官兵在接受调查时说：“以前人们都说西藏的兵长得黑，甘巴拉雷达站官兵更黑。不就是因为我们驻守的阵地海拔高，紫外线强吗？其实我们也需要美。”

于是，关注官兵美的琐事成了党支部在发扬艰苦奋斗精神中的一个新内容。时任站长胡大庆说：“过去我们片面要求艰苦奋斗，官兵们使用护肤品被视为奢侈、娇气。结果，由于不注意自我保护，个别官兵还得了皮肤病。”

十几年来，尽管阵地上的工作生活条件一天天在改善，但恶劣的自然环境没有改变。站党支部一方面教育官兵在自然环境里要艰苦奋斗，一方面针对新时期官兵的合理需要，积极为官兵营造良好的氛围。

牢记职责——守护西藏领空安全

甘巴拉雷达站担负着空中警戒、军民航飞行引导保障任务。

1965年10月组建以来，完成重要军事任务、专包机飞行以及民航雷情保障50万余架次，雷达情报优质率达99.9%以上，先后2次荣立集体二等功，三次荣立集体三等功。

自被中央军委命名“甘巴拉英雄雷达站”20年以来，一茬茬甘巴拉人，用青春和热血、激情和智慧，在海拔5374米的雷达阵地警惕苍穹，守护西藏领空安全。

战士张建，2011年11月入伍，在阵地担负值班6个月，每次上阵地都有严重的高原反应，但是，不管自己如何难受，他都坦然告诉战友们，如果一个甘巴拉人不能上阵地担负值班，就是再优秀，也只是徒有虚名。

2014年3月，他坚持上阵地担负值班任务，但是严重的高原反应使得他吃啥吐啥，最后人已经虚脱，连话都说不出来，他还是要坚持。

最后，在教导员李再华的命令下，他才下山到军区总医院接受治疗，病愈后，他还提出上阵地，但是遭到支部的拒绝。

用战士的话说："在甘巴拉，如果不能上阵地，就不配做一个真正的甘巴拉人！"

职责催生热情、职责召唤使命。如同张建一样，所有甘巴拉人都肩扛守卫蓝天的伟大使命责任，坚守在生命禁区，奋斗在冰峰雪岭。

新一代甘巴拉人牢记肩负的使命责任和组织重托，自觉继承和弘扬以艰苦奋斗、无私奉献为核心价值的"甘巴拉精神"，坚持战斗力这个根本的唯一标准，立足现有装备和条件，苦练保障硬功。

几年来，甘巴拉雷达站官兵先后参加多次军演，以及组建雷达分队赴西北某基地参加红蓝对抗演习等任务，圆满完成了各项任务。

为了提高官兵战斗队思想意识，李再华说，两年来，雷达站支部开展了"条件越艰苦、责任越重大、任务越艰巨"主题实践活动。在训练成绩上坚决做到"三个不满足于"：不满足于与自己的过去比；不满足于保障一般空情任务；不满足于仅在高原雷达兵中当先锋做表率。

操纵员宋臣臣，入伍以来一直在甘巴拉站，既是单位管理尖子，更是专业能手。在去年保障使命行动陆空联合演习任务中，在没有任何自动化设备辅助的情况下，完成22批空情人工编批上报，受到上级领导的一致肯定，并被评为空军百名优秀操纵员。

三年来，雷达站有3名同志被评为优秀操纵班长，并且培养了8名新装备专业技术骨干。通过发挥甘巴拉"专业技术尖子培养基地"

作用，为西藏空防安全作出了积极贡献。

创新发展——逆水行舟，不进则退

在新的历史条件下，甘巴拉人按照“甘巴拉要成为军人核心价值观的培育基地，官兵成长进步的实践基地，培育战斗精神的强训基地，全面建设的示范基地”的总要求，不断赋予“甘巴拉精神”新的时代内涵。

为把“甘巴拉精神”进一步弘扬好传承好，2013年，甘巴拉站官兵自发成立了“甘巴拉基金”，号召全站官兵过上好日子不忘艰苦奋斗的优良传统，自觉做到“少抽一包烟，多献点爱心”，募捐所得款项用于资助为甘巴拉做过贡献的老甘巴拉人、用于帮助官兵中确实需要帮助的人。

“甘巴拉基金”成立以来，共募集善款1.6万余元，帮助了2008年休假期间因帮助邻居家小孩到医院看病而遭受车祸意外身亡战士郑佑松的遗孤，以及家庭困难的戴云松两名同志。

2013年，通过参加区外雷情保障任务后，雷达站党支部坚持眼睛向内，拓展视野，用“显微镜”看自己的不足，用“放大镜”看自己的问题，在差距中找不足，在成绩面前找问题，以装备的全功能训练为切入点，扎实开展“争创学习型军营，争当学习型军人”活动，号召大家对照不足抓学习，不断提高能力素质，以过硬素质迎接挑战。

在党的群众路线教育实践活动中，甘巴拉雷达站党支部开展了“履特殊之职、尽特殊之责、守特殊之纪、做特殊贡献”教育讨论，让官兵在与内地部队的对比中感受党中央对西藏军人的特殊照顾和待遇，进一步夯实官兵扎根西藏、奉献高原的思想基础。并且通过“光盘行动”“舌尖上的浪费数据分析”等讨论，进一步夯实官兵“一粥一饭当思来之不易”的勤俭节约意识。

时间的长度是某种相对的东西，而精神的力量却闪耀着永恒的光亮。

仰望5374米的山巅，宛如一座巍然耸立的丰碑。数十年来，一茬茬甘巴拉人，正是在“甘巴拉精神”的感召下和净化中，洒下青春，洒下热血，在“生命禁区”铸就了一座不朽丰碑。

下篇

2014年6月13日，一个特殊的日子。

在甘巴拉雷达站阵地，从上世纪60年代到今天的六代甘巴拉人齐聚这里，用军人的方式向国旗敬礼，纪念“甘巴拉英雄雷达站”被中央军委授予荣誉称号20周年。

阵地上，每一名官兵都经历过无数次这样的升旗仪式，但今天却格外激动，格外难忘。

雷达某旅旅长刘世国和转业多年的“老搭档”陶宏紧紧拥抱在一起。那年，他俩亲手从军委首长手中接过了“甘巴拉英雄雷达站”这面光辉的旗帜。

向强军目标前进

党的十八大以来，习近平总书记着眼实现强国强军伟大梦想，提出建设一支听党指挥、能打胜仗、作风优良的人民军队的强军目标。

为确保部队招之即来、来之能战、战之必胜，甘巴拉雷达站始终保持良好战备状态，牢固树立雷达兵开机就是战斗、岗位就是战位、阵地就是战场的思想，苦练保障硬功。

新时代的甘巴拉人，牢记前辈嘱托，坚守强军信念，献身强军实践，赋予“甘巴拉精神”强军兴军的时代内涵。

记得全军首部异地远程控制雷达在甘巴拉阵地进行试验时，在长达5年的试验论证中，参与试验的雷达站官兵为该型雷达定型量产和全功能使用提供了大量数据，并组织编写了《某型雷达高原使用操作手册》。

由于信息化知识欠缺，在改装新型雷达时，曾经遇到了很多困难。

雷达站技师孙忠德说：“为了熟练使用兵器，我们把自己关在雷达方舱、关在学习室，经常向厂家技术人员请教，跑清了雷达信号流程图，摸清了大大小小数百个模块。”就这样，孙忠德从一个门外汉变成了行家里手。

2011年，甘巴拉雷达站抽调各专业骨干组成机动分队，在无依托保障的情况下，首次挺进藏西无人区，执行野外机动保障拉练，圆满完成了航空兵在高原某机场试航试降的雷达情报保障任务，情报合格率达100%。

2013年，甘巴拉雷达站受命组建机动分队赴西北某基地执行体系对抗演习任务，开创了驻藏空军组建51年来首次成建制出藏执行作战任务的历史，参演分队被空军评为“预警保障优秀单位”。

归建后仅7天，该分队又迅速投入高原陆空联合演习。连续作战，千里机动，无一人掉队。

在践行强军目标的实践中，甘巴拉人以跨越式发展需求为牵引，努力提高自身军事素质，扎实开展军事斗争准备，真正做到了“山高标准更高，缺氧不缺斗志”。

雷达站站长文影说：“从用体力、用生命在恶劣的自然环境中完成任务，到依靠科技、依靠知识在强军的征程上聚焦打赢。这个转变，是高原雷达兵发展的一个方向，也是国防实力不断提升的体现，更是打赢能力迈上新台阶的标志。

永不生锈的金质标杆

如果说甘巴拉雷达站党组织是一面旗，那么守卫在这里的共产党员就是永不生锈的金质标杆。

2005年12月，对于甘巴拉来说是特别的日子。

以往每半个月从110公里外来一次的水车，因大雪封山整整20天都没能出现在官兵视野中，水池的水和冰都取完了。

“我们可以不喝水，但油机不能因为断水停转。”阵地临时党支部决定，派雷达技师孔译庆、四级士官孙仲德和油机员李海镰下山找水。

他们跌跌绊绊地下到山脚下的村庄，因为跑得太急，头一阵阵发晕，可顾不上休息赶忙用塑料桶装水。村委会主任发现了他们，心疼地找了一辆拖拉机送他们上山。

围着水，大家舔着干裂得渗血的嘴唇，谁也舍不得喝一口。可油机喝饱了水，轰鸣声响彻阵地，天线傲然旋转……

2008年7月31日清晨，新型雷达定型试验。因观测雷达信号时有个角度始终看不到，而当天就有飞行训练保障任务，必须尽快放倒防风罩里的雷达天线。

那一刻，雷达技师王胜全正被严重的腰椎间盘突出搅得坐卧不宁。接到命令，他让兵在腰眼儿上使劲擂了几下便上了天线，一个螺丝一个螺丝地拆卸。准备放天线了，他往下跳时，刀一般又尖又薄的天线控制柜门弹出来，狠狠地硌在尾椎骨上。剧痛让他眼前漆黑，重重地扑倒在地上。

官兵们赶忙过来扶他，可他全身发麻，无法动弹。趴在地上休息了好一会儿，他慢慢爬起来继续工作，硬是坚持到战鹰呼啸着掠过山巅，飞行结束后恢复好雷达天线，才躺在床上。第二天，雷达出了问题，他又强忍疼痛上了阵地……

像这样的事，甘巴拉天天都在发生。分不清哪个让人感动，哪个不让人感动。但他们不叫苦，是因为责任和使命。

修建9公里战备公路

2012年，一条总长9公里的战备公路修建完成。而它就是为甘巴拉雷达站修建的。

“和以前比，现在这条路可以称得上是‘高速路’了。”雷达站教导员李再华说。

以前这是条百折千回的沙石土路，遇到雨雪天气，塌方、泥石流不断，虽然只有9公里长，开车得行驶近1个小时。

如今，从主公路出发，仅用短短15分钟，车辆就能到达甘巴拉雷达站阵地。

压在官兵心头40多年的行路难问题终于得到彻底解决。谈起这条路时，李再华感慨万千。过去每逢大雪封山和恶劣天气，给养送不上来，官兵们只能吃脱水干菜和罐头等，不少官兵患有严重的营养缺乏症。还有的战士在阵地上突发高原疾病，因道路条件差，运送不及时，牺牲在下山的路上。现在好了，再也不会出现“山下物资送不上来、山上人员送不下去”的情况了。

站在山巅向下望，新建成的水泥公路宛如一条巨龙横卧在群山之间。

今天，走在强军路上的甘巴拉人满怀豪情，奋勇前进。

忠诚爱国的门巴汉子

——记墨脱县德尔贡村党支部副书记、村委会主任、民兵连长卫军

◎麦正伟

2016年12月24日01版 （人物93）

在墨脱，有这样一个人：部队官兵称他“是边境线上的‘前哨’、巡逻路上的‘移动路标’”；群众夸赞他“是乐善好施、治穷致富的带路人”；妻子、女儿说他“是敢担当、负责任、顾家庭的好丈夫、好父亲”；当地干部讲他“是忠诚爱国的好党员、好干部”。

他，就是受到中央领导和自治区党委主要领导高度评价的墨脱县背崩乡德尔贡村党支部副书记、村委会主任、民兵连长——卫军。

美丽精彩的爱国情结

“卫军，就是保卫祖国，热爱军队。”近日，记者在扎墨公路旁的墨脱县马迪村采访时，意外地遇到了担任村党支部书记的顿珠次仁。

他说他是卫军的哥哥，他这样给记者解释卫军的含义和来历——

图为在执行边防巡逻任务前，卫军（左一）向村里的民兵详细交待有关事宜。
本报记者　麦正伟　摄

那是1970年2月，经过十月怀胎的卫军就要降生，一场重病使母亲体力不支，生产困难，性命难保。那时，墨脱不通公路，马迪村没有医生，离墨脱县城还要走10多公里的羊肠小道，医疗条件也很差，孕妇遇到难产只有等待死亡。正在全家人为此心急火燎、不知所措、几乎绝望的时候，部队一位叫魏卓的医生和几名卫生员得知这一情况后，打着绑腿、背着药箱，不辞辛苦徒步来到马迪村，将母亲接到了部队进行治病，等待生产。

在部队医生、卫生员的全力救治和精心护理下，卫军从母亲的腹中呱呱坠地来到了人间，母亲也安然无恙。为了让全家人都记住部队的好、金珠玛米的好，父母就给弟弟取了一个很有意义的名字——卫军。

顿珠次仁说："我们都是听着父母和村里人讲共产党的故事、讲西藏和平解放的故事和金珠玛米的故事长大的。他们常说，'是共产党、金珠玛米让门珞百姓翻身得了解放，做了国家的主人，过上了幸福的日子。只有热爱共产党，热爱国家，热爱金珠玛米，才有美好的生活。'"

父母朴实的话像春雨一样在卫军几兄妹的心中潜移默化，坚定着他们听党话、跟党走、爱国家的信念，懂得"国无防不稳，民无兵不宁"的深刻道理。从此，美丽精彩的爱国情结深深地根植在了他们的心里，"当兵卫国，吃苦为民"也就成了卫军人生中追求的梦想。

1989年的10月，应征的春风吹拂美丽墨脱。正值青春年华的卫军怀着卫国为民的赤诚之心积极报名，接受祖国挑选，应征入伍，走进了驻藏某边防部队的绿色军营，实现了他多年的当兵梦，开始了他人生中最精彩的军旅生涯。

在部队，卫军勤奋好学，训练刻苦，边防巡逻、站岗执勤样样走在前面。卫军在墨脱县德兴乡工作的女儿央措告诉记者，她说她从懂事的时候起，父亲就时常自豪地给她讲述在部队站岗执勤的故事：

1990年4月，卫军经过半年的军事训练后，背起80多斤重的行囊随部队第一次执行边防巡逻任务，一路冒着狂风暴雨，穿密林、趟冰河、攀悬崖、爬冰山、闯险关、战毒蛇、斗蚂蝗，日夜兼程，风餐露宿，经过三天三夜的行军，他和他的战友才到达边防线。第一次执行边防巡逻任务的卫军虽然觉得很累很苦，但他却为自己是一名边防军人感到无上光荣。特别是他站在边防线上第一次与战友们面对国旗、举起臂膀宣誓那一刻，卫军心潮起伏，热血沸腾，强烈的自豪感、责任感和爱国热情从心底油然而升。他立下誓言："宁愿丢掉自己的命，也不能丢掉祖国的一寸土。"

时光荏苒，岁月如梭。1991年，卫军服役期满退伍回到了家乡，与德尔贡姑娘红东结婚并落户到了德尔贡村。对此，有人问他："为什么要入赘德尔贡？"他说："我虽然脱下了军装，离开了部队，但是退伍兵还是一个兵。在这里我不但能看见这疆土上的山山水水、一草一木，而且还照样能与部队一起巡逻执勤，看好国门边关。”

稳边固边的无畏勇士

卫军，说话干练，一米七三左右的个头，一身迷彩服依旧透露着军人的气质。

在德尔贡村当过6年村党支部第一书记的背崩乡副乡长次仁乔介绍说，卫军是一个言必行、行必果的人，退伍在德尔贡村安家26年来，每次部队执行边防巡逻任务，他不仅免费为官兵提供食宿，还主动为部队承担起边防巡逻开路的先锋。

1993年7月的一天，部队按惯例前往某山口巡逻，卫军来到了西莫河边，河水滔滔，河风阵阵，通往对岸的只有一条溜索，别无它路可走。卫军把绳索捆在腰上，搭上滑钩，迅速向河对面滑去。一阵阵河风和滑轮与溜索摩擦发出的声音从他的耳边呼啸而过。突然，索道上拴在卫军身上的绳子断了，他大叫一声，从空中重重地摔了下去。在对岸接应的官兵一边大声喊着卫军的名字，一边像疯了一样冲向河边，“万幸，卫军落在了浅水滩上。”岸上看到这惊险一幕的人都说他：“傻呀！为了探路，连命都不要了。”可卫军却淡定地说：“如果我不去冒险探路，部队的战友们就会遇到危险！”

曾多次接触采访过卫军的墨脱县武装部政委黄昌勇和林芝军分区宣传干事刘孟全说，26年来，虽然雪崩曾把他掩埋，塌方曾把他围困，泥石流曾将他冲倒，蚂蟥、蚊虫曾把他全身叮烂，自己家有4匹骡马被摔死、5匹骡马被累死、7匹骡马被摔伤，但卫军那颗爱国固边的心像磐石一样执着坚定，从不改变。无论风雪再大，暴雨再猛，道路再艰险，丛林再恐怖，他总能一次又一次幸运地从死亡的夹缝中穿越而过。在官兵的眼中，他就像“移动的路标”，踩出的脚印就是一枚枚吉祥的符号，巡逻官兵跟着总能逢凶化吉。一次，在巡逻途中，部队必须经过一段令人望而生畏，心惊胆寒，笔直陡峭的悬崖。部队来到这里，卫军抬头看了看，二话没说，抓起绳子就往腰上一绑，一手抓住荆棘，一手扣着岩石，身子紧贴峭壁，脚尖伸进岩缝，像蜗牛一样一点一点地吃力向上爬，官兵都为他捏把汗，把心都提到了嗓子眼。可卫军无惧无畏，经过近1个多小时的努力，终于他从悬崖峭壁顶上抛下了绳子，硬是为官兵开辟出了一条继续前进的路……

在边防巡逻中，各种潜在的危险谁也难以预料。2015年，疲惫不堪的巡逻官兵在宿营地休息，战士陈刚在树林里警戒执勤时不小心绊动了一根藤条，两个水桶大小的蜂窝从天而降，黑压压的蜂群顿时铺天盖地飞了过来。带队巡逻的指导员巴桑罗布见状立即指挥大家隐蔽。两名新战士一时没反应过来成了蜂群围攻的目标。“卧倒！”卫军大喊一声，一跃而起，把这两名新战士推进草窝深处，一边挥舞着衣服驱赶蜂群，一边跑向树林。卫军的这一举动虽然解救了新战士，却更加激怒了蜂群，自己成了蜂群攻击的目标被蜇倒在地。当战士们将蜂群驱散，把卫军扶起时，他脸和头部都被蜂群蜇了一个又一个红肿的大包昏了过去。经过全力抢救，在昏迷了两天两夜后，卫军才苏醒过来。驻藏某边防部队政委普金承说：“26年来，在这样的生死巡逻路上，卫军经历了不下100次的死里逃生。”

“在巡逻路上，他是开路的先锋；在维护边境稳定中，他是无畏的勇士。”2006年6月19日上午，迎面而来一个头发凌乱、神情慌张，裤子和鞋子都沾满了黄泥的陌生男子引起了卫军的警觉。突然，可疑男子身子一闪钻进了丛林，不见了踪影。这时，卫军更加坚信了自己的判断："此人非同寻常。"他一边确定可疑男子可能逃跑的方向进行跟踪监视，一边悄悄地把情况报告给了部队。卫军和赶来的战士不顾一切快速扒开丛生的荆棘，绕道截断可疑男子的去路。这时，那家伙凶相毕露，反手从身后掏出匕首叫嚷："要命就给我把路让开，不让路我就和你们同归于尽。"说着说着就冲了过来。卫军一闪身，踹腿顺势前扑，和战士董瑞协力将其按倒在地绑了起来。原来，这名男子正准备偷越边境。从此，德尔贡村村民在卫军的影响带动下，出现了7家三代民兵、17对父子民兵和27对兄弟民兵，全村成了家家是前哨、人人是哨兵。

"家里事再大都是小事，维护边境稳定再小的事都是大事。"卫军常对妻子、女儿这样说。2011年9月26日，是卫军女儿央措结婚的大喜日子。这天，4名可疑人员在边境地带出没无常，行踪不定。卫军得知情况后，二话没说，立即带领村里的青壮年民兵设伏在蝇蚊飞舞、蚂蟥肆虐、毒蛇出没的丛林里，饿了啃口干饼，渴了就地喝口雪水，困了就轮流打盹，整整7天7夜才将可疑人员全部抓获。在抓捕过程中，面对一名手持利刃准备逃跑的不法分子，卫军扯开嗓门大吼一声："站住！"随即奋不顾身冲了上去，将其扑倒在地，缴掉利器抓了起来。执勤归来，卫军因在设伏期间遭受大量毒蚊叮咬患上了疟疾，经过5天的治疗才康复。谈及这次抓捕行动的感受时，他说："我的身后就是我的家园，还有我的父老乡亲，绝不允许任何人破坏我们边境的安宁，我必须像钉子那样扎在那里，绝不退缩，也绝不后退半步！"

黄昌勇、刘孟全介绍说，26年来，在管边控边、稳边固边的行动中，卫军与官兵一起巡逻180多次，协助部队完成军民联训等重大任务70多次，独自带领民兵执行巡逻、勘察等任务70多次，走破了70多双胶鞋，累计行程20多万公里，勘察开辟出3条巡逻道，成功探索出20多种野外生存技能，创新了3项民兵训法，参与执行应急处突250多次，抢险救灾170多次，处理边境事务110多次，协助边防部队、公安、武警等部门抓获各类不法分子120多名，缴获反动宣传品1万余份，有力确保了边境社会稳定，成了墨脱有名的“活地图”“边防通”“飞毛腿”，被边防部队官兵和当地干部群众称为“边关铁门闩”。

富民爱民的“拼命三郎”

德尔贡村，是一个古老的门巴族村落，四面环山，偏远偏僻，至今还未通公路。加之人多地少，土地贫瘠，没有优势产业，村民全靠传统的刀耕火种维持生计，家境贫寒，全村贫瘠。“四季住着透风屋，睡觉只能用地铺；出门就是山连山，骑马爬行难又难；一年只有半年粮，还有半年吃菜糠。”这是当时德尔贡村村民生活的真实写照。

“和村‘两委’一班人把大家的力量团结起来，依靠党和政府的好政策，带领父老乡亲用辛勤的劳动走上致富的道路。”退伍后担任了村党支部副书记、村委会主任的卫军，面对全村村民立下誓言。

“一个与外界隔绝、信息不灵、交通不便的穷乡僻壤，致富之路在哪里?”有人这样问。

“垦荒。首先解决群众的温饱。”卫军回答掷地有声。

说干就干。卫军和村“两委”一班人领着全村男女老少披星戴月、早出晚归，劈荒山、平土地、挖沟渠、开新路，一向寂静的德尔贡沸腾了，到处可见挥镐抡锹热火朝天的劳动场面。铁锤声、号子声与群众劳动中的欢笑声相互交织，不绝于耳，回荡山谷……

有艰辛的付出，就有欣慰的收获。卫军与德尔贡村“两委”一班人带领全村群众硬是用双手在荒山荒坡上垦出了4000多亩田地，种上了青稞、小麦、玉米、鸡爪谷、辣椒、萝卜、韭菜、柑橘、柠檬、香蕉等作物、蔬菜、水果和墨脱兰草，把在部队里学到的养殖技术手把手地传授给村民，鼓励他们饲养生猪、鸡、鸭等家禽。短短几年时间，德尔贡村的村民不仅结束了“一年只有半年粮，还有半年吃菜糠”的历史，而且大大改善了村民的生活，同时还使全村的年人均收入从二三百元快速增加到了3000多元。

山高谷深，坡陡难行，是制约德尔贡村发展的最大瓶颈。卫军看在眼里，急在心上，以一名党员的身份向乡党委立下“军令状”：“不修通德尔贡村的骡马道，就开除我的党籍。”

德尔贡村通往外界10多公里的路像羊肠一样在海拔3000多米的高山峡谷之间时上时下，弯弯曲曲、折折叠叠。村民们说：“走在这条路上，不论骡马还是村民，如果不小心摔下悬崖深谷，必死无疑。”为了把这条骡马道拓宽，保证人畜安全，墨脱县交通运输局曾先后组织了5支施工队前去修建，都因山高路险、高寒缺氧，修修停停。为尽快修通这条致富路，卫军带领50多名强壮的村民挺进了高山峡谷。

“哪里最危险，哪里任务最艰巨，哪里就有卫军的身影。”村民扎西告诉记者，在修路的过程中，卫军每天最先上山，最后下山，总是在最危险的路段忙碌。有一处悬崖路段，由于笔直险峻，石头坚硬，“人站在下面看上去只见天不见顶，站在上面看下面头昏眼花、心跳加快。”扎西说，施工队曾作业3天没有进展，卫军带头系上绳索悬在半山腰集中人力轮流破顽石，劈山路，仅用一周就冒死完成了开凿任务。整整4年时间，经过卫军和村民的艰难奋战，终于修通了德尔贡村历史上第一条真正意义上的骡马道，打开了山门，加快了德尔贡村脱贫致富的进程。

“修骡马道的那4年，卫军没有下过一次山、洗过一次澡、理过一次发，衣服也被山上的荆棘和尖锐的石头划破成了条状。骡马道修通下山时，长头发、长胡须的卫军成了家里人眼里的‘野人’。”扎西说。

在采访中，记者看到，以这条骡马道为基础，由国家投资建设的通往德尔贡村的乡村公路正在加紧施工。村民们高兴地说：“不久，我们就可以坐着汽车走出深山老林了。”

精准脱贫攻坚战打响后，卫军又一马当先，带领16名贫困群众转变观念，走出大山，积极参与工程建设，人均创收18600多元，使全村人均收入又从过去的3000多元增长到了现在的4000多元，让父老乡亲看到了脱贫致富奔小康的希望。

提起卫军带领村民修路致富的事，受到过卫军帮助的其美才旺老人不仅连连竖起大拇指夸赞，还如数家珍般说卫军的好——

德尔贡村雨水虽然充沛，但村民的饮用水需要到山下河里背运，既不方便，又不卫生。对此，卫军号召村里每户人家集资200元，同时争取到“农村安全人饮工程”项目，通过带领村民投工投劳，把自来水引进了家家户户。

20多年来，他不仅把自己的4个孩子培养成了大学生，考上了公务员，还时常用自己家的事例苦口婆心地给村民讲：“一定要支持教育、鼓励支持孩子上学读书，长大后成为建设家乡的有用人才。”让群众理解知识改变贫穷、改变命运的道理，同时在村里办起第一家商店，既让村民不出山在村里就可以买到需要的日常用品，又用赚来的钱资助贫困学生、扶持困难群众。在卫军的感召下，“现在我们村45户人家几乎家家都有大学生。”其美才旺老人脸上浮现着笑容自豪地说：“卫军还第一个买回微耕机、小三轮，农忙时节免费为缺少劳动力的群众耕地、运输；第一个买回打米机、磨面机，免费为困难群众打米、磨面，让困难群众把节省下来的钱用于家庭其它开支。”

“卫军不仅是咱们治穷致富的带头人，还是咱们生命财产安全的

‘保护神。”其美老人的话音刚落，村民西绕顿珠又接上了话茬。

2012年那个干燥的春季，德尔贡村一处突发山火，凶猛的大火“噼里啪啦”吞噬着草木森林，卫军带领57名民兵闻讯而动，连夜开赴火场，快速挖出7公里的隔离带。谁知，草干林燥，风助火势，火焰一下子蹿过隔离带径直烧掉崖壁上的草木，大量岩石受高温爆裂滚落。一时间，50多名民兵和40多名参与扑火的村民被大火和滚石围困，陷入了生死绝境。在这千钧一发之时，卫军急中生智，将自己厚厚的外套脱下，叫几个民兵对着衣服撒尿，然后将衣服裹在头上，纵身滚向火海。民兵们在卫军的启发下也朝着火海纷纷滚去，硬是用自己的身体滚出了一条生命通道，救出了村民，扑灭了山火。

心里装着激情，肩上扛着责任。去年7月下旬，德尔贡村连降暴雨，山洪暴发，导致10多户人家受灾。灾情就是命令。不到20分钟时间，卫军就带领30多名民兵赶到了受灾群众家里，冒着雷电暴雨，抗击山洪3个昼夜，安全转移受灾群众100多人，抢运粮食3吨，抢救物资300多件，清理淤泥1000多立方米……

这就是深受群众称赞的忠诚爱国、吃苦为民的门巴汉子——卫军。

在德尔贡村采访，围着记者的村民们似乎有说不完的卫军话题，讲不完的卫军故事。他们相信，有党和政府强农惠农富农和精准脱贫政策的指引，有卫军和村“两委”一班人的带领，边境会越来越稳固，德尔贡村的致富之路会更宽，村庄也会越变越美。

扎根雪域边陲的格桑花

——卓嘎、央宗姐妹一家几代人在玉麦放牧守边的故事

◎孙开远　常川　段敏

2017年11月28日01版　（人物94）

题记：

“虽我之死，有子存焉；子又生孙，孙又生子；子又有子，子又有孙；子子孙孙无穷匮也，而山不加增，何苦而不平？”

——摘自《愚公移山》

巍巍喜马拉雅，横绝几千里。皑皑雪山耸立，如巨龙奔腾。亘古以来，这座世界最雄伟山脉的精魂，便成为一代又一代中华儿女的深深印记。

一个几代人默默无闻、扎根祖国边陲放牧守边的故事，就发生在雪域高原之上。

一个几代人甘于奉献、捍卫3644平方公里土地上一草一木的足迹，就深深印在喜马拉雅南部。

一个几代人执着坚守、用半个世纪凝铸“家是玉麦，国是中国”的壮举，就发生在茫茫雪山怀抱中。

图为 2017 年 10 月 30 日，卓嘎、央宗姐妹察看不久前绘制在村口路边的五星红旗。
本报记者　常川　孙开远　摄

这里，有一大片肥沃牧场。这里，有一大片原始丛林。这里，是我国人口最少的乡——玉麦。这里，是祖国的神圣领土。

究竟需要多么坚定的信念，才能直面咄咄逼人的边境蚕食？

究竟需要多么无畏的勇气，才能应付危机四伏的原始丛林？

究竟需要多么强大的毅力，才能度过孤独寂寞的艰苦岁月？

没人知道，或许连他们也不知道。但这片丰饶的土地，从此便以“家”的名义，永远留在祖国版图。

2017年10月29日，卓嘎、央宗姐妹这辈子最幸福的时刻：中共中央总书记、国家主席、中央军委主席习近平，给她们回信了！

平日里雨雪不停的玉麦，突然放晴。太阳从东方升起，云开雾散，金色的阳光驱走了寒冷，把温暖洒满整个山谷。

习近平总书记在回信中说："看了来信我很感动""希望你们传承爱国守边的精神，带动更多牧民群众像格桑花一样，扎根雪域边陲，做神圣国土的守护者，幸福家园的建设者。"

喜讯传来，寂静的山谷沸腾了。左邻右舍奔走相告：邻居那贡夫妇第一个献上祝福的哈达，住在村尾的巴桑次仁换上盛装匆匆赶来，村里年纪最小的旦增潘多蹦蹦跳跳分享着全村人的喜悦。

"没想到十九大闭幕才5天，我们就收到了回信。"姐姐卓嘎泪流满面，"总书记的话都说到我们心里啦！"含着热泪，姐妹俩向"习近平总书记与西藏各族人民心连心"领袖像献上洁白的哈达。

"要是阿爸能看到总书记回信，该有多好啊！"卓嘎和央宗哽咽着说。

这是幸福的泪，这是喜悦的泪。百感交集中，一家人几十年默默放牧守边的日子，一幕幕浮现在眼前。

守护好了这片牧场，就是守护国家

时间，回到上世纪50年代，那个风云变幻的岁月。

那年春天，日拉山上的冰雪仍能埋过牛背，山谷里的杜鹃花正从南开到北。苦熬一冬的玉麦人，还没从饥寒交迫中醒来，山外便传来一个可怕消息。

一

"红汉人要来了！他们吃人肉、喝人血。"

消息，是山外的匪徒带过来的。

这个有着几十户、300多人的山村，笼罩在不安和恐惧之中。

面对谎言和诱惑，有的人家赶着牛群，三步一思量、五步一回头，被裹胁出境。

这时，只有桑杰曲巴和另外几户人家决定留下来。

"'狼挂起山羊的胡子，改不了凶恶的嘴脸'，他们的话，我不信。"他转过身，走向自家小屋。

还有比乌拉差役、乞讨为生更苦的事吗？

那时，村民不仅要为地方政府支乌拉差役，为官家转山的人提供食宿。每年藏历新年过后，一部分人还要翻过日拉雪山，到山外去讨生活，直到大雪封山前，才回到群山环绕的玉麦。大家每年出山乞讨，为的就是给留下来放牧支差的家人省点口粮。

此时，山外的人们迎来了民主改革。桑杰曲巴的屋檐下，长长的冰笋已开始融化。

"走过茫茫雪原，才知太阳的炙烈。经过漫漫长夜，才会拥抱黎明的彩霞。"

延续千年的乌拉差役，一去不返。玉麦人才知道，共产党、金珠玛米，是所有受苦人的救星，让无数和他们一样的穷苦人翻身做了自己的主人。

后来，桑杰曲巴当上了玉麦乡乡长。

后来，金珠玛米翻越日拉山经过他们家门口，向山谷深处而去。

二

1962年，玉麦沟里层林尽染的时候，卓嘎才一岁多。对印自卫反击战打响了，阿爸参加了支前。

扎日到塔克钦，再从塔克钦到玉麦，这条路，他以前就走过。

阿爸和其他人一起，背着部队的给养弹药，从扎日下到珞瑜，又从珞瑜回到玉麦。

生活又恢复了平静，第二年，央宗出生了。党和政府在日拉雪山另一侧的曲松村给玉麦人盖起新房，分了粮食和牲畜。

日拉山冬天的冰雪，太厚。玉麦人过去的日子，太苦。只有搬出来，才能过更好的生活。

卓嘎家和另外几户人家一起搬了出去。

曲松的生活虽好，但阿爸却怎么也高兴不起来："是毛主席让我翻了身、当了乡长，可我这个乡长连家也没守住。"仅仅过了3个月，阿爸和阿妈就背着年幼的姐妹俩，赶着牛群，翻过雪山，回到了朝思暮想的玉麦。

纵有雪山阻隔，哪怕一年里半年雨、半年雪，哪怕雾气中只能放牧，哪怕青稞长得齐腰高却不结籽，哪怕土豆结得只有拇指大，也离不开生养他们的玉麦，离不开眷恋的家。

阿爸熟悉玉麦的每一座雪山，每一片牧场，甚至是每一块石头，每一棵大树。

一家人回来时，通往小屋的路已开始被小草覆盖。屋子里的东西也被印度那边的人偷得差不多了。阿爸告诉家人："只有人在，家才能看得好，这块土地才能守得住""这是国家的土地，我们得在这儿守着"。

家要守，日子却不平静。

一年夏天，直升机螺旋桨的轰鸣声从南而来，打破了山谷的宁静。一群荷枪实弹的印度兵，把印度国旗插在了玉麦5000多米的山头上，在通往山外要道上设卡。日拉山北面的牧民进出玉麦沟砍伐竹子，都要接受印度兵的盘查。

阿爸被惹怒了，花了整整两天时间，才爬上那座雪山，拔下了印度旗。他一身泥水，来到印度兵设卡点抗议道："我的爷爷曾在这里放牧，我的阿爸曾在这里放牧，我们也在这里放牧，这是我们祖祖辈辈生活的土地！”

印度兵没有理会阿爸的抗议，还威胁杀掉他的牲畜。

三

一个人再勇敢，也无法逼退咄咄逼人的侵略者。要想守住祖国的这片牧场，只能靠解放军。

他想到扎日区报信，又怕印度兵生疑，又放心不下妻子和未成年的孩子。最后，他还是一咬牙，安顿好家人，独自一人赶着牛群上了山。

这条路是扎日山的转山道，道路崎岖、瘴气弥漫、野兽出没。即使成群结队的转山人，也没有把握安全走出来，滚下山或迷路是常有的事，孤身一人更加凶险。阿爸顾不了那么多了。

夏季的高山牧场，到处都是沼泽。阿爸喘着粗气，深一脚、浅一脚地赶。牛皮靴里灌进了水，每走一步，水都在靴子里响，不知摔了多少跤。走出沼泽，又是山地。他脱下牛皮靴，倒掉水，接着赶路。身体贴在泥泞不堪的山坡上，抓住树根和蔓藤，手脚并用往上爬，不知滚下来多少次。

平时7天的路，阿爸4天就到了。踉踉跄跄赶到扎日区，他全身湿透，手上、脸上，到处都是被石头和树枝划破的血口子，身上青一块、紫一块。信终于送到了。

解放军来了，印度兵悻悻溜走。

看到一家人安然无恙，阿爸一头倒下，昏睡了一天一夜。

不久之后，阿爸把家从半山腰的玉碓搬到了谷底的玉麦，向南推进了5公里。

走过懵懂的童年，卓嘎、央宗姐妹一天天记事了。姐妹俩记得，阿爸去山外开会，每次都会带给她们一些好吃、好玩的东西；还会给她们讲大山外面的事情，传达上级的指示。

那时，她俩常想："做指示的就是国家吗？"

有一次，阿爸开会回来，带回三张彩色画像，上面的人很慈祥。阿爸说，这就是我们的大救星，毛主席。全家人一起，把三张画像挂在屋子最显眼的地方。

有一次，阿爸开会回来，姐妹俩以为阿爸的黄布兜里是最好吃的糖果，阿爸却拿出来一本红色的书。"这是《毛主席语录》，里头都是毛主席的话。"从那时起，阿爸开始用这本书教孩子们学习藏文。56岁的卓嘎至今还记得语录里的话。

还有一次，阿爸开会回来，从山外买来了红布和黄布。姐妹俩以为阿爸要缝新衣裳了。微光闪烁的火塘边，忽明忽暗的油灯下，阿爸先在两张布上仔细地量来量去，随后用剪刀把红布裁得方方正正，又从黄布上剪出星星。他让卓嘎帮忙穿好线，习惯地把针在头发里擦了擦，一针一线缝开了。

央宗记得，那天，平日里慈祥的阿爸一脸严肃，一句话也不说，针脚在阿爸的手里一个挨着一个，线头全压在黄布下。"衣服"缝好了，一块火红的布上，四颗小星围着一颗大星，比春天最红的杜鹃花还艳，比秋天最黄的树叶还金黄。

阿爸把孩子们叫到身旁，语重心长地说："孩子，这是中国最宝贵的东西，是我们的国旗！"

那天，五星红旗高高升起在卓嘎和央宗家屋顶。

那天，卓嘎和央宗懂得了国家就是五星红旗。

那天，卓嘎和央宗记住了，家是玉麦，国是中国，守护好了这片牧场，就是守卫国家。

阿爸总共缝制过4面国旗。

山外人把他们一家，就叫作“三人乡”

“扎日神山下的玉碓和玉麦啊，
是个吉祥的地方。
玉碓灵草满山，
玉麦秀水遍地。
进出玉麦千难万险，
留在玉麦草丰水美。
我希望做一只轻盈的小鹿，
在这吉祥的乐园快乐地生活。”

这首玉麦民歌，在玉麦人心中传唱。只有一户人的家乡，是美丽的；雪山阻隔的生活，是艰苦的；放牧守边的日子，是寂寞的。全家人却有了许许多多幸福的期盼。

一

上世纪70年代中期，在艰难生活的磨砺中，姐妹俩出落得像格桑花一样美丽。

格桑花，在西藏泛指一切美丽的花儿。

姐姐卓嘎身材娇小，性格腼腆，很是爱笑，乌黑的眼睛会说话，就像山中的白杜鹃。

妹妹央宗身材高挑，性格泼辣，敢说敢做，健美的身体不知疲倦，就像山中的红杜鹃。

卓嘎在阿妈那学会了竹编手艺，央宗从阿爸那接过了劈柴的斧头，姐妹俩成了父母的好帮手。

也在那个时候，卓嘎第一次随阿爸出山进了县城。县城里，卓嘎见到了许许多多的人、许许多多的房子和许许多多新鲜有趣的东西。她看着县城里的年轻人穿着和解放军一样的衣裳，神气极了，便摇着阿爸的胳膊，央求给她们买一套。

那个年代，这是最“时髦”的衣服了。阿爸在县里托人帮忙，过了很久才给孩子们买齐了军帽和的确良军便服，还有一双蓝色胶鞋。

对于姐妹俩来说，山外的世界是精彩的，山中放牧的日子是快乐的。

春天，牧场上喜事连连。卓嘎和央宗忙着帮阿妈给母牛接生。谚语说得好：“老虎不敢吃成群的牦牛”，新生的牛犊不仅是家里新添的“人丁”，更让守卫边境的“队伍”不断壮大。

夏天，放牧点上最是幸福。在这个只有他们一家三口的大山里，她们一边放牛，一边采野花、野果、编花篮，牛儿陪伴她们长大，做守卫祖国的“哨兵”。

秋天，是忙碌的日子。一家人要为度过严冬和藏历新年做足准备。大家忙着挤奶、打酥油、做奶渣、编竹器，好在封山前运出山外，换回生活必需的青稞、盐巴和砖茶。

冬天，是玉麦欢聚的时刻。虽然条件艰苦，但阿爸还是想尽办法满足卓嘎和央宗的小心愿，“卡塞”、糖果、新衣裳等藏历新年所需要的东西，早早就得准备。一年不舍得吃的大米和面粉，也化作平时难得一见的美食。

二

自从祖辈开始在此定居，玉麦的每一颗粮食，都需要从山外运进。

姐妹俩记得，一直到上世纪90年代初的30多年里，阿爸每年都要赶着牦牛，花上十几天，几次翻越三座5000多米的雪山、跨过陡峭山谷、穿越沼泽遍地的原始森林，才能把一点珍贵的青稞驮回玉麦。

无论出山还是进山，都是重载。如果出山时驮得少了，回来时驮的粮食就少。行程轻松了，冬天的日子就不轻松了。

每年11月，玉麦的雨渐渐变成雪，越积越厚，日拉山被冰雪覆盖，隘口积雪最深的时候，比人还高。直到来年5月，玉麦几乎与世隔绝。

在这大半年里，就连最健壮的马，也常常陷在雪地里寸步难行。

在这大半年里，如果不是有天大的事，没人会冒险翻越日拉山。

只有人命比天大。

央宗还记得，15岁那年雪下得特别大。12月底，阿妈已经拉肚子一个多月。刚开始，以为扛一扛就好了，后来眼看撑不下去，阿爸把虚弱的阿妈抱上牛背，顶风冒雪硬闯日拉山。

路越来越陡，雪越来越深。翻越日拉山的路从没有比今天更漫长过。齐腰深的雪里，阿爸牵着牦牛一步步向前挪着。他一边喘着粗气，一边不停地和阿妈说话，怕她一旦睡过去，就再也醒不过来。阿妈一次次从牛背上滑下，阿爸又一次次把阿妈推上牛背。

不知过了多久，雪山被阿爸甩在身后。曲松村就要到了，阿爸回身对阿妈说话，却没有得到任何回应。不知何时，阿妈没有了气息。

快要过藏历新年的时候，卓嘎和央宗看到阿爸一个人牵着牛，失魂落魄地回到家。阿爸一把把她们搂在怀里，泪流满面，咬破了嘴唇，一句话也说不出来。那年的藏历新年，特别冷清。

还是一个大雪纷飞的冬天，还是这座高高的日拉山，寒风刮在脸上，像刀割。家中最小的妹妹，在翻山时落在了后面。大家在背风处煮好茶，迟迟不见她赶来。沿路找到她时，小妹的身体已经被暴风雪埋了一半。抱起小妹冰冷的身体，阿爸一头栽倒在雪里。那年，小妹只有16岁，花一样的年纪。

阿妈走了，小妹也走了，阿爸一下子就老了。

卓嘎和央宗几次央求："到山外去吧！"

"不能走，这是国家的土地，得有人守着！"

阿爸心里苦，从不对孩子们说。他下决心把小弟噶尔琼送出山读书，后来又逼着他学藏医。

三

从此，玉麦只剩下他们一家三口。阿爸既当爹又当妈，更是一乡之长，姐妹俩是仅有的乡民。从那时起，山外人把他们一家，就叫作"三人乡"。

"三人乡"的日子有多苦？

四季生火，房子中央的地上垒起三块石头，就是做饭取暖的火塘；

粮食珍贵，缺少了糌粑，奶渣不香了，萝卜不甜了，土豆也不好吃了；

没有袜子，放一天牧，卓嘎和央宗要在阿爸做的靴子里换好几遍干草；

冬天酷寒，除了紧挨着火塘，姐妹俩只能靠不停劳作，才能使手脚增加些温度；

那个年代，玉麦南部原始丛林里除了孟加拉虎、豺狼、雪豹和熊之外，还有印度那边的猎人在游荡，如果走得远一些，还有可能遇到巡逻的印度兵。

三个人的日子再苦，定期坚持巡山仍是阿爸雷打不动的习惯。

一袋熟土豆，一把开山刀，就是阿爸巡山的全部装备。清晨，他瘦小的身躯踩着泥泞的山路，一步步消失在无尽的莽林。数天后，才拖着一身疲惫和一身的泥水回到家中。

白天，阿爸用刀劈开密不透风的荆棘和灌木，在布满厚厚青苔的林间冒雨穿行。夜晚，阿爸钻进石缝中躲避野兽。饿了，吃些土豆；渴了，喝些山泉；累了，就在大树下休息。

停不下来的雨水灌进他的眼睛、流进他的嘴里，浸透他的衣裳，却没有浇灭他巡山守边的信念。

央宗还记得，每次巡山临走前，阿爸总要叮嘱姐妹俩："我这一去，两天就能回来。要是第三天还没回来，你们不要找我，赶紧翻过日拉山去曲松报信。"

阿爸去巡山，姐妹俩守家。

白天，有牛群陪伴，尚可安心；夜晚，担心野兽侵扰，她们靠两只狗"放哨"。一只叫"支莫"的猎犬，一只叫"雷索"的藏獒，只要它俩吠得厉害，卓嘎和央宗就躲在房子的阁楼里，待到天亮。

"最担心的，是阿爸巡山晚归。"卓嘎说。她记得阿爸说过，那里有我们的土地、国家的领土。不去巡山，会被别人侵占的。

"我们常去转一转，他们就不敢来了。"阿爸常对女儿们这样说。

放牧，就是对国土最好的守护。为此，一家人在冬季会特意把牲畜赶到玉麦南面的山谷里。冬天的南面山谷，森林遮天蔽日，松涛阵阵，松萝随风飘荡。从林中的巡山路上，看到自家牛儿的蹄印，踩到自家的牛粪，心里踏实又亲切。

生活艰苦，日子孤寂，但有祖国，家就有希望。

直到上个世纪80年代初，邮递员白玛坚参成为定期进出玉麦的人。当白玛坚参牵马翻过雪山，把邮件送到玉麦乡时，阿爸总会闪烁起欣喜的目光，迫不及待地展开报纸，一篇篇读下去，重要的新闻还要把卓嘎和央宗叫到跟前，给她们诵读。

上世纪90年代末，靠着人背马驮，阿爸在家门口装上了太阳能发电装置和电视信号接收器，玉麦乡第一次点亮了灯泡，第一次实现了和山外信息同步。

卓嘎记得，自从有了太阳能，家里灯泡可以微弱地亮上几个小时，如果天气足够好，还能看上一两个小时电视。卓嘎更记得，阿爸最爱看的是新闻，阿爸经常得意地说："电视上的国家领导人如果来玉麦，我一定能认出来。"

阿爸有两个心愿：一个是通公路，一个是有医生。

循着先辈们的足迹，翻越日拉雪山

岁月，就像山间白云匆匆而过。

1988年，当了29年乡长的阿爸老了。卓嘎接了阿爸的班，一干就是23年。妹妹央宗是副乡长兼妇女主任，一干也是17年。

山上的杜鹃花谢了又开，山下的竹子长了一茬又一茬。随着国家日渐强大，玉麦的喜事也渐渐多了起来。

1996年，玉麦乡有了第一位党支部书记，山外迁来两户人家，玉麦再也不是"三人乡"了。

1997年，新华社首次对我国人口最少的玉麦乡进行报道之后，一家人放牧守边的事迹传遍了祖国大江南北。来自内地的信件也翻越崇山峻岭，来到卓嘎和央宗面前。尚未婚嫁的卓嘎，竟然收到了七麻袋求爱信。央宗27岁、卓嘎35岁时，才分别成了家。

这个插曲，最终没有改变两个人的生活。

玉麦乡第三代人出生了，他是央宗的儿子，取名索郎顿珠。

一

卓嘎和央宗经常到山上放牧，儿子从小和他的波啦（外公）在一起的时间多。索郎顿珠记得，小时候玩得最多的，是波啦从山外买来的用竹子做的各种各样的玩具枪。

小索郎顿珠常想，将来一定要穿上军装，守卫玉麦这块边疆的国土，保护他的亲人。

稍大一点的时候，索郎顿珠就开始随大人们去放牧。有一次，他们把牛群赶到雪山下的牧场。山上突然刮起风来，年幼的索郎顿珠冷得受不了。

波啦从牦牛背上解下背东西的木架，揭下防磨的垫子，把小索郎顿珠裹在里面保暖，而他却在寒风里，若无其事地甩着“乌朵”（放牛用的抛石器）。和着牦牛的体温，闻着牦牛的汗味，索郎顿珠感觉幸福极了。他想，长大了，要成为波啦这样坚强的人。

对于索郎顿珠这一代人来说，幸运总是接二连三地降临。

2001年9月，老阿爸最大的心愿实现了——通往山外的公路修通了。

当第一辆车开进来的时候，老阿爸给这个“铁牦牛”献了哈达。

这一年，卓嘎沿着这条公路，去了一趟毛主席的故乡；

这一年，老阿爸沿着这条公路，去了一次拉萨；

也是这一年，77岁的老阿爸在大雪纷飞的季节没有遗憾地走了。

临终时，老阿爸把全乡人叫到床前。

老人的遗言，至今让当时的所有人记忆犹新：“我在这里住了一辈子，你们不要因为玉麦苦，更不要因为我走了就离开这里，这是祖辈生活的地方，更是祖国的土地，一草一木都要看好守好。”

二

送走疼爱他的波啦，索郎顿珠擦干泪水，循着先辈们的足迹，翻越日拉雪山，踏上求学之路。

日子，就像玉麦河水哗哗流淌。

自从公路打通，玉麦的变化一天快过一天，开始跟上山外的脚步。

原来的“三人乡”已发展成9户、32人。

边民补贴、生态补偿和草场补助等政策性收入水涨船高，算下来，每户一年能拿到4万多元。

曾经开不进来的“铁牦牛”，如今全乡9户人家有了7辆。

4户家庭开起了餐馆和家庭旅馆，村民自制的竹器、藤镯，在市场上成了抢手货。

去年，玉麦家家户户都有了WiFi，不论给孩子寄零花钱还是在商店买东西，都流行用微信支付。

明年，玉麦将迁入47户，全乡户数将达到56户。玉麦生态小康示范村建设将全面铺开，群众将住上安全舒适的“农家别墅”。乡里还将并入国家大电网，告别小水电的历史。一个宜居乐业的边境乡镇正从蓝图变为现实。

作为玉麦乡第一个大学生，索郎顿珠今年刚刚毕业。

学习高山向导专业期间，他在四川找到一份滑雪教练的工作，收入可观。这年藏历新年，索郎顿珠没回家。这也是他离家十几年来唯一一次没有和家人一起过年。

阿妈打来电话训斥："你难道忘记波啦的话吗？"央宗在电话里说："'鸟老了，要归巢；人老了，要回家'，我们这代人终究也会老，守卫玉麦这片国土的责任要落在你们这代人肩上了。"

今年，当索郎顿珠的同学们纷纷寻找适合自己专业的工作时，他参加了公务员考试。他要带着学到的知识，回到家乡。

"玉麦紧邻著名的扎日神山，山美、水美、林美。我要让更多人到玉麦来看看，给他们讲讲波啦的故事，讲讲阿妈的故事。"索郎顿珠说。

卓嘎和央宗没上过一天学，但她们的孩子如今全部在外求学。4个女儿分别在江西南昌、拉萨和山南市读大学和中学。说起当年克服重重困难送孩子外出读书，成为卓嘎和央宗最引以为傲的"政绩"。

那不仅是为了下一代的未来，更是为了玉麦乡的明天。

乡情难断，故土难离。每年藏历新年前，无论路途多么遥远，无论雪山多么艰险，被母亲送出山的孩子，一定会准时回到玉麦这个家。

"当年，阿妈和姨妈听了波啦的话，守在玉麦大半辈子。现在，我也要听阿妈的话，继续守护家乡这片山水。"索郎顿珠说。

牢记初心担使命

——追记扎囊县原副县长慕育军

◎段敏　孙开远　常川　王莉　赵书彬

2018年1月13日第01版、2018年6月29日第01版　（人物95）

上篇

作为一名共产党员，他对党忠诚，心系群众，把职责融入奋斗的土地；

作为一名基层干部，他不忘初心、牢记使命，用生命诠释了“老西藏精神”；

作为一名进藏干部，他爱西藏，更爱这里的百姓，以亲情温暖父老乡亲。

他叫慕育军，扎囊县原副县长。2017年10月13日凌晨，因积劳成疾、疲劳过度突发脑溢血，牺牲在了岗位上，年仅40岁。噩耗传来，秋草含悲，雅江呜咽，山南市干部群众沉浸在巨大的悲痛之中。

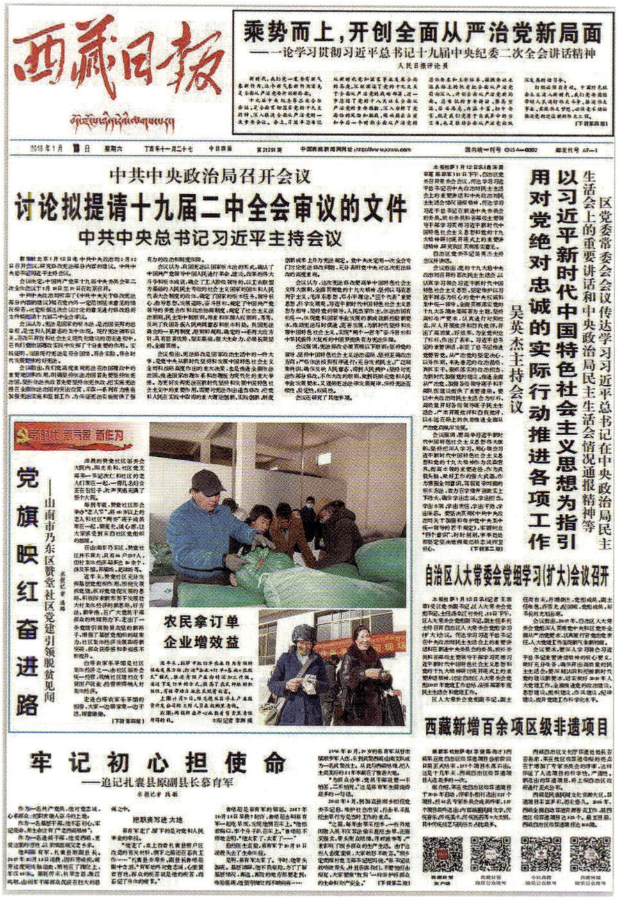

西藏日报

乘势而上，开创全面从严治党新局面

——论学习贯彻习近平总书记十九届中央纪委二次全会讲话精神

人民日报评论员

中共中央政治局召开会议

讨论拟提请十九届二中全会审议的文件

中共中央总书记习近平主持会议

区党委常委会会议传达学习习近平总书记在中央政治局民主生活会上的重要讲话和中央政治局民主生活会情况通报精神等

以习近平新时代中国特色社会主义思想为指引 用对党绝对忠诚的实际行动推进各项工作

吴英杰主持会议

党旗映红奋进路

——山南市乃东区赞堂社区党建引领脱贫见闻

农民拿订单 企业增效益

自治区人大常委会党组学习(扩大)会议召开

西藏新增百余项区级非遗项目

牢记初心担使命

——追记扎囊县原副县长慕育军

图为《西藏日报》2018 年 1 月 13 日 01 版刊登慕育军稿件版面图。

把职责写进大地

慕育军走了，留下的是对党和人民事业的牵挂。

“他走了，桌上放着扎囊县棚户区改造的有关材料，倒下之前还在忘我工作……”扎囊县委常委、副县长鲁绪超眼中含泪，“育军始终对党忠诚，心里装着百姓，群众的疾苦就是他的疾苦，而忘记了身体的疲累。”

鲁绪超是慕育军的邻居。2017年10月13日早晨7时许，鲁绪超去叫慕育军一起吃早饭，发现他倒在床上。“他捂着胸口，半个身子趴在床上。”鲁绪超不停地念叨，“他太累了，太累了……”

后经医生查验，慕育军于10月13日凌晨失去了生命体征。

是啊，慕育军太累了。平时，他带头加班。基层调研，他不畏艰险，为了了解基层情况，再远、再险的地方都要走到；维稳值班，他坚守岗位而不顾病痛……

1996年10月，19岁的慕育军从甘肃镇原参军入伍，来到武警西藏山南支队成为一名武警战士。从此与西藏结缘，把人生最美好的21年奉献在了雅砻大地。

“为群众办事，党员干部就要一不怕苦、二不怕死。”这是慕育军生前说得最多的一句话。

2012年5月，到加查县坝乡担任党委书记后，维护社会治安、打击私采乱挖虫草行为是当时工作的重点。

“之前，每年虫草采挖季，一些外地闲散人员不仅非法偷采乱挖虫草，还强买强卖，带头聚众赌博、寻衅滋事等，严重影响了坝乡群众的生产生活。由于这些人态度蛮横，大家敢怒不敢言。”坝乡定贡岗村党支部书记尼玛说，“慕书记就敢啃硬骨头，并且告诉我们，不要怕打击报复，大家要像‘牧狗’一样保护好群众的生命和财产安全。”

为了治理私采乱挖行为，慕育军带领工作人员前往扎隆廓虫草采集点蹲守值勤。“从乡政府到扎隆廓徒步翻山越岭要走差不多5个小时，过悬崖、穿荆棘，道路艰险。他身体不好，一路下来，虽然累得气喘吁吁，脸色发紫、嘴角发青，但总是冲锋在前。”尼玛告诉记者。

经过慕育军等人的辛勤努力，多年阻碍坝乡群众团结和发展的问题得到了有效解决。由于成绩突出，坝乡被评为2012年度全区优秀“双联户”先进单位。

2016年下半年，慕育军调任扎囊县任副县长，分管环保、国土和住建工作，协管支铁办、优化办等工作。鲁绪超说：“育军勇于担当、主动作为，短时间内就理顺了工作，干出了成绩。”

“没有调查就没有发言权，不做正确的调查同样没有发言权。”慕育军一上任，就上矿山、进企业，走田埂、入农家，一身汗、两腿泥，风里来雨里去，忙着搞调查研究。扎囊县政府办工作人员薛伟强说，调研中，他总是对大家说：“千万不能拿群众的一针一线，这样会破坏党在群众中的形象。”

在拉林铁路建设中，扎囊县扎塘镇嘎杂村运输车队与建设方因运输费产生了矛盾。矛盾激化，处理起来十分棘手，先后调解了好几次都没结果。慕育军接到任务后，在详细调研、认真分析的基础上，依法依规处理了几名挑事的“刺头”，并有理有据有节地对当地群众进行了教育。事情处理得巧妙、公道，群众心服口服。

“他就是这样的人，越是‘急、难、险、重’任务越能显出他的能力。为此，县里总是给他压担子、下任务。”扎囊县县长唐勇说。

用担当诠释忠诚

无论是在加查县还是在扎囊县工作，慕育军主动作为、勇于担当的事迹在当地出了名。

2017年8月，中央环保督察期间，慕育军再一次用行动诠释了一名共产党员的担当。

2017年8月18日，扎囊县接到中央第五环保督察组转办的第一起环保投诉案件——扎囊县阳光氆氇厂环保不达标。作为分管领导的慕育军，立即带领县环保局工作人员深入一线，不分昼夜连续奋战督促该厂整改落实。

图为慕育军（右一）生前与久麦村群众一起察看山体地质灾害隐患。（资料图片）

在中央环保督察期间，慕育军都以身作则、冲锋在前。案件转交都在深夜，大家见慕育军身体不好，都劝他回去休息，但他对大伙说：“没事，扛一扛就过去了。”

虽然慕育军说自己的身体没事，但大家担心的事情还是发生了。

2017年8月25日，连续加班的慕育军突然晕倒在了工作岗位上。经检查，血压高压210毫米汞柱，低压160毫米汞柱。血压这么高，吓坏了扎囊县人民医院的主治医生符孝磊。但就是这样，慕育军还是没有在医院多待。一边输液，一边处理文件，操心的还是环保工作。

为让慕育军多休息一会儿，符孝磊特意给他加了一瓶生理盐水。可当符孝磊查房回来时，慕育军已自拔针头，悄然离去。

闻知因扎囊县阳光氆氇厂环保不达标，组织上要处理相关责任人。慕育军主动找到山南市和扎囊县主要领导，要求认领责任。他说："我是分管领导，我不担责，谁担责。"但是，熟悉扎囊县情况的干部群众都知道，这是20多年的历史遗留问题，怎么也不该由刚来这儿工作不到一年的慕育军来承担。

环保督察通过后，扎囊县准备上一个卷材厂项目。但在考察调研时，慕育军发现该项目存在环境污染隐患，坚决投了反对票。即使托人打招呼，他也不为所动。因为他的坚持，这个项目至今没能上马。

以亲情温暖乡亲

在慕育军看来，党员干部唯有全心全意为人民服务，才能把各族群众紧紧地团结在一起。

2012年12月，在加查县坝乡任乡党委书记时，听说乡里群众学驾驶技术愿望强烈，但苦于来回折腾，束手无策时，慕育军坐不住了。

"当时，学驾驶技术只能到地区上去学，学费贵、时间长不说，仅来回的费用大家就承受不起。"坝乡聂村党支部书记、村委会主任扎拉说。

为此，慕育军联系驾校请教练到各村现场教学，此外还为坝乡每个行政村解决了一台电脑，供群众学驾驶理论知识。"通过此次培训，全乡80名群众拿到了驾驶证。"扎拉高兴地告诉记者，"现在，这些群众都靠跑运输成了各村的富裕户。"

2017年6月下乡调研时，慕育军发现扎囊县扎塘镇久麦村囊孜沟存在山体滑坡地质灾害隐患。为了群众安全，他带人不分昼夜值守，并详细调研，研究解决方案。经过调研论证，扎囊县提出的整村易地搬迁的建议得到了自治区的支持。

长期在基层工作，慕育军练就了一身做群众工作的好本领。唐勇告诉记者："他是一个老基层，藏语没问题，藏族群众说的他都能听懂，群众信任他。"

扎囊县桑耶镇乃卡村村民占堆，是慕育军的结对户。听说占堆的妻子次仁卓嘎身患肝癌，慕育军联系医院帮助次仁卓嘎到内地治疗。不仅如此，逢年过节更是不忘送去慰问品和慰问金。次仁卓嘎去世后，他又忙着跑前跑后，帮着报销医疗费，并安慰占堆一家："有事随时来找我，我一定尽力解决。"

听到慕育军牺牲的消息那一刻，占堆哭了，哭得像个泪人。他嘴里不停地念叨："育军兄弟走了，育军兄弟走了……这样的兄弟我到哪里去找……"

待群众如亲人，群众视他如兄弟。无论是在加查县还是在扎囊县工作，慕育军都与当地群众结下了深厚的感情。

2016年，慕育军从加查县调离时，当地干部群众自发地捧着哈达、拎着藏鸡蛋，扶老携幼为他送行。"哈达可以收，东西不能要。"面对送行的群众，慕育军哭了——他爱西藏，更爱这里的父老乡亲。

带着满满一台手扶拖拉机的哈达，慕育军踏上了新的征程。可谁又想到，正当准备大显身手为群众办更多的实事好事时，他却倒在了工作岗位上。

他走了，家里失去了"顶梁柱"，留下了一双年幼的孩子、没有工作的妻子和白发苍苍的高堂老母；

他走了，群众失去了一名好干部，留下了对党和人民事业的牵挂……

2017年10月15日，数千名干部群众和他身前的同事、战友、亲人涌上街头，为他送行。

北风呼号，长歌当哭。慕育军走了，他永远活在人民群众心中。

下篇

“到部队好好干，甭丢脸！”

1996年深秋，甘肃镇原。唯一的儿子即将远上高原，父亲带着慕育军在县城吃了顿饭，半天才吐出这句话。

“男儿有泪不轻弹，却怎忍心丢下两鬓斑白的父母、牙牙学语的孩子……保重我的亲人们，我在西藏祝福你们！”

2017年大年初六，甘肃镇原。提前结束假期，在大巴车上，慕育军用微信表达一个男儿对父母妻儿的亏欠……

进藏21年，雅鲁藏布江畔杨柳绿了又黄、黄了又绿，慕育军把自己的根像杨柳一样，深深扎在雅砻大地。对他来说，从黄土高坡到雪域高原，处处都是美丽的家园。

只是他走得太早、太急、太匆忙。2017年10月13日凌晨，因突发脑溢血，慕育军倒在了扎囊县副县长的岗位上。

那个说西北味藏语的汉族儿子走了，留下藏族阿妈在深夜独自流泪；

那个用脚步丈量民心民情的人走了，留下还未完成的民生项目；

那个群众的“主心骨”、百姓的“贴心人”走了，留下乡亲们无尽的怀念；

那个憨厚朴实的西北汉子走了，留下一段共产党人与人民群众至真至纯的鱼水亲情……

“我太幸福了，有两位慈祥的妈妈”

“我的儿啊！”桑丹玉珍老阿妈哭得眼睛都肿了，好几天睡不好觉。一闭眼，就梦见慕育军微笑着坐在客厅。年逾古稀的老人半夜起身打开客厅的灯，卡垫上空空荡荡。

“2000年7月19日，是我终生难忘的日子，这一天我认了许多干儿子……”桑丹玉珍珍藏的笔记本上，记录着当时的感动。“阿妈”叫了18年，不是娘身上掉下来的肉，也成了娘的心头肉。

当时桑丹玉珍是琼结县畜牧兽医站的兽医，慕育军负责武警中队里的司务工作。一天，中队里的猪不吃食，慕育军向兽医站求助。初次相识，桑丹玉珍就与这个憨厚、热情，还会蹦出一两句藏语的小伙子很投缘。

他那点儿蹩脚的藏语是从藏族战友那儿学来的。有人笑他说啥都带着黄土味。他憨笑着说：“差不多、差不多，藏语‘我’的发音，就跟我家乡话一样嘛!”

见桑丹玉珍的孩子在外读书、工作，家里缺人手。慕育军和战友们一有空就到阿妈家做家务。

夏天，家里要整修屋顶，慕育军和战友们学着打“阿嘎(用木棍夯土)”。秋天，要准备过冬取暖，慕育军和战友们就和阿妈一起做牛粪饼。家里有好吃的，阿妈就让小女儿巴桑玉珍端过去。

随着和阿妈交流越来越多，慕育军的藏语水平提高很快。桑丹玉珍和中队官兵的故事也在琼结传为佳话。2000年，中队十几名官兵把桑丹玉珍认作了干妈。

光阴荏苒，阿妈的干儿子们有的退伍、有的调离。慕育军与阿妈越来越亲。他在这里有了妈妈桑丹玉珍，有了妹妹巴桑玉珍，有了一大家子亲人。

他爱上了这里淳朴善良的人们，也爱上了这片古老神奇的土地。

2001年，慕育军考入西藏自治区农牧学院种植专业。拿着录取通知书，他去向阿妈报喜。“干一行爱一行，不能丢掉军人本色”“学藏语，多和老百姓交朋友”，阿妈那天的话，让慕育军记了一辈子。

毕业分配，慕育军主动申请回到山南。此后十多年间，他从阿妈的“干儿子”变成阿妈的“小儿子”。

“阿妈啦，洛萨扎西德勒（新年吉祥）！”逢年过节，老人总会接到慕育军的祝福电话;“阿妈啦，身体还好吧？需要什么您就给我说。”慕育军有空就回家看望老人，带着最好的酥油。

儿子的孝顺和心血，桑丹玉珍心里最清楚。2015年，阿妈扯了最好的布料，给慕育军做了一身藏装，还特意买了一个木质细腻的上好木碗。

“阿妈啦，给我买这些干啥呢？”慕育军问。

“你是我儿子呀！”阿妈微笑着说，“这衣服，过节时穿；这碗，喝茶吃饭时用。”

“我太幸福了，有两位慈祥的妈妈！”慕育军激动地说。

藏族人民对木碗有着特殊感情，有“一个人一辈子只用一个木碗”之说。阿妈给慕育军买木碗，就是把他当作自家人，是对他这些年一心埋头为群众办实事、办好事的最高褒奖。

“驾驶证，就是我们联系群众的通行证”

加查县坝乡，海拔4100多米，是个被大山环绕的偏僻山沟。100多公里的沙土路，去一次县城要走五六个小时。太阳能发电，只能照明、看电视，带不动大电器。

2012年5月，组织上安排慕育军到坝乡任党委书记。坝乡苦，连个像样的厨师都请不来，慕育军就把妻子带来帮厨。

上任伊始，慕育军和乡干部们一个牧场接着一个牧场地转。在村干部的帐篷里、在牧民的茶碗中、在混合着牛蹄印和车辙的牧场上，一些不被留意的问题陆续浮现在眼前——

山高路远，汽车就是走出大山致富的“腿”。乡亲们想买汽车跑运输，学开车却没条件。因为驾校远在几百公里外的乃东县，去那学车，吃住是笔不小开支。全乡1000多平方公里，400多户，1500多人口，买车和修路，成为乡亲们最迫切的期盼。

“驾驶证，就是我们联系群众的通行证！”慕育军拿定了主意。

7月，一个火热的中午，乃东县，龙马驾校（现改名瑞通驾校）门口，一个满头是汗的人焦急地踱着步子，他就是慕育军。

他找到驾校负责人，表达了把教练请到坝乡的想法。

“兄弟，这事难办啊！”驾校负责人笑着对慕育军说：“现在学车的人多，我们这儿都忙不过来，实在没时间到你们那么远的地方去教车啊。”

驾校有困难，事情没谈成。

“我明天再来。”慕育军对当教练的同乡说道。

第二天，同乡说，驾校负责人不在，不知什么时候回来。慕育军说：“没关系，我等。”

高原的天，说变就变，一会儿还艳阳高照，一会儿却下起雨来。慕育军没带厚衣服，遮阳棚下，他双手插在衣袋里，瑟瑟发抖。

直到快下班时，那位负责人终于回来了。一下车就直奔慕育军而来，紧紧握住他的手说：“书记！兄弟，我真的服你了！”

慕育军“三顾茅庐”的精神，打动了驾校负责人。两天后，两辆教练车和一辆大车，拉着30台电脑、十几台模拟驾驶器，翻越布达拉山，穿过坝乡沟口的青冈林，来到乡政府院子。

流动驾校开张的消息，吸引了80多人报名。

群培次仁是坝村人，他想跑运输却苦于学车不便。有了在家门口学车机会，他几乎每天都第一个到，把汽车擦得干干净净等教练来。

一个多月后，全乡已有50多人拿到了驾驶证。2012年秋，坝乡人见面的问候语从“恭康桑（身体好）”变成“么扎纽吧（车买了吗）”。

有了走出大山的“腿”，乡亲们说话嗓门更亮了，连走路都轻快了。

领到驾驶证后，群培次仁家的商店开了张。他开着客货两用车，把家乡的核桃、酥油、牛肉运出去，再把山外的商品运进来。几年后，他在拉萨市区开了茶馆，新媳妇也娶进了门。

驾校在乡里办班后的第二年，通乡油路开工了。定贡岗村的索朗巴珠迫不及待地开回一辆二手装卸车，给工地运送砂石料，当年就赚了近10万元。现在，坝乡和索朗巴珠一样会开大车的年轻人，正在为水电工程建设运送材料。

乡里精心筹划的通电、通路的可行性报告得到县里的支持，坝乡基础设施建设紧锣密鼓地展开。

2012年底，全乡村村户户用上“大网电”，冰箱、消毒柜等电器进入坝乡；

2013年底，通往山外的路铺上了平整的沥青，跑一趟县城只用两小时。

坝乡每年夏季有了“邦锦美朵节”。那时，全沟的乡亲们都来了，既拓宽了当地畜牧产品销路，又融洽了党群干群关系。

不到两年，全乡基础设施和群众精神面貌都变了模样。

“慕书记做的事情太多了，三天三夜都说不完。”坝村的扎西坚赞说。

“是慕书记他们带给我们乡新变化，是党的好政策让我们脱贫富起来。”定贡岗村党支部书记尼玛说。

“现在，坝乡444户牧民，三分之二家庭买了汽车，还有十几家商店、茶馆，群众生活品质大幅提升。”坝乡现任党委书记周兆清说：“现在发展的局面，离不开慕育军那届党委打下的基础。”

2013年12月，慕育军到崔久乡任党委书记。崔久乡海拔更高，4600米之上长冬无夏。地广人稀、交通滞后，严重制约着当地牧民群众的生产生活。

为给乡亲们修路，慕育军和乡干部实地勘察公路走向，用双脚踏遍崔久乡的沟沟坎坎。

饿了，捼碗糌粑；渴了，抓把积雪；累了，挤在牧民的帐篷里。有马骑马，没马走路。时间最长的一次，大家竟13天没脱过衣服。

公路开始通到村时，慕育军累倒了。一个寒冷夜晚，乡长益西加措发现慕育军的房门敞着。走进一看，只见他蜷缩在床上，捂着胸口、嘴唇发紫，大口大口地喘着气。

他连忙从桌子上拿过药，给慕育军喂下。过了好一阵，他才缓过来。从此，慕育军养成开着门窗不脱衣服睡觉的习惯。

得知慕书记病了，许多乡亲跑来看他。那几天，宿舍里挤满了人，坐都没地方坐，大家就站着。

"老书记，您没事我就放心了。"坝乡的群培次仁买了藏药，专程开车送过来。

"书记，阿香贡拉牧场的路通了，以前牛驮着家什步行，现在开车就去了！"崔久乡牧民次仁扎西提着一袋奶渣，挤到慕育军床前。

一阵阵笑声，从温暖的小屋里传出来。

"有什么不顺心的事，经他一说，气就顺了。"每次经过乡里，吉隆囊村牧民桑旦都要拐进来找慕书记唠一唠。他说，书记说的话，暖心。书记做的事，贴心。

"有党和政府，绝不会让你丢一个碗"

2017年7月，一个大雨倾盆的深夜，雅鲁藏布江畔的扎囊县城渐渐进入梦乡，但有一个人却坐立不安。

“这么大的雨我睡不着啊，久麦村后面的山体可能有滑坡危险，我得去查看个清楚。”在电话里向县长汇报后，一个魁梧的身影乘车快速驶出县城。他就是扎囊县副县长慕育军。

不久前，县城几公里外的扎唐镇久麦村群众在议论一件怪事：久麦村2组背靠的唐宗草场在变“矮”，山上出现不少裂缝，村后山脚下泉水丰沛。

这条“小道消息”引起分管国土工作的慕育军的注意。而前两天从新闻里得知四川某地发生山体滑坡、人民生命财产造成重大损失后，更让慕育军心里打起了鼓。

“以前雨季，囊孜沟总有小规模山洪，可这几年却没发生，是不是地质灾害的前兆？”到了久麦村，慕育军对老支书当确说出自己的忧虑，两人当即冒雨上山。

暴雨如注，上山的路没有一步能踩稳。慕育军跌跌撞撞走在前面，雨衣被石块划开，双手被碎石割破，全身被雨水和泥浆浸透，但他担心的是山体上的一条条裂缝，就像一张张贪婪的大嘴，把雨水全吞进肚子里。

慕育军惊得直打哆嗦，不是因为冰冷的雨水，而是随时可能降临到全村人头上的危险。

下山后，他一户户查看群众的房屋，直到天亮雨势变小，慕育军又踩着泥泞，向山顶爬去，记下了所有裂缝区。其中，一处长达几百米的山体已上下错位近两米，裂缝最宽处有半米！慕育军蹲在地上用手量裂缝宽度，折下树枝探深度，还在裂缝两边打上木桩，绑上毛线。

“如果毛线断了，说明山体变形还在持续。”久麦村2组有66户，近300人，一旦发生滑坡，后果不堪设想。慕育军再三叮嘱老支书，如果发现险情加重，立即给他打电话。

回到县里，来不及换洗，慕育军立即向县委作了详细汇报。扎囊县委、县政府当即决定，由慕育军主抓，立即搭建临时居住点，迅速动员久麦村2组群众撤离避险，同时请自治区地勘局专家前来勘测论证。

可是，有的群众舍不下家业，不愿走。已经一天一夜没合眼的慕育军又与县领导班子一起赶往久麦村，分头做群众思想工作。

次旺杰布家1000多平米的农家别墅修好不到两年，守着全村最好的房子，次旺杰布说什么也不愿走。

“放心走吧，房子没了人在，东西丢了我赔。”慕育军拍着胸脯对次旺杰布保证，“有党和政府，绝不会让你丢一个碗。”

“看到您老人家，就像看到我父亲一样。”在60多岁的牧羊老人旺堆家，慕育军拉着老人的手劝说，“羊没了，还能再养，人没了，就什么都没了。”

在慕育军和干部们的耐心劝导下，久麦村2组群众全部撤到安全地带。搬到安置点，群众的基本生活有没有得到保障？一连几天，慕育军挨家挨户过问，发现困难逐一解决。

看到慕育军为了群众安全撤离累得又黑又瘦，旺堆感动得逢人就说：“这在旧社会，有谁管我们死活？党和政府才是真正关心我们老百姓啦！”

地质专家勘测论证后得出结论：久麦村2组背靠的唐宗草场滑坡系数极高，群众必须全部搬迁。

县里又把久麦村情况向上级汇报，自治区财政投资6500万元的久麦村地质灾害隐患点搬迁项目，已开始实施。

关键时刻，他永远是帮群众解难题、渡难关的主心骨；多年基层工作经验，也使他知道群众在想什么、盼什么；把群众当亲人，全身心的付出，让他得到了群众信任。

2016年，自治区把扎囊定位成山南市副中心、拉萨市后花园，拉林铁路、贡嘎至乃东高等级公路陆续动工，桑耶旅游特色小镇建设正式启动……扎囊正处在发展的关键时期，大量群众工作需要去做。

有一次，一件征地事宜需要做当地村民的工作，以尽快使20兆瓦太阳能光伏电站项目落地。

“给群众办好事，群众一定会理解支持的，我去一趟吧。”县政府开会研究，慕育军主动请缨。

“那是片荒滩石头地，种不出庄稼，但‘长’得出电！”青青的庄稼地旁，慕育军和乡亲们围坐一圈，掰着指头给大家讲光伏电的好处，讲村集体能得到什么收益。他摊开两手说：“这么好的事，千万可别错过。”半个小时后，就在地头上，乡亲们高高兴兴地签了合同。

还有一次，一个招商引资项目，由于当地群众不了解情况，担心对环境产生影响。

“我去谈谈。”慕育军再次向组织请缨。

村委会里，他操着西北口音的藏语，与群众代表促膝交心，详细介绍项目的环保生产工艺。两个多小时后，大家消除了顾虑。

有人向慕育军请教做群众工作的“秘诀”，他笑着说：“群众工作哪有什么秘诀呀，跟着老百姓学，为群众着想，大家就信服你。”

为群众着想，就是做好基层工作的秘诀。

在扎囊工作一年多，慕育军按照县委、县政府要求，尊重群众意愿，守住基本农田，许多荒地盘活了；下大力气改造棚户区，治理私搭乱建，进行街道绿化、亮化，县城面貌焕然一新。2016年、2017年，扎囊县争创“全国县级文明城市”，连续荣获提名奖。

扎囊县，昔日的“丁丁嘎布”（藏语意为“乡下人”），如今悄然变成绿色、富裕的代名词。

“爹娘啊，西藏的亲人更需要我”

办公室里，一本日志记录着慕育军的工作。一个月，在办公室时间不到一星期。慕育军的时间去哪了？在基层，在农牧民群众当中。

他不分昼夜劳碌奔波着，一条牛仔裤，一双旅游鞋，是“标配”。一年下来，原本浓密的头发变得稀疏，原本白晰的脸庞变得青黑。

超负荷的工作终于累垮了他，慕育军昏倒在下基层途中。医生不敢相信，一个血压高达160/210毫米汞柱的危重病人，是怎么坚持工作的？

县长唐勇强迫他住院治疗，三天后，慕育军趁医生不注意，拔下针头，回到工作一线。

“工作要对得起老百姓，对得起自己肩上的责任。”他对一起下基层的环保局副局长益西群培说：“我们都还年轻，以后有时间休息。”

他一心帮旺堆生病的妻子联系去内地治病，一心想着要给读卫校的索朗旺姆的女儿寄生活费，一心想着事关扎囊群众利益的事情，就是没想到自己。

工作像拼命三郎，生活，慕育军却没什么讲究。忙碌一天，和同事在街头吃碗面条，或是回家煮包方便面，他就满足了。

这个西北农民的儿子，一身质朴的黄土气息，早已渗进灵魂。

“住哪都一样，晚上睡觉还不就是一张床？”任加查县住建局长时，他和干部们一起排队抓阄，一套50平米、经常停水的三楼房子，一直住到调离。

一年一次假期，慕育军两年才休一次。休假对于他来说就是治病，身体调养得刚有起色，假期就结束了。

“盖房都叫不回来。”汶川大地震后，老家的窑洞成了危窑。老人拿出养羊的积蓄，加上政府补助的危房改造款，东挪西借，勉强把5间平房建成了。

黄土高原养育了他，他却把一生献给雪域高原。40岁的人生，21年在西藏度过。这21年里，慕育军与父母团聚时间，零零碎碎加起来，只有两年。

同事翻遍他的遗物，却没找到一件像样的衣服。而他在临走前，却不忘把连夜修改好的桑耶特色小镇建设规划材料摆放整齐。

慕育军床前，扎囊县县长唐勇双手颤抖，轻轻为这位朝夕相处的战友换上新衣，“兄弟，我送你最后一程。”噙着泪，几度失声。

“工作中他是领导，生活中我是兄长。我们为工作争吵过，却从没因私事红过脸。”扎囊县国土局局长格龙手里拿着久麦村地质灾害隐患点搬迁项目评审报告说，“慕县长这一走，我心里空落落的。我一定把项目建设好，完成他的遗愿。”

“前年，我家盖了新房。现在，我两个儿子都上了高中。”得知噩耗，加查县坝乡定贡岗村村民索朗次仁流着泪说：“书记，您放心，我一定好好干。”

“爸爸说，要努力。”夜里9点多，11岁的女儿慕雅楠还在做习题。指着作业本上名字中间的字，她一字一句地说：“这是爸爸取的。”这是雅鲁藏布的“雅”字，慕育军工作过的加查、扎囊，这条大江穿境而过。

儿子只见过父亲三次。父亲的名字对这个3岁孩子来说，就是陌生人。

“每次打电话，他都说忙。”妻子泣不成声：“我说，我联系你难道还要预约吗？”

21年里，儿子的模样一年比一年模糊。慕育军的老父亲擦拭着两行浊泪：“想打电话，又不敢打，怕耽误娃娃的大事。”

“爹娘啊，不是不陪，而是没有时间陪。不是不想家，是西藏的亲人更需要我。”慕育军的微信里，留下这样一段话。

扎囊县小小的礼堂里，人头攒动。慕育军生前好友、同事、战友，更多的是农牧民群众，从各地赶来，只为送他最后一程。

“谁去世了？”见多了生离死别的殡仪馆司机师傅悄悄地问，“怎么这么多人来送别？”

……

“什么也不说，祖国记得我。”

是的，坝乡沟口那片青冈林记得：在雪域高原，一位西北汉子为百姓呕心沥血，直至生命最后一刻；

是的，扎囊县城旁那片杨柳林记得：田间地头，一位汉族干部，满身尘土，用流利的藏语和农牧民群众拉家常、话发展；

是的，加查县各族群众记得：万家团圆之夜，你含泪笑对电话那头的白发爹娘，却说不出回家的日期……

慕育军走了。他用一生实践了共产党员忠诚、干净、担当的精神，这精神之花正开遍雪域高原；

慕育军没走！哪里有群众，哪里就有可爱的基层干部，哪里有困难，哪里就有可敬的基层党员；

慕育军走了。心中装着老百姓，唯独没有自己的忘我品质，已深深印在西藏各族人民心中；

慕育军没走！他早已化作美丽的格桑花，布满高原，扎根这片热土，成为千千万万个神圣国土的守护者，幸福家园的建设者。

这千千万万张笑脸，栉风沐雨后，正在迎来新时代的灿烂阳光。

用生命播种雪域未来

——追记著名植物学家、西藏大学“长江学者”钟扬教授

◎孙开远　王莉　廖云路　郑璐

2018年4月2、3、4日01版　（人物96）

上篇

他，是植物学家，采集4000万颗种子，留下绵延后世的基因宝藏；

他，是和蔼师长，以那充满磁性的声音，把科研种子播在学子心田；

他，是一棵巨柏，飓风中不幸訇然倒下，却将生命希望遍洒高原；

他，是共产党员，痴然忘我的人生境界，把人生宝贵时间献给西藏……

他，就是中组部、教育部第六、七、八批援藏干部，上海复旦大学党委委员、研究生院院长、博士生导师，西藏大学“长江学者”特聘教授、校长助理、生态学一级学科博士点学科带头人钟扬。

图为 2007 年 8 月 21 日，钟扬（右二）与西藏大学师生在西藏采集种子。这是他们在户外吃午饭。

新华社发

2017年9月25日上午，钟扬在内蒙古鄂尔多斯市讲学返回途中遭遇车祸，不幸去世，时年53岁。

他头戴旧遮阳帽，身穿磨得发亮的冲锋衣，手扶双肩包，一脸胡茬，回身质朴微笑的高大身影，将永远定格在西藏大学师生脑海中。他忠诚于党，热爱科研和教育事业，燃烧自己，照亮别人，用生命播种雪域高原的未来，把一生奉献给祖国最需要地方的高尚情操，将永远激励后来人不断前行。

“这个教授太酷了！”

“嗡——”，9月25日中午，自治区科技创新大会上，西藏大学研究生处处长单增罗布的手机急促地震动起来。

电话里传来的，是钟扬去世的噩耗。

“这不可能是真的！他还答应我们，9月29号参加理学院生态学一流学科建设研讨会呢！”单增罗布大脑里先是一片空白，随即便泪如雨下。

“教师是我最在意的身份”。这是钟扬曾不止一次说过的话。的确，即使离开，他也是在来讲学的路上。

作为老师，钟扬不但善于用风趣而又通俗的语言来解释深奥的科学道理，更能把专业知识巧妙地转化为人生哲理。

“第一次见钟老师，是在一个大教室里。他黝黑微胖，像一座山，很有气场和力量。”一位曾经聆听过钟扬讲课的藏大学生说，“中气十足的带上海口音的普通话，激情澎湃的语境，使原本昏昏欲睡的我瞬间清醒了。这个教授太酷了！接下来的两个小时，我笔直地坐着，竖起耳朵听他的每句话。”

“每次讲课，都结束了，学生们还意犹未尽，不肯离去。”西藏大学生命科学系主任普布说，钟扬教授作为一位有创新思维的科学家，从人品到学问都令人钦佩。他是真正的科普大家，能够让外行很快捷、轻松地就了解复杂的科学知识，甚至能够点燃普通人对科学的兴趣。

幽默就像种子一样，仿佛植入钟扬教授身体的每一个细胞。在一次西藏野外考察中，他与学生都出现了严重的高原反应。学生要把插在自己鼻中的氧气管拔出来给他用，他抓住学生的手说：“别动，都这么大的人了，怎么这么不讲卫生，快点插回去。”

钟扬为双胞胎儿子取名“云杉”和“云实”，还别致地解释这种命名的意义，“一来花花草草多，植物志那么厚，想重名都难；二是不用动脑；再者，如果植物取名蔚然成风，会给植物分类学在社会上带来很大影响。”

有时候，与其说钟扬在给学生们讲生物学，不如说他在给大家讲人生哲学课。他对生物学的态度，在科学以外，透着对人类命运、生命价值的深深思考与关怀。

“他讲达尔文踏上‘贝格尔’号的航行时，如同自己也在那艘事关人类命运的船上。”他的学生、博士研究生李子璇说：“他舍弃上海舒服的日子，把大部分精力投入到西藏科研考察，心情也许就如登上自己的‘贝格尔’号吧。作为他的学生，我们将追随他的脚步，继续前行。愿海拔6000米的雪莲，永远为老师盛开！”

“不是杰出者才做梦”

作为植物学家，钟扬有着自己的追求：“生物多样性排名，西藏一直在全国是前三，而西藏还有很多没有被探索的地方。”

从2001年起，钟扬便开始每年进藏进行科考。2010年，他开始了连续三批援藏之路。16年来，为什么钟扬与西藏结下不解之缘，只因对这块高天厚土的热爱。

钟扬曾说：“初到这片土地，只为盘点世界屋脊的生物家底，寻找生物进化的轨迹。在漫长的科考道路上，我慢慢意识到，这片神奇的土地，需要的不仅仅是一位生物学家，更需要一位教育工作者，将科学研究的种子播洒在藏族学生的心中。”

熟悉钟扬的人都知道，他非常希望藏族学生能考取研究生，加入他的科研团队。他知道，无论到哪里深造，藏族学生大多数都会回到家乡，成为西藏科研领域“靠得住、留得下、用得上”的生力军。

“他每年都要问我，‘推荐的研究生中有没有藏族学生？能不能动员优秀藏族学生选择读研？’他经常给我讲，西藏要发展，必须培养专业人才。”忆起昔日好友，西藏大学文学院党组书记、原理学院院长徐宝慧说。

作为老师，钟扬对藏族学生的喜爱发自肺腑。他曾说：“藏族学生跟内地学生相比，在知识方面会显得差一点，但聪明程度可能会强一点。在内地读书的汉族学生中，前几名优秀学生可能出国了，前几十名的可能进清华、北大了，最终轮到我手上的都排名好几百了。跟我读研究生的藏族学生，一般都是前几名。按照比例计算，他们的聪明程度不亚于那些排名几百位的汉族学生。”

西藏大学理学院教授拉琼便是在钟扬培育下成长起来的少数民族学者。钟扬鼓励他报考复旦大学的博士研究生，但拉琼当时无暇抽身。直到有一次，钟扬离开拉萨前往上海，在机场候机时还打电话询问考博的事。

后来，拉琼成为西藏大学最年轻的藏族植物学教授，担负博士点的建设工作。

前不久，当得知有一名藏族学生被录取为2017届生态学博士研究生新生时，钟扬兴奋不已。他在电话里说：“谢谢你，拉琼。”

“不是杰出者才做梦，而是善梦者才杰出。我希望我的学生，就像这生长在世界屋脊的植物一样，坚持梦想、无畏艰险。我相信，终有一天，梦想之花，会在他们的脚下开放。”钟扬说。

“马曾经是有翅膀的”

钟扬珍视荣誉，却从不把荣誉挂在嘴边。

有一年，西藏大学理学院推荐享受国务院特殊津贴的专家，大家一致推选钟扬参选。当询问他的态度时，他笑了笑说：“十几年前，我就享受国务院特殊津贴了。”大家都很惊讶，与钟老师这么熟悉了，居然还不知道！

钟扬就是这样一个做事低调、淡泊名利的人。

他曾说："马曾经是有翅膀的，但在进化过程中，它选择了地面，而不是天空。成长未必是获得，有时是失去。"

他这样说的，也这样做的。徐宝慧说，钟扬教授对职务、待遇从来都没有什么要求，对穿戴、饮食和生活，更是没有任何追求。

2012年5月，复旦大学领导来拉萨对他在复旦大学的进一步工作进行考察。当时，复旦大学要任命他为研究生院院长，希望他完成第六批援藏工作后专心为复旦大学工作。钟扬表态：宁可不要做研究生院院长，也要坚持在西藏的工作和研究。

在西藏大学师生们印象中，钟扬教授总是穿着那几件洗得几乎褪色的衣服。在大多数人都用上了智能手机时，他仍旧在用一款直板老式手机。

有一次，从上海经成都到拉萨，由于飞机延误，他竟然在成都机场候机楼外的楼梯间和衣睡了两个小时，再搭乘早上第一班飞机赶回拉萨。

……

他拥有整个世界，却唯独缺了自己。钟扬不愿把有限的时间浪费在人生享受上。共产党员，就是要甘于成为先锋者，向更高的高度攀登；就是要把生命最宝贵的时光，献给祖国最需要的地方。

这使钟扬比一般人更能感悟生命真谛。他在给教师节献礼的短片《播种未来》中有一段独白，不曾想竟然一语成谶：

"任何生命都有结束的一天，但我毫不畏惧。因为我的学生会继续探索科学之路，而采集的这些种子，也许会在几百年后的某一天，生根发芽，到那时，不知会完成多少人的梦想。"

中篇

16年前，探寻生物进化轨迹，他独自踏上地球“第三极”；

16年间，行程超过50万公里，他收集上千种共4000万颗种子；

16年间，栉风沐雨，艰难处身先士卒，留名处却又甘为人梯。

“世上有多少玲珑的花儿，出没于雕梁画栋；唯有那孤傲的藏波罗花，在高山砾石间绽放……”这首著名的藏民族诗歌，是钟扬为祝贺他的学生扎西次仁完成论文时特别为他朗诵的。一首诗念完，年轻人已经湿了眼眶。

作为一名植物学家，钟扬把自己一生中最宝贵的时间，奉献给了西藏。钟扬的一生，不正像那在高山砾石间绽放的藏波罗花吗?

留给未来丰富的基因宝藏

“一个基因可以为一个国家带来希望，一粒种子可以造福万千苍生。”钟扬经常这样说。

16年前，钟扬发现，我国生物多样性排名倒数第一、倒数第二的上海和北京，集中了约50%的相关人才，而排名前列的西藏却很少，“青藏高原有2000种特有植物，那是每个植物学家都应该去的地方。”

2001年，复旦大学承担对口支援西藏的工作，为盘点世界屋脊的生物“家底”，时任复旦大学生命科学学院教授的钟扬主动请缨来到高原。

“由于每一个种子样本都要收集5000颗种子，由于遗传之间的杂交问题，不同的个体和不同品种花粉之间有可能产生杂交，钟老师就提出了两个样本空间距离不得少于50公里。”作为钟扬培养的第一位藏族女博士，德吉始终牢记老师的叮嘱。

西藏大学文学院党委书记徐宝慧至今清晰地记得，有一次，钟扬发现一种桃核光滑的毛桃，就采摘了8000颗。“为了不损坏种子的完好度，他发动全课题组老师、学生啃毛桃，刷干净、擦干、晾干、送入种子库，那年夏天，他做了500个样本。”

为分析巨柏在藏东南地区和雅鲁藏布江两岸的生长和分布情况，钟扬和他的团队整整花了3年时间，对不同的野生种群一一标记分析，将全世界仅存的、属于西藏的这3万多棵巨柏都登记在册。

对收集种子这事，钟扬总是轻描淡写：“我只是想摸清我们的家底，总得有人知道有多少种子，它们在哪里。”他觉得，几百年后，这些种子会给无数人带来希望。

16年间，他为国家和上海的种子库收集了上千种植物的4000万颗种子；

7年间，为盘点世界屋脊的生物家底，寻找生物进化的轨迹，他追寻生命的高度，在西藏收集了4000多个样本，1000余个物种，占到了西藏物种的1/5，储存下了绵延后世的丰富的基因宝藏。

世界屋脊上的“钟大胆”

西藏生态环境孕育了特有的生物资源，从海拔2000米一直到6000多米，都有植被分布。它们不仅可做药用，分布规律还体现植物适应环境的进化过程——越是气候条件恶劣的地方，越是有研究的价值。

16年来，从藏北高原到藏南谷底，从阿里无人区到雅鲁藏布江边，不管多么危险，高原反应多么严重，只要对研究有帮助，钟扬就带领着学生一次又一次地走进那些最偏远、最荒凉、最艰苦的地方。“科学研究嘛，本身就是对人类的挑战。”16年间，每一次准备出发的水和食物时，钟扬都会说：“我们也不能因为高原反应就怕了是吧？”

死面饼子加些凉菜和午餐肉，这些是钟扬的野外佳肴，艰险的盘山路上，车辆一不小心就可能冲出路基，掉下悬崖；没有水，就一连几天不洗脸；没有旅店，就裹着大衣睡在车上；大雨、冰雹从天而降时，就躲在山窝子里……为此，同事们送给他一个特别名字：“钟大胆”。

2011年，为了采集到鼠麴雪兔子这一神奇的物种，钟扬与他的学生扎西次仁和拉琼一行，前往珠峰地区。“抵达海拔5200米的珠峰大本营时，团队并未如预期有所收获，这也就意味着我们还要继续向着更高海拔地区寻找。考虑到钟老师的身体，我们建议他留在大本营，由我们几个继续寻找，但钟老师一口谢绝了我们的好意。”拉琼清楚地记得，当时钟扬坚定地说：“你们能爬，我也能爬，我要和你们一起去找。”最终，在海拔6100米以上的北坡，团队采集到了鼠麴雪兔子宝贵的样品。

钟扬患有高血压，每次采集种子的途中，头晕、恶心、无力等高原反应特别厉害，但他从不主动提起。“为填补全世界最大的种质资源库中还没有西藏地区植物种子的空白，钟老师常出没无人区，也常在海拔5000米的野外采样。”德吉说：“一年至少行走3万公里，仅收集种子样本一项，一年就至少要收集600个，好多次看到老师疲惫的身影我就觉得心疼。”

雪域高原有了自己的“种子”团队

钟扬曾说：“我想带出一批博士生团队，探索一种高端人才培养的支教模式，帮助西藏形成人才培养的造血机制。生物学研究是一场持久战。一百年后我肯定不在这个世界上了，但我的学生们还在，他们早晚有一天会发现那颗改变我们国家命运的种子。”

在西藏大学，钟扬招研究生，最重兴趣，喜欢做植物学研究才会招。

威武的身姿、沉重的双肩包、急促的脚步声、爽朗而富有感染力的笑声……这几天来，钟扬教授的身影一直浮现在西藏大学理学院教师德吉的脑海中。“钟老师一生忙碌于事业，他的办公桌上常常堆积着各种文件、一层层论文修改稿、正在撰写或翻译的书籍。”德吉说，为了使工作有条不紊，钟扬教授会把第二天要做的事情列一个清单，每当完成其中一项工作时，他就会用剪刀把纸条剪掉。而德吉认为，钟扬教授办公桌上的事项清单是永远剪不完的。

“只要钟老师在西藏大学，只要时间允许，他就会亲自下厨，他指导的每个研究生都吃过他做的饭菜。这不仅是为了改善我们生活，更增进了师生之间的情感。即便带领团队外出采集种子期间，钟老师也常常第一个起床为我们准备早餐，大家一边啃着馒头、榨菜，一边听钟老师讲授科研方法。”作为钟扬正在指导的一名藏族植物学博士生扎西次仁几度哽咽，“钟老师的随身听里，录着满满的藏语学习资料……”

“钟老师几乎把自己所有的精力都用在了学校学科建设和人才培养上了，他为雪域高原留下了属于自己的‘种子’团队。”西藏大学理学院副院长刘星说，“如果没有这次意外，钟扬教授28日就要到西藏继续‘播种’了。”至今，钟扬教授已为西藏大学培养了8名硕士研究生，获博士学位的教师3名，其中2人已成为生态学教授、1人为副教授，在读博士6名。

生命无常，然而，就算一切戛然而止，巍峨的喜马拉雅一定会记得那个坚毅、敦厚的身影。

钟扬走了，却未曾真的离开，而是化成了藏波罗花，在雪域高原的高山砾石间自由绽放。

下篇

在2017年9月份教育部公布的“双一流”建设高校和学科名单中，西藏大学生态学专业入选一流学科建设行列。这是西藏唯一入选“双一流”重大战略决策的学科，也决定了未来一个时期内，西藏高等教育将向着生态学进入“世界一流学科前列”的目标迈进。

从为西藏大学争取到了历史上第一个国家自然科学基金项目，到被遴选为自治区第一位“长江学者”特聘教授；

从帮助西藏大学培养出第一位植物学博士，到培养出自治区第一个生物学“教育部创新团队”；

从实现西藏高等教育理科博士点“零的突破”，到推动生态学学科入选一流学科建设行列……

钟扬认为，“每个学生都是一颗宝贵种子，全心浇灌就会开出希望之花”。这是钟扬的口头禅，也是他的行动指南。16年来，他怀着一颗甘当人梯、造福人民的赤子之心，呕心沥血、殚精竭虑，让一颗颗“宝贵种子”在高原大地开出“希望之花”。

生态学科建设的“天时地利”

2001年，钟扬以复旦大学教授的身份来到西藏采集植物种子时，发现西藏大学生态学专业没有教授，没有一位老师拥有博士学位，更没有获得过国家自然科研项目资助。更为关键的是，西藏大学的教师们相信，钟扬与其他前来青藏高原科考的专家一样，在完成自己既定的研究目标后，就会成为这片土地上的匆匆过客，不会为学校留下什么。

“谁也没有想到后来的10多年里，钟扬教授成为西藏大学生态学专业建设和发展的顶梁柱。”曾经与钟扬共事多年的西藏大学研究生处处长单增罗布说。

钟扬患有高血压，身材微胖，每次进藏都有高原反应。但在尽快适应高原环境后，他便以西藏大学兼职教授的身份组织与教师们的科研合作。2003年，钟扬与西藏大学理学院教师联合申报的项目获得了自治区有史以来第一个国家自然科学基金立项；几年后，他又通过在复旦大学的博士点，为西藏培养出了第一位植物学博士青年教师。

真正让钟扬为西藏大学一流学科建设发挥“中流砥柱”作用的，是从2009年他被遴选为西藏大学教育部“长江学者”特聘教授和2010年加入中组部第六批援藏工作组开始的。很多西藏大学的老师都记得，钟扬当时在校级大会上表态：“不拿到博士学位授予权，我就不离开西藏大学”。

“青藏高原有超过2000多种特有植物，一直是全球生物多样性研究的热点地区之一，一个多世纪以来，国内外学者对青藏高原植物资源及其特殊生态环境的研究兴趣有增无减。”钟扬说。他的表态并不是一时兴起，建设以生态学为特色的学科，是西藏学科建设的“天时地利”。

2011年，西藏大学生物学硕士点获得了批准，重点培养高原植物学、动物学和生物物理学等方向的硕士研究生。此后，钟扬又多次陪同教育部专家到西藏进行实地考察，制订富有西藏特色的生态学学科规划和实施方案。2013年，西藏大学生态学博士点通过了教育部的验收，实现了西藏高校理科博士点“零的突破”。

国家项目“神话”照进现实

熟悉西藏教育的人都知道，由于独特的地理环境和社会发展轨迹，西藏虽然孕育了丰富灿烂的藏文化，但现代自然科学的传承、研究与发展却远远落后于内地省份。高水平科研项目和科研技术人才的缺乏，一直是制约西藏大学学科发展的“瓶颈”。

“曾几何时，申报国家项目对于我们来说就是‘神话’，老师们的科研实力不足，热情也不高。但钟老师这些年不断带领我们走近‘神话’，还把‘神话’变成了现实。”西藏大学理学院教授拉琼说。

钟扬率先垂范，2011年以西藏大学为依托单位申报的“青藏高原极端环境下的植物基因组变异及适应性进化机制研究”，获得了国家自然科学基金重大研究计划重点支持项目资助。这是西藏历史上首个国家级自然科学重点项目，通过建立与完善适用于植物基因组分析和适应性进化研究的新方法，为揭示青藏高原植物在环境变化条件下的适应性进化机制研究提供了可借鉴的范例。

“榜样的力量是无穷的”。在钟扬教授的带动下，西藏大学的教师也尝试申请国家项目。钟扬不仅义务为教师们举办培训讲座，还一次又一次地动笔修改申报书。为最大程度地调动教师们的积极性，他甚至自掏腰包为每位申报项目的老师提供科研补助。近年来，几乎每位西藏大学理学院的教师都递交过各类自然科学基金项目的申请书，学院也连续7年每年都至少争取到一个科研项目。

高水平的平台必将孕育高水平的人才，在西藏大学生态学专业博士点和国家自然科学基金的推动下，一个覆盖植物学、动物学、微生物学以及生态学等相关学科的20余人研究团队日益成熟。他们开展的生物多样性和分子进化等青藏高原特色研究的影响力日益增大，获选为“教育部创新团队计划（培育）”项目。

“所有这些努力和成绩，都为此次西藏大学生态学专业入选‘双一流’名单奠定了基础。而钟扬教授的离世，无疑是西藏大学乃至西藏高等教育的重大损失。”西藏大学理学院副院长刘星说。

在西藏大学一流学科建设筹备过程中，钟扬教授多次提出建设性的意见；就在教育部“双一流”名单公布后，他还计划9月底到学院商讨生态学科的发展规划。

他想把最宝贵的献给西藏

由于同时担任着复旦大学研究生院院长，钟扬经常往返于西藏和上海两地。为了在短暂的时间里获得他的宝贵指导，学生们在见面之前都会反复思考事先准备的问题。每次师生见面都像是一场“头脑风暴”，钟扬都能从杂乱无章的荆棘中，为学生指出一条破茧而出的道路。

就这样，一步一个脚印，经过10多年的发展，生态学从一个西藏大学的普通学科，一跃成为西藏高等教育的“领头羊”。成长的背后，必然有西藏大学师生的付出和牺牲。

而又有谁知道，钟扬为此付出了什么？

由于长期在高原工作、生活，2015年5月，钟扬突发脑溢血，经住院抢救，脱离危险。住院期间，他边康复边工作，硬是在病床上完成了《基因密码》一书的翻译。医生告诉他，至少一年内，不能再去高原，但9个月后，他又出现在西藏大学师生们面前。

也正因这次重病，更加坚定了钟扬的信念。他想在成都建一个西藏大学科研基地，他想把全世界有志于青藏高原研究的科学家都请过来，为西藏做一些事。他是想把一生都献给西藏啊！他告诉徐宝慧，许多科学家的身体不适合踏上青藏高原，但我们可以把收集到的标本送到成都，与他们共同开展研究。而这个科研基地所需要的相关资金，他已经开始到处筹措……

“科研与生活的关系是密不可分的，他把几乎所有的精力都放在学科建设和培养人才上了。”钟扬培养的第一个藏族女博士、西藏大学理学院教师德吉说。

威武的身姿、磨得发亮的冲锋衣、沉重的双肩包、急促的脚步声、爽朗而富有感染力的笑声……这是钟扬学生以及西藏大学师生脑海里时常浮现的身影。

曾经有人问过钟扬，如果不到西藏，留在上海专心搞研究、发论文，是否有更多成就？

“也许吧。”他答得坦率，但并不后悔。正如他10多年来在西藏采集的4000万颗种子，他更关心西藏生态学学科和人才队伍建设能否像种子那样，早日破土而出。

“钟扬老师追求的是天下之利、人类之愿，他相信每个学生都是一颗‘宝贵种子’，他虽然离开了我们，但现在，这些‘宝贵种子’正在高原大地生根发芽，开出‘希望之花’。”擦干泪水，德吉说：“此生有幸能成为钟扬老师的学生，如今，我们只有继承他的遗志，做他那样善梦的人，才不会辜负他的希望，为西藏的将来作出我们的贡献。”

尼玛顿珠：牧区改革的“排头兵”

◎温凯

2018年12月28日01版 （人物98）

一个人可以改变一个村的面貌。

2014年11月，尼玛顿珠刚担任物玛乡抢古村党支部书记时，这个村还只是改则县48个行政村里非常普通的一个。全村下辖4个村民小组、86户301人，其中贫困户就有21户60人，占到了全村总人口的五分之一。

但尼玛顿珠没有被如此庞大的贫困面吓倒。在改则县委、县政府的大力支持下，他带领全村上下大胆改革创新，率先推行“六个统一”的牧区改革发展模式，成立了抢古村牧民集体经济合作社，于2017年带动全村脱贫摘帽，为阿里乃至全区牧区改革积累了经验，树立了典范。

出身贫寒志脱贫

1965年，尼玛顿珠出生在抢古村一户普通牧民家里，作为家里7个孩

西藏日报

提高党领导经济工作能力和水平

——六论贯彻落实中央经济工作会议精神

人民日报评论员

全区干部驻村第七批总结表彰暨第八批动员大会召开

吴英杰齐扎拉出席 丁业现讲话 庄严主持

中共中央政治局召开会议

审议《中国共产党政法工作条例》

中共中央总书记习近平主持会议

齐扎拉在自治区人民政府专题会上强调

学习贯彻落实好中央经济工作会议精神 推动我区经济高质量发展和绿色发展

庄严出席

中共西藏自治区委员会 西藏自治区人民政府

关于表彰全区深入开展创先争优强基础惠民生活动第七批驻村工作先进集体和先进个人的决定

（2018年12月27日）

今日八至十二版刊登

自治区深入开展创先争优强基础惠民生活动第七批驻村工作先进集体和先进个人名单

谱写新时代干部驻村工作新篇章

尼玛顿珠：

牧区改革的“排头兵”

图为《西藏日报》2018年12月28日01版刊登尼玛顿珠稿件版面图。

子中的老大，他从五六岁起就跟着父母外出放牧，过着逐水草而居的生活，对牧区的情况了如指掌。

尼玛顿珠20多岁时，抢古村的羊跑到了其他村的草场上吃草，导致两个村的群众产生了纠纷。他和另外两名村民一起去调解，最后顺利地解决了矛盾，也因此受到了大家的拥护和信赖，被选为村委会委员。随后，他又加入了中国共产党。

“加入中国共产党不是为了什么功名，而是一种心灵的净化，也能更好地工作、为村民服务。”尼玛顿珠说。

出身贫寒的尼玛顿珠深知基层群众的需求，在成为村领导班子成员后，他把帮助全村实现脱贫致富作为首要工作目标和责任。特别是担任村党支部书记后，他带着群众开办了集体茶馆和修车厂，使村里从过去单一传统牧业发展到了多种产业并存，群众收入也有所提高。

但因为产业规模小、经营粗放，整体带动能力不强，仍有不少群众生活贫困。

2015年，一则好消息传到了抢古村。为促进农牧业现代化、农牧区可持续发展，阿里地区决定率先在改则县进行牧区改革。经过多次调研论证，抢古村被列入全县牧区改革试点村。

在向改则县改革调研组反映情况时，尼玛顿珠拍着胸脯说：“抢古村有着良好的基础，我们的村集体经济搞得有声有色，村民的热情也非常高，改革试点放在抢古村，我们有信心，为牧区改革发展探索出一条新路子。”

从此，一场敢教日月换新天的牧区改革试点工作在抢古村拉开了大幕。

敢为人先勇创新

对于牧区改革，不是所有群众都支持，有的在观望，有的还会唱反调。针对群众思想不统一的情况，尼玛顿珠每天奔走于群众之中，挨家挨户面对面开展交流，征求群众意见，做群众思想工作。在他不怕跑断腿、不怕磨破嘴的精神感召下，绝大多数群众坚定了推进牧区改革的信心和决心。

2016年，尼玛顿珠带领村“两委”班子整合零散的专合组织成立了“抢古村牧民集体经济合作社”，实现了由过去的粗放式经营向集约化经营转变，全村71户256人主动申请加入合作社。为提升组织化管理水平，确保合作社发挥作用，合作社建立健全了《合作社管理办法》《合作社参股社员工分制、计分标准》《合作社社员入社申请登记》等多项规章制度，并对集体经济所有账目进行定期公示，接受村民监督。

群众以牲畜入股、劳动力入股、联户放牧、草场流转的方式参与合作社运营，确立了“劳动力统一安排、草场统一管理、畜产品统一购销、经营收入统一分配、无劳动力和孤寡老人统一供养、在校生统一记分”的“六个统一”运作模式，并根据村里富余劳动力实际情况，科学分配工作岗位，既解决了富余劳动力就业问题，又促进了多产业同时发展。

为便于管理和沟通，村“两委”班子根据集体经济合作社经营范围，设立多个党小组，充分发挥党员先锋模范作用，实现党员与群众同劳动、同收获，进一步密切了党群干群关系。

村里整合农牧、水利、扶贫等涉农项目资金328万多元，用于标准化牛圈、羊圈、人工种草等牧业基础设施项目建设，引进野牦牛6只，促进品种改良。养殖基地牦牛数量由2012年的74头增加到2017年的314头，通过实施象雄半细毛绵羊新品种示范推广项目，象雄半细毛绵羊数量由403只增加到803只。

在县地方财政出资担保下，合作社成功贷款210万元，整合草原生态保护补助资金30万元，新建洗沙场。村集体商店由2015年15万元周转资金扩大到2017年50万元，全村78个劳动力从单纯的牧业生产中解脱出来，就近就便从事修路、建围墙、温室等方面的施工。

就这样，抢古村改革试点工作一步步全面铺开，走向正轨。

群众致富笑颜开

世上无难事，只怕有心人。

三年来，抢古村牧民集体经济合作社始终致力于实施牧业基础设施建设、推进畜种改良、转移劳动力就业、开展多种经营，搭建人人参与改革、共享改革成果的平台，制定了符合牧区实际和群众需求的分配制度，将总收入82%分红给群众、4%用于扶持无劳力和孤残老人、6%作为合作社管理人员的基本报酬，其余8%留作合作社的风险资金和周转资金。

到2017年，这场前所未有的改革，可以说取得了彻底的成功：全村实现转移劳动力创收128.26万元，入股群众户均分红1.89万元，最高分红5.9万元，最低也可分红5365元，全村21名孤寡老人每人分红4388元，74名在校学生每人分红1150元，实现了“老有所养、幼有所教”，全村人均纯收入在不含政策性补助的情况下达到14701元。

原本是贫困户的村民洛桑，在牧区改革之前，全家都靠农村低保、政策性补助和亲戚接济过日子。加入合作社后，他通过统一安排务工赚取的工分，在2017年分到了酥油50斤，过冬羊32只，分红和其他现金收入3万多元，由政府出资70%、自己承担30%的小康新居正在建设当中，今年就能搬入新家。

“我放了一辈子的羊，还从没想过日子可以这样过。”洛桑开心地说。

目前，抢古村改革发展模式已经面向改则县的47个村和噶尔、日土、札达、普兰、措勤、革吉6个县的12个村进行试点推广。

由于工作成绩突出，今年，尼玛顿珠被党中央、国务院授予了全国仅有100名的改革先锋称号，受邀赴北京出席了庆祝改革开放40周年大会。

“这么高规格的表彰让我特别激动，这也是党和国家对我的信任、对我们抢古村牧业改革的认可，作为一名老党员和村党支部书记，我以后一定会继续带领群众做好牧业改革，把规模做大、把产业做强，不断提高现代牧业的发展水平。”尼玛顿珠谦虚而笃定地说道。

新时代基层共产党员的楷模——索朗朗杰

◎张晓明　孙开远　廖云路　王珊

2019年4月29日01版　（人物99）

2018年7月1日。周末。上午。

雨水过后，碧空如洗，阳光洒满巴宜区中学校园。

“我志愿加入中国共产党……对党忠诚，积极工作……随时准备为党和人民牺牲一切，永不叛党！”阶梯教室里，传出雄壮而坚定的宣誓声。领誓的男中音，铿锵有力。

这是学校党总支主题党日活动的一个重要环节——重温入党誓词。

领誓人是校党总支书记索朗朗杰。

此时此刻，他目光如炬，正专注地凝视着面前鲜红的党旗。

此时此刻，全校70多位党员都不知道，这个站在党旗前的人，竟是癌症晚期病人！

这是索朗朗杰最后一次带领全校党员重温入党誓词。

5个月后，2018年11月30日，这位走路生风、铁塔一样的藏家汉子，离开了人世，生命定格在51岁。

尼洋河畔，至今流传着他把整个心灵都献给党的教育事业、献

西藏日报

共谋绿色生活，共建美丽家园

——在2019年中国北京世界园艺博览会开幕式上的讲话

（2019年4月28日，北京）

中华人民共和国主席 习近平

习近平出席2019年中国北京世界园艺博览会开幕式并发表重要讲话

宣布北京世界园艺博览会开幕

强调各方要共同建设美丽地球家园

同出席2019年中国北京世界园艺博览会的外方领导人夫妇共同参观园艺展

吴英杰在自治区党委常委会会议上强调

坚持以人民为中心的发展思想 扎实做好高质量发展和绿色发展各项工作

尽锐出战，不获全胜决不收兵

19个贫困县（区）委书记谈脱贫攻坚

齐扎拉在区信息产业发展领导小组会上强调

提高政治站位 补齐短板弱项 力争“互联网+政务服务”工作实现新突破

西藏自治区对外公开中央环境保护督察整改情况

以作风建设促进重大项目

新时代基层共产党员的楷模——索朗朗杰

图为《西藏日报》2019年4月29日01版刊登索朗朗杰稿件版面图。

给孩子们的感人故事，他用忠诚和生命，践行了“做一名称职的党员”的庄严承诺。

“要把整个心灵都献给孩子们”

2006年秋，又到高一新生报到的日子。

林芝市第一中学校门外，一个女孩正抱着阿爸哭。她叫措姆，以优异成绩考上高中。当得知学杂费需要1500多元时，拿着家里仅有的1000元钱，父女俩进退两难。

得知措姆可能辍学，索朗朗杰急了。他是措姆的初中藏语文老师，在措姆上初中时，就经常资助她、鼓励她。

“等一等。”电话中，索朗朗杰没多说。不一会儿，一辆汽车急刹车，停在校门口。索朗朗杰从车上下来，从包里拿出2000元，塞到措姆和阿爸手中。

在当时，这2000元钱相当于索朗朗杰与爱人月收入的四分之一。

从此，只要遇到，索朗朗杰就会塞给措姆一些零花钱，给她买衣服，带她吃饭，鼓励她一定要坚持完成学业。

2009年，措姆考上大学，索朗朗杰又给了她2000元。从初中到大学，10年来，索朗朗杰坚持资助措姆一家，帮助她和妹妹完成了学业。

十几年的相处，本不相识的两家人，已经像亲人一样亲。

措姆记得，阿爸曾背着一袋土豆进城送给老师，却又大包小包地带回了新鲜的牛肉、漂亮的衣服、舒服的鞋子。

措姆记得，走上工作岗位那天，老师把一床新被子放到她的行李箱上，对她说：“孩子，你已经是党的教育工作者了，光荣啊！好好干。”

措姆记得，第一次发工资那天，她第一个告诉的，就是老师。她想请老师吃顿饭，老师告诉她：“阿爸阿妈很辛苦，要多接济家里，不用想着我。”

“经济上的帮助，不是最主要的，老师在精神上的鼓励，我一辈子都忘不了！”说起索朗朗杰老师的点点滴滴，措姆一边擦着不断涌出的泪水，一边哽咽着说，“我们山里的孩子，不了解外面的世界。

是老师给我描绘，山外面，有多么精彩；是老师告诉我，人生路，应该怎样走……”

措姆和妹妹，并不是索朗朗杰唯一帮助的孩子，他也曾点亮门巴族姑娘央珍心灵的明灯。

央珍家住排龙乡白玛店村。1994年，她第一次走出深沟大山，来到林芝县中学上初中。语言不通，人地两疏，央珍很自卑，无心学习。

索朗朗杰就把央珍接到家里住，他和蔼地对央珍说：“阿爸阿妈痴心地把你送来，就是要让你好好学习，将来报效国家建设家乡。孩子，语言不通咱不怕，一句句学，学习落后也没事，一步步赶！”

老师的一次次鼓励，激发了央珍发愤学习的劲头。学校晚上9：00熄灯，而在索朗朗杰老师家，央珍住的小屋里，灯一直亮到很晚。尼洋河畔的夜，清凉如水。轻轻推开房门，索朗朗杰把自己的衣服披在正专注学习的央珍身上，又轻轻带上房门。

不久后，央珍的学习成绩进入全班前三名，也在苦学中找回了自信心。

“长大后，我就成了你。”央珍和措姆，不约而同地选择，要做索朗朗杰老师那样的人。

她们都选择了师范专业，毕业后毅然回到家乡，成为人民教师。现在，央珍在波密小学任副校长，措姆则成为波密中学一名老师。她们像索朗朗杰老师当年那样，告诉孩子们，山外面的世界，有多精彩，人生路，应该怎样走。

从教28载，他不知在多少孩子心头，埋下真善美的种子；从教28载，他劝学、资助的孩子，就有100多人；从教28载，他用善良和爱心去感召学生，引导一个个懵懂的心灵，扣好人生第一粒扣子——

西洛的父亲在他要跨入初中校门时去世，他变得厌学逃学；白玛达吉经常欺负同学，在学校里打架捣乱，还不服管教；达瓦次仁爱吓唬女同学，事后还洋洋自得，女老师都怕他……

得知这些，索朗朗杰从不生气，更不批评，他邀请孩子们到他家喝甜茶、吃饭。

“我羡慕你们啊！”吃完饭，索朗朗杰微笑着开了口。原来，索朗朗杰老家在尼木县雅鲁藏布江边的一个偏僻村庄。上世纪70年代中期，每天天不亮，他就起身赶往5公里外的学校。

乡亲们很喜欢这个勤学的孩子。每次遇到，这个给点吃的，那个塞给1元钱。在乡亲们鼓励下，1990年，索朗朗杰从西藏大学藏语文系毕业，成为一名人民教师。

索朗朗杰对孩子们说：“包吃、包住、包基本学费的‘三包’政策，是党和政府的特殊关怀，你们要懂得感恩呀，要好好学习，将来成为社会有用之才……”

后来，这些孩子都继续留在学校上学。

在他一次又一次劝导下，渐渐地，西洛、白玛达吉、达瓦次仁这些孩子不再调皮、逃课，都顺利完成初中学业，有的还考上高中、大学。西洛毕业回乡后自己创业，买了大车、挖掘机、装载机，年收入20多万元。

“学校里开除一个捣乱的学生，社会上就可能出现一个问题少年。”教工会上，索朗朗杰说，“我们的孩子，都是聪明、可爱的，只是有的爱学习，有的贪玩不想学。我们当老师的，就是要把整个心灵都献给孩子们，引导、教育好孩子们。”

在索朗朗杰感召下，巴宜区中学教职工一心扑在教育上，教学工作取得了优异成绩——

学校学生由初期的3个班100多人，发展到现在的23个班996人；

实验楼、图书馆、远程教育资源接收站、多媒体计算机网络中心等建成落地；

10年来，学校共有176名学生考入西藏高中班（校），5次夺得林芝市少数民族考生中考状元；

13名党员骨干教师在2017年林芝市“一师一优课、一课一名师”、2018年“教师讲课和说课”比赛中成绩优异……

“让‘铁牛’成为脱贫致富的领头牛”

秋雨随风潜入夜色，淅淅沥沥下个不停。

米瑞乡。泽列村。桥头。男女老少几十人，手捧哈达，站在一株枝繁叶密的老桃树下，兴奋地议论着。

“到了！到了！”深夜11点多，有人指着远处，高声喊道。

只见有一长串灯光刺破夜幕，越来越近。随即，柴油马达的轰鸣隐隐传来。

当24辆拖拉机排成长龙，停在桥头时，泽列村沸腾了。乡亲们那个高兴劲啊，比过藏历新年还热闹。索朗朗杰还没从拖拉机上下来，就被雪白的哈达淹没。乡亲们用这种传统方式，表达对驻村工作队的感谢。

这24辆拖拉机，是驻村工作队帮助村里申请到的农牧区短平快项目。

2011年底，自治区启动强基惠民干部驻村工作。索朗朗杰以队长身份，被组织派到巴宜区米瑞乡泽列村驻村。

泽列村在苯日山南坡、雅鲁藏布大峡谷边上，山高路远。

初到泽列，索朗朗杰就和队员们串起了门。他抱过小孩子，向家里老人问候，然后接过热气腾腾的甜茶，开始与主人聊起家常。

就在散发着青草香的农家院里，在柴米油盐的家常话中，泽列村的情况，详细记在了《驻村工作记录本》上，印在了索朗朗杰的脑海深处。

记录本上，索朗朗杰用刚劲洒脱的字体记录着全村基本情况。他把人口、收入、耕地、作物、产量、牲畜等内容，分门别类记录下来，详细到有多少只鸡、多少部手机。

巴桑家缺劳力，想买台“铁牛”（拖拉机）；

老支书旺久希望把通往村外的砂石路铺上水泥；

波啦（爷爷）乔次仁很想在村东南田边修一条水渠；

……

泽列村是农业村。长期以来，农业机械少，乡亲们耕田、播种、秋收，大都靠人背马驮牛耕。不算日常管理，每到农忙，大家最少都得忙上十来天。这样的生产方式，效率低、产量少。山外的村子，有许多人都买了“铁牛”，提高了效率和产量，壮劳力就有时间到城里打工了。

“要是有台‘铁牛’就好了！”看到别人的日子一天天富起来，泽列村人眼馋啊！

是啊，无论是铺路、修渠，还是生产活动，有了“铁牛”才得心应手。

一台“铁牛”2万多元，没有钱，怎么办？

作为驻村工作队队长，索朗朗杰始终牵挂着泽列村脱贫致富的事。一天下午，他找到村委会主任吉问：“阿佳（大姐），您不是想买‘铁牛’吗？明天我轮休回城里，咱们先去农机公司看看，行不？”

吉爽快地答应了。

第二天中午，在林芝地区农机公司，吉看着涂着红漆的崭新样车，这儿瞅瞅，那儿摸摸，恨不得马上就把它开回家。

看着吉急切的样子，索朗朗杰对吉说："钱不够没关系，咱一起想办法。"他带着吉，向林芝县教育局领导反映情况，又和教育局领导带着吉到区里争取支持、甚至跑到拉萨汇报情况，申请自治区农牧区短平快项目资金的支持。

第二年初，自治区财政划拨了强基惠民项目资金30万元，加上驻村工作队为民办实事资金10万元和巴宜区教育局出资的几万元，共申请到40多万元的专项资金。

资金到位后，索朗朗杰立刻把这好消息告诉了全村人。他和吉再次来到农机公司，为全村预定了24台28马力一拖一挂的时风牌拖拉机。他告诉吉："一定要在秋收前开进村，让乡亲们用上'铁牛'。"

9月，农机公司来电，拖拉机到货了。泽列村每户乡亲只需补缴差额300多元，就能提车。

提车那天，乡亲们在机头前绑上大红花，雇了20多个司机，浩浩荡荡把车从几十公里外的市区开回村。直到现在，泽列村集体喜提"铁牛"的故事，还被米瑞乡各村津津乐道。

"铁牛"有了，可全村只有一人会开。索朗朗杰又从区农机站请来师傅，手把手教大家驾驶技术和维修技术。

还是那年秋天，索朗朗杰带着驻村队员，和乡亲们一起，用3天时间修平、拓宽了田间小道。"铁牛""突突突"的叫声，开始回响在泽列村古老的土地上。

后来，吉接过老支书的担子，成为全村历史上第一位女支部书记。

"感觉就像是又解放了一次！"提起当年这事儿，老支书旺久的目光仍然闪烁不停。

有了"铁牛"，泽列村的面貌发生了巨大变化——

以前，耕地靠牛，现在，缰绳挂在墙上蒙了灰，犁铧靠在墙角生了锈，“铁牛”耕地，又快又深；

以前，500多亩庄稼，要忙活十几天，现在三五天就差不多了；

以前，泽列人到乡里磨面，靠人背马驮，现在开拖拉机方便多了；

全村土地平均亩产一下子就提高了100来斤，达到800多斤，每亩增加收入300多元。泽列村的人均收入，一年就增加了几千元，脱贫致富的步伐加快了；

机械化使年轻人离开土地，到山外闯闯的心，跳得更迫切……

“驻村队员是党派去的，就要牢记党的为民宗旨，为老百姓办实事、解难事。”一批批驻村工作队，接过索朗朗杰的接力棒，带着乡亲们一茬接着一茬干，2016年，泽列村全村都脱了贫，现在，人均纯收入达到12882.4元——

6年过去了，村里的年轻人中，有两人大学毕业已参加工作，有1人刚刚毕业，有两人即将毕业，还有3人正在备战高考，重视教育成为新村风；

6年过去了，村头那几公里砂土路，早已成为平整的水泥路，乡亲们进城，再也用不着抄近道翻苯日山了；

6年过去了，当年那个挂在“铁牛”机头的大红花，至今还挂在家家户户墙上，还像新的一样；

6年过去了，乡亲们仍记得索朗朗杰说过的话：“老百姓的期盼，就是我们共产党员的责任，让‘铁牛’成为脱贫致富的领头牛！”……

“像石榴籽一样紧紧抱在一起”

巴宜区中学的数学老师索朗拉巴，五官长得棱角分明，为人彬彬有礼，平和可亲，烟不抽、酒不沾。无论从形象还是到性格，他都属于姑娘心目中那种白马王子的形象。可都三十好几了，他却连个女朋友也没有。

缘分，仿佛早已注定，纵使千山万水，也有相会那一天。

2018年元旦，索朗拉巴结婚了。新娘来自广东，名叫林文婕。

谈起这段姻缘，还得从中央对西藏实施的一项政策说起。

2015年12月，国家教育部等部委联合印发《"组团式"教育人才援藏工作实施方案》，从对口支援西藏各省市和教育部直属高校附属中小学选派800名左右教师进藏支教，每10至50名教师组成1个团队，集中对口支援西藏一所中小学。2016年开学之际，来自北京、上海、广东等17个省市的800名教师和管理人员陆续进藏。

巴宜区中学是"组团式"教育人才援藏受援学校之一。在林芝桃花盛开的季节，广东省选派的43名老师，登上进藏班机，远赴几千里之外的巴宜区中学。

林文婕就是这43名援藏老师中的一员。

为迎接这些千里之外的兄弟姐妹，索朗朗杰可没少忙活。

援藏老师们就要来了。藏历新年还没过完，索朗朗杰就和普布次旦校长东奔西跑，为大家安排住的地方、备课的桌子、办公的用品等。

援藏老师们快要到了，索朗朗杰再一次来到给老师们安排好的周转房里，把家具、家电、炊具挨个检查了一遍，生怕遗漏什么。连床上的被褥，他都要看看是不是暖和。

他边看边说："广东热，林芝凉，被子要厚点儿。"从周转房出来，他又来到教工食堂找索朗次仁师傅。考虑到广东人的饮食习惯，他早先已和索朗次仁师傅说好，让他学习粤菜做法。

援藏老师们到了。大巴车刚拐过弯，远远地就看到，索朗朗杰和全校教职工手持哈达，站在校门口迎接。

“我们来拿！”索朗朗杰和学校老师争着帮援藏老师拿行李。

“大家刚到，不能累着。房间里有高原安，一定要注意休息，多喝热水，少活动；食堂已经为大家准备好了饭菜……”一边安顿大家，索朗朗杰一边介绍预防高反注意事项。

“吃着藏家面，高反会减轻；喝着酥油茶，都是一家人。”第二天一早，索朗朗杰又自掏腰包，请老师们吃藏餐。端着散发着骨头汤香味的藏面，他用蹩脚的粤语招待大家。说着说着，他又唱了起来：“我们是一个妈妈的女儿，我们的妈妈叫中国……”欢声笑语中，援藏老师们熟悉了当地风俗习惯。

有一次，援藏老师欧成坤突然捂住上腹部，身体缩成一团，脸色蜡黄。虽正值初春，但豆大的汗珠从他脸上滚落。大家忙七手八脚地把他送到医院。原来，欧老师得了病原性胃穿孔。欧老师住院期间，索朗朗杰和其他校领导在嘘寒问暖的同时，还安排老师们轮流照顾。

待身体适应了高原气候，索朗朗杰又带援藏老师们参观学校，介绍学校工作。

援藏老师们上岗了。索朗朗杰把17位党员召集到一起，成立了组团式援藏教师党支部。随后，他又组织援藏老师和本地老师集体备课。按照不同教研组，援藏老师和本地老师结成对子，探讨业务，共同提高。

索朗朗杰对本地老师们说：“援藏老师学历高、经验丰富，我们要用这个好机会提升自己。”

很快，全校教职工和援藏老师打成一片。

教数学的索朗拉巴和林文婕就这样认识，并结成教学对子。

林文婕性格文静，索朗拉巴又不好意思和姑娘说话，集体备课时，两人面对面，却很少说话。看到这个场景，索朗朗杰把索朗拉巴叫到办公室。

“林老师有发达地区的先进教学理念，但以前教高中，对初中教学不太熟。”索朗朗杰开门见山地说，“你要主动介绍学校情况，主动向林老师请教学习。”

在索朗朗杰鼓励下，索朗拉巴开始主动找林文婕探讨业务。看到两人性格相似，年龄相仿，很是般配，索朗朗杰和妻子时常请他们到家里吃饭，为他们创造交往的机会。慢慢地，两人成了无话不谈的朋友。

有一次，林老师得了重感冒，咳嗽了很长时间也不见好。除了每天从食堂打好饭菜端到林文婕面前，索朗拉巴还买来藏药，帮她调养身体。人在生病的时候，最想念亲人，何况离家几千里。

索朗拉巴细致入微的体贴照顾，使这位来自广东的姑娘，感到亲人的温暖。两年朝夕相处，两颗年轻的心越走越近，开始出双入对。2018年寒假，见过双方父母后，他们领了结婚证。

“好啊好啊，有缘千里来相会，不亦乐乎？”得知他们结婚喜讯，索朗朗杰会心一笑，冒出这么一句不文不白的话，逗得在座的人哈哈大笑。

巴宜区中学组团式援藏副校长郭穗莹说：“索书记是真正把我们援藏教师当成一家人，3年来，学校组团式援藏工作多次受到上级主管部门的表扬，多项经验做法被自治区‘组团式’教育援藏工作领导小组借鉴和宣传，这些成绩的取得都是与索书记的关心分不开的。”

融洽氛围中，巴宜区中学的藏、汉、回、满、土家、珞巴等民族的老师们“像石榴籽一样紧紧抱在一起”，分房时互相谦让，工作上互帮互助，生活中互相照顾。就这样，内地来的援藏汉族老师吃起糌粑，喝起酥油茶，跳起锅庄；藏族、珞巴族老师在过春节时，也贴春联、包饺子、吃汤圆；每年工布新年和藏历新年，索朗朗杰和妻子都会邀请留校的老师一起过节，吃“古突”和藏式糕点。2018年，巴宜中学获得西藏自治区“民族团结进步模范集体”荣誉称号。

当学校各项工作大步向前时，索朗朗杰却累倒了。

有一次，邻居次仁平措在楼道里看到他，一手扶着栏杆，另一手按着腹部，大口喘着粗气。

次仁平措走上前，问道：“书记您这是怎么了？”

索朗朗杰紧喘了几口，抬起头对次仁平措笑了笑说道：“没关系，就是有点累了。”

还有一天下午，雷万蓉老师找索朗朗杰汇报工作。只见他半躺在卡垫上，皱着眉头，用手顶着右腹，笑道：“啊惹——，累了，休息一下就好。”第二天一早，雷万蓉又看到，索书记像没事一样，走路还是那样虎虎生风，讲话还是那样中气十足。

索朗朗杰就是这样的人，即使病了，也要把最阳光的一面展示给大家。

他心里，装着所有人，却忘记了自己。

“学生就是我们的孩子”

2019年。清明。黄昏。尼木县卡如乡卡如村。

夕阳下，一棵老核桃树伴着一位老人的剪影，默默伫立路边。这位老人，就是索朗朗杰的阿爸。

老人望着来往的汽车，若有所思，鬓角的白发，被夕阳染成金色，在微风中轻轻抖动。

儿子去世4个月了，老人还蒙在鼓里。

老阿爸今年已86岁高龄，耳朵不太好使，但身体很硬朗。站到路边前，他才对儿孙们发完脾气。

“怎么只寄东西，老也看不到人回来？”一个多小时前，当小儿子再次把索朗朗杰妻子索朗寄来的白酒和冰糖放到老人面前时，他不高兴了。老阿爸极少有不高兴的时候，但今年这是第二次生气。

上一次，是藏历新年前。当老阿爸得知索朗朗杰不能回家过年时，低声说了一句：“新年也不回家？我要是听得清电话就好啦！”

多年来，索朗朗杰常给阿爸寄四季的衣服，月月都寄他爱喝的白酒、爱吃的冰糖。寒暑假回老家小住时，他的车里塞满一摞摞竹编。

这些竹编产自林芝，是带给乡亲们的。妻子索朗开玩笑说，可能现在尼木县家家户户都有他送的竹编时，他笑着回答：“乡亲们都是亲人，呵护着我们长大，咱要懂得感恩，是不是？”

多年来，每次到妻子老家，索朗朗杰比妻子还要受亲友欢迎。妻子问：“你这人，怎么走到哪里都招人喜欢呢？我问你，为什么娶我？”

“我是怕你嫁不出去。”索朗朗杰深情地望着妻子，眼睛笑成缝。

婚前，索朗朗杰就经常带学校的学生回家吃饭、洗头、洗澡。婚后，他还是这样做。开始，当他打电话说这事时，妻子埋怨说：“在学校你是领导，在家我是领导。这事你得早点说，我好准备准备。”

“好好好，你是领导。”索朗朗杰边笑边对妻子说，“领导就要以身作则哟，要带头照顾好学生，学生就是我们的孩子。”

走进索朗朗杰的家，仿佛穿越到上世纪末——

电视是老显像管的；

冰箱是结婚时买的；

卡垫边沿一戳一个洞；

锈迹斑斑的炉子，不知用了多少年；

手工焊接的架子床上，铺的是旧衣服打碎的棉絮；

楼下停了一辆3—5万元的小汽车，已经开了十几年……

“积财千万，无过读书。”古代教育家颜之推这句话，是索朗朗杰笔记本里众多名言警句中的一条。

感谢信看过后，从不留；帮了多少人，从不记。索朗朗杰和妻子月收入加起来有2万多元，却经常不够用。直到去世，他生前资助困难学生的事，才因一波又一波前来吊唁的人，渐渐为人所知。

“这些年，他们究竟资助了多少学生，从来不向人提起。”巴宜区中学副校长雷万蓉说，“三年前一个暑假，快开学了。书记没空去银行，给我手机上发了一个卡号，让我帮他转2000块钱。他还几次嘱咐我不要去说。”

从那时雷万蓉才知道，他们夫妻正在资助多名贫困大学生。

生前，索朗朗杰从不羡慕别人买了几套房、换了几部车，却常向妻子念叨着——

在四川达州工作的旺久内地买房的压力大不大？

扎西次仁大学毕业后有没有找到工作？

寄给旦增嘎瓦的3000块钱还够不够？

泽列村今年庄稼的收成怎么样？

……

多年来，索朗朗杰的家，几乎成了学生宿舍。每到周末和假期，夫妻俩就把离家远的孩子们接到家里，有中学的，还有小学的。“他们全身心投入到教育事业，一直没有自己的孩子。”巴宜区中学校长普布次旦说：“直到年近不惑，他们才有了一儿一女。”

索朗朗杰非常爱孩子。每天早晨，起床打好茶，揉好糌粑，再亲亲儿女们，叫他们起床。打开他办公室的电脑，桌面是女儿在课堂上举着小手发言的特写照片，粉嫩的小脸蛋圆圆的、萌萌的。

但是，他却没和孩子们过过一次“六一”儿童节。因为每年这个时候，作为巴宜区督学的他，都要到农牧区去，和那里的孩子们一起过“六一”。

“他还常说他们泽列村的事，说的可有意思了。我就想和孩子去一趟，可他不让去，怕麻烦乡亲们。”妻子索朗，眼含泪花，脑海里全是昔日的幸福。她声音颤抖，但却微笑着说：“他说过，他做的那些事，微不足道，不要宣传。我告诉自己，不哭、不哭……”

一缕白发，从她染过的发间露出来。

索朗朗杰去世后，闻知噩耗，人们纷纷在微信、微博和网上留言——

“呕心沥血为了孩子们的成长，用大爱解读民族一家亲，您的离世让人泪目，您的精神和大爱将如阳光，照亮世人心灵。”

“您是一位实实在在为老百姓办实事的好党员，您用自己的实际行动诠释着自己的初心！”

“您常常教育我做一个对社会有用的人，您不但养育了我，还有我的弟弟。谢谢您，阿爸！”

“脑海中浮现的都是您在讲台上幽默可爱的面容，情不自禁地哭了。曾经听过老师的教导，如今我也成了一名教师，在今后工作中我会以您为榜样，去关心爱护我的每一位学生。”

你是一面旗帜，用忠诚书写前进的方向；

你是一种力量，用真情推动脱贫的步伐；

你是一面镜子，用崇高鉴照人生的价值；

你是一抔春泥，用平凡培护祖国的花朵；

……

三尺讲台坚守初心　5000米上书写人生

——记那曲市双湖县中心小学教师杜安东、曹晓花夫妇

◎廖云路　张宇

2019年9月9日1版　（人物101）

2019年8月11日，星期日。山东省济宁市鱼台县清河镇杜屯村，台风刚刚过境，天空飘着淅淅沥沥的小雨。

那曲市双湖县中心小学教师杜安东，提着苹果、桃子、饼干和香烛，来到自家田地里的一处墓碑前，“扑通”跪倒在地：

“娘啊，我来看您了。这一年学校很好，班里的孩子们很争气，吉宗考上了辽阳一中，白玛卓嘎去了珠海四中，来旺卓玛也被西藏班（校）录取了。他们将来都会有出息的，您放心吧……下次回家，我再来看您。”

风，吹过田野。树叶摇曳着发出“沙沙”声，仿佛传来母亲的声音：“好好工作，注意身体。”

3天后，杜安东和妻子曹晓花从济宁市出发，跨越4500多公里、翻上5000米高原，前往他们共同执教的那曲市双湖县中心小学。

从2008年工作至今，杜安东和曹晓花在全国海拔最高县——那曲市双湖县扎根基层11年。他们在海拔5000多米的地方教书育人，

图为杜安东在给双湖县中心小学五年级学生上课。

本报记者　廖云路　摄

播撒民族团结种子，“舍小家、顾大家”……谱写了一曲新时代基层教师“不忘初心、牢记使命”的赞歌。

“学好汉语文，才能更加热爱这个国家”

那曲市，海拔4450米。从这里出发，一路向西北，窗外只剩下光秃秃的山丘，高低起伏的高山草甸，还有一望无垠的湖泊。整整行车一天后，在一处仿佛被风刮出的平原上，终于有了人间烟火。

双湖县平均海拔5000多米，每年冬季长达8个月，含氧量只有内地40%，被称为“人类生理极限的试验场”。坐落于县城的双湖县中心小学，是附近四个乡镇里唯一一所完小，方圆100多公里范围内的孩子大都在这里读书。

8月19日上午9时，晴空万里。双湖县中心小学操场上，鲜艳的五星红旗在庄严的国歌声中冉冉升起，全校438名学生迎来了新学期。

“上学期期末考试中，我带的五年级（3）班汉语课平均分是82.3分。这个成绩创造了双湖县教育局有成绩统计以来的最高分数。”杜安东说。

十年耕耘，终见收获。然而，杜安东不会忘记，2009年刚到学校时，他所带班级学生的汉语平均分只有7.8分。在百分制的满分中，这意味着学生们几乎已经放弃了对汉语文的学习。

旦增扎西是杜安东从二年级开始带的学生。他有很多优点：尊敬师长、团结同学、热爱劳动、爱护公物……但，他的缺点也很明显，汉语文考试成绩经常不到20分，还是班上出了名的小捣蛋。

上课铃刚响不久，旦增扎西就坐不住了。他把纸巾撕下一角，捏成一个小纸团，又从兜里取出一根用过的笔芯，将纸团塞进去当“子弹”，再把纸团从笔芯里用力吹出去……一次吹得不远，再试第二次；一个人不好玩儿，再叫上两个同学比赛。被老师没收了“作案工具”，他很快又想出新的玩法。

“旦增扎西很聪明，只是心思没有花在学习上，帮他查找学习中的问题，成绩一定可以提上去。”杜安东说。

低年级的学生汉语水平普遍较低，大都只会说“是”和“不是”，而杜安东又不懂藏语，教学工作极难开展。他绞尽脑汁，一会儿用手比划，一会儿又请学习好的同学帮忙翻译。课后，杜安东又陪旦增扎西一起踢足球，让孩子释放爱玩的天性，当学生们喜欢上了老师，才会喜欢上学习。

两年后，旦增扎西的成绩有了进步，每次考试成绩都在及格线附近。杜安东仔细分析了旦增扎西试卷上的错题，发现“作业本”写成了“作业木”、“青稞”写成了“青棵”……离正确答案，总是差一点点。

杜安东把旦增扎西叫到身边，一笔一划教他重新写过，又鼓励全班同学“无论现在考了多少分，只要学习有进步，老师就有奖励。”

学校的孩子们大都吃不到水果，也很爱吃零食。为调动他们的学习积极性，杜安东和曹晓花商量，每月从工资里拿出部分钱，买孩子们爱吃的。

“有时作业写得工整，就会奖励一个苹果；有时上课积极发言，就会奖励一颗糖……”旦增扎西说。这些看似微不足道的奖励，让他更加喜欢上了杜安东的课；下课后，还经常追着杜安东问问题。

上小学六年级时，旦增扎西的汉语文成绩已经具备80多分的水平，藏语、数学也不错，很有希望考进西藏班（校）。但是，杜安东又找到了新的问题：他的成绩还不够稳定，几次考试成绩忽高忽低，学习积极性也不高。

杜安东留心他的学习时间分配后发现，旦增扎西花在藏语、数学学科上的精力很多，在汉语文上的时间却相对较少，经常先把其他学科的功课做完后，再抽出时间学习汉语文。原来，在旦增扎西心中还有一个疑问：“学习汉语文，到底有什么用?”

双湖县是那曲市最偏远的一个县，靠近藏北无人区。学生们在家里说藏语，在县里购买东西用藏语，就连他们的父母、亲戚之间交谈也用藏语……学生们缺少学习语言的环境，也难怪无法理解学习汉语文的作用。如果不把这个问题给学生们讲清楚，他们就没有学习汉语文的主动性。

一天，学校举行完升旗仪式，杜安东在教室里问全班同学：“你们刚才唱了国歌，知道歌词是什么意思，又是怎么来的吗？”同学们七嘴八舌，答案五花八门。杜安东从近代中华民族的生死存亡说起，是《义勇军进行曲》激励着中国人民奋发图强，最终实现了民族独立和人民解放。

全班同学听得入了迷，杜安东说:“《义勇军进行曲》只有一种语言，那就是汉语文。学好汉语文，才能更加深刻地理解中国的历史和文化，才能更加热爱这个国家。”他接着告诉同学们：“藏文是藏民族文化的瑰宝，我们固然要学习。而身为一个中国人，还必须掌握好这个国家的通用语言，做中华文化的守护者和传播者。”

正当学生们对学习汉语文有了些启发，杜安东和曹晓花又邀请往届考入西藏班（校）的学生回学校，跟班里的学生们交流在内地的学习、生活情况。

“内地的老师都用汉语文上课，他们的博学程度和讲授的知识，是我以前在双湖听都没听说过的；内地同学来自不同的民族，大家在一起说普通话才能结为好朋友，遇到困难互相帮助……”今年17岁的卓玛央吉曾是曹晓花班上的学生，目前在北京西藏中学读高二。

一席话，让全班同学眼中燃起了学习汉语文的热情。

双湖县中心小学有一间图书阅览室，但学习资料不足，已经不能满足学生们对汉语文课外读物的需求。2019年8月开学，杜安东、曹晓花找到几个朋友一起，发出了这样一则微信朋友圈：

“双湖县中心小学的孩子特别开朗、聪明、爱学习，他们的梦想和内地的孩子一样，想当老师、医生、军人……但汉语是他们比较大的障碍，读书是开阔眼界，提高汉语最直接的方式。大家有没有闲置的读物？可以寄过来，留在学校里面，供孩子们读。”

消息发出后，大大小小的包裹从四川、安徽、山东等地寄来，杜安东和曹晓花每拆开一个包裹，就像推开一扇双湖孩子认识外面世界的门。他们把图书分发到学生手里，结合着党和国家给西藏孩子的特殊政策，教育学生讲党恩爱核心；结合着英雄人物故事，教育学生讲团结爱祖国；结合着西藏生活越来越美好，教育学生讲贡献爱家园；结合着青少年儿童的健康成长，教育学生讲文明爱生活。

2014年，那曲地区“优秀教师”；2016年，双湖县“优秀教师”；2018年，双湖县“优秀学科组长”……杜安东和曹晓花获得的每一张奖状的背后，记不清向多少名学生传授了知识，塑造了多少名学生的心灵，让多少名学生走出了双湖。

“我们双湖的孩子，上初中前大都没有离开过县里，眼中只有这片高原、羊群和几间房子，是老师告诉我，山外面的世界多么精彩；是老师鼓励我，要努力学习才能改变命运。”明年就要高考了，卓玛央吉的理想是报考师范类院校，将来回到西藏，做一名像杜安东和曹晓花这样的教师。

由于教学成绩优异，杜安东被推举为学校汉语文教研组组长。教研组一共有六七名不同民族的老师，他组织老师们相互评课、交流教案、批改作业，查找教学中还存在的问题：汉族老师容易把课讲得太深奥，孩子们不爱听；藏族老师教案写作不够规范，上课随意性大……

发现这些问题，还远远不够，关键是要让老师们接受，在教学中加以改进。杜安东从不当场指出听到的问题，而是利用课后聊天的机会，把自己的教学经验与老师们分享，注意交流的语言、语气，还有他们听到意见后的感受。

“我刚走上讲台时，很想把知识尽快传授给学生，但效果并不理想。藏族学生和汉族学生思维方式有差异，不能照搬内地的经验。是杜老师让我尝试着换位思考，多用学生熟悉的事物作比喻，让他们循序渐进地理解。”2017年到双湖县中心小学工作的年轻教师陈春说。

一切为了孩子，为了孩子的一切。在全校教师的共同努力下，双湖县中心小学的整体教学质量稳步提升。在去年西藏初中班（校）的招生考试中，双湖县中心小学学生夺得了那曲市西部四县总分排名第一名。

“要像石榴籽一样，紧紧抱在一起”

2008年夏天，杜安东和曹晓花从新疆大学毕业后，回到山东老家工作。一个偶然机遇，他们参加了西藏的公招教师考试，一起被分配到那曲市双湖县中心小学。

“西藏是少数民族自治区，你们去那里工作，能适应当地的生活习惯吗？怎么样与当地人交朋友？能不能适应高海拔气候？”杜安东的家人中，没人到过西藏，更不了解那曲，很担心他们将来的工作和生活。

杜安东告诉家人，自己读大学的新疆也是少数民族地区，大学期间不但没有遇到学习和生活上的障碍，而且结交了不少各民族的朋友。他又买了一张地图，用红笔在上面标注了自己工作的地方：“你们看，这里是昆仑山，这边是横断山脉……我要在双湖县教书，让这里孩子考到内地的学校，让他们走出高原。”

但杜安东和曹晓花明白，在新疆读大学只有短短的四年，而到西藏工作计划几十年——能不能搞好民族团结，是他们教书育人的前提。

刚到那曲市双湖县中心小学报到时，他们是全校仅有的两名汉族教师；曹晓花班里的几名学生上课爱嬉笑打闹，不管怎么招呼都不遵守课堂纪律，气得她直流泪；身边没有一个亲戚，学校和家里大大小小的事儿都要身体力行……

“怎么样才能够打开学生们的心扉？怎么样才能够获得同事、家长们的信任？”杜安东默默地问自己。

在西藏汉语文小学五年级下学期的课本中，有一课讲到了汉藏民族融合。杜安东就跟学生们讲述文成公主进藏的故事：文成公主从京城出发，带上青稞、豌豆、油菜、小麦、荞麦等种子和各种耕种技术进藏；西藏从那时候起有了五谷，老百姓学会了耕种和其他技艺，西藏和祖国内地的来往更加紧密了。

话音刚落，就有学生举手提问：“杜老师，什么是豌豆？”“杜老师，油菜长什么样子？”“杜老师，你说西藏有了这些菜，为什么我们双湖看不到？”……

孩子们天真无邪的提问，一下子问到了杜安东的心坎儿里。

“不能只跟孩子们说双湖生活苦、双湖条件差，还要让孩子们看到希望，要让他们明白双湖和全国各族人民像石榴籽一样，紧紧抱在一起。”杜安东说。在高寒低氧的双湖县，绿色是最稀缺的颜色。但无论怎么样，杜安东也要试一试。

早上，一场小雨后，双湖县碧空万里。

杜安东和曹晓花在自家院子里，挪出一块空地，从外面搬了些泥土，再用砖头围成一片小小的菜地。这些年来，杜安东每次从老家返藏，都会像文成公主那样带些种子，西红柿、小葱、黄瓜、油菜……他都试着撒下这些“民族团结的种子”。

海拔5000米的高原上种菜，是何等困难：有的种子从来没有发过芽，西红柿长了5个月都还是青的，所有菜一到冬季就枯萎了……然而，他们夫妻俩从来不介意有多少收成，天天松土、拔草，隔三差五施一次肥。

杜安东和曹晓花的周转房与教学楼间，只隔着一条路。每学期夫妻俩要带五六个班的学生。课间和周末，经常有学生到他们家串门。久而久之，这里就成了孩子们的“第二课堂”。

一阵急促的下课铃后，双湖县中心小学校园变得热闹起来。

家门外，门缝里探出几只小脑袋，大大的眼睛、红红的脸蛋、洁白的牙齿，脸上还挂着汗珠。“杜老师、曹老师，我们可以进来吗？”小心翼翼地问，蹑手蹑脚地走进屋，然后嘻嘻哈哈地围到院子里的蔬菜前。

“我在书本上看过黄瓜的照片，还从来没见过长在土里的。”五年级（3）班的次仁旺久说。五年级（1）班的吉扎接过话说，这棵黄瓜他看上很久了，还帮忙浇过水，所以等这棵黄瓜长大了，一定是他的。

由于路途遥远，双湖县中心小学的438名学生中，有一半以上寄宿在学校，一个学期才能回一次家。出于学生安全考虑，即使周末放假，学校也不允许学生私自外出。这片几十亩地的校园，就是这些孩子的童年。

“老师，老师，这周放什么电影。”快到周末，杜安东和曹晓花老师班上的学生就按耐不住激动——大约每隔一周，夫妻俩就会组织班里的学生看电影，最先是在家里用电脑播放，后来学校购置了投影机，就改在教室里。

双湖的冬季气温，常常低到零下20多度。即便是一年级的学生，也要自己换洗衣服，一双双小手被冻得通红，还没力气把衣服拧干。

“我们这么大的时候，父母都在身边，是绝对不会让我们自己动手洗衣服的。”曹晓花不忍心，就把衣服拿过来洗。看到有孩子衣服破了，她就把他们带回家里，想办法补补；到学生寝室时，她特别留意宿舍棉被够不够，把手伸进被子，看看暖不暖。

六年级的女生洛桑卓玛很活泼，下课后喜欢追着曹晓花玩。一天，她对着曹晓花叫：“干妈！干妈！”曹晓花有些受宠若惊。刚开始，她不让学生这样叫，因为“妈妈”是一个伟大的称呼，她觉得自己还没有资格。

“我不管，我不管，你就是我的干妈。”洛桑卓玛说。

曹晓花拿她没办法。双湖的孩子学习条件艰苦，又很少跟父母交流，学校老师就像是他们的父母。渐渐地，“干妈”的称呼在学校传开了，扎西旺姆、维色拉姆、央金拉姆……曹晓花的干儿子、干女儿一天比一天多。

无论下课后，还是周末，班里的学生见到杜安东和曹晓花，都兴奋地扑到他们怀里。2017年，曹晓花回山东休产假期间，学生天天追着杜安东问“曹老师去哪儿了，什么时候回来?”暑假期间，六年级学生洛桑卓玛在他们的车窗上，用手指划过尘土写下：“我的干妈，回来吧，我想你了。”

双湖县地处藏北牧区，每到开学和农忙季节，就会有家长到班里领走自己孩子。从教11年来，杜安东记不清跟多少名家长做过劝学工作。

“我的孩子会点藏语和数学就够了，其他东西学了也没用，反正将来也是放羊。”卓嘎的母亲一边说，一边让卓嘎收拾书包。杜安东赶紧把她请到办公室，拿出杯子倒上水，细细地给她讲道理，孩子不能一辈子放羊，要有知识才能走出双湖，才有孩子自己的人生。

这头刚送走卓嘎的母亲，那头仁青的父亲又来了，情绪还有点激动：“我的孩子，我自己知道该怎么教育，不要你们老师管。”他嘟囔着，家里等着孩子回去捡牛粪、剪羊毛。杜安东一边安抚着他的情绪，一边带着他到教室参观孩子们的学习情况，又拿出考上西藏班（校）学生的例子与中途辍学的学生作对比，一点点让家长认识到教育的重要性。

“把孩子交给我，您就放心吧，我一定让他们学到知识，将来有出息的。”杜安东说。

每次从家长手中“抢孩子”时，杜安东都斩钉截铁。他深感，一名基层教师肩上的责任，为了双湖孩子的未来，不敢有丝毫松懈和退缩。他明白，要从根本上改变双湖县落后的教育面貌，必须做通家长的思想工作，和家长们“打成一片”。

8月23日，开学还没几天，杜安东发现班里的旦增扎西汉语文成绩差了不少，还有些厌学情绪。他不得其解，决定来一次家访。

一顶白色帐篷里，一个炉子、一张桌子、两张藏式卡垫……在距离学校10多公里的双湖县多玛乡，这是旦增扎西家里仅有的几件家具。父母都没读过书，无法指导孩子完成假期作业；旦增扎西又是家里的独生子，寒暑假要帮忙放羊，既没法保障学习时间，又不能像其他孩子那样到拉萨或内地开阔视野。

了解完情况后，杜安东打开了话匣子。他先夸奖旦增扎西家里羊肥牛壮，是因为掌握了在草原上生存的“学问”；接着，话锋转到将来孩子走到内地，也必须要具备内地的“学问”。现在西藏实行的15年义务教育免费“三包”政策，就是为掌握这些“学问”铺路的。

“今年旦增扎西就要小升初了，需要家长和学校老师的紧密配合，才能不耽误孩子的将来。”杜安东说。他一边说服了家长减轻孩子的家务负担，一边又让孩子放学后到自己家里补习功课。

杜安东和曹晓花像对待自己亲生孩子一样对待藏族学生，得到了学生家长、学校同事等各族群众的高度认可。

学生家长次仁顿珠说：“杜老师和曹老师很爱学生，为学生们付出了很多，我们家长非常高兴，都不知道该怎么感谢。等这些孩子们将来长大后，一定会记得他们有过这样好的汉族老师、汉族‘父母’。”

许多学生家长不会说汉语，见到杜安东和曹晓花只能激动地握着他们的手，嘴里反复说着：“嘎衣给更（汉族老师），哑咕嘟（好）！哑咕嘟（好）！”

双湖县中心小学党支部书记邓增曲加说："他们夫妻俩有不错的学历，在内地也能找到不错的工作。但他们舍不得双湖的孩子，默默奉献在教育岗位上，播撒民族团结种子，让民族团结之花盛开在了雪域之巅。"

"条件再艰苦的地方，也要有人坚守"

海拔5000米的高原上，高反让人头疼得厉害，走几步路就气喘吁吁，晚上经常睡不着觉；

严冬时节，物资奇缺，一连几个月都只能吃到土豆、白菜和萝卜，物价还是内地的好几倍；

没有自来水，只能花钱买3元一桶的桶装水，水还不能马上用，要等沙子、草根沉淀一晚后，才够勉强用一天；

……

这，就是双湖县的艰苦条件，但杜安东和曹晓花从来没有在电话里对家人提起。"不报忧，是不想让家人担心。尤其是我母亲，怕她受刺激。"杜安东说。

早在杜安东读小学时，母亲就检查出患有心脏病。2009年夏天，杜安东在电话里听出母亲精神不好。但他知道，母亲为了省钱，不到病得不行，是舍不得去医院的。终于等到了学校放寒假，杜安东一回到老家，就把母亲接到山东省济宁市附属医院检查。检查结果，是肺癌晚期。

起初，母亲还能走动，杜安东就骗她只是感冒，带着她到市里、县里想去的地方转转。后来，母亲的身体一天比一天痛，连离开家门都很困难。

2010年3月，眼看就要开学了，母亲叫父亲准备了杜安东要带回西藏的罐头、花椒、干菜，又叫姐姐买了他最爱吃的饭菜。一家人坐在桌前，聊起今年庄稼的收成好，母亲特别开心，“将来赚到钱，就给三个孩子每人盖栋大房子。”又对杜安东说：“你安心去工作吧，别老是担心我。”

4月18日中午，杜安东接到母亲打来学校的电话：“儿子，我快要不行了，我只想再看你一眼。”放下电话，杜安东急忙往家里赶。

从那曲市双湖县回杜安东的老家需要四天，第一天才走到那曲市班戈县，他就从家人口中得知母亲已经去世了。

“娘走得时候，安不安详？有没有留下遗憾？她辛辛苦苦把我养这么大，我从来没回报过她什么，害得她连儿子最后一面也没见到……”在这之前，他还感觉到母亲一定会等着他。这一刻，他唯一的希望都破灭了。

按照当地习俗，把母亲安葬在自家地里后，杜安东一个人在房里发呆：他不知道该怎样面对亲人们给他的压力，更不知道要不要继续回西藏工作。然而，就在几天后的一天早上，父亲又代替母亲准备了他要带回西藏的罐头、花椒、干菜，姐姐又做了一桌子好菜。这，跟他上次离家时一模一样。

“你母亲生前很理解你的工作，临终前嘴里一直念着，要你‘不要伤心，好好工作’。既然你选择了这条路，就应该回到双湖，去教育好那些孩子们，家里的事儿不用担心。”父亲说。

杜安东热泪盈眶，拜祭过母亲后，又重新踏上了回藏的路。此后的近10年间，每次回家和离家，杜安东都要去拜祭母亲，跟她聊聊工作上取得的成绩、双湖学生们的进步、妻子和两个儿子的近况。

2010年，杜安东和曹晓花生下大儿子杜俊昊，寄养在山东老家，由杜安东的父亲一手带大。去年，小儿子杜俊宇又出生了，交由杜安东的妹妹帮忙照顾。

杜俊昊刚上小学时，杜安东只能打电话与儿子联系，了解他的学习情况。杜安东的父亲不识字，不能指导作业。别的小孩放学回家后1个小时就把作业写完了，而杜俊昊从下午4点写到晚上9点，作业本上还有大片空白。

那年回老家，杜安东发现儿子非但成绩不好，还养成了一堆坏毛病：喜欢说谎，把老师布置的试卷和作业藏起来；学会了模仿大人的笔迹，在试卷上代签字。一气之下，杜安东和曹晓花第一次狠狠打了儿子一顿。

“爸、妈，班里的同学都有父母在身边关心，而我却没人管。班里有几个同学欺负我，笑我是个野孩子。”儿子边哭边说。杜安东和曹晓花意识到，这些坏毛病的养成，岂能都是儿子的错，也是自己没有尽到做父母责任。他们一家三口抱在一起，痛哭流涕……

“我们在西藏，就注定了我们的孩子与其他同龄孩子不一样。我们做家长的，没能陪伴他们成长，只能弥补一点是一点。”杜安东说。在杜安东和曹晓花的周转房里，没有电视、没有沙发、没有书柜，只有一张简易的木板床，这两年才添置了一台洗衣机。他们每月省吃俭用，剩下的钱都寄回了老家。

与两个儿子相隔千里，杜安东就把他们成长的照片用A4纸打印出来，贴在了卧室的墙壁上。许多年过去，墙壁上贴满了两个儿子的照片。

2016年，初夏。杜安东像往常一样，在校园里散步。

刚刚走进家门，杜安东感到心跳突然加速，紧接着是一阵锥心的剧痛，便失去了知觉……也许过了几分钟，也许更长，醒来时，他发现自己躺在家里的水泥地上。当时，曹晓花不在家里，他缓了一会儿，才自己爬起来。

这，已经不是杜安东第一次晕倒了。2013年初，他就时常感到心绞痛，“像是一根针扎在胸口上，有时几分钟扎一下，有时几秒钟就有一次。”杜安东靠着吃药，暂时把病情压了下去。

从到双湖工作的第一天起，杜安东就知道高海拔环境对身体造成的伤害。双湖县的人均寿命只有58岁，比整个西藏的人均寿命还少了近10岁。在这里工作、生活的人大都患有多血症、心脏病、高血压、痛风等各类高原性疾病。

“医生建议我尽快离开高海拔地区，否则随时有猝死的危险。”2015年，双湖县教体局组织教师体检，医院出具诊断的结果为“室性心律伴有心律失常”。体检结果反馈给双湖县中心小学的领导，“你们学校有个老师，身体快不行了，想办法把他调走吧。”就这样，杜安东的病情渐渐在同事间传开了：

“从学校的角度，我希望你为双湖的孩子留下；从朋友的角度，我更希望你能考虑自己的身体。”学校党支部书记邓增曲加说。

“你们两口子在双湖这么多年，已经是很大贡献了。班里的孩子不用担心，我会安排其他老师顶上。”老校长珠旺加布说。

“无论干什么工作，命是最重要的，赶紧调吧。”年轻教师次仁久美说。

……

在这海拔5000米的高原上，想往低海拔地区调动的人很多，而真正有机会调离的人却不多。领导、同事一番掏心窝子的话，都是为他着想，令他非常感动。

上课铃再次响起，杜安东站上讲台，这也许是他给双湖孩子上的“最后一课”。他努力控制住情绪，仔细看清楚班里每个学生的模样，跟每个学生都说说话：“扎西旺姆，最近学习有什么困难”“罗布，上课要专心一点”“吉宗，还要老师帮你些什么……”

2016年10月的一天，杜安东带着学校、医院开具的“不适宜高海拔工作”材料，来到了那曲市教体局。他原以为，办理工作调动怎么也得一个月，这次只是问问情况。没想到的是，局里已经原则上同意了他的调动，还问他有没有意向调动的地方。

杜安东犹豫了，脑子里又想起了双湖的那些孩子们，“我再想想……还是不调了。”

过了两天，珠旺加布惊讶地看见，杜安东没有调走——在一个阳光明媚的午后，他又回来了，又拿起课本，走上了讲台。那一刻，珠旺加布既忍不住想骂他几句，心底又满是欣喜和敬意。

“条件再艰苦的地方，也要有人坚守。”杜安东说。他在家里装了氧气瓶，不舒服时就吸吸氧；他每年都定期体验，按医生吩咐注意保健；学校特别照顾，尽量不安排他干体力活儿；教职工食堂建成后，他也不用每天搬水做饭了……

随着杜安东身体的好转，他们夫妻俩更加坚定要留在双湖工作。

“双湖县是一个极高海拔且深度贫困的地区，教育是孩子们的唯一出路。杜安东、曹晓花夫妻坚守讲台十余年，像对待自己亲生孩子一样对待藏族学生，培养了一批又一批优秀学生，让老百姓对双湖的教育看到了希望。”双湖县教育局局长巴桑说。

“杜安东、曹晓花夫妻克服了语言障碍、文化差异、对故乡的思念等重重困难，扎根基层一干就是十余年，是双湖县干部职工的代表。他们为双湖作出的贡献和身上具有的精神，充分体现出了长期建藏、凝聚人心、夯实基础的西藏工作原则，是我们双湖干部职工学习的榜样。”双湖县委副书记、县长张建华说。

“我最大的心愿就是看着这里的孩子一天天成长，将来走出自己的一片天地。”杜安东说。当一名教师是他从小就有的初心，无论是在双湖或是在其他地方，他都只是履行了一名普通教师的使命而已，从未觉得自己身上有什么不平凡的事迹。

……

午后，乌云压过天空，大风吹起地上的沙石，高原上就要有一场骤雨。

杜安东招呼着操场上的孩子赶紧回到屋内，孩子们一个个蹦蹦跳跳地跑向他，就像雏鸟找到了自己的巢。杜安东搂着孩子们，望着窗外，不一会儿，天空就要放晴了。

让鲜艳的五星红旗在祖国边陲高高飘扬

——洛扎县拉郊乡杰罗布村群众放牧守边的故事

◎李有军　段敏　王莉　拉巴卓玛

2020年7月3日01版　（人物103）

北京西南近4000公里，雪域高原上阳光之城拉萨；拉萨正南约400多公里，祖国边陲小康新村杰罗布。

今年4月14日，自治区党委书记吴英杰带着习近平总书记和党中央的亲切关怀，怀着对山南市洛扎县拉郊乡杰罗布村干部群众深深的情意和牵挂，沿着崎岖山路，穿越积雪、连翻大山，来到村民身边嘘寒问暖，并将一面鲜艳的五星红旗交到群众代表米久扎西父子手中。

吴英杰动情地说，我们每个人都是伟大祖国的坐标，都有守卫国土的义务和责任，大家要牢记总书记的嘱托，守护好家园和祖国边境线，用实际行动回报总书记和党中央的关心关怀。

世世代代　这里都是我们的家园

杰罗布村所在的拉郊乡白玉地区，自古就是我国的神圣国土。

图为杰罗布村联防队成员和驻杰罗布村驻村工作队在边境一线巡逻。
本报通讯员　久美次仁　摄

“白玉”，藏语意为“藏宝的地方”。藏族群众深信，白玉地区是莲花生大师藏宝的地方。至今，在切公拉山顶和巴桑温泉附近还能找到莲花生大师的法座。

今年81岁的索朗群培，身形瘦削，饱经风霜的脸上布满了深深浅浅的皱纹。尽管25年放牧守边的岁月让老人患上了严重的风湿性关节炎，手指脚趾关节多处严重变形发肿发红，但炯炯有神的目光中仍透露出牧人特有的坚毅。1959年西藏民主改革以前，老人是拉龙寺的差巴（支差者），在杰罗布附近的马家塘牧场放牧。

“从我记事开始，60多岁的仁增多吉和格桑罗布就经常对我们说，杰罗布一直是我们的地方，我们祖祖辈辈都在这里放牧。”索朗群培说。

成群的牦牛散落在远处的高原牧场上，明媚的阳光照耀着干净的路面，一面面五星红旗在漂亮的民居屋顶上飘扬……拉郊乡党委书记古桑旦增带着我们走进了海拔4300多米的杰罗布村。

1995年，担任乡长的古桑旦增动员自己的哥哥次旺旦增、弟弟平措罗布和两个舅舅索朗群培、米久扎西赶着62头牲畜、带了不到10斤的大米、数量不多的糌粑和半麻袋土豆，搬迁到马家塘牧场放牧，开始了放牧守边生活。

“那时候这里大半年都是大雪封山，与外界没有任何联系，人是死是活没人知道。”米久扎西回忆，当时这里基本没有人烟，仅有的两间破败不堪的小牧屋，还要防备不时出没的棕熊、豹子等野生动物。

那年的藏历新年，他们从山上背些干净的雪水，把仅有的大米倒入平底锅煮稀饭，虽然稀饭有些夹生，但4个人围在一起吃得很开心。“带进来的物资吃完后，次旺旦增和平措罗布回去送信。我和米久扎西的心一直悬着。山上的雪最深处有4米多，我们害怕他们掉在雪坑再也出不来。好在他们安全回来了。”说着说着，索朗群培笑出了声。

如今的杰罗布村有了大变化。索朗群培说：“路修好了，牦牛也多了，各种惠民政策让我们的腰包鼓起来了，是党让我们过上了富裕幸福的好生活，我们要听党话、跟党走，要为国家守好边。”

守边护家　永远都是坚守的使命

“属于别人的，就是金山银山，我们也不要；属于我们的，就算只有石头沙子，我们也决不能丢。”在古桑旦增带领下，杰罗布村群众把守边护家作为永远坚守的使命，用生命和鲜血守卫着这片“神圣国土”“精神高地”。

1986年，18岁的古桑旦增第一次走出拉郊，到县城参加培训。3年的培训结束后，时任县委书记的扎西达杰对他说：“你是拉郊的热血男儿，那里的情况你熟悉，党需要你，那里的群众需要你，你回去吧。”简单的话语，让古桑旦增抛下离开拉郊、到大山之外工作的念头；坚定的信念，让古桑旦增义无反顾、已持续坚守了31年。

2019年藏历新年，3名群众从拉郊乡返回杰罗布村时失联了。“无论死活，我都要找到他们。”古桑旦增对满眼泪水的妻儿说，“假如我牺牲了，上级组织一定会照顾好你们的。”

迎着崎岖的山路、两米以上的积雪，古桑旦增带人出发了。四天四夜之后，往返90多公里的古桑旦增终于找到了失联群众。

1998年，没日没夜连绵不绝的大雪阻断了杰罗布与外界的联系，村民没有了粮草，面临着饿死、困死的险境。

“粮食我去送，绝不能让他们饿死在那里。”天一亮，边巴次仁赶着十几头牦牛，带着大米、糌粑和饲料冲进了冰天雪地。耳边是呼啸的寒风，脚下是齐膝的积雪，只能一步步挪着前进。经过漫长的一天一夜，“雪人”边巴次仁出现在杰罗布村。村民们得救了，边巴次仁却在返回途中遇上雪崩，将22岁的生命永远定格在大山之中。

“2016年，杰罗布成立行政村。2018年，我们住进了110平米带院子的‘小康房’。”米久扎西告诉记者，“这么多年，没有党和政府的支持，我们坚持不下来。”

“做神圣国土的守护者、幸福家园的建设者”。近年来，习近平总书记和党中央时刻关心关怀西藏各族人民，从没有忘记长期生活在边境地区、为祖国守边兴边固边作出贡献的各族群众，制定了许多特殊优惠政策，让各族群众过上了幸福的生活。

自治区党委、政府认真贯彻落实习近平总书记和中央决策部署，认真贯彻落实总书记关于治边稳藏的重要论述和给隆子县玉麦乡群众的回信精神，采取有力政策措施，实施乡村振兴工程，将边民脱贫致富和守边固边相结合，补齐基础设施和公共服务的短板，加快边境地区发展，加快推进边境小康村建设。

今天的杰罗布村，已告别无水、无电、无通信、无房住的历史，正在努力建设成为群众团结进步、安居乐业的幸福家园。

扎根边陲　我们都是祖国的坐标

米玛桑珠是米久扎西的儿子。初见29岁的他，让人难以相信，眼前这位双颊泛红、略显腼腆、运动鞋上满是泥土的小伙子就是杰罗布村党支部书记兼村委会主任。

2004年，13岁的米玛桑珠拉着牦牛尾巴走进了杰罗布。“初进杰罗布，我就知道放牧守边的不容易。”米玛桑珠说，小时候，爸啦（父亲）总是把我藏在身后，什么都不让我做。现在，有事爸啦总是把我推到前面。在他看来，是该我们承担起放牧守边责任的时候了。

叮当，叮当……寂静的山谷中，不时响起牦牛脖子上铃铛的响声。踏着前辈们放牧的足迹，米玛桑珠和村民们赶着牦牛奔赴一个个放牧点，沿续着雪域边陲的“格桑花”们守护神圣国土、建设幸福家园的生活。

“今年，又有24户群众将会搬来杰罗布村。新公路也将通车。”古桑旦增说，“我们还要发展旅游业，把伟大祖国的边疆建设好巩固好，让边境地区人民生活越来越幸福。兴边的道路宽了，守边的力量强了，党员干部群众守边的心就更齐了。”

当平凡的生活与守土固边连在一起，祖国的神圣就贯穿到了每一名杰罗布村村民的平凡生活中，而平凡生活中每一个积极、自觉的行动正是每一个中华儿女爱国爱家的赤诚心灵原色的具体体现。

每当杜鹃花绽放的时节，古桑旦增都会带领村民进行每年例行的巡山。他们扛起五星红旗，6人一组，穿密林、跨溪流，仔细巡查着这里的一山一水、一花一草，每一块小石头都不曾落下，这样的巡山通常会持续一到两个多月。

“吴书记竖起大拇指为我们点赞，还把一面鲜艳的五星红旗交给我。那一刻，我觉得我们这些年的坚守真的是值了。”米玛桑珠说，我们一定牢记习近平总书记的嘱托，守护好神圣国土，建设好幸福家园，让鲜艳的五星红旗永远高高飘扬。

四月的杰罗布，天空不时飘落淅淅沥沥的细雨。抬头望去，云层之中，鲜艳的五星红旗在雪山之巅飘扬；山顶巨石上，红色的“中国”两个大字清晰可见；村党群服务中心洁白的墙壁上，“做神圣国土守护者 幸福家园建设者”的标语愈加亮眼……

抗疫一线显担当

——记全国抗击新冠肺炎疫情先进集体自治区第三人民医院

◎晓勇

2020年9月11日01版 （人物105）

9月8日上午，全国抗击新冠肺炎疫情表彰大会在北京人民大会堂隆重举行，自治区第三人民医院荣获“全国抗击新冠肺炎疫情先进集体”称号。

“疫情不灭，我们不退。”自治区第三人民医院医护工作者用实际行动履行着这句口号。是他们不畏艰险的努力，让西藏首例也是目前西藏唯一的新冠肺炎患者，真正经历了一次重生；是他们不顾个人安危将身心全部扑在前沿，用实际行动守护了全区广大人民群众的生命健康安全。

应对疫情做好十足准备

1月25日，大年初一，一位精神萎靡的年轻人在夜色降临时来到

抗 疫 一 线 显 担 当

——记全国抗击新冠肺炎疫情先进集体自治区第三人民医院

本报记者 晓勇

9月8日上午，全国抗击新冠肺炎疫情表彰大会在北京人民大会堂隆重举行，自治区第三人民医院荣获"全国抗击新冠肺炎疫情先进集体"称号。

"疫情不灭，我们不退。"自治区第三人民医院医护工作者用实际行动履行着这句口号。是他们不畏艰险的努力，让西藏首例也是目前西藏唯一的新冠肺炎患者，真正经历了一次重生；是他们，不顾个人安危将身心全部扑在前沿，用实际行动守护了全区广大人民群众的生命健康安全。

应对疫情做好十足准备

1月25日，大年初一，一位精神萎靡的年轻人在夜色降临时来到自治区第三人民医院。他称，通过手机了解到这里是西藏自治区级新冠肺炎定点诊疗机构。也就在当晚，自治区第三人民医院的医护人员，迎来了第一个不眠之夜。

自治区第三人民医院外科医生土旦朗杰是当晚的值班医生。他回忆说，这位病人来到发热门诊时，预检分诊护士问："哪里不舒服？""我在发烧……"病人答道。

当听说病人是前一天从湖北乘火车来藏旅游时，土旦朗杰心里一紧。

土旦朗杰说："当时我很担忧，也害怕，但我是一名医生，必须得担起责任。作为自治区级定点救治医院，我们医院已经按照要求提前设置了负压病房，全体人员对防护流程也做过预演。"

看到病人体温测量结果38摄氏度多，土旦朗杰立即用手台向急诊科副主任、主治医师普琼汇报，建议CT检查。随后，普琼立即呼叫CT室做好防护，呼叫感染控制科消杀组对接诊区域进行专业消毒。

1月30日，土旦朗杰值班时接收的病人张某某正式被确诊，成为西藏由区外输入的首例、且至今唯一的新冠肺炎患者。自此，作为自治区级新冠肺炎定点救治医院，自治区第三人民医院成了战"疫"前沿。

疫情来袭时，作为一名有着丰富的理论知识和实践经验的专家，自治区第三人民医院肺二科主任花德米二话没说，担起了西藏首例新冠肺炎患者医疗救治团队负责人。她说："作为呼吸内科传染病专科医生，我是曾经参与过新型呼吸道传染病疫情处置的临床医生，面对新冠肺炎疫情，我当然不能袖手旁观。"

对救治始终充满坚定信心

西藏首例新冠肺炎患者被确诊后，大家更多的是担忧：在高寒缺氧的西藏，医务工作者能否打好这一仗？

而对于花德米和同事们来说，这场救治的意义绝不仅是攻克医学技术上的难题，他们面对的是一名手足同胞鲜活的生命。"在雪域高原，这一仗意义非同小可，只能胜，不能败。"花德米坚定地说。

"对救治工作我们始终充满信心，我们也必须鼓起信心加油干！"这是自治区第三人民医院所有医护工作者秉持的坚定信念。

养兵千日，用兵一时。在遇到第一例病人后，自治区第三人民医院能够及时从容应对，关键在于平时的准备充分。疫情发生后，自治区第三人民医院上下24小时高度戒备。

（下转第三版）

图为《西藏日报》2020年9月11日01版刊登自治区第三人民医院稿件版面图。

自治区第三人民医院。他称，通过手机了解到这里是西藏自治区级新冠肺炎定点诊疗机构。也就在当晚，自治区第三人民医院的医护人员，迎来了第一个不眠之夜。

自治区第三人民医院外科医生土旦朗杰是当晚的值班医生。他回忆说，这位病人来到发热门诊时，预检分诊护士问："哪里不舒服？""我在发烧……"病人答道。

当听说病人是前一天从湖北乘火车来西藏旅游时，土旦朗杰心里一紧。

土旦朗杰说："当时我很担忧，也害怕，但我是一名医生，必须得担起责任。作为自治区级定点救治医院，我们医院已经按照要求提前设置了负压病房，全体人员对防护流程也做过预演。"

看到病人体温测量结果38摄氏度多，土旦朗杰立即用手台向急诊科副主任、主治医师普琼汇报，建议CT检查。随后，普琼立即呼叫CT室做好防护，呼叫感染控制科消杀组对接诊区域进行专业消毒。

1月30日，土旦朗杰值班时接收的病人张某某正式被确诊，成为西藏由区外输入的首例、且至今唯一的新冠肺炎患者。自此，作为自治区级新冠肺炎定点救治医院，自治区第三人民医院成了战“疫”前沿。

疫情来袭时，作为一名有着丰富的理论知识和实践经验的专家，自治区第三人民医院肺二科主任花德米二话没说，担起了西藏首例新冠肺炎患者医疗救治团队负责人。她说：“作为呼吸内科传染病专科医生，我是曾经参与过新型呼吸道传染病疫情处置的临床医生，面对新冠肺炎疫情，我当然不能袖手旁观。”

对救治始终充满坚定信心

西藏首例新冠肺炎患者被确诊后，大家更多的是担忧：在高寒缺氧的西藏，医务工作者能否打好这一仗？

而对于花德米和同事们来说，这场救治的意义绝不仅是攻克医学技术上的难题，他们面对的是一名手足同胞鲜活的生命。“在雪域高原，这一仗意义非同小可，只能胜，不能败。”花德米坚定地说。

“对救治工作我们始终充满信心，我们也必须鼓起信心加油干！”这是自治区第三人民医院所有医护工作者秉持的坚定信念。

养兵千日，用兵一时。在遇到第一例病人后，自治区第三人民医院能够及时从容应对，关键在于平时的准备充分。疫情发生后，自治区第三人民医院上下24小时高度戒备。

累了，大家趴在办公桌上眯一会；饿了，就泡包方便面……

医治西藏首例新冠肺炎患者，花德米说：“无论他来自哪里，我们都要想办法治好他。”这也是自治区第三人民医院救治团队成员的共同心声。自治区第三人民医院护士长索南央金还记得，这名患者一开始心理压力很大。“他总是很愧疚，说给我们添麻烦了。”她说。

从首例病人入院，花德米、土旦朗杰、索南央金便与救治团队全体人员、保障人员一起，吃住在医院。

德吉是自治区第三人民医院ICU护士，是救治团队8名护士之一。“为了全身心投入救治工作，那段时期，我差不多有一个月没有回过家，每天最怕跟年幼的孩子视频，视频里看见孩子既高兴又心酸。”她微笑着、眼里却闪着泪光说。

在将近20天时间里，平均年龄35岁的西藏首例新冠肺炎患者医疗救治团队全体成员，以最好状态，全力投入到首例病人的救治工作中。在规范、科学的治疗和护理之余，自治区第三人民医院医护人员给这位来自异乡的患者张某某带去了最暖心的关怀。入院没有准备生活用品，大家便购买洗漱等生活用品，送给患者；患者始终有愧疚感，心情不好，医护人员便主动介入，轮流做起心理疏导……

党旗始终在抗疫一线高高飘扬

今年2月1日，和所有医护人员一样，虽然家就近在眼前，但自治区第三人民医院党委副书记、院长、主任医师平措扎西已经1个星期没回家了。

新冠肺炎疫情发生后，自治区第三人民医院党委迅速行动，成立了应对疫情防控领导小组，下设医疗救治等10个专业组，按照要求把各项防控措施抓实抓细，让党旗在抗疫一线高高飘扬。

“疫情发生后，全院党员医务工作者发挥了先锋模范作用，关键时刻冲锋在前。同时，医院立即启动了三级防护，坚决杜绝院内交叉感染，特别是避免医护人员感染。”平措扎西说，“疫情期间，我们全体医护人员义无反顾、迎难而上，特别是党员主动请缨、积极参加一线救治工作，一些老专家、快退休的医护人员也都主动请缨出战，没有一人因惧怕而退缩或要求换岗。”

自治区第三人民医院党委先后召开24次专题会议，研究部署疫情防控各项工作。自治区第三人民医院副院长扎西平措介绍说，院党委结合实际，按照疫情防控要求，腾空医院超市，增设4间板房设为预检、发热门诊独立区域，并24小时运行。

为全力诊治新冠肺炎确诊和疑似患者，自1月31日起，自治区第三人民医院停收患者并暂停门诊，立即分流所有住院患者，腾空所有病房，将全部病房分成确诊、疑似、隔离观察等5个病区。

2月12日下午，拿着治愈出院证明，走出隔离病房的湖北籍的西藏首例新冠肺炎患者张某某，向现场医护人员深深鞠躬，哽咽地说：“疫情面前，你们不是亲人，胜似亲人!”

2月27日，自治区第三人民医院16名参与一线救治的医护人员医学隔离观察期满，未出现发热、咳嗽等症状，且病毒核酸检测为阴性，CT检查结果无异常，全部解除了医学隔离观察，实现了在我区首例新冠肺炎患者救治过程中医护人员零感染，为我区坚决打赢新冠肺炎疫情防控阻击战树立了标杆。

“在高原环境下成功救治新冠肺炎患者，对我们医院医疗队伍水平是一次前所未有的锤炼和检验。”自治区第三人民医院院长平措扎西表示。

生命，为青稞而绽放

——追记自治区农牧科学院院长、国家青稞育种创新团队首席专家尼玛扎西

◎玉珍　晓勇　李梅英

2020年11月9日01版　（人物106）

最懂青稞的那个人，走了。

泱泱麦田里，他带领团队一次又一次打破青稞高产的纪录；

小小实验室里，他带领团队破解青稞“基因密码”，让曾经在农业领域落后的中国西藏进入国际视野；

他是双脚沾满泥土、把论文写在大地上的“老西藏”；

他是双眼仰望星空、把生命播撒在农田里的科学家；

他是胸怀满腔报国热忱、心系群众仓廪衣食的“青稞王子”；

他是自治区农牧科学院院长、国家青稞育种创新团队首席专家尼玛扎西。

这位受人尊敬和爱戴的西藏第一位藏族农学博士，在2020年9月5日，雪域高原遍地金黄、青稞飘香的季节，突发车祸、溘然辞世，永远离开了这片他深爱的土地和他恋恋不舍的青稞。

尼玛扎西在试验田内察看青稞长势。（资料图片）

秉承初心、矢志报国的“逐梦人”

1966年，尼玛扎西出生在西藏扎囊县扎塘镇杂玉村一个普通农民家庭，家中五个孩子，他排行老三。

小时候家里条件差，所有的孩子都要帮着做农活，个小机灵的尼玛扎西被委以放羊的“重任”，但他却把放羊当成“兼职”，总以放羊为借口，跑到邻村跟着汉族科技人员学汉语；宁肯赶着羊群翻越大山，也要蹲在学校教室外听老师讲课。

一次，因为听课太认真，尼玛扎西不小心弄丢了一只羊。忐忑回到家，母亲却并没有责备他，而是说：“既然这么爱学习，就去上学吧！”

就这样，9岁的尼玛扎西，第一次以学生身份踏进校门。

学校离家很远，往返学校的路上，尼玛扎西总是一边赶路、一边背书；农忙时，大伙都喜欢唱着民歌在田间牧场劳作，尼玛扎西嘴里却总是喃喃背着课文。

很快，尼玛扎西成了班里的尖子生，连跳两级后以全校第一的成绩考上扎囊县中学。读了两年初中，1981年，尼玛扎西再次跳级考上西藏民族学院预科班。1983年，17岁的他顺利叩开西北农林科技大学的校门，成了班里年纪最小的大学生。

专修农学，缘起于尼玛扎西幼年时的心愿。

尼玛扎西家所在的杂玉村，土地贫瘠。“青稞穗粒空瘪，有时只能喂牲口，亩产只有75公斤左右。”尼玛扎西生前接受采访时曾回忆说。

因为青稞产量低，家人只能靠制作陶罐到邻近的琼结县换粮食。“所以我总盼望着青稞能长得好、产量高，既能产粮、又能产饲草，好让父亲和哥哥不用再为口粮四处奔波。”

“什么样的青稞才能籽粒饱满、年年丰收？怎么才能种好青稞？”懂事后，最初的疑问指引尼玛扎西走上了青稞科研之路。

十七八岁的藏家孩子初到祖国内地，很容易被各种新鲜事物所吸引，尼玛扎西也爱玩，尤其喜欢打篮球，但他给自己定了规矩，每周打几次，每次打几场，其余时间全部用来学习。

每天的晚自习，最早到和最后走的是他；

校园的林荫道上，边啃馒头边看书的是他；

节假日泡在教室里学习的，仍是他。

甚至在校期间因病住院，他依旧保持严格的作息时间，在病床上克服病痛，坚持学习。

所有的优秀背后，都是苦行僧般的自律。尼玛扎西很快从众人中脱颖而出。

1985年，被选送到中国农科院研究生院进修一年；

1992年，以优异成绩获得前往加拿大萨省大学进修深造一年的机会；

1995年，考取中国科学院硕士研究生，仅用4年时间就获得博士学位，成为西藏首位藏族农学博士。

身为农奴后代，尼玛扎西深知，是国家的义务教育政策和对西藏学生的帮扶政策，为他的青稞梦想铺平了道路，对此他始终心怀感恩。

在加拿大萨省大学进修期间，有人建议他申请移民，并出主意说你是藏族，找个借口提出申请肯定能批准，尼玛扎西却说："祖国培养我们不容易，我必须回到生我养我的土地！"

随着学习的深入，尼玛扎西向导师提交了攻读硕士研究生的申请书，也给单位和家里写了信，征求组织和妻子的意见。

对于尼玛扎西的申请，导师欣然同意。但同时，他收到家里的信，信中转达了单位领导的意见："学成回国，西藏正急需人才，以后还有读研的机会。"

"家乡人民需要我，祖国需要我，我应该回国！"尼玛扎西毅然放弃了进一步深造的机会，结束进修后立即回国。

2000年，总部设在尼泊尔的国际山地综合发展中心为尼玛扎西提供高薪科研岗位和参与国际合作项目的机会。

两年后的一天，已取得不小成就的尼玛扎西，突然接到时任农科院党委书记洛桑旦达的电话。

"尼玛，现在西藏缺乏高端农业科技人才，我特别希望你回来，你能不能考虑一下……"

洛桑旦达知道，国际山地综合发展中心有优越的科研条件和相差10倍的收入。

但尼玛扎西更知道，此时的自治区农科院正处于技术力量青黄不接的时代：老一辈专家陆续调离或退休，骨干力量还没成长起来，科技创新面临前所未有的压力。

“书记，我马上回去！”电话那头，尼玛扎西没有一丝犹豫，“党培养我这么多年，我当然该回去为祖国、为家乡做点力所能及的事情。”

“我们的科研条件比不上国外，而且工资只有你现在的十分之一……”

“我不图什么物质条件，只想为国家做点事，等我把手头的科研项目处理完，马上回国。”尼玛扎西的回答非常干脆。

国际山地综合发展中心的同事们再三挽留他，“别走了，留在这里我们会有更多成果。”

可尼玛扎西归心似箭。2002年冬天，在周围人的诧异和不解中，尼玛扎西回到了自治区农科院。

在一次又一次人生选择面前，尼玛扎西始终把事业、把奉献、把祖国作为“唯一标准”，他把爱国之情、报国之志融入西藏农牧业的发展建设之中。

理想因报国而澎湃，尼玛扎西心中有个“大我”。

这些年，时常有人会问他：“你后不后悔？”尼玛扎西总是摇摇头，“我的根在祖国，是党的政策让我从连一句汉语都不会说的放羊娃，一步步成长为西藏农业界的第一位藏族农学博士，我回来不是理所当然的么？！”

敢为人先、破解青稞“基因密码”的科学家

青稞在西藏已有3000多年的种植历史，是西藏各族群众赖以生

存的“口粮”，对老百姓的生活生计更有着特殊的意义，岁时节庆、婚丧嫁娶、新居落成……所有日常活动都少不了它。

但由于土地贫瘠、品种退化，选育新的青稞良种，解决西藏粮食安全问题，一直都是十分紧迫的课题。

育种是极为枯燥乏味的工作，需要长期坚持不懈地忍耐和等待。尼玛扎西与田野为伴，与青稞为友，有时候在地里一转就是半天。

主攻青稞茎秆弹性与抗倒伏品种选育的那几年，尼玛扎西昼夜守着试验田，从耕种、出苗、分蘖、拔节到成熟，对成千上万的育种资源和后代材料进行详细观察鉴定，记录哪个品系（株系），在什么生育期长势优异值得重点关注。

“今年一看有希望，明年一种又不行，在希望和惋惜的交织中度过一年又一年。育种工作在于扎实地付出，同时又有偶然性，这也正是科研的魅力所在。”尼玛扎西说。

2006年，在白朗县白雪试验站青稞试验田，尼玛扎西发现了理想中的青稞苗。

“籽粒饱满、色泽明亮、株高都非常好，我一见钟情。”尼玛扎西以这株青稞苗为基础，反复试验，最终发展为具有突破性的青稞新品种“藏青2000”。

一粒种子可以改变一个世界，一个品种更可以造福一个民族。

“藏青2000”于2013年通过品种审定，当年就推广种植逾10万亩，平均亩产增加26公斤。如今，它已成为西藏的青稞主导品种，占青藏高原青稞种植面积的40%以上。

由于培育的新品种在种植几年后，会不同程度出现退化，这就需要科学家不断培育新的良种进行更换。

如今，在自治区农科院青稞试验田内，青稞“13-5171-7”新品系正绽放新的希望。“它的产量潜力在每亩400公斤左右，有望取代现在的主推品种，在全区及周边地区大面积推广应用。”

世界各国农业的竞争，实质上是农业科技的竞争，尤其是农业高新技术的竞争。

2010年，结合当时国内外作物研究热点，尼玛扎西将目光投向了破译青稞“基因密码”。

青稞基因组序列中，蕴藏着青稞高产优质、味美色香的关键因素，包含着无数抗病抗虫、耐寒耐涝、抗倒伏等优良性状的遗传信息。解析青稞的基因组序列，不仅关系着进一步改进青稞品质、提高产量，更关系着我国在大麦研究领域的国际影响力和话语权。

为此，尼玛扎西牵头启动了西藏青稞全基因组测序、西藏青稞起源与进化以及青稞高原适应性研究。

“要做青稞基因测序，必须选取高纯度的品种，避免杂交产生的干扰。”2012年，尼玛扎西带领团队从1500多个地方品种中，筛选出种植历史最悠久、纯合度最高的品种“拉萨勾芒”，并以此为核心，开展西藏青稞全基因组测序与重测序。

最终，尼玛扎西带领团队于2015年绘制出全球首个青稞全基因组精细图谱；2018年明确了青稞通过巴基斯坦北部—印度—尼泊尔传入西藏东南部，确定了青稞的原产地和进化路径；2020年首次发现青稞主要通过自然选择强化苯丙烷代谢通路抵抗紫外辐射的分子遗传机制，明确了耐低氧、抗寒和抗旱等360个高原综合适应性的特异基因。

这些研究成果不仅推动西藏农业科技创新进入国内领先行列，其中青稞遗传基础狭窄和高原适应性生物学机制研究，更达到了国际领先水平。

世界上更多人因此认识了青稞，认识了西藏。“没想到在中国西藏，还有这样一群人在做这么有前瞻性的工作。”得知中国西藏的科学家正在开展青稞全基因组测序，前国际大麦联盟主席哈韦颇感意外。

在青稞育种的道路上工作了35个年头，尼玛扎西带领团队，先后培育出“藏青148”“藏青690”“藏青2000”等16个适于青藏高原不同生态区的青稞新品种，研制了12项西藏农作物标准化栽培技术，为西藏自治区粮食总产量突破100万吨作出了重要贡献。

除了选育青稞良种，作为专注青稞遗传育种的科学家，尼玛扎西还有着更宏大的抱负：“要将青稞这种高原优质健康食品推向全世界。”

青稞富含 β－葡聚糖，黑青稞还含有花青素，有非常好的保健功能。“我们的培育方向要转到提高青稞的 β－葡聚糖和花青素等保健成分上。”尼玛扎西常说。

脱贫攻坚战打响以后，尼玛扎西肩上的责任更重了：“以前主要是增产，现在老百姓要脱贫增收，就得延长产业链。”

然而，西藏农产品加工业起步晚、底子薄。长期以来，青稞加工转化率仅10%左右，主要以糌粑、青稞酒、饼干、面条、青稞米等初级产品为主，存在产业链条短、市场竞争力薄弱等一系列问题。

作为推动青稞产业化的倡导人，尼玛扎西常年奔波在全区各个重点产区和龙头企业之间，牵头成立了农产品开发与食品科学研究所，建立国内首个青稞加工技术创新平台。研制青稞糌粑真空包装、提高青稞出酒率和保质期等关键技术，促进了青稞传统食饮品加工产业提质增效。这些研究成果，极大地丰富了青稞产品种类，提升了青稞附加值，有效促进了西藏青稞产业发展和农牧民增收致富。

“给这些企业提供技术指导，每年得有不少收入吧？”这些年，类似的问题尼玛扎西没少遇到。

事实上，他既不拿工资，也没有股份，所有的培训指导都是义务和免费的。

“农牧业科研是公益事业，给农牧民群众服务是公益，给农牧业企业服务也是公益。”尼玛扎西认为，“企业发展了，能够辐射带动周边地区发展，最终还是对农牧民有利的。”

无私无畏、工作至上的西藏农牧科技领军人

“躬耕沃野育良种、促增收，谋划事业定战略、带队伍。”是尼玛扎西完美兼顾研究员和领导者双重身份的真实写照。

这些年，尼玛扎西一直扎根在农业生产第一线，只要是有农田的乡镇村落，都有他的身影。

据自治区农科院统计，这些年尼玛扎西每年下乡超过100多天，每年的行程超过两万公里，几乎等于从上海到日喀则聂拉木县的全程318国道他每年要跑四趟。

他很少去机关办公室听汇报，车子直接开到田边；他总和农民群众蹲在田间地头，给出有指导性的实用意见；他说话直白、通俗易懂，一亩地要撒几公斤种子、用几盖子药都说得清清楚楚。

有的科技员下乡讲“土壤墒情”，专业名词一大堆，农民听得直挠头，尼玛扎西来了，蹲在田里，把手指戳进土里，拔出来，给大伙看，到哪个指节土还是干的，就说明要浇水了。

一来二去，农民都认识了这位总是笑眯眯、留着小胡子的院长。

有一年五月，尼玛扎西去白朗县调研，转了好几个村子，一户一户地问，站在院子里跟农民仔仔细细地聊，从早上到中午，日头越来越毒，同行的科技人员都被晒得受不了，抽空溜到墙根底下躲太阳，只有尼玛扎西一直站在那里，还总细心地让农民背对着太阳。同

行的尼玛扎西生前好友、自治区科技厅副厅长钟国强回忆时感慨地说：“额头上晒脱了一层皮，他一个人站在烈日下指导农民种植的场景，永远刻在我脑海里。”

“冬天，院长总是穿着那件黑色的长羽绒服，裤腿上全是灰。有时在地里用手挖开土示范，指甲里都是泥；有时，突然接到电话，要从乡里直接赶去参加学术会议，院长就下车拍拍裤脚，用水管冲掉鞋上的泥巴。”跟了尼玛扎西十几年的司机明久回忆说。

农牧民群众信尼玛扎西，因为在他们眼里，尼玛扎西不仅是衔来青稞良种的“云雀”，更是农民增收致富的“财神”。

2013年，“藏青2000”首次在全区大面积推广，尼玛扎西专门来到日喀则市白朗县巴扎乡金嘎村，向群众面对面讲解新品种的好处。

打量着眼前这个留着小胡子、语气谦和的人，金嘎村党支部书记普琼心里犯了嘀咕：眼前这位真的是大专家？

“这个新品种可以长这么高。”尼玛扎西用手掌抵着自己的胸口，耐心地解释说，“它产量高、抗病虫、籽粒白，做成糌粑品相好，剩下的秸秆牛也喜欢吃，可以间接增加收入。”

看着村民不放心的神情，尼玛扎西就天天和老百姓一起扎在田里，怎么种、怎么管理，每个步骤都亲自指导示范。饿了，就坐在田埂上泡碗方便面。天黑了，农民都离去了他才回到住处，加班整理记录当天指导农民的情况，一待就是半个月，直到春播结束。

“我知道，不是大家不相信我，不相信科学，只是农民底子薄，怕遭受损失，宁愿种已经驾轻就熟的老品种，也不想辛苦一年，却看不到实实在在的产量。”对于村民的担忧，尼玛扎西感同身受。

这一年，金嘎村村民怀着忐忑的心情试种了50亩，“望果节”后收割时，意外发现收成比老品种多出了一倍，完全具备尼玛扎西所说的优良品质，让村民彻底对“藏青2000”产生了信任和依赖。

在推广“藏青2000”的那些年，尼玛扎西跑遍了西藏所有的粮食大县，凡是种植的地方，他都亲自到田间指导。自治区农科院农科所研究员禹代林曾问他，这么辛苦，这么劳累，到底图个啥？他说：“看到丰收的景象，是我最大的幸福和快乐。”

“大伙尊重院长，不是因为他职务高，也不光是看重他‘青稞博士’的头衔，最重要的是他和农民之间没有距离感。”日喀则市白朗县农民次仁贡觉说，“他会和大伙一起坐在地上吃糌粑，关心村里的庄稼、还有牛和羊，我们有问题找他帮忙，他的电话随时畅通、他办公室的大门永远为我们敞开。”

利，尼玛扎西从不看在眼里；名，他更不放在心上。

这些年，很多人称呼尼玛扎西是“西藏青稞之父”，尼玛扎西觉得不妥。他总说：“我没有那么能耐，咱们农科院有那么多老同志老专家，他们为西藏青稞的发展铺平了道路、奠定了基础，还有团队的那么多人关心支持，不要再叫我‘青稞之父’了。”

物质丰富极容易使人沉迷，但尼玛扎西认为，科学家的价值，并不是奢华的生活、显赫的名气，而是为国家、为社会创造更大的价值。然而这些都需要人才的支撑。

在尼玛扎西的大力呼吁和推动下，2016年12月，西藏第一个国家重点实验室——省部共建青稞和牦牛种质资源与遗传改良国家重点实验室获批，另外还建立了“青稞栽培育种”“青稞全产业链”两个创新团队和一个院士工作站，成为西藏开展农牧业高水平基础研究和应用基础研究、培养优秀科学家的重要平台。

“我从事青稞基础研究9年多，从来没跑过项目，都是写好项目本子后交给院长去各厅局协调，他就像一个大家长，解决了我们所有后顾之忧，就让我们专心做研究。”在自治区农科院研究员曾兴权博士眼里，尼玛扎西既是西藏青稞育种界的“泰斗”，更是平易近人的兄长，悉心关照着自治区农科院每一位科研人员，引领大家在雪域高原广袤的土地上寻找自己的坐标。

“高学历人才是我们的宝贝，一个人在西藏工作十分不易，一定要照顾好他的生活。”对于援藏博士团成员刘秀群，尼玛扎西总是交待又交待，他常说，“我们没有好的条件待遇，我们只有感情留人。”

受尼玛扎西的影响，刘秀群在援藏一年工作结束后，主动提出再次援藏一年。

提到尼玛扎西，农科院农业所副研究员达瓦顿珠博士情绪难以平静。他永远忘不了，是尼玛扎西院长个人掏腰包，资助当时未曾谋面的他完成硕士期间的学业。甚至有一次，尼玛扎西生病住院期间，接到达瓦顿珠学校交费的通知，他立即嘱咐妻子拉琼去银行转账。

2015年，达瓦顿珠从中国农科院博士毕业后进入自治区农科院工作，为促进他尽快成长，尼玛扎西专门安排他下乡调研：“你博士刚毕业，不能飘起来，要去接触老百姓，去下乡。”

“我明白老师的苦心。做科研，只有脚踏实地，才能久久为功。”达瓦顿珠说。

冲着尼玛扎西的名字，一大批分子生物学和遗传育种研究领域的优秀科技人才从祖国各地来到西藏，青稞育种、高产栽培、示范推广与精深产品研发团队，从原先的不足10人，逐步壮大到现在的40多人。在他的言传身教下，一批又一批青年科研工作者，把足迹踏遍西藏的田间地头。

尼玛扎西的办公室总是熙来攘往，有时人多到要在门前排起长队。队伍里不仅有申报项目的研究员，还有前来请教农牧技术的村长、乡长和索要良种的群众，藏装、西装和白大褂，藏语、汉语和各地方言，在尼玛扎西的办公室门前混合，形成一首独具特色的农牧“协奏曲”，更成为他有求必应、亲力亲为的最好注脚。

35年来，尼玛扎西从未忘记过自己为了什么而出发，又为了什么始终在路上，总是怀着一颗赤诚之心，把农牧民、干部职工和单位的事当做自己的事。

可轮到他自己的事，他却不当回事了。

尼玛扎西有糖尿病，近年来愈发严重，每天早晚要打两支胰岛素。糖尿病人最忌讳饮食不规律，可尼玛扎西偏偏没法规律。

每天，他要见的人、要忙的事太多。“我就没见院长准时吃过一顿饭。”自治区农科院农业所书记杰布回忆说，有时候，一连十几天尼玛扎西都顾不上给自己打胰岛素，晕得受不了，便问同事要点饼干吃。

糖尿病、肝炎、胆结石、胃病……即使身体的每个部位早已发出强烈预警，尼玛扎西依然像一台“永动机”，一刻不停地操劳。

院里多次催他申报院士，他却云淡风轻：“先把手头的事情做好再说。”

今年，自治区农科院决定推荐尼玛扎西参评“西藏自治区科学技术杰出贡献奖”，这不仅意味着100万元奖金，更象征着一名高原科技工作者的终身成就。

院里帮他准备好了材料，可尼玛扎西极力反对：“咱们农科院那么多老前辈在西藏工作了一辈子什么奖都没拿到，我还在职，拿这个奖我心中有愧。”

“这个奖对下一步推选院士非常有利，我问他为什么放弃申报，他说‘我不图个人荣誉，农牧民的笑脸才是最大的认可’。”钟国强说。

如果说尼玛扎西身上总是闪耀着新时代中国特色的科学家精神，那么“老西藏精神”则是他鲜亮的精神底色。

造福群众、让生命铺染大地的高原赤子

扎囊县扎塘镇杂玉村坐落在半山腰上，平整的地块并不多。以往青稞的品种不好，长得低矮，甚至成熟不了，产量很低，一场冰雹就可能把大伙一年的辛劳全毁了。直到2018年种上“藏青2000”。

尼玛扎西去世之后，哥哥桑杰洛布才知道，这个让全村人日子渐渐好起来的青稞良种，正是弟弟主持选育的。

这位淳朴的农民并不清楚弟弟具体在做什么工作，只知道弟弟很忙，这些年，回老家的次数越来越少，待的时间也越来越短，有时甚至刚坐下喝了一口酥油茶，又被一个电话叫走了，就连父母去世，也没来得及赶回来见最后一面。

桑杰洛布清晰记得去年春天的一个晚上，兄弟三人聚在一起，尼玛扎西眉飞色舞地跟他们讲解“藏青2000”有多好、怎么种。他有些后悔，怎么没多聊聊弟弟自己的事，毕竟那是十多年来，尼玛扎西唯一住在老家的一个晚上。

尼玛扎西把对父母的亏欠深埋在心底。在他的英文专著《Making Tibet Food Secure》(《保障西藏粮食安全》)的扉页上，淡淡印着这样一句话：“献给我已故的母亲。”

尼玛扎西或许不是一位称职的孝子，但妻子拉琼深知尼玛扎西心怀的职责使命，也懂他纯净笃定的初心。

一工作起来，尼玛扎西常常忘记吃饭。拉琼就一遍一遍地打电话催他回家，饭凉了又热，热了又凉，常常菜都变了色，尼玛扎西才终于回到家。

“他工作忙，常顾不上家里，但他总把我的喜好放在心上。”

一次，拉琼在尼泊尔看中一款红色的披肩，非常喜欢，在身上围了又围，对着镜子照了又照，最终，节俭的拉琼嫌贵没有买。

尼玛扎西听同事提及此事，默默记下了店名和款式，后来再去尼泊尔出差时，专程把披肩买了回来。

尼玛扎西不仅是拉琼眼中“优秀的丈夫”，更是儿子阿旺心里“最好的朋友”。

“爸爸很少生气，也从没对我有过多的要求。记得小时候，有一次我考了两分，爸爸半开玩笑似地说‘考这分数也需要一定的能力吧。’”

尼玛扎西充分尊重阿旺的兴趣和意愿，开明的教育方式，让这对不常见面的父子成了无话不谈的好朋友。

“我什么事都愿意跟爸爸说，无论什么话题我们都能聊到一块儿，各抒己见，就像两个老朋友。”

“做人要真诚，要善待每一个人。”是尼玛扎西对儿子为数不多的要求之一。

阿旺记得，路上遇到摆地摊的，妈妈刚砍上价，爸爸已经开始掏钱了。“爸爸总是说，摆地摊不容易，多付几块钱对我们来说不算什么，对他们而言却算是增加一小笔收入”。

阿旺还记得，在内地乘地铁，爸爸一看见提着大包小包的人总会上前搭把手。“虽然遇上戒备心强的，爸爸常常受到冷落，但他从不在意。”

阿旺更记得，小时候一家人去过林卡，爸爸穿着鞋踩进河里，清理了一大筐垃圾上岸；一家人去爬山，从山脚到山顶几十种植物的名字、特点和价值，爸爸挨个给他介绍了一遍……

儿子在北京，妻子退休在拉萨，尼玛扎西总有出不完的差、下不完的乡，这个三口之家，总是聚少离多……

院里的项目、田里的青稞、农牧民的事、繁杂的工作，尼玛扎西永远亲力亲为。

没时间去医院复查自己的糖尿病，拉琼就按时替他拿药；

没时间理发，拉琼就等他晚上下班后，开车载着他满城找没关门的理发店。

拉琼有时也忍不住抱怨："工作再忙也要注意身体啊！"

今年夏天，尼玛扎西难得空出一个周末，一起床就被拉琼"拽"到布达拉宫脚下的宗角禄康公园。

尼玛扎西用新奇的目光一一扫过在公园里的人：跳锅庄的、悠闲打太极的，尼玛扎西自嘲地笑了："说出来都没人相信，我还是第一次来这儿。"

拉琼紧了紧尼玛扎西的手，"责怪"道："我就是想让你看看人家是怎么生活的，你的世界里只有工作，没有'这一面'，得学学人家。"

"好，等我干到60岁退休了再说。"

但尼玛扎西没能等来退休。

2020年9月5日15时许，在前往阿里日土县开展全国农作物种质资源普查与收集工作的途中，尼玛扎西遭遇车祸，生命永远定格在55岁。

听到噩耗，拉琼眼前一黑，晕了过去。天塌了。

这个搭着命干活的男人啊，怎么能就这样突然地走了呢？

听到噩耗，同事、挚友和熟识他的人无不惋惜心痛。

"院长是我们村的大恩人，上个月打电话他还说要来我们村看看青稞。"

"院长，您留下的工作我们一定加倍努力完成好。"

"院长，一路走好，您撒遍高原的精神种子，正在生根发芽。"

如今，自治区农科院二楼那个不分节假日永远敞开的办公室大门关上了；那个每晚整栋楼里唯一亮着灯的办公室拉上了窗帘。

拉琼的手机里，保存着尼玛扎西留给家人最后的影像：那是8月

22日，一个周六的傍晚，尼玛扎西拉着妻子又一次来到自治区农科院3号试验田里，新品系“13–5171–7”已长得和尼玛扎西的肩头一般高，他像即将远行的父亲告别孩子一样，最后一次轻抚麦穗。

斜阳下，青稞田散发着耀眼的光芒。从家乡杂玉村那片曾经低矮贫瘠的麦田，到代表西藏农业高质量发展的青稞试验田，这条路，尼玛扎西走了一辈子。

这是一位西藏本土农牧科技工作者的探索之路，是一位藏族科学家的成长之路，也是西藏农牧业从小到大、由弱到强的发展之路。

尼玛扎西倾其一生，让西藏青稞亩产从1985年的400斤增长到700多斤；累计推广青稞良种818万亩，实现青稞增产19.06万吨，增加秸秆草产量22.87万吨，社会经济效益27.37亿元；在国内外顶级期刊发表论文47篇；出版英文专著3部、中文专著7部、主编藏文科普图书27种；合作培养博士后两名、博士生1名、硕士生12名。

这是一位共产党员、一位高原科技工作者，用35年如一日的执着，写下的对祖国、对雪域高原人民的情意。

他最无私的大爱，都化为了雪域高原的碧野千顷、麦浪滚滚，化为农牧民脸上丰收的喜悦；

他最宏大的心愿，是有朝一日青稞能走出高原，成为全世界追捧的“金稞”；

他最期待的未来，是自治区农科院成为西藏科研的“航空母舰”，做大做强青稞产业，更好造福各族群众；

他最遗憾的事情，是没能看到刚刚培育的青稞新品系撒遍高原大地；

而他最愧疚的感情，留给了没能好好陪伴的家人。

那个最懂青稞的人走了，离开了他所热爱的土地和人民。他那沾满泥土的脚印，他曾经的心血和汗水，已经融入了金黄的青稞田，化作万千农牧民群众的笑脸。

后　记

本书以西藏广大干部群众全面建设小康社会的真实故事为切入点，按照历史脉络，从全区在全面建成小康社会进程中涌现出来的先进典型人物中遴选出32个典型人物，涵盖了翻身农奴、优秀共产党员、致富带头人、科技工作者、解放军战士、改革先锋、驻村干部、医护人员、人民警察、教师、农牧民、产业工人、创业者、运动员等各行各业。他们缔造了、传承着“老西藏精神”“两路精神”和孔繁森精神，书写着精彩纷呈、自强不息的西藏故事，是全区各族人民全面建成小康社会、建设团结富裕文明和谐美丽的社会主义现代化新西藏的真实缩影。

雅鲁藏布欢歌，喜马拉雅见证。经过坚持不懈的努力，西藏历史性消除绝对贫困！西藏与全国一道如期全面建成小康社会。这是一个震撼世界的壮举，它激荡着一代代中国人心中的梦想，为实现“第一个百年奋斗目标”写下重重的注脚，为奋进“第二个百年奋斗目标”凝聚起磅礴力量。西藏全面建成小康社会的历史，就是一部逐梦奋进之史，就是中国共产党为西藏各族人民谋解放、谋发展、谋幸福的历史，是各族人民当家作主、捍卫和发展人民民主政权的历史，是各族人民创造发展奇迹、建设幸福家园的历史。

为了实现全面小康梦，在党的领导下，广大扶贫干部、驻村队员、双联户户长等不辞辛劳，行千山万水、走千村万寨，将扶贫政策送上门、让脱贫产业更兴旺、把搬迁点建成新家园；各族群众为了美好新生活，撸起袖子加油干，把致富路越拓越宽，让好日子红红火火。

西藏全面建成小康社会的每一步，都凝聚了全区各族干部群众智慧和心血，是广大干部群众扎扎实实干出来的。“一腔热血洒高原”的孔繁森，从把青春和生命献给羌塘草原的祁爱群到放牧守边的“时代楷模”卓嘎、央宗姐妹，从把论文写在大地上的“青稞之父”尼玛扎西到坚守抗疫一线的花德米……正是有了每个人的努力，才有了短短几十年实现跨越上千年的人间奇迹，一个经济繁荣发展、社会全面进步、生态环境良好、人民生活幸福的社会主义新西藏展现在世人面前！

在这样一个重要的历史节点，出版《全面建成小康社会西藏奋斗者》这本书，就是要不忘奋进历程、鼓足奋斗壮志，进一步凝聚起360多万西藏儿女笃定前行建设团结富裕文明和谐美丽社会主义现代化新西藏、实现中华民族伟大复兴中国梦的磅礴力量。

习近平总书记指出：“全面建成小康社会不是终点，而是新生活、新奋斗的起点。”我们已经全面建成小康社会，接下来要为建设社会主义现代化新西藏、全面建成社会主义现代化强国而奋斗，让西藏各族人民生活更加富裕、更加幸福。现在，全面建设社会主义现代化国家新征程已经开启，向第二个百年奋斗目标进军的号角已经吹响。摆在全区各族人民面前的使命更光荣、任务更艰巨、挑战更严峻、工作更伟大。

历史车轮滚滚向前。站在新的历史起点上，面向全面建设社会主义现代化国家、奋力推进新时代西藏长治久安和高质量发展，奋斗的征程仍在继续。面对着新征程新任务，党的关怀像太阳，习近平总书记亲自为西藏工作把舵定向、谋篇布局，战略擘画宏伟蓝图，形成新时代党的治藏方略，为建设团结富裕文明和谐美丽的社会主义现代化新西藏、推动新时代西藏长治久安和高质量发展指明了前进方向、提供了根本遵循、注入了强大动力，感召着我们担当更大使命，实现更大梦想。只要我们保持只争朝夕的干劲、鼓起攻坚克难的勇气、汇聚同心筑梦的力量，就一定能在改革大潮中激流勇进、在风云变幻中砥砺前行，就一定能创造无愧于党、无愧于人民、无愧于时代的新业绩！让我们更加紧密地团结在以习近平同志为核心的党中央周围，勠力同心、守望相助，踔厉奋发、笃行不怠，在共创美好未来的征程中书写奋斗的故事，在新时代新征程上赢得更加伟大的胜利和荣光！

参加本书编辑工作的有李成业、吴江霞、郭琳、曾琳、王丽同志。为本书从各方面提供支持的还有马晓艳、卢有均、周辉等同志。

本书编写组

2022年5月